COLLECTION FOLIO

Henri Troyat
de l'Académie française

Le sac et la cendre

TOME II

La Table Ronde

NORVÈGE
SUÈDE
BALTIQUE
FINLANDE
Arkhangelsk
Revel
St Petersbourg
Peterhof
Tsarkoïe Selo
Chavli
Novgorod
Vologda
Viatka
Perm
Pskov
Iaroslavl
Mitau
Riga
Tver
Kœnigsberg
Kovno
Vilna
Vitebsk
Nijni Novgorod
Dantzig
PRUSSE
Grodno
Minsk
Moscou
Toula
Riazan
Simbirsk
Samara
Kalisz
Lomza
Mohilev
Varsovie
Lodz
Radom
Orel
Orenbourg
Piotrkow
POLOGNE
Saratov
Volga
Lublin
Rovno
Koursk
Oural
Cracovie
Jitomir
Kiev
Bielgorod
Przemysl
Lvov
GALICIE
Don
Dniepr
Kharkov
Tsaritsyn
Novo Tcherkask
Odessa
Kherson
Rostov
Pérékop
Astrakhan
Tikhorietsk
ROUMANIE
Théodosie
Armavir
Simféropolo
Stavropol
Ekaterinodar
Sébastopol
Yalta
Novorossisk
CASPIENNE
Danube
BULGARIE
Kislovodsk
MER NOIRE
Vladikavkaz
Koutaïs
Constantinople
Tiflis
Elizabethpol
GRÈCE
TURQUIE
PERSE

TROISIÈME PARTIE

I

Depuis six jours, une foulure à la cheville empêchait Nicolas de se rendre aux réunions du Soviet. Il s'était blessé en tombant dans un escalier du palais de Tauride, avait refusé de se soigner, et se voyait obligé, maintenant, de garder le lit, dans la chambre que Zagouliaïeff avait mise à sa disposition. Cette chambre appartenait, en fait, à la veuve d'un officier qui habitait sur le même palier et passait son temps à boire du thé et à étaler des patiences. La logeuse tremblait à l'idée que deux bolcheviks fussent installés à proximité de son appartement personnel. Souvent, comme pour gagner la clémence des dieux, elle déposait une assiette avec des petits pains sucrés devant leur porte. Son obséquiosité amusait Zagouliaïeff et attristait Nicolas, car il avait honte d'être craint. Hostile aux avances de cette femme, il employait ses loisirs à lire des journaux et à fumer des cigarettes. Son inaction lui était agréable. Évadé de la cohue, soustrait aux discours prétentieux des tribuns, il était plus à son aise pour réfléchir aux conséquences de la révolution.

Par la fenêtre ouverte sur le ciel bleu de l'été, entrait, avec la chaleur, un grondement continu de ville vivante, d'humanité en marche. Les pensées de Nicolas s'appuyaient sur cette rumeur et y trouvaient, en quelque sorte, leur confirmation. Toujours attiré par les solutions abstraites, il avait besoin de ce bruit pour demeurer sur terre.

Après les émeutes de février, une nécessité physiologique avait ramené l'apaisement dans le cœur des hommes. Malgré l'absence des agents de police, qui tous avaient été exécutés ou expédiés sur le front, l'existence, à Pétrograd, redevenait à peu près normale. Les téléphones fonctionnaient de nouveau. Des trains sifflaient dans les gares. Les tramways circulaient en tintinnabulant avec leurs charges habituelles de citadins mal vêtus. Les soldats rôdaient en bandes débraillées dans les rues, et s'entassaient dans les cinémas, où ils refusaient de payer leurs places. Les casernes ne les voyaient qu'au moment des repas et des meetings. Des marins ronflaient sur les bancs des jardins et des squares. Les factionnaires, à leur poste, s'installaient dans des fauteuils réquisitionnés chez le voisin. Ils fumaient, grignotaient des graines de tournesol et interpellaient les femmes au passage. Dans certaines maisons, des vitriers remplaçaient les carreaux brisés par les fusillades. Mais personne ne voulait nettoyer la chaussée. Des montagnes de boue et d'immondices s'élevaient au bord des trottoirs. Et, entre ces talus de détritus, défilaient, du matin au soir, des cortèges de manifestants pacifiques. Des pancartes rouges naviguaient à travers la ville, frappées d'inscriptions contradictoires : « Guerre à outrance! » « Vive l'armée! » « A bas le militarisme! » « Prolétaires, unissez-vous! » « Vive la paix! » Tour à tour, les ouvriers métallurgistes, les peintres en bâtiment, les soldats, les employés de bureau, les typographes, les étudiants, les garçons coiffeurs, les enfants des écoles tenaient des réunions en plein vent, pour exprimer les aspirations de leur confrérie et les remèdes propres à sauver le monde. Les bannières claquaient, les trompettes jouaient *La Marseillaise,* des orateurs chevelus clamaient des maximes d'espoir face à l'éternité. Puis, las de crier et de marcher, chacun rentrait chez soi, pour recommencer dès le lendemain.

Nicolas en avait tellement entendu, de ces harangues improvisées, qu'elles se mêlaient dans son souvenir en un long fleuve de mots. « Camarades, le tyran sanguinaire est terrassé par notre effort surhumain!... Une aube nouvelle rayonne pour la Russie!... » On eût dit qu'il n'y avait personne à Pétrograd qui ne fît partie d'un comité ou d'un sous-comité, ne fût le représentant de quelque chose et ne parlât au nom de quelqu'un. Dans cette marée de formules ronflantes, il semblait à Nicolas que les meilleures volontés se dissolvaient, que l'énergie se noyait sans recours. Une énorme oisiveté s'emparait de la masse, qui tournait en rond, avachie, inerte, incapable d'administrer sa victoire. C'était le règne du verbiage, de la désorganisation, de l'improvisation, de la médiocrité. Et le gouvernement lui-même s'inspirait de cette incohérence. Tiraillé par les exigences du Soviet, ne sachant plus discerner ses alliés de ses adversaires, il dépensait toutes ses forces à éviter les conflits et ne se maintenait au pouvoir qu'à la faveur de ses concessions. L'empereur et la famille impériale étaient emprisonnés à Tsarskoïé-Sélo. La garnison de Pétrograd recevait l'assurance, qu'en récompense de son loyalisme à la cause révolutionnaire, elle ne serait pas envoyée au front. On abolissait la peine de mort. Les anciens chefs des administrations locales étaient remplacés par les présidents des zemstvos. Enfin, de crise politique en crise politique, l'avocat Kérensky accédait à la tête du ministère. Homme de gauche, zélateur d'une révolution patriotique, jouissant d'un prestige certain auprès des ouvriers et des soldats de la capitale, il ne doutait pas que son éloquence suffirait à convaincre le peuple de retourner au travail, à l'ordre et au combat.

Nicolas avait vu Kérensky, à plusieurs reprises, au palais de Tauride. Ce démagogue sonore, grimaçant, agité, lui avait paru n'être qu'un comédien de bas étage, affamé de succès, et prêt à tout pour conserver son nom sur l'affiche. En face de ce pantin, un chef s'était dressé, économe, énigmatique, redoutable. Le 3 avril 1917, Nicolas se trouvait parmi la délégation du Soviet qui attendait, à la gare de Finlande, l'arrivée du train ramenant Lénine en Russie. Venant de Suisse, le leader bolchevik avait traversé l'Allemagne dans un wagon plombé. Pour accueillir le proscrit et ses compagnons, une foule houleuse de soldats et d'ouvriers, pavoisée de bannières écarlates, se pressait sur le quai, dans le clair-obscur laiteux d'une nuit blanche. Cheminant au centre d'une forêt de mains, Nicolas avait pu apercevoir un petit homme barbu, trapu, bedonnant, aux yeux bridés, au crâne chauve et sphérique. Dans la salle d'attente du tsar, face aux drapeaux rouges, aux projecteurs, aux baïonnettes, aux visages extasiés, le petit homme avait crié en brandissant un poing de poupée : « Soldats, ouvriers, je vois en vous l'avant-garde de l'armée prolétarienne universelle!... » Nicolas gardait encore dans sa tête le sourd mugissement qui avait salué ces paroles, pareil à la rumeur de la mer qui s'engouffre dans une grotte. Une odeur de choux et de bottes montait vers l'idole. Puis, ç'avait été le coup de force du 3 juillet, qui s'était terminé par un échec, faute de préparation. Encadrés par les bolcheviks, les manifestants exigeaient la dissolution du gouvernement et la remise du pouvoir au Soviet. Mais la majorité modérée du Soviet ne tenait nullement à assumer cette responsabilité. Une averse violente avait arrosé la place du palais de Tauride. Et, sans avoir atteint leur but, les insurgés, trempés jusqu'aux os, s'étaient dispersés lamentablement. D'ailleurs, dans la nuit même, des régiments fidèles à Kérensky arrivaient sur les lieux pour chasser les dernières bandes d'émeutiers qui circulaient dans les rues. Plusieurs leaders bolcheviks étaient arrêtés, jetés en prison. Les journaux maximalistes étaient interdits. Mais Lénine réussissait à s'enfuir, sous un déguisement.

Nicolas et Zagouliaïeff n'avaient pas quitté Pétrograd au moment des poursuites intentées contre leur parti. Simplement, ils avaient, pour quelques jours, changé de résidence. A présent, tout danger semblait écarté, et la lutte pouvait reprendre.

Lénine, de sa cachette, adressait à ses fidèles des messages enflammés. Au front, après une série de succès spectaculaires, l'offensive russe, exigée par le gouvernement, tournait au désastre, et les soldats accusaient Kérensky de cette inutile perte de sang.

Fixant son regard sur l'écran bleu qu'encadrait la fenêtre, Nicolas s'efforçait de totaliser ses impressions pour en déduire un enseignement valable. Comme l'émeute de février, l'émeute de juillet l'avait déçu par sa brutalité et son injustice. Il se rappelait avec dégoût les cohortes de soldats ivres, tirant sur les passants, les marins pillant les magasins, les autos blindées roulant de long des rues jonchées de blessés hurleurs. Et, sur ce fond de laideur et de panique, se détachaient les silhouettes jumelles de Lénine et de Trotsky. Nicolas les avait entendus, tous deux, à cette réunion de la fraction bolchevique du Soviet, au mois d'avril. Il revoyait avec exactitude le visage triangulaire de Lénine, avec ses yeux obliques, étincelants, sous un large front bombé, sa barbiche roussâtre, pointue, ses lèvres luisantes, et Trotsky, hideux, plissé, la bouche pendante, le lorgnon traversé d'éclairs. Trotsky, violent, éloquent, fantasque, secoué de tics, lui était apparu comme un prophète biblique qui aurait mal tourné. Une sorte d'Ézéchiel à la tête de bouc, à la tignasse dressée par l'orage, bavant de colère sur le monde entier. En Lénine, cependant, s'incarnait une âme polaire. On avait l'impression d'un chef de laboratoire privé de sensibilité, d'un spécialiste de la vivisection sociale, d'un mathématicien pour qui les nombres seuls avaient une vertu consolante. Lénine rejetait toutes les nuances en bloc. Il avait son programme et ne voulait pas s'en écarter d'une ligne. Avec une obstination mécanique, il exigeait la liquidation de la guerre, la remise du pouvoir entre les mains de la Commune, la confiscation des terres et la constitution d'une Internationale prolétarienne. Et cela, immédiatement, sans souci des engagements pris à l'égard des Alliés ni des injustices et des erreurs inséparables de toute réforme imposée par la force. Le sang, la souffrance, les exactions probables ne l'arrêtaient pas dans la poursuite forcenée de son idéal. Sur le moment, sa dialectique sèche avait irrité Nicolas. Il avait eu peur de ce sectaire qui prônait l'apothéose d'une classe sociale comme les monarchistes avaient prôné l'apothéose d'un homme. Aujourd'hui, pourtant, il lui semblait que Lénine avait profondément raison. Devant la veulerie satisfaite qui s'était installée en Russie, les demi-mesures étaient condamnées d'avance. Ce n'était pas avec le gouvernement libéral de Kérensky qu'on pourrait éviter la faillite. Le temps de la parole était révolu. La dictature des militaires ou celle des bolcheviks devenaient les deux seules solutions possibles. Mais la dictature des militaires répugnait à Nicolas. Elle signifiait le retour à toutes les fautes passées, la rentrée en scène des favoris du tsarisme, le triomphe d'un groupe d'incapables, chamarrés d'aiguillettes et gonflés d'argent frais. Les bolcheviks, en revanche, possédaient l'attrait de la nouveauté. En arrêtant la guerre, ils obtiendraient l'accord des masses qui étaient fatiguées de se battre.

Tant que la guerre avait été possible, Nicolas avait détesté le défaitisme. A présent, il était obligé de reconnaître que les hostilités contre l'Allemagne ne servaient plus à rien. N'était-il pas absurde d'exiger que la Russie continuât son effort militaire, alors que son gouvernement chancelait, que les hommes désertaient par milliers et que la famine menaçait les campagnes? Qui s'intéressait encore aux nouvelles du front? qui rêvait encore d'une victoire? Seul le programme du parti bolchevik tenait compte de la réalité. Peu importait que les maximalistes fussent les vrais responsables de l'anarchie affreuse dont se mourait le pays. Les faits étaient là. Il n'était plus question de chercher les coupables, mais de sauver la victime. Et, pour cela, les vieilles médecines ne valaient rien. Une intervention chirurgicale s'imposait d'urgence.

Dans le ciel bleu, de minuscules ludions argentés montaient et descendaient sans relâche. Une touffeur épaisse bourrait la chambre. La cheville de Nicolas était chaude, douloureuse. De la sueur ruisselait sur sa poitrine. Il alluma une nouvelle cigarette et jeta l'allumette sur le parquet. La fumée entretenait en lui une ivresse légère. Ses pensées couraient vite, tout son corps réfléchissait. Sous la pression des circonstances, il lui semblait qu'une transformation capitale s'opérait en lui. Il comprenait, mieux qu'il ne l'avait jamais fait encore, que le parti bolchevik était l'incarnation de l'idée révolutionnaire dans l'Histoire. Vouloir la révolution ne dépendait presque plus du parti, ni de Nicolas, ni même, peut-être, de Lénine. Il s'agissait d'une nécessité naturelle, comme le changement de saisons ou l'écoulement du fleuve selon la ligne de la plus grande pente. On ne pouvait pas plus s'indigner devant les horreurs de la révolution qu'on ne pouvait s'indigner devant la chute des feuilles ou les dépôts de limon sur les berges. La révolution roulait, infaillible, insensible, vers son but. Les cadavres et les boues qu'elle charriait se perdraient bientôt dans l'immensité de la mer. La mer était belle, bien que des centaines de cours d'eau y eussent déversé des traînées putrides. Ainsi, le résultat de la révolution serait pur, malgré les massacres qui auraient jalonné son itinéraire. La révolution, comme la mer, digérait le produit des égouts.

Zagouliaïeff possédait de naissance le don d'ignorer le détail pour ne voir que l'essentiel. Nicolas, lui, obtiendrait cette vertu par une éducation patiente de la volonté. Déjà, il savait mieux contrôler ses nerfs. Déjà, il acceptait de renoncer à l'idéologie de son enfance. Car c'était cela qu'on demandait de lui. Oublier la morale chrétienne, selon laquelle chaque individu est sacré, pour adhérer à la morale révolutionnaire, selon laquelle l'individu n'est rien et doit être sacrifié à la communauté si les besoins historiques l'exigent. Lorsqu'il aurait admis absolument qu'une fin collective justifiait tous les moyens, que le respect de la personne et le progrès social étaient incompatibles, que l'unité du nouveau système n'était plus l'homme, mais l'humanité, il serait enfin à l'abri des impulsions sentimentales qui le gênaient encore dans sa tâche. Le véritable révolutionnaire n'avait pas de nom, pas de parents, pas de patrie, et travaillait logiquement dans l'intérêt des générations à venir. Il ne pensait pas en prêtre, en poète, mais en savant. Il poursuivait le bonheur, non plus par des prières, mais par des calculs. Et, s'il raturait parfois ses équations, pour les recommencer quelques lignes plus bas, cela n'avait pas d'importance, pourvu qu'il se rapprochât chaque jour davantage de la solution du problème. Les désordres du palais de Tauride, les Archives incendiées, les fusillades inutiles, étaient les ratures de la révolution sur une page blanche. Mais les déductions continuaient, inlassablement, au-dessous de ces taches d'encre.

Quelqu'un frappa à la porte. C'était la logeuse qui voulait savoir si Nicolas n'avait besoin de rien.

— Laissez-moi tranquille! grogna Nicolas.

— Peut-être une tasse de thé?

— Non.

Il se demanda subitement quel sentiment il éprouverait à voir sa logeuse allongée, le crâne ouvert, dans la rue. « Je passerais mon chemin, sans me presser », se dit-il avec satisfaction. Le pas de la femme s'éloigna sur le palier. « Elle est retournée à ses patiences. Chacun ses patiences. Elle manie les cartes. Nous manions les hommes. Seulement, pour elle, il s'agit d'un jeu de hasard. Et pour nous... » Il appliqua ses mains sur son visage en feu. « Non, non, pour nous, le hasard n'existe pas. Si on reconnaît que le hasard existe, tout est perdu. C'est une brèche dans la clôture, et, par la brèche, on aperçoit de petits enfants tués, des mères qui sanglotent, le Christ en croix, toutes les vieilles illustrations à l'usage des gens de cœur. Nous ne préparons pas un régime nouveau, mais une humanité nouvelle. Le Christ avait façonné une certaine humanité qui a fait son temps. Il nous appartient d'assurer la relève du Christ. Les premiers chrétiens n'ont pu réussir que grâce à une foi aveugle dans les préceptes du christianisme. Cette même foi aveugle doit être l'apanage des premiers révolutionnaires. L'Histoire ne se trompe pas. L'Histoire n'a pas de scrupules. Nous sommes les hommes de l'Histoire. »

Sa bouche était sèche. Il regretta d'avoir refusé le thé de la logeuse. D'une main tâtonnante, il ramassa les journaux qui reposaient au pied de son lit. Il en connaissait tous les articles par cœur. Mais il les relut avec fièvre, comme pour y découvrir quelque chose de neuf. Rien. Des mots. Une écume de mots. Dès demain, il tâcherait de se lever, de retourner au Soviet. De la rue, une voix monotone monta :

« Robes de chambre ! Tissus ! Tissus ! »

C'était le fripier tartare du quartier qui faisait sa ronde. Le ciel devenait terne et brumeux. Un moineau se posa sur le bord de la fenêtre, poussa un pépiement narquois et s'envola en battant des ailes. Il semblait à Nicolas qu'une construction énorme sortait de sa tête, comme un arbre. Des racines plongeaient dans sa cervelle, des branches fines se dépliaient à hauteur du plafond. « Pourvu que cela tienne bien! Pourvu que je ne me sois pas trompé dans mon addition! » Un sommeil trouble l'envahit. Il ferma les yeux. Lorsqu'il les rouvrit, la pièce était noyée d'ombre. Une clef fourrageait dans la serrure. Zagouliaïeff entra et claqua la porte.

— Tu dormais? demanda-t-il.

— Que faire d'autre?

— Comment va ta jambe?

— Mieux.

— Pourras-tu te lever, demain?

— Je l'espère.

— Parfait. J'aurai du travail pour toi.

— Quel travail?

Zagouliaïeff alluma une lampe sur la table et ferma la fenêtre.

— Quel travail? répéta Nicolas.

Avant de répondre, Zagouliaïeff s'assit dans un vieux fauteuil à bascule et allongea ses jambes.

— Voici, dit-il enfin : nous venons d'apprendre que, pour le 12 août, Kérensky compte organiser, à Moscou, une conférence d'État. Cette conférence, où seront représentés les Soviets de toute la Russie, les comités du front, les zemstvos, les universités, les municipalités, que sais-je encore? aura pour but de donner une sorte d'assise légale au gouvernement. Les bolcheviks ont décidé de ne pas envoyer de délégués à la conférence, mais de la saboter par des grèves et une intensification de la propagande en première ligne.

— Cela me paraît, en effet, indispensable, dit Nicolas.

— Les instructions de Lénine sont formelles. Selon lui, le problème politique est devenu un problème militaire. L'insurrection finale sera le fait des soldats. Il faut donc placer des agitateurs à l'avant, prêcher aux hommes la nécessité d'une paix séparée, désorganiser les régiments l'un après l'autre, empêcher les unités d'assurer la relève, susciter des révoltes contre les officiers...

— Je suis d'accord, dit Nicolas. La poursuite de la guerre, dans les conditions actuelles, est un crime, en même temps qu'une sottise.

— Les camarades, reprit Zagouliaïeff, m'ont chargé de choisir des membres du parti ayant une parfaite connaissance du front, pour les expédier là-bas, en mission spéciale. Entre autres, j'ai pensé à toi.

— A moi? dit Nicolas.

Et il lui sembla que son sang devenait lourd dans sa tête.

— Ne m'as-tu pas déclaré, à l'instant, que tu étais d'accord sur la nécessité d'une propagande défaitiste?

Sorti de son rêve, Nicolas se heurtait à la réalité comme à un mur de pierre. Jusqu'ici, son esprit seul avait souhaité la recrudescence des troubles dans l'armée. Dans l'abstraction, tout paraissait raisonnable et facile. Aucun scrupule ne paralysait le jeu de la volonté. Comment se faisait-il qu'au moment de mettre en pratique des idées dont il avait certifié l'excellence quelques instants plus tôt, une pareille lâcheté l'empêchât soudain de répondre? Mille souvenirs se levaient en lui et compromettaient sa décision. Il revoyait l'attaque des grenadiers sur la Bzoura, la course farouche de ses camarades, aux faces noircies par la peur et la poussière, sa chute, son sang, cette rivière nocturne auprès de laquelle deux soldats russes bavardaient avec deux soldats allemands, la fumée des cigarettes dans le soir. Il se rappelait son indignation contre ses hommes qui oubliaient leur devoir, sa lutte, ses cris inutiles. Et voici qu'après mille détours les événements l'obligeaient à reconnaître qu'il avait eu tort, qu'il fallait, en effet, déposer les armes. Voici qu'il devait, pour être en règle avec lui-même, accepter de jouer le rôle de ceux qu'il considérait jadis comme des traîtres. Ses forces se retiraient de lui. C'était son corps qui refusait d'obéir. Non point son âme, mais son corps, où la blessure allemande était encore sensible. Il soupira.

— Eh bien ? demanda Zagouliaïeff. Tu hésites ?

— C'est difficile, murmura Nicolas. Réfléchis donc, je me suis battu, j'ai été blessé, j'ai espéré la victoire..., et maintenant...

— Maintenant, la victoire est impossible.

— Oui, mais l'honneur... Tu ne comprends pas... J'essaie de m'imaginer parmi ces hommes, les détournant du combat, les appelant au désordre, moi qui...

— Il faut, dit Zagouliaïeff en souriant, que le soldat russe en arrive à inspirer la terreur à tous, sauf à l'ennemi. Tu ne peux plus revenir en arrière.

— Je n'y songe pas.

— Puisque tu es des nôtres, tu dois plonger les mains jusqu'aux coudes, dans l'ordure. Ce n'est pas en remuant des pétales de roses qu'on construit un monde nouveau.

— Ne fais pas attention, balbutia Nicolas. Ce sont des... des histoires personnelles.

— Il n'y a plus d'histoires personnelles, dit Zagouliaïeff.

Son visage, dans la lueur verte de l'abat-jour, était dur, grumeleux, comme une pierre moussue. Ses doigts tremblaient de fatigue.

— Quand faudra-t-il partir ? demanda Nicolas.

II

La petite gare d'embranchement était noyée sous un flot de soldats qui bouillonnait en sourdine et débordait du quai sur les voies ferrées. Appuyé à la paroi d'un wagon à bestiaux, Nicolas regardait ce remuement informe d'épaules et de têtes, comme il eût contemplé un météore dans un ciel serein. Sa vie, lorsqu'il essayait de l'évoquer dans l'ordre chronologique, lui paraissait divisée en deux époques distinctes : la période des visages, qui correspondait à son enfance, à son adolescence, et la période des foules qui correspondait à son âge mûr. Depuis quelques années, il n'y avait plus de visages autour de lui, mais des foules. Foules du couronnement, foules du pope Gapone, foules du front, foules des meetings, foules de la révolution. Si semblables de l'une à l'autre, en vérité, qu'on les eût dit formées des mêmes personnes sous des costumes divers. Aujourd'hui encore, Nicolas était avec la foule, contre les visages. Mais il n'était plus très fier de sa position.

Dans la confusion qui s'était emparée du haut commandement, après l'émeute bolchevique du mois de juillet, ce régiment d'infanterie, qui dépendait du 21e corps d'armée, avait été oublié dans la station livonienne où il se trouvait au repos. Les provisions qu'il avait reçues pour une semaine, à son départ du front, s'étant épuisées, les soldats se ravitaillaient dans les villages voisins et troquaient des couvertures allemandes, des capotes, des toiles de tente et des sacoches de cuir contre de la vodka et de la nourriture. Nicolas était arrivé sur place le jour même où l'ordre de remonter en ligne avait été communiqué à la troupe. Sans perdre de temps, il avait réuni le Comité du régiment, composé en majeure partie de bolcheviks, et s'était mis d'accord avec les délégués sur les précautions à prendre pour tenir les officiers en échec.

Sur son conseil, les membres du Comité commencèrent par assembler les hommes pour leur signaler qu'ils avaient le droit d'exiger des explications complémentaires avant d'obéir aux injonctions de leurs supérieurs. Était-il exact qu'une nouvelle offensive fût nécessaire ? Et pouvait-on leur promettre que le ravitaillement serait assuré ? Et comment se faisait-il qu'on les envoyât au combat avant de leur avoir offert un bain et d'avoir épouillé leurs uniformes ? Les soldats, qui ne tenaient nullement à aller relever leurs camarades de tranchées, saisirent cette occasion pour décrocher la locomotive du convoi et couper, par souci de prudence, les fils du téléphone. Les officiers, de leur côté, s'étaient réfugiés dans le bureau du chef de gare, pour tenter de résoudre pacifiquement le conflit. Dans l'attente de leurs décisions, les gars flânaient sur les quais, bavardaient entre eux et lorgnaient les barrières où séchait du linge de femme. Près du réservoir à eau, l'un des membres du Comité prononçait un discours, au sommet d'une tribune faite de balles de foin pressé. Nicolas se rapprocha du groupe. Personne ne le connaissait au régiment. Mais, depuis les premières mesures de démocratisation de l'armée, les hommes s'étaient habitués à voir des inconnus surgir dans leurs rangs, se mêler de leurs affaires et parler en leur nom. Entouré d'un moutonnement de bonnets de fourrure et de casquettes, le délégué, un dénommé Zibkine, hurlait en secouant ses deux poings à hauteur de ses oreilles :

— On nous trompe, frères! On profite de notre bêtise et on nous trompe! On nous dit que nous avons conquis la liberté, et on nous envoie verser notre sang! C'est l'ancien régime qui recommence. Les valets de l'autocratie cherchent à nous expédier au front dans l'espoir que les balles allemandes les débarrasseront de nous. Ils veulent notre mort, parce qu'ils ont peur de nos sentiments révolutionnaires. Et les officiers sont avec eux. Ils ont des mains blanches, les officiers. Ils préparent, en ce moment, de nouveaux mensonges pour vous enjôler. Méfiez-vous! Méfiez-vous, frères...

Zibkine se tut pour éponger son front ruisselant de sueur. Il avait un visage sombre comme une purée de lentilles. Une excroissance de chair pendait de sa paupière gauche sur son œil. Ses sourcils et ses oreilles remuaient drôlement.

— C'est juste! cria quelqu'un. Si nous devons nous battre sous le nouveau régime comme sous l'ancien, ce n'était pas la peine de renverser le tsar.

— Le tsar est renversé, camarades, reprit Zibkine, mais ses domestiques sont en place. Ils exécutent les instructions du maître. Conformément à son désir, les aristocrates et les bourgeois préparent l'extermination du peuple. Mais nous ne nous laisserons pas tuer pour le plaisir de ces messieurs! Notre patrie, c'est notre ventre! Quiconque a le ventre troué n'a plus de patrie! Conservons notre patrie, conservons notre ventre!

— Hourra! C'est juste! Il a raison!

Un petit soldat malingre remplaça Zibkine sur le tas de foin.

— Le camarade Zibkine est un bolchevik, dit-il. Moi, je ne suis d'aucun parti. Je suis soldat. Je parle donc selon mon cœur, et non selon les consignes reçues de mes chefs politiques. Voici mon opinion. Si nous refusons de monter en ligne, nos copains, qui tiennent la position, maudiront notre lâcheté. Ils sont épuisés, couverts de poux. Ils ont droit au repos. La relève ne se faisant pas, ils n'auront pas de repos. Leur repos dépend de notre bonne volonté. C'est comme ça. Je vous conseille donc, non par respect des ordres supérieurs, mais par amour de vos camarades, d'embarquer immédiatement et de partir pour le front.

— Il a raison! C'est juste! Tous les soldats sont frères!

— Alors quoi? Il faudrait retourner là-bas?

— Bien sûr!

— Accrochons la locomotive!

— Plantons nos baïonnettes en terre!

— Non.

— Il est payé par les officiers! C'est l'ordonnance du capitaine!

— Tu savais pas?

— Laquais! Voyou!

— En avant, les gars!

— On part!

— On reste!

Zibkine bondit aux côtés de l'orateur et glapit en balançant sa tête comme un possédé :

— Bougres d'idiots! Cervelles molles! Fils de truies! Vous allez vous laisser conduire comme des veaux à l'abattoir. Qu'est-ce que ça fait que les copains pourrissent dans les tranchées? S'ils en ont assez, ils peuvent faire comme nous, refuser d'obéir, déserter, rentrer chez eux. Loin de les desservir, nous leur offrons une occasion inespérée de se révolter. S'ils manquaient de prétexte, nous leur fournissons un prétexte. S'ils n'étaient pas d'accord, nous les mettons d'accord. Un délégué du Soviet de Pétrograd, qui se trouve par hasard parmi nous, pourra vous donner des nouvelles de la capitale. Il vous dira lui-même que votre devoir est de lever la crosse.

A son tour, Nicolas escalada le tas de foin. Devant lui, s'étalait un potager de faces serrées, où les yeux palpitaient comme des moucherons. Un bourdonnement de vie parvenait en nappe jusqu'à ses genoux. Le soleil était chaud. Une locomotive haletait sur une voie de garage.

— Camarades! cria Nicolas, et il lui sembla que ses poumons sortaient de lui dans cet effort ; camarades, je vous poserai une seule question. Êtes-vous contents de faire la guerre?

Un grondement déferla du fond de la gare :

— Non! Non!

— Désirez-vous que cette guerre cesse?

— Oui.

— De qui croyez-vous que dépende la fin de la guerre?

Les hommes se taisaient.

— La fin de la guerre dépend de vous, de vous seuls, dit Nicolas. En refusant de partir pour le front, vous hâtez la fin de la guerre, vous rendez service à vos camarades des autres régiments, qui, eux aussi, veulent la fin de la guerre ; vous rendez service au pays, qui crèvera de fatigue si la guerre se prolonge ; vous rendez service à vous-mêmes, enfin, car à quoi bon les libertés nouvelles et le partage des terres si vous êtes tués en première ligne pour les beaux yeux de Kérensky?

Tout en parlant, Nicolas observait les figures de ses auditeurs, et l'approbation qu'elles exprimaient lui était pénible. Il leur en voulait d'être sensibles à ses plus mauvais arguments. La pensée des deux soldats allemands et des deux soldats russes fumant des cigarettes au bord de la rivière ne le quittait plus. Sa vie coulait sur deux plans parallèles. Il jouait un rôle que niaient tous ses souvenirs. Peut-être, s'il avait eu un autre passé, sa tâche se fût-elle révélée plus facile. Il fallait oublier le passé. Ignorer le détail Travailler dans le sens de l'Histoire. Comme Zagouliaïeff, comme Lénine, comme tous les grands :

— Voilà pourquoi, camarades, j'estime qu'il serait criminel d'obéir aux ordres de vos supérieurs. Ils ont leurs raisons, vous avez les vôtres. Ils sont une quinzaine, vous êtes plus de mille. Dans une démocratie, la volonté du plus grand nombre doit l'emporter coûte que coûte !

Une immense clameur se dressa, comme une vague, devant lui. Les hommes agitaient leurs bonnets, ouvraient des bouches noires :

— Ça c'est bien parlé !

— En voilà un qui comprend la question !

— Les soldats, c'est pas de la vermine !

— Messieurs les officiers n'ont qu'à bien se tenir !

— A bas la guerre ! Vive l'armée !

Nicolas sauta lestement dans la cohue et se dirigea vers le fond de la gare, pour se soustraire aux ovations des soldats. Il transpirait abondamment. Sa cheville lui faisait encore mal. Un tremblement nerveux dérangeait ses lèvres. Là-bas, le meeting continuait. D'autres hommes, inlassablement, assenaient à la troupe des vérités premières. A travers une rumeur veloutée, Nicolas entendait des bribes de leurs discours :

— Nous devons obéissance au gouvernement provisoire. Nous servons sous le drapeau rouge. Mais quelle est la formule inscrite sur le drapeau rouge ? « La paix sans indemnité et sans annexion. » La paix, vous entendez bien ? Pas la guerre, mais la paix. Pourquoi donc nous parle-t-on encore de la guerre ? Ce sont les officiers qui veulent la guerre, les capitalistes, les sangsues...

Un souffle d'air baigna le front, la poitrine de Nicolas : « C'est très bien ainsi. J'ai tenu parole. J'ai fait ce qu'on attendait de moi. Sans dévier d'une ligne. Droit au but. Un seul objectif. La révolution. Nous gagnerons. » Il alluma une cigarette, mais sa bouche était amère, et il ne trouvait pas de plaisir à fumer.

Subitement, un remous, qui s'élargissait par ondes concentriques, parcourut la foule des soldats. Les officiers sortaient du bureau de la gare. L'orateur avait disparu. Nicolas grimpa sur la roue d'un wagon pour mieux dominer le spectacle. Le colonel commandant le régiment s'était immobilisé, comme un coq, devant ses hommes. Il était sec, tendu, avec un visage de bronze et des jambes longues. Derrière lui, se groupaient quelques officiers aux attitudes molles. Le colonel cria :

— Gredins! La liberté n'est pas l'anarchie. Selon le serment que nous avons prêté, nous devons tous obéir aux consignes du gouvernement provisoire. Puisque le gouvernement provisoire a résolu de continuer la guerre, quiconque s'opposera à cette décision sera considéré comme traître à la patrie. Les communications téléphoniques ont été rétablies. Je viens de parler avec l'état-major du corps d'armée. Si vous refusez de partir pour le front, il est prêt à envoyer un détachement de cosaques pour vous faire entendre raison. Les meneurs seront arrêtés, déférés à la justice militaire. Est-ce là ce que vous souhaitez?

La multitude grise se taisait, respirait lourdement. Il n'y avait ni peur ni colère dans cette collection de figures, serrées joue à joue. Les traits des hommes n'exprimaient qu'une morne curiosité, une patience lugubre. On sentait qu'une pensée lente travaillait la pâte, par le dedans.

— Retournez à vos wagons, comptez-vous par compagnies, reprit le colonel. Si vous vous soumettez, je vous promets qu'il n'y aura pas de sanctions.

Personne ne bougeait. Il semblait à Nicolas qu'une membrane ténue séparait les soldats de leurs officiers. Les deux forces se développaient chacune dans son domaine. Mais il suffisait d'un geste maladroit pour que ce voile de protection éclatât en lambeaux.

— Eh bien? M'avez-vous entendu? demanda le colonel.

Une sensation d'équilibre instable occupait le cœur de Nicolas. Il descendit de son perchoir et s'inséra dans la masse. Un soldat voûté, à la face pelée et luisante comme un oignon, le poussa du coude et dit :

— Il enrage, le vieux. Il va cracher ses dents.

— Dispersez-vous! hurla le colonel. Je vous l'ordonne...

A l'autre bout du quai, des voix graves chantèrent :

Contre notre ennemi, le sinistre vampire,
Contre la bande des prêtres et des maîtres,
Levez-vous, prolétaires de l'univers,
Foule populaire privée de tout...

Un coup de feu partit on ne savait d'où, et des vociférations retentirent :

— A bas la guerre!

— Envoyez promener Leurs Noblesses!

— Rentrons chez nous!

Le colonel porta les doigts à l'étui de son revolver. Mais, vif comme un singe, Zibkine bondit en avant et lui arracha l'arme des mains. Deux officiers empoignèrent le soldat par les épaules.

— A moi, frères! aboya Zibkine.

Un troupeau mugissant déferla de tout son poids sur le groupe. Des portes claquèrent. Quelques officiers fuyaient hors de la gare, en tirant au hasard sur leurs poursuivants. Nicolas se précipita vers le lieu du combat. Il bousculait rudement les soldats qui lui barraient la route. Il glapissait :

— Vous êtes fous! Arrêtez! Cela vous coûtera cher! Vous êtes des révolutionnaires et non des assassins!

Mais nul ne l'écoutait. Une explosion de clameurs déchirait les masques de chair tannée :

— Diables! Vermines rampantes! Amants de chiennes! Il faut saigner les officiers! Leur couper la tête, comme une tranche de pain! Ils ont assez bu notre sang! Goûtons un peu le leur!

Une horreur triste empesait l'âme de Nicolas. Il avait envie de vomir et de pleurer de dégoût. Lorsqu'il parvint aux premiers rangs du rassemblement, il vit Zibkine, la face balafrée, les prunelles dilatées de joie.

Un sourire d'orgueil errait sur son visage obscur, aux pommettes saillantes de Kalmouk. A ses pieds, gisait un lieutenant, la figure tournée contre terre. Les omoplates de l'officier tressaillaient encore sous le tissu de la vareuse. Une marmelade rouge s'élargissait autour de son front. Ses doigts jaunis par le tabac avaient de petits mouvements convulsifs, enfantins. A côté, quatre hommes maintenaient le colonel, plaqué contre le mur de la gare. Le colonel dressait sa tête menue et fine, aux tempes argentées, et regardait, droit devant lui, avec des yeux bleus comme la fleur du lin. La peau hâlée et craquelée de son visage frémissait par saccades. Sa moustache grise et rousse était barbouillée de sang.

— Alors? rugit Zibkine, en fourrant son poing sous le nez du colonel, tu comprends ce qu'il en coûte de braver la volonté du peuple? Tu te repens?

Le colonel serra les dents et baissa les paupières.

— Laissez-le, camarades! s'écria Nicolas. Agissez en hommes civilisés. Montrez-vous dignes de votre décision...

Il ne savait plus ce qu'il disait. Il bégayait de rage et d'impuissance.

— De quoi te mêles-tu? demanda Zibkine. Tu nous as conseillé de ne pas partir. On n'est pas parti. Le reste ne te concerne pas. Nous avons des comptes à régler avec ce fumier à épaulettes. Combien sont morts à cause de lui? Pour qu'il décroche sa croix de Saint-Georges. Pour qu'il ait son nom dans les journaux. Ceux qui ont souffert me comprennent!

— Oui! Oui! On te comprend, camarade! hurlèrent des voix rauques. On te comprend! On t'approuve!

— Attachez-le au poteau télégraphique!

— Trouez-lui la panse, qu'on voie ce qu'il a dedans!

— Foutez-le à poil, d'abord!

— Brûlez-le dans la chaudière de la locomotive!

Nicolas embrassa la foule d'un regard circulaire. Les physionomies qui l'entouraient n'avaient plus rien d'humain. Il ne les reconnaissait pas. De toutes ses forces, il se répétait que les injustices, les horreurs, dans des cas particuliers, ne devaient pas faire perdre de vue l'idée générale de la Révolution ; que, pour une saleté comme celle-ci, il y avait des milliers de dévouements magnifiques, et que l'Histoire en marche traînait toujours une séquelle de cadavres vertueux. Un cri lourd interrompit sa réflexion. Zibkine venait de frapper le colonel au visage. Quelque chose craqua dans la bouche de Nicolas. Il recula, instinctivement. Des morves de sang jaillirent des narines du colonel. Toute sa face devint verdâtre et se déforma, dans le sens de la longueur.

— Sur la gueule! Encore! Encore! Défoncez-lui la mâchoire!

Des poings sales tapaient dans cet obstacle de chair. Sous les coups, la tête du colonel oscillait d'une façon bizarre, comme si elle n'appartenait pas à son corps. Il se taisait, n'offrait aucune résistance. On eût dit qu'il comprenait à quel point son supplice était nécessaire, important, sacré. Il n'avait presque pas l'air de souffrir. C'étaient ceux qui cognaient qui avaient l'air de souffrir pour lui. Leurs figures étaient bouleversées par la douleur. Leurs cris étaient des cris d'effroi. Un soldat aux oreilles décollées, aux yeux bigles, s'arrêta de marteler l'officier et fit un pas en arrière. Il paraissait ivre de pitié, affaibli par l'énergie dépensée en vain. Il tremblait et gémissait :

— Aïe! Aïe Aïe! Malheur! Malheur!

Puis, avec une mine sérieuse, préoccupée, il rejoignit le groupe des tourmenteurs, baissa le front et donna un coup de tête dans le ventre de la victime. Presque en même temps, Zibkine leva son fusil et le lança, crosse en avant, contre le visage du colonel. Les cartilages brisés rendirent un son maigre. Le nez et la bouche s'effondrèrent en une seule plaie noire, touffue, bouillonnante. Dans le masque démoli, souillé, les yeux bleus de lin, à demi sortis de leurs orbites, dardaient un regard terrifiant.

— Ça suffit! cria quelqu'un.

— Non, il respire. Achevez-le!

Quelques coups de feu retentirent, et le colonel s'affaissa, les os ramollis, la figure entourée de vapeur.

Nicolas tourna les talons et s'en alla, les jambes faibles, vers le bout de la gare, Il marmonnait :

— C'est ainsi... On n'y peut rien... Les excès inévitables dont s'accompagne toute révolution...

Zibkine le rattrapa en courant. Il respirait comme un bœuf par une journée de chaleur. Son visage était redevenu simple, coutumier.

— Où vas-tu, camarade? demanda-t-il.

— Je ne sais pas, dit Nicolas. Vous me dégoûtez. Cette mort était inutile.

— Bien sûr, bien sûr, concéda Zibkine. On ne peut pas toujours travailler comme on voudrait. La main est prompte. Tout de même, c'était un sale rat, que Dieu ait son âme!

Il ôta son bonnet, en tira une blague à tabac et se mit à rouler une cigarette entre ses gros doigts bruns, aux ongles cassés.

— Tu leur parleras de moi, à Pétrograd? dit-il en plissant un œil. Tu leur raconteras que je t'ai aidé à soulever le régiment?

L'excroissance de chair qui déformait sa paupière tremblotait comme une petite langue. Une odeur de sueur et de cuir l'enveloppait. Il toussa, cracha, grommela encore :

— Je veux qu'ils sachent mon nom, au Soviet.

— Oui, murmura Nicolas. Je leur dirai tout.

Autour d'eux, se pressaient d'autres troupiers aux faces lourdes, aux regards fautifs.

— Il y a deux lieutenants qui ont pu échapper, dit quelqu'un. Les autres ont été liquidés en douce. On n'a plus de chefs.

— Ah! on en a fait de belles! grogna le petit homme aux oreilles écartées. Quand ils apprendront, à l'état-major...

— C'est le diable qui nous a poussés!
— Comme si le soleil se cachait!
— Quelle punition nous reviendra pour ce massacre de poux?
Zibkine cambra la taille. Le haut de son corps se gonflait comme un ballon. Il gueula :
— Nids de vipères! Fourmilières puantes! Vous regrettez, maintenant?
La matière humaine était floue devant lui. Des repentirs circulaient d'un crâne à l'autre, comme des vers de terre.
— La révolution, dit Zibkine, consiste à nettoyer les champs de toutes les mauvaises herbes et à les ensemencer d'hommes nouveaux. Les officiers sont les mauvaises herbes. Et vous êtes les hommes nouveaux. C'est clair.
— Que faut-il faire? demanda un soldat, long et roux comme une carotte barbue.
— Vous disperser, rentrer chez vous! hurla Zibkine, en serrant ses poings si fort qu'ils blanchirent.
— On nous retrouvera! dit l'homme aux oreilles décollées. Je propose plutôt de marcher vers le front. Sur les positions avancées, personne n'osera rien nous reprocher. Nous raconterons que c'est une bande de malfaiteurs qui a tué les officiers.
— Si vous désiriez retourner au front, s'écria Nicolas, ce n'était pas la peine d'assassiner vos chefs!
— La raison est lente, le sang est vif, répliqua l'autre en soupirant.
Zibkine devint cramoisi et ses mâchoires claquèrent. Il griffait sa vareuse, sur la poitrine, à deux mains. Il vociférait en crachant des bulles de salive :
— Semences de souris! Ordures ambulantes! Fils de louves!
— Te fâche pas, frérot!
— Comment ne pas me fâcher? Et votre conscience de classe, qu'en faites-vous, mortels? Oubliez-vous que vous êtes les purs enfants de la révolution? Que

ceux qui veulent partir pour le front lèvent la main.

Hors de la masse unie, une récolte de mains se dressa, palpita doucement. Tous souhaitaient remonter en ligne. Nicolas haussa les épaules. Plus rien ne l'étonnait, il était indifférent à tout. Zibkine, en revanche, se refusait à comprendre. Le menton haut, les yeux saillants, il geignait :

— Ce n'est pas possible! On vous a ensorcelés, camarades! Quand on a fait ce que vous avez fait...

Les hommes se dispersaient sans répondre. Des vides de plus en plus nombreux s'arrondissaient comme des pelades dans l'auditoire. Derrière les barrières de la gare, quelques filles en robes claires observaient le rassemblement.

— Que faites-vous là, putains? cria Zibkine.

Les filles s'envolèrent en poussant des piaillements effarouchés :

— Oh! maman! Oh! sœurette! Les gros mots tombent de sa bouche comme le crottin d'une queue de jument!

Déjà, les sous-officiers groupaient les hommes par compagnies. Le chef de gare, un vieillard friable, à la casquette trop petite, aux vêtements lâches, parut sur le seuil de son bureau. Il s'était caché pendant toute la durée des événements. Maintenant, il reprenait courage, bombait le torse, criait :

— C'est insensé! Je ferai un rapport!

Le télégraphiste et un porteur traînaient les corps du lieutenant et du colonel vers la salle d'attente. Des appels retentirent :

— Compagnie, à mon commandement!

— Où sont les wagons de la deuxième?

— En ordre! En ordre! Ne bousculez pas!

Le chauffeur et le mécanicien de la locomotive passèrent devant Nicolas en rigolant. Zibkine se rongeait les ongles.

— Des moutons, des moutons frisés, répétait-il avec une intonation lasse et triste.

— Es-tu sûr, demanda Nicolas, qu'on mettra une locomotive à notre disposition?

— Oui, dit Zibkine. Le télégraphiste, qui est président du comité de la station, me l'a promis. La machine est sous pression sur une voie de garage. Jusqu'à Dorpat, le trajet est assuré. Après...

— On se débrouillera.

— Ah! j'en pleurerais, dit Zibkine.

Et il s'essuya le front avec le revers de sa manche.

Les tampons de choc des wagons se heurtèrent avec violence. Des cris de joie résonnèrent dans les caisses de bois :

— Hourra! En avant! A bas la guerre!

Quelque part, des voix enrouées chantaient :

Nous sommes le feu de l'incendie universel,
Le marteau qui brisa les chaînes de l'esclavage!
Le communisme est notre drapeau rouge
Et la lutte est notre formule sacrée...

« Sont-ce vraiment des assassins? pensa Nicolas. Pourquoi un tsar, en déclarant la guerre et en précipitant son pays dans une aventure sanglante, se trouve-t-il être dans son droit, alors que Zibkine, en fracassant le visage du colonel, doit être considéré comme un meurtrier? Pourquoi tel officier qui entraîne son régiment à un massacre certain est-il un héros, et tel soldat, qui tue cet officier, une crapule? Pourquoi mille morts sont-elles moins déplorables qu'une seule mort? »

La locomotive siffla longuement. L'odeur âcre, angoissante de la fumée rabattue par le vent s'engouffra dans la bouche de Nicolas. A travers ce voile de suie, la lueur du soleil devint rougeâtre. Aux portières des wagons, pendaient des grappes de figures hilares.

— Adieu, frérots!

— Faut pas nous en vouloir!

— On est comme on est!

— On se reverra!

Les sons d'un accordéon se mêlèrent au chuintement furieux de la machine. Zibkine brandit son poing dans la direction du convoi. Des larmes brillaient au bord de ses paupières flasques.

— Tout avait si bien commencé! dit-il.

Les quais étaient nus, semés de paperasses, de crachats et d'écales de tournesol. Une femme lavait à grande eau les traces de sang, devant le mur de la gare.

III

Le ministre de la Guerre, Kérensky, ayant recommandé d'agir avec tact dans les cas d'insubordination collective, l'état-major du 21ᵉ corps d'armée avait décidé de soumettre l'affaire du massacre des officiers à la compétence des délégués de l'armée, et non du juge d'instruction militaire. Le régiment mutiné avait échoué à Ropp, au nord de Riga, et s'était laissé désarmer par la garnison locale. Le commissaire Weinstein, muni de consignes précises du Comité des délégués, s'était rendu en auto sur les lieux. Pour assurer sa protection et opérer les arrestations indispensables, le haut commandement l'avait fait convoyer par un escadron de hussards d'Alexandra. Akim, qui dirigeait la manœuvre, n'était pas tranquille sur ses conséquences finales. En effet, depuis la proclamation du fameux ordre du jour nᵒ 1, les hommes n'obéissaient qu'à contrecœur aux injonctions de leurs officiers, soignaient mal leurs chevaux, protestaient contre la médiocrité de la nourriture, refusaient, pour un oui, pour un non, de prendre leur tour de faction ou d'accomplir une corvée. Les comités d'escadron organisaient des réunions houleuses, votaient des motions, envoyaient des rapports à Pétrograd. Il fallait dépenser beaucoup de patience et de diplomatie pour maintenir l'efficacité combative du régiment. Quelle serait la réaction des hussards au cours de cette expédition contre leurs camarades? Nul ne pouvait le prévoir. Mais Akim redoutait qu'ils se sentissent plus proches des rebelles que des justiciers.

Après l'extermination de leurs chefs, de nombreux soldats s'étaient dispersés, en cours de route, dans la campagne. Les restes de l'unité étaient gardés à vue, dans un camp, en pleine forêt, à l'ouest de Ropp. L'auto de Weinstein roulait sur un chemin sablonneux, bordé de marécages et d'arbustes nains. Akim chevauchait à ses côtés. Le visage du délégué était jaune et mou, maladif, bilieux. Il tenait ses paupières baissées. La sueur coulait sur ses joues rasées de près. Sans doute préparait-il en esprit les termes de la semonce officielle. On voyait remuer ses lèvres grises. De part et d'autre de la route, se dressaient maintenant des sapins élancés, aux troncs écailleux et rougeâtres. De petites fleurs mauves piquaient, çà et là, les massifs de bruyère.

L'auto s'arrêta dans une vaste clairière où s'alignaient des tentes de toile bise. Un millier de soldats étaient parqués là, sous la surveillance de quelques sentinelles cosaques. Sur un ordre d'Akim, les hussards d'Alexandra encerclèrent le rassemblement. Akim lui-même vint se planter à la droite de la voiture, et considéra avec dégoût ce cheptel d'hommes hâves et dépenaillés. S'il avait été à la place de Weinstein, il ne leur aurait pas adressé de discours, mais les aurait tous passés par les armes. Cependant, le gouvernement provisoire avait peur des soldats. Ses représentants faisaient du charme pour conquérir les suffrages d'une plèbe inculte. Portant ses yeux vers le délégué, Akim le vit se dresser dans l'auto, gonfler les narines, comme pour prendre la respiration avant une plongée. Son profil sémite, au nez busqué, à la bouche épaisse, se détacha d'une manière saisissante sur le fond vert sombre des sapins.

— Camarades, cria Weinstein, vous avez devant

vous un membre du Comité des délégués de l'armée, et non un juge d'instruction militaire! Le Comité des délégués de l'armée m'a chargé de régler votre affaire selon les principes de la légalité démocratique. Je ne ferai donc pas de phrases inutiles : Vous avez eu tort!

Éberlués par le ton paternel de cette réprimande, les soldats se regardaient en souriant vaguement. Akim, les mâchoires crispées, le cœur en révolte, avait peine à se contenir.

— Vous avez eu tort, reprit Weinstein. Si vous aviez à vous plaindre de vos supérieurs, vous pouviez en référer au Comité des délégués du régiment, qui aurait acheminé votre requête selon la voie normale, et les officiers auraient été déplacés. Au lieu de cela, vous avez agi avec une inconséquence coupable, et me voici forcé de prendre des sanctions. Croyez-moi, ce n'est pas de gaieté de cœur que j'assume ce rôle envers mes frères d'armes. Voyons, réfléchissez, camarades. Est-il admissible qu'en temps de guerre, et après avoir prêté serment au gouvernement provisoire, vous mettiez à mort les chefs chargés par ce même gouvernement provisoire de vous conduire au combat?

— Les chefs étaient mauvais! cria une voix grave et seule.

— C'est possible. C'est même probable. La question n'est pas là, répliqua Weinstein. Ils étaient tout de même vos chefs, et vous n'aviez pas qualité pour..., enfin pour faire ce que vous avez fait.

— Ils nous avaient provoqués, dit un soldat à la face marquée de petite vérole.

La lumière coulait sur son visage comme l'eau sur un lit de cailloux. Aussitôt, ses voisins, enhardis, se joignirent à la protestation :

— Oui... Oui... Ils nous avaient provoqués!...

— On n'est pas des chiens!...

— Quand le soldat ouvre la bouche, on dit toujours qu'il a tort, parce qu'il manque d'instruction!

— Ceux qui disent cela sont des criminels! s'écria

Weinstein avec un geste pathétique vers la cime des arbres.

— Eh bien, nos officiers le disaient, grogna le soldat à la face criblée de trous.

Weinstein se troubla et un peu de sang rose colora ses joues.

— Camarades, dit-il enfin, il est inutile de jouer au plus fin avec moi. J'ai dans ma serviette les dépositions du chef de gare, des porteurs et de quelques habitants de la localité, sur votre affaire. La vérité m'est connue dans ses moindres détails.

— La vérité est dans le cœur du soldat! hurla un colosse au crâne rasé et bleuâtre. Le soldat est un martyr dévoré de poux!

Akim lança un coup d'œil dans la direction des hussards. Il lui sembla que leurs figures lointaines exprimaient l'approbation et la pitié. Son cœur se serra d'angoisse. « Pas eux!... Pas eux!... Il ne faut pas qu'ils se laissent contaminer par cette pourriture étalée au soleil... » Il se sentait tout à coup isolé, désarmé devant un énorme mensonge. Quelque chose de beau, de rare, de respectable, était sur le point de mourir. Il eût éprouvé le même écœurement devant la mutilation d'une œuvre d'art. Il frissonna, changea de position sur sa selle, dure et chaude. Le cri d'un canard retentit du côté des étangs. « Ce doit être un mâle », pensa Akim. Et un peu de douceur entra dans sa chair.

Un remuement insolite agitait la foule. Les figures, qui étaient toutes primitivement tournées vers le délégué, changeaient d'orientation. Certains visages se présentaient de profil, d'autres de trois quarts. Il y avait même quelques soldats qui montraient le dos à l'orateur. On eût dit des cuillères jetées en vrac dans un tiroir. Ce désordre inquiétait Akim. Visiblement, l'éloquence ronronnante de Weinstein était incapable de convaincre et d'unir cette horde de lâches, de déserteurs et d'assassins. Il fallait renoncer aux paroles. Employer la manière forte. Au premier rang, un soldat à l'air idiot mâchait un bout de viande de conserve.

— Reconnaissez avec moi, camarades, criait Weinstein, que vous avez abusé de la liberté qui vous était offerte. Excités par des agitateurs, vous avez massacré d'honnêtes serviteurs de la république. Je ne prétends pas que vous soyez tous responsables de ce crime. Mais il y a, parmi vous, des vauriens dont je désire purger le régiment.

— Il n'y a pas de vauriens parmi nous! glapit l'homme au crâne rasé.

— Quels sont les instigateurs de la révolte? reprit Weinstein. Il me faut des noms.

— Le principal s'est enfui, dit quelqu'un.

— Comment s'appelait-il?

— Zibkine.

— Ce Zibkine n'a pas pu, à lui seul, tuer une dizaine d'officiers! s'exclama Weinstein.

— Non. Il y avait aussi un homme de Pétrograd, délégué par le Soviet. On ne l'avait jamais vu avant. C'est lui qui a tout fait avec Zibkine.

Weinstein toussota dans son poing :

— Évidemment. C'est facile d'accuser les absents! Et puis?

— Et puis, rien.

— Les complices?

— Pas de complices.

Le délégué mit les poings sur ses hanches et baissa le menton. Malgré ces dispositions conciliantes, la colère commençait à le gagner. Mais il avait peur de compromettre sa mission en brusquant les soldats. Akim devinait qu'un combat de mots se poursuivait dans la grosse tête de Weinstein. Il eut envie de se pencher vers le commissaire pour lui expliquer que toute discussion était impossible avec cette armée de brutes, et qu'il fallait les menacer au lieu de mendier leur sympathie. Il grommela :

— Ils ne méritent pas qu'on prenne tant d'égards avec eux!

Weinstein se tourna vers lui et prononça sèchement :

— J'ai reçu des instructions formelles.

— Faites comme il vous plaira, dit Akim.

— Camarades, gronda Weinstein, en ouvrant une grande bouche ovale, vous me placez dans une situation difficile. J'ai promis au Comité de régler votre cas à l'amiable. Si vous ne me livrez pas les responsables de l'agitation, je serai obligé de reconnaître publiquement que la tâche a dépassé ma compétence, et on transmettra le dossier au juge d'instruction militaire. Vous ne gagnerez pas au change, je vous l'affirme. Je ne suis pourtant pas très exigeant. Désignez-moi cinq ou six meneurs, et je m'en contenterai. Cette mesure servira d'exemple aux autres...

Il se tut et s'épongea le visage avec un mouchoir sale. La doublure de sa poche pendait sur sa hanche. Il y avait des taches de graisse sur sa braguette. Devant lui, le régiment s'enfonçait dans un silence hostile. Comme une matière liante et pesante, la foule refusait de se laisser émouvoir.

— Cinq ou six noms, pas plus, reprit Weinstein, sur un ton de commisaire-priseur.

Le soleil couchant incendiait la cime des arbres. Des corneilles rouges volèrent avec lassitude au-dessus des branches. Un chien aboya. Une cloche tinta. Weinstein gonfla les joues :

— Non? Vous ne voulez pas? Mettons trois ou quatre alors?

A ces mots une rumeur de vie naquit dans les profondeurs de la masse. On se poussait du coude. On s'interpellait doucement :

— Tout de même... Trois ou quatre... Y a pas de raison... Ceux qui ont fait le coup n'ont qu'à payer...

Au premier rang, le petit soldat idiot continuait de

mâcher des lambeaux de viande, comme si cette harangue ne le concernait pas. Le colosse à la tête rasée s'avança vers le commissaire et dit d'une voix lente :

— Camarade délégué, la plupart des meneurs se sont enfuis. D'autres sont dans les tranchées. Ici, il n'y a que des innocents...

— Je ne vous crois pas ! piaula Weinstein d'une voix hystérique. Je considère votre attitude comme un manquement à la discipline révolutionnaire, comme une atteinte au pouvoir du Soviet ! Je prendrai donc des mesures qui s'imposent ! Je ferai un rapport ! Je signalerai que...

Quelques hommes enlevèrent leur casquette et l'enfoncèrent de nouveau sur leur crâne. Des bras se haussaient, s'abaissaient à contretemps. Un mot, timidement prononcé, courut de bouche en bouche.

— Grégorieff...

— C'est Grégorieff...

— Quel Grégorieff ? demanda Weinstein.

Une dizaine de mains se tendirent vers le petit soldat au visage idiot, qui mâchait sa viande en se dandinant d'une jambe sur l'autre.

— Lui...

— Lui seul...

— Oui... Oui... C'est lui le meneur...

Grégorieff se figea au garde-à-vous et demeura ainsi les yeux écarquillés, la bouche molle. Subitement, un son plaintif sortit de lui comme un long ruban.

— Eh ! Eh ! Quoi ? Pourquoi ?

Weinstein poussa un soupir de soulagement. Il tenait son coupable. Se tournant vers Akim, il dit rapidement :

— Arrêtez-le !

Sa figure tremblait comme après un effort considérable. La sueur ruisselait de ses sourcils. Akim fit un signe, et deux hussards mirent pied à terre et se détachèrent du rang. Lorsqu'ils s'approchèrent de Grégorieff, le malheureux beugla :

— Laissez-moi, frérots! Je n'ai rien fait! Vous savez bien que je n'ai rien fait! Frérots! Fré-rots!

— Emmenez-le, dit Akim avec dégoût.

Mais Grégorieff, qui s'était jeté à plat ventre, se débattait et sautillait comme un brochet dans l'herbe. On le releva. On le traîna par les aisselles. Ses jambes ballottaient derrière lui. Des cris secs claquaient dans sa gorge, à chaque pas. L'un des hussards lui donna un coup de coude dans les dents pour le faire taire. Alors, Grégorieff éclata en sanglots. Il hoquetait :

— Hou! Hou! Ne m'abandonnez pas! Hou! Hou! Frérots!

En passant devant Akim et le commissaire, il dressa le cou vers eux et gémit encore :

— Il ne faut pas... Vous ne pouvez pas... Ce n'est pas la justice!...

Son visage était marbré de poussière. Ses prunelles à fleur de tête trahissaient une épouvante religieuse. Des filets de bave rose reliaient son menton à sa poitrine. Akim détourna les yeux. Parmi les soldats, quelqu'un dit :

— Que Dieu nous pardonne... De toute façon, c'était un imbécile...

Sur le chemin du retour, Akim chevauchait, le front bas, à la tête de son escadron. L'arrestation de Grégorieff avait laissé dans son esprit une trace honteuse. Comme toujours, les vrais responsables du scandale échappaient à la punition, et on se contentait, pour sauver les apparences, d'accabler un gredin secondaire. Cette fuite continuelle des pouvoirs publics devant leurs responsabilités finirait par amener le pays à la ruine. S'il ne se trouvait personne pour accepter d'être impopulaire, la Russie entière s'effondrerait dans le chaos. Les méthodes des Kérensky et des Weinstein prouvaient une méconnaissance totale de l'état d'âme du soldat russe. Ils s'adressaient à lui comme à un être raisonnable, évolué, frotté de culture occidentale. Ils oubliaient les siècles d'ignorance, de paresse et de mysticisme borné qui avaient formé cet artilleur, ce cavalier, ce fantassin anonymes. Ils lui donnaient une liberté dont il était incapable de concevoir les limites. Ils le forçaient à croire que rien n'était sacré, puisque le tsar était descendu de son trône. La résistance russe s'était considérablement affaiblie sur tous les fronts. Depuis la chute de Riga, qui avait eu lieu la semaine précédente, les troupes battaient en retraite dans la direction de Wenden. Les hussards d'Alexandra avaient été, à plusieurs reprises, engagés dans de sanglants combats d'arrière-garde, le long de la voie ferrée. Si les Allemands n'exploitaient pas plus rapidement leurs avantages, c'était qu'ils préféraient ménager leurs forces et laisser les lignes russes se désagréger d'elles-mêmes sous l'effet de la propagande bolchevique. Un seul homme pouvait encore redresser la situation : le général Korniloff. Quelques jours plus tôt, ce grand chef avait fait entendre, au Congrès de Moscou, la voix de l'honneur et de l'expérience. Face à Kérensky, il avait exigé le rétablissement de la discipline dans l'armée, la revalorisation de l'autorité hiérarchique, la restriction de la compétence des comités élus. Et tout l'auditoire, excepté les représentants des soldats, avait acclamé ces paroles courageuses et saines. Dans l'entourage d'Akim, on prêtait au général Korniloff l'intention d'organiser un coup d'État militaire pour renverser Kérensky. Selon les renseignements que des officiers permissionnaires rapportaient de Pétrograd, la date de cette contre-révolution était fixée à la fin du mois d'août. On citait même le nom des unités qui, gagnées à la cause de Korniloff, participeraient à l'insurrection. Cependant, Akim redoutait que cet espoir s'achevât, lui aussi, par une déception sanglante. Le spectacle du régiment mutiné l'avait rendu pessimiste. Jamais encore la Russie ne lui avait paru plus malade et plus sale qu'aujourd'hui. Les hussards eux-mêmes semblaient travaillés par le souvenir de cette scène honteuse. Ils avaient des visages mornes, fermés. Ils ne chantaient pas. C'était un escadron de vaincus qui chevauchait silencieusement à travers la forêt. Une odeur funèbre de feuilles pourries montait de la terre. Des souches d'arbres carbonisés bordaient le chemin. Çà et là, brillaient les fruits rouges de l'aubépine. Le ciel était triste. On sentait qu'il allait pleuvoir.

Akim se tourna sur sa selle. Dans une sage rumeur de sabots, l'escadron le suivait, gris et correct, entre les feuillages noirs. Les fusils se balançaient un peu derrière les épaules. Les étriers tintaient. Des voix parlaient, libérées par l'ombre :

— Ici la terre n'est pas mauvaise. Mais chez nous, c'est du sable.

— On peut vivre même dans du sable.

— Ce n'est pas juste que les uns aient du sable et les autres de la bonne terre.

— Calme-toi, compère, les bolcheviks ont pensé à ça. Ils pensent à tout, les bolcheviks. Ils savent ce que le peuple demande.

— Chaque bouche veut son quignon de pain.

— Mais les uns s'empiffrent, et les autres sucent leur salive.

— Les Allemands aident les bolcheviks. Ce sont eux qui ont fait venir Lénine. Ils lui ont donné plusieurs millions pour le dérangement. C'était dans les journaux.

— Et puis après? Ça n'empêche pas que Lénine aime le peuple.

— Il est juif, ton Lénine?

— Mais non, frère. Il est Russe. C'est Trotsky qui est juif.

— Paraît que le général Korniloff va manger les bolcheviks.

— Il se cassera les dents.

— Oh! carne. Brr! Que vont-ils faire du type qu'on a arrêté?

— Le juger, le mettre en prison. C'est le sort du soldat. Obéis ou crève.

— Moi, ça m'a retourné l'âme de voir ces pauvres gars ramassés comme un troupeau de moutons dans la clairière.

— Ils avaient tout de même tué leurs officiers.

— Peut-être que les officiers ne méritaient pas autre chose? J'en ai connu des officiers qui ne méritaient pas autre chose. J'en connais encore.

— Tais-toi, Karpoff. Ta langue siffle quand tu parles. On t'entend de loin.

— Et alors? Tout le monde peut entendre. Je suis libre de dire ce qui me plaît. On est en république, ne l'oubliez pas, camarades!

Les voix se turent. Pendant longtemps, Akim ne perçut que le bruit des sabots sur les cailloux et le grincement monotone des selles. La nuit venait. On distinguait à peine le tracé pâle et sinueux de la route. Une étoile brilla au ciel. Un hibou lança son ululement prolongé. Akim frissonna de mélancolie.

— Tant que le soldat n'aura pas pris conscience de sa liberté et de sa dignité démocratique, reprit Karpoff, ses supérieurs continueront à le traiter comme un pois chiche. Même chez nous, les officiers se moquent de leurs inférieurs et s'enrichissent à leurs dépens.

— Pourquoi dis-tu ça, épervier de malheur?

— Parce que c'est la vérité. Nous a-t-on distribué l'argent du bois de chauffage?

— Non... non... on n'a rien distribué...

— Il y a une somme prévue pour l'achat du bois de chauffage au budget de l'escadron. Or, nous avons toujours pris notre bois de chauffage dans la forêt, sans rien payer à personne.

— Sans rien payer à personne, c'est exact.

— L'argent économisé de la sorte aurait dû être partagé entre les hussards.

— Oui.

— Quelqu'un a préféré le garder pour lui.

— Qui ?

— Regardez les plus hautes branches, et vous comprendrez, aveugles !

Il y eut des éclats de rire. Akim, la face gonflée de sang, voulut tourner son cheval et galoper jusqu'à Karpoff pour le cingler d'un coup de cravache. Mais il songea aussitôt que cette réaction brutale serait interprétée par les hussards comme un aveu. Karpoff méritait une autre réponse, un autre châtiment. Dès demain, Akim réunirait l'escadron et s'expliquerait devant le front des troupes. L'ingratitude et la bassesse de ses hommes lui faisaient mal. Il ne reconnaissait plus en eux les héros de tant de combats. La maladie révolutionnaire les avait empoisonnés, comme les autres. Ils n'étaient plus, comme les autres, que des imbéciles bavards, paresseux et sournois : des prolétaires. On chuchotait dans son dos. Impossible de discerner la moindre parole. La cavalcade piétinait les mots comme des feuilles mortes. Des battements d'ailes animaient de sombres fourrés. Quelques cigarettes s'allumèrent. La fumée légère du tabac se dilua en nappes au-dessus des rangs. Plus tard, une lueur grise se glissa entre les arbres, annonçant la lisière du bois. On entendit sonner une enclume, dans le silence nocturne. Le cantonnement était proche. Akim ferma les yeux et souhaita mourir.

Le lendemain matin, il fit assembler tout l'escadron dans le hangar qui servait d'abri au 2e peloton, et le maréchal des logis-chef, Stépendieff, procéda à l'appel nominatif. Les hussards avaient des figures épaisses et calmes. Ils considéraient leur chef avec respect. Akim repéra la silhouette de Karpoff au premier rang, et cria d'une voix tonnante :

— J'ai entendu dire que les hussards se plaignaient de n'avoir pas touché l'argent du bois de chauffage. Est-ce exact ?

On eût dit qu'un même voile passait devant les yeux des hommes. Leurs regards devenaient ternes et lointains. Un vieillissement précoce abaissait les têtes et courbait les épaules.

— Est-ce exact ? répéta Akim. Qui est l'instigateur de cette calomnie ?

Un silence humble lui répondit. Au fond du hangar, des chevaux entravés bottèrent dans la paille. Un garde d'écurie grogna :

— Hô ! Hô ! diablesses à crinières ! Que votre mère soit...

— Vous préférez vous taire ? reprit Akim. Je parlerai donc pour vous. Il est vrai que l'escadron n'a pas acheté de bois de chauffage depuis plusieurs mois. Il est vrai qu'une certaine somme a pu être économisée de la sorte. Il est vrai que cette somme se trouve en ma possession. Mais, puisque vous exigez des comptes, au lieu de faire confiance à votre commandant, sachez que c'est vous qui me devez de l'argent, et que j'entends être réglé jusqu'au dernier kopeck !

Un murmure d'étonnement sortit comme une buée de la foule des hussards.

— Cela vous surprend ? demanda Akim, qui maîtrisait mal son impatience. Écoutez donc, bougres d'ânes ! Qui a payé, à deux reprises, sur l'ordre du colonel commandant le régiment, pour le foin que vous avez dérobé aux paysans ? Qui a payé pour la pelisse volée par Ivanoff à la devanture d'un magasin juif ? Qui a payé pour le miel indûment réquisitionné chez le marchand, par les hommes du 2e peloton ? Qui a payé pour les épaulettes et les insignes de l'escadron ? Qui a payé pour les colis aux camarades blessés ? Voici mon carnet de notes. D'après mes comptes, que vous pourrez vérifier, j'ai touché deux cent vingt roubles pour l'achat du bois de chauffage, et j'ai dépensé, sans rien vous dire, mille sept cent trente-deux roubles et soixante-quinze kopecks, de mon argent personnel, pour améliorer votre subsistance. Vous me devez donc mille cinq cent douze roubles soixante-quinze kopecks. Je les retiendrai sur votre solde. Est-ce là ce que vous désirez ?

Une consternation puérile ramollissait les visages. Les hussards respiraient difficilement, marmonnaient des paroles confuses. Devant leur embarras, Akim résolut de pousser son avantage.

— Vous êtes des imbéciles et des ingrats ! dit-il en haussant la tête. Le premier agitateur venu vous débite ses mensonges et vous les gobez avec délices. Le parti bolchevique est dirigé par une bande de filous aux gages de l'État-Major allemand. Ils vendent leur patrie, non pour trente deniers, mais pour quelques millions de marks. La nation est en danger de mort. L'étranger nous attaque de l'extérieur, le bolchevik de l'intérieur. Ils sont d'accord pour étouffer la Russie dans un bain de sang. Déjà, des régiments se soulèvent, refusent de combattre, massacrent leurs officiers. Et les Allemands se réjouissent. Êtes-vous des Allemands pour applaudir aux malheurs de la Russie ? êtes-vous des Allemands pour obéir aux ordres d'un traître tel que Lénine ? êtes-vous des Allemands pour tolérer qu'on manque de respect à vos chefs ? Je crois vous avoir suffisamment prouvé mon amitié et mon loyalisme au cours de cette guerre pour que vous m'écoutiez plutôt que n'importe quel voyou !

Tandis qu'il parlait, Akim sentait croître autour de lui la sympathie et l'approbation de ses hommes. L'atmosphère devenait chaude, fraternelle. Il était pris dans la masse des âmes. Il commandait de nouveau. Subitement, il avisa Karpoff, qui, d'un air négligent, tirait un ruban rouge de sa poche et le nouait à son épaulette. Une colère foudroyante faucha la tête d'Akim. Comme privé de raison, il s'entendit glapir d'une voix aiguë :

— Enlève cette ordure !

Au lieu d'obéir, Karpoff, plissant les yeux et souriant d'une manière effrontée, continuait d'attacher le ruban.

— M'entends-tu, vermine? gronda Akim en faisant un pas en avant. Ote ce ruban.

— Excusez, monsieur le lieutenant-colonel, dit Karpoff, mais vous ignorez peut-être que la liberté a été proclamée en Russie, et que le port du ruban rouge est autorisé dans tous les régiments.

Le ruban rouge grandissait devant les yeux d'Akim, battait de l'aile, comme un papillon sanglant. Un rayonnement écarlate venait de ce coin du hangar. Akim dégagea son revolver de l'étui et le braqua sur Karpoff en hurlant :

— Obéis-moi!... Immédiatement!... Sinon!...

La figure de Karpoff recula, vibra un peu, tel un reflet dans une fenêtre qu'on ouvre. Un jet de salive gicla entre ses dents, et toucha terre avec un bruit mou.

— Le ruban! dit Akim.

Le chien du revolver se leva lentement. Karpoff suivit du regard le mouvement de la pièce d'acier. Il clignait des paupières. Ses lèvres tremblaient. Enfin, il détacha le ruban. Le papillon rouge disparut. Une vague fraîche emplit la poitrine d'Akim.

— Et que je ne te voie plus jamais avec cette loque sur l'épaule! dit-il. Sinon, je t'abats comme un chien.

Il sortit du hangar. Avant l'aube, une forte averse était tombée sur le hameau. La terre était spongieuse. Une vapeur fine oscillait derrière les toits des maisons, lustrés comme des plumages. Le disque du soleil montait dans le ciel, à travers les draperies mauves et roses. Quelques officiers s'étaient groupés devant la chaumière d'Akim. Le cornette Vijivine se détacha du cercle et cria :

— Une grande nouvelle!

— Quoi! demanda Akim, et il fit un saut pour éviter une flaque miroitante où nageaient des fragments de paille.

— Je reviens du télégraphe. Le généralissime Korniloff a ordonné au général Krymoff de marcher sur Pétrograd. A l'heure qu'il est, le 3e corps d'armée doit être tout près de la capitale. Les jours de Kérensky sont comptés. Et ceux des bolcheviks par la même occasion!

— Dieu vous entende, murmura Akim.

Et pour la première fois depuis longtemps, un sourire éclaira son petit visage sec et basané.

IV

Depuis son retour à Ekaterinodar, Nina menait une existence douloureuse et dénuée de sens. Accaparée par le souvenir de Siféroff, elle ne trouvait de plaisir que dans l'évocation minutieuse du passé. Jour après jour, repliée sur une collection d'images, comme un avare sur son trésor, elle classait, comptait, époussetait, arrangeait les restes sacrés du naufrage. La recherche d'une phrase qu'avait prononcée Siféroff, ou de la nuance exacte de ses yeux, l'occupait pendant des heures entières. Quand sa mémoire s'était enrichie d'une précision nouvelle, elle était heureuse. Totalement requise par ce travail intérieur, elle ne prêtait qu'une attention superficielle aux êtres et aux choses qui l'entouraient. Elle savait confusément qu'autour d'elle naviguaient des parents, des amis, un mari, que les hommes faisaient la guerre, que la pluie tombait, que le soleil luisait, que le pain n'était pas aussi blanc qu'autrefois et qu'il n'y avait plus de tsar en Russie. Mais cette agitation extérieure n'entamait en rien la merveilleuse perfection de sa solitude. Le visage de Mayoroff lui paraissait être celui d'un étranger. Elle s'étonnait encore de porter le même nom que lui et de partager sa chambre. Selon son cœur, elle était l'épouse de Siféroff et n'avait pas d'autre maison que des hôpitaux de fortune, délabrés et puants. A plusieurs reprises, elle avait même eu la sensation que Siféroff n'était pas mort et qu'elle attendait un enfant de lui. Une rêverie consistante l'isolait alors au centre du monde. Un sourire de fierté errait sur ses lèvres. Elle ouvrait les mains, comme pour laisser échapper les derniers liens qui l'attachaient encore à la réalité. Cette désaffection du présent était douce comme le glissement d'un navire vers le large. Nina appareillait, béate et seule, pour l'immense consolation du songe. Elle quittait la tasse de thé, la nappe, le samovar, les rideaux habituels et la figure dodue de Mayoroff, qui se balançait comme une bouée à la frontière de l'univers solide. Puis, un bruit de voix, un tintement de cuillère, ou tout autre motif misérable, arrêtaient net le voyage. Tirée violemment par les cheveux vers la berge, Nina se retrouvait face à face avec toutes les preuves de la vérité, rangées dans un ordre implacable. Une assemblée d'objets, de visages, de sons, l'accusaient de mensonge et exigeaient sa soumission aux règles de calcul du temps. Mayoroff disait : « Ninouche, ma chérie, à quoi pensais-tu ? » Elle lui souriait, d'un air égaré, à travers les derniers lambeaux de son illusion, et répondait : « Ce n'est rien... J'étais ailleurs... Un peu de migraine... »

Au début, Mayoroff avait espéré que le retour de Nina marquerait la reprise de leur vie conjugale. Mais, très vite, il avait dû constater qu'une inconnue s'était installée, avec elle, dans la maison. Malgré les prières, les menaces et les appels à la raison, Nina s'obstinait à ignorer ses devoirs d'épouse. Elle se refusait à Mayoroff, sous les prétextes les plus divers. Souvent même, lorsqu'il s'approchait d'elle pour l'embrasser, elle se jetait en arrière, avec une expression d'horreur et de lassitude, criait : « Non, non, par pitié! » Et Mayoroff, dégrisé, honteux, battait en retraite. Par moments, il se disait qu'elle était devenue folle, et il avait peur d'elle, hésitait à la contrarier. Il se documentait dans des livres de médecine sur la psychologie des femmes frigides. Il accusait la guerre d'avoir bouleversé le système nerveux de Nina. En désespoir de cause, il avait fini par avouer à ses beaux-parents sa déception de mari frustré. Constantin Kirillovitch lui avait conseillé de laisser faire le temps. Zénaïde Vassilievna lui avait promis de sermonner sa fille. Mais, dès qu'elle avait voulu confesser Nina, la jeune femme avait coupé court à l'entretien en déclarant que, si on l'interrogeait encore sur des sujets intimes, elle demanderait à repartir avec les formations sanitaires du front. Depuis cet incident, Nina évitait de rencontrer sa mère seule à seule et manifestait à son égard une désolante froideur. Elle ne consentait à se délier et à rire qu'en présence de son père. Il lui semblait que Constantin Kirillovitch, contrairement à Zénaïde Vassilievna, la comprenait, l'approuvait, sans oser le dire. Entre le docteur et sa fille s'était instituée, peu à peu, une sorte d'amitié silencieuse. A l'hôpital, où Nina travaillait comme infirmière, c'était auprès de son père, et non de son mari, qu'elle quêtait des instructions. Sa besogne achevée, elle marchait parfois avec Constantin Kirillovitch dans le parc municipal. Durant ces promenades, ni lui ni elle n'évoquaient les soucis qui leur tenaient au cœur. Mais tous deux se sentaient unis par une alliance charmante qui dépassait l'usage des mots. Rentrée chez elle, Nina éprouvait l'impression d'avoir vidé son âme devant un confident discret, et que tous les problèmes de son existence se trouvaient du même coup résolus. Constantin Kirillovitch, de son côté, était persuadé d'avoir donné d'excellents conseils à sa fille, bien qu'il n'eût ouvert la bouche que pour parler du temps, des malades ou de la hausse des prix. Et tous deux attendaient, avec impatience, l'occasion de renouer ces conciliabules, où il était question de tout, sauf de ce qui les préoccupait réellement.

Le premier dimanche de septembre, Mayoroff se trouvant de garde à l'hôpital, Constantin Kirillovitch avait promis de venir prendre Nina pour l'emmener à la roseraie. Il arriva dans un état d'agitation extrême et s'exclama, avant même d'avoir embrassé sa fille :

— Tout est perdu!

— Qu'est-ce qui est perdu? demanda Nina.

— Le pays, l'armée, l'honneur, tout! gémit Constantin Kirillovitch, en se laissant tomber sur une chaise. Tu n'as pas lu les journaux? Tu ne sais pas les nouvelles?

— Non.

— L'insurrection du général Korniloff a échoué. Les généraux Korniloff, Dénikine, Markoff, Erdeli sont arrêtés. Le général Krymoff s'est suicidé!

Nina sourit au docteur Arapoff, comme à un enfant trop sensible et mal éduqué. Elle s'étonnait que ses proches fussent assez naïfs pour s'attrister ou se réjouir d'un événement actuel. Quant à elle, quoi qu'il advînt, elle demeurait étrangère aux convulsions de cet univers d'où Siféroff était absent. Cependant, par respect pour son père, elle feignit de prendre de l'intérêt à son inquiétude.

— Est-ce possible? murmura-t-elle tendrement. Comment cela s'est-il passé?

— Le plus simplement du monde, dit Arapoff. Tandis que les troupes de Korniloff marchaient sur Pétrograd, Kérensky avait perdu la tête. Il tremblait de terreur. Mais les bolcheviks, pour qui le succès de Korniloff eût signifié une condamnation à mort, gardaient leur sang-froid. Pour sauver leur peau, ils organisaient le sabotage des voies ferrées, coupaient les communications téléphoniques, levaient des milices rouges et envoyaient des propagandistes au-devant des forces de la contre-révolution. Privés d'ordres précis, travaillés par les émissaires du Soviet, les régiments de Korniloff s'émiettaient, un à un, avant d'arriver au but. Bientôt, toute l'armée avait disparu. Et nul ne s'opposait à l'arrestation des chefs. Kérensky demeure donc au gouvernement. Mais il doit la vie aux bolcheviks. Il est entre leurs mains. Demain, après-demain, dès qu'ils le voudront, les bolcheviks le jetteront à bas et confisqueront le pouvoir.

— Et c'est grave? demanda Nina, en caressant de la main les cheveux argentés de son père.

Constantin Kirillovitch la considéra d'un œil soupçonneux et fronça les sourcils.

— Quelle question! dit-il enfin avec humeur. Tu dois bien te rendre compte que si les bolcheviks s'emparent du pays, ce sera le chaos, la fin d'une manière de vivre, de penser, l'écroulement d'une civilisation séculaire.

— Une autre civilisation naîtra, dit Nina.

— J'en doute, dit Constantin Kirillovitch. A moins que tu n'appelles civilisation un système moral dont la charité, l'honneur, la justice et la religion sont définitivement exclus. Des traîtres et des brigands ne peuvent pas créer une civilisation valable. Ils peuvent terroriser les masses, pendant quelque temps, et c'est tout. Quand ils auront suffisamment tué, volé, violé, bu et menti, ils ne sauront plus que faire.

— D'autres les remplaceront, dit Nina.

— Quelle honte! reprit Constantin Kirillovitch. Mon cher pays, si grand, si respectable!... Vaincu au-dehors, vaincu au-dedans... Plus de tsar... Des fantoches ivres de sang... Les ténèbres de l'ignorance et de la cruauté... La... la chute..., le noir... Les Tatars! Voilà! Les Tatars sont revenus!...

Il avait l'impression qu'on l'avait déshabillé en public. Il ne trouvait plus ses mots. Il bégayait. Le chagrin, le dégoût l'empêchaient de contrôler sa voix. Il serra la main de Nina. Et, subitement, il se sentit très calme. Il ne savait même plus ce qui l'avait à ce point affligé. Les menaces politiques se dénouaient facilement dans son esprit. Des visages aimables éclairaient sa mémoire. Il avait souvent, depuis peu, de ces sautes d'humeur incompréhensibles. Un contentement total remplaçait, d'une seconde à l'autre, les angoisses les plus justifiées. Un accès de gaieté se transformait, sans raison, en une tristesse insondable. La bravoure succédait à la peur, l'optimisme au découragement, la bienveillance à la suspicion maladive. On eût dit que des doigts agiles déplaçaient des verres de couleur dans sa tête. Indépendamment de son désir, les nuances de l'univers changeaient avec la rapidité d'un déclic. Une rêverie gluante et rose l'immobilisa, la bouche entrouverte, les yeux clignés de plaisir. Il respirait lentement. Nina chuchota en se penchant vers lui :

— Il ne faut pas te laisser abattre, papa.

— Où as-tu pris que je me laisse abattre? dit-il. Il fait si beau! Nous devrions sortir sans tarder.

Nina regardait son père avec appréhension. Il lui paraissait brusquement très âgé, un peu irresponsable et proche de la mort. Ses prunelles étaient d'un bleu jaunâtre, délavé, sans éclat. Ses lèvres frémissaient entre les poils gris de sa barbe. De ses vêtements montait une odeur aigrelette et humble de vieillard soigné. Un afflux de pitié envahit le cœur de Nina. Elle demanda :

— Tu te sens bien? Tu ne préfères pas rester ici?

— Je me porte comme un jeune homme et je veux aller soigner mon jardin, dit Constantin Kirillovitch avec un entrain débile.

— C'est bien. Je vais me préparer.

— Mets ton chapeau de paille avec un ruban groseille!

— Tu fais encore attention à la couleur des rubans?

Constantin Kirillovitch se fâcha. Ses pommettes devinrent roses.

— Que signifie cet « encore »? Tu me prends pour un vieillard? s'écria-t-il.

Il se leva lestement du fauteuil, comme pour prouver la souplesse de ses jambes, chancela un peu, pris de vertige, et sourit d'un air sénile et victorieux :

— Hein? Hein? Quelle détente!

Nina se retira dans sa chambre pour se coiffer et s'habiller. Lorsqu'elle revint au salon, elle vit son père qui se regardait dans la glace. Il avait cueilli un œillet blanc dans un vase à fleurs, et le glissait dans sa boutonnière, en sifflotant.

— Ah! tu es prête? dit-il en apercevant sa fille. Dieu que tu es jolie, fraîche, rayonnante! Si je n'étais pas ton père!...

Il claqua des doigts d'une façon cavalière et s'effaça devant Nina pour la laisser passer.

Dans la rue, il proposa de marcher quelques minutes avant de prendre un fiacre. Il avait, disait-il, besoin d'exercice pour se maintenir en forme. L'atmosphère renfermée de l'hôpital était néfaste à sa santé. Il ne comprenait pas comment Mayoroff pouvait vivre sans jamais se distraire de son travail.

— Il est de fer, ce gaillard-là! dit-il.

Et il observa sa fille du coin de l'œil. Mais le visage de Nina demeurait aussi imperturbable que s'il lui eût parlé d'un étranger. Constantin Kirillovitch se rembrunit et baissa le front. Le soleil était doux et pauvre, finissant, automnal. Dans les rues poussiéreuses, les passants déambulaient avec lenteur, car c'était dimanche, et ils voulaient se faire voir dans leurs habits propres. Subitement, Constantin Kirillovitch avisa, sur le trottoir d'en face, une silhouette qui lui était connue.

— Eh! dit-il gaiement, mais c'est Pierre Stépanovitch!

— Quel Pierre Stépanovitch? demanda Nina.

— Le président de la Commission du zemstvo.

Arapoff souleva son chapeau pour saluer Pierre Stépanovitch. Mais Pierre Stépanovitch le regarda et poursuivit son chemin sans répondre. Constantin Kirillovitch, étonné, s'apprêtait déjà à traverser la chaussée pour rattraper son vieil ami et lui serrer la main. Il lui semblait, tout à coup, qu'il avait mille choses importantes à lui dire. Il fallait notamment lui raconter cette histoire de l'ivrogne et du pope, qui avait fait rire tous les confrères, à l'hôpital.

— Viens avec moi, Nina. Nous allons dire bonjour à Pierre Stépanovitch.

— Mais voyons, papa, dit Nina d'une voix douce, Pierre Stépanovitch est mort, il y a cinq ans.

Constantin Kirillovitch éprouva un petit choc désagréable dans sa tête. Une idée tombait, comme un caillou, interminablement, au fond de lui. Cette chute verticale occupait toute son attention. Au bout de quelques secondes, il devina que le caillou avait touché son but. Il murmura d'une manière humble :

— Tu as, ma foi, raison! Je me demande ce qui m'a pris! Que Dieu ait son âme! C'était un brave homme, cultivé, distrayant, affable...

Il soupira et sourit évasivement aux passants qui le frôlaient avec indifférence.

— Je suis un peu fatigué, dit-il encore. Prenons un fiacre.

Dans le fiacre, il eut la sensation que Nina le dévisageait avec inquiétude. Cette interrogation muette lui était pénible. Il s'efforça de se distraire en contemplant le mouvement de la rue. Parmi les piétons qui suivaient le trottoir de droite, il remarqua un homme de petite taille, râblé, à la face ronde et olivâtre, qui ressemblait, trait pour trait, à son ancien camarade de gymnase, Olénine. En même temps, il se rappela qu'Olénine était mort, lui aussi, depuis quelques années. Tour à tour, il reconnut ainsi, dans la foule, le juge de paix, Sibirsky, le chef du district Orloff, un propriétaire des environs, qui tous, cependant, n'étaient plus de ce monde. Il n'osait pas communiquer ses impressions à Nina. Silencieusement, il se laissait envahir par les fantômes. Le passé et le présent mêlaient dans son esprit leurs ondes diversement colorées. Le temps d'un battement de paupières, il crut même que les vivants étaient morts et que les morts étaient vivants. Incontestablement, Pierre Stépanovitch, Olénine, Sibirsky, Orloff étaient plus proches de lui que les centaines d'inconnus qui chauffaient leurs carcasses au soleil. Cette constatation le troubla. Il chuchota, comme se parlant en songe :

— Olénine aimait beaucoup le miel aux noisettes.

— Pourquoi dis-tu cela, papa ? demanda Nina en lui prenant la main.

Il se découvrit fautif, rougit, voulut s'excuser :

— Je ..., c'était un très bon camarade... Il m'arrive de penser à lui, comme ça... Tu ne peux pas comprendre.

— Tu ne nous avais jamais parlé de cet Olénine !

— C'est possible... Tellement de noms, tellement de visages dorment dans la mémoire de l'homme ! Ils remontent de temps en temps à la surface. Ils font un signe. On leur répond. Et il n'y a plus personne... La vie continue... Un jour, Olénine avait apporté un pot de miel aux noisettes en classe. Et figure-toi...

Il s'animait. Sur ses joues tremblaient de petites rides joyeuses. Une lumière jeune éclairait ses yeux. Mais il s'arrêta soudain et dit en hochant la tête :

— Cela ne t'intéresse pas... Ce sont de vieilles histoires... Qui se souvient d'Olénine ?... Nous avons d'autres soucis... T'ai-je raconté ce qui est arrivé au général Korniloff ?

— Oui, papa.

— Ah ! C'est vrai. Je te demande pardon.

Il se mordit les lèvres et plissa le front d'un air mécontent.

— Depuis qu'ils ont institué cette sacrée république, dit-il encore, toutes mes idées sont à l'envers. On m'a donné un coup de bêche dans le corps, et on a retourné les mottes. N'étions-nous pas heureux et bien gouvernés ?... Je suis sûr que cet Olénine t'aurait beaucoup amusée. Un moment, j'avais pensé à lui, comme mari pour toi. Mais il avait une liaison. Une petite femme charmante, d'ailleurs. Comment s'appelait-elle ? Irène Stépanovna... Non, Irène Maximovna... Oh ! je ne sais plus... Une blonde... Une jolie blonde...

Le fiacre dépassa les faubourgs, et roula dans la steppe sèche et jaune. Un nuage de poussière nimbait la tête du cheval. Nina songea qu'elle s'entendait bien avec son père parce que, comme elle, il vivait en marge du temps. Ils longèrent la barrière d'une ferme. Un coq noir trônait sur un tas de fumier, entouré d'une dizaine de poules caquetantes. Des outils agricoles luisaient à l'ombre d'un auvent de paille. Des oies barbotaient dans une mare. Un jars huppé s'avança jusqu'au bord de la route et contempla l'équipage avec mépris.

— Ils arrondissent leur bien, dit Constantin Kirillovitch. L'année dernière, ils ont acheté le champ des Avdioukoff. Autrefois, ici, c'était la steppe, rien que la steppe...

Il cligna les paupières et aspira l'air profondément, avec la volupté réfléchie d'un connaisseur.

Lorsqu'ils arrivèrent à l'enclos, Constantin Kirillovitch descendit péniblement de voiture, tapota l'encolure du cheval et conseilla au cocher de dételer sa bête :

— Nous en avons pour une heure ou deux. Tu seras payé en conséquence. Si tu veux quelques fruits, va te servir dans le jardin.

Dans la cabane au toit de chaume, régnait une ombre tiède, à odeur de graines et de bois pourri. Une pellicule de poussière drapait la table. Constantin Kirillovitch souffla dessus, et son visage devint pourpre, les veines de ses tempes se gonflèrent. Nina eut peur et murmura :

— Il ne faut pas souffler ainsi, papa. Laisse-moi faire.

Tandis qu'elle époussetait la table, Constantin Kirillovitch regardait le jardin avec une expression découragée. Des roses mûres, rôties, aux larges pétales décolorés ponctuaient la haie de feuillages. Une barbe verte hérissait par endroits le sable de l'allée. Il dit :

— Quand la guerre sera finie, j'engagerai de nouveau un jardinier. C'est indispensable...

Puis, il réfléchit que personne, sauf lui, de la famille, ne s'intéressait à ce jardin et qu'après sa mort les roses reviendraient à l'état sauvage. Pour qui travaillait-il ? Que laisserait-il derrière lui. Sa solitude lui parut terrible, et il s'assit, les jambes coupées par l'émotion.

— Ta mère, dit-il enfin, n'a pas voulu nous accompagner ici. Elle préfère sa maison. Elle ne comprend pas que je me fatigue à soigner des fleurs et à arracher des herbes. Pourtant, lorsque je m'occupe des fleurs et des herbes, j'ai l'impression d'être utile. Lorsque je m'occupe des hommes, j'ai l'impression de perdre mon temps. On ne peut rien pour les hommes. Ils préparent leur malheur avec entêtement. Ils ne savent pas que la vie est bonne...

— Tu trouves que la vie est bonne ? demanda Nina avec un sourire contraint.

Constantin Kirillovitch leva les yeux sur sa fille. Son vieux visage paisible entra dans le cœur de Nina comme un rayon de soleil dans une chambre obscure. Elle se sentit fondre, mollir, palpiter. Une amertume intolérable envahit sa bouche.

— Tu n'es pas heureuse, ma chérie ? dit Constantin Kirillovitch.

Nina se raidit contre cet excès de tendresse. Elle voulait à tout prix conserver son secret. Sa fierté l'enveloppait, la pétrifiait soudain, jusqu'à lui faire mal. Mais, à l'instant où elle croyait avoir vaincu la tentation de parler, une vague se gonfla, se brisa en elle, et elle s'entendit crier follement :

— Il est mort, papa ! Je l'aimais, et il est mort !

— Oh ! balbutia Constantin Kirillovitch. Que dis-tu ? Ainsi, ainsi... Je comprends...

Une main tremblante effleura les cheveux de Nina, descendit sur sa joue. Prise dans la tourmente, elle ne voyait rien. Des mots, longtemps contenus, volaient hors de sa bouche avec violence. Elle disait tout, pêle-mêle, sa rencontre avec Siféroff, l'héroïsme du docteur, sa gentillesse patiente, son abnégation, son visage, ses pensées, sa fin brusque dans un petit hôpital crasseux, la veillée funèbre. Elle craignait d'oublier un détail dans la relation des faits et la description du personnage. Elle ne savait plus devant qui elle parlait, ni ce qu'elle espérait de cette confession.

« Comment veux-tu, gémit-elle, que je supporte encore mon mari? Comment veux-tu que je trouve la vie bonne? »

Constantin Kirillovitch enlaça du bras les épaules de sa fille. Elle respirait son haleine chaude qui sentait le tabac. Il marmonnait :

— Calme-toi, calme-toi, Nina, ma petite miette. Je souffrais avec toi sans connaître la cause de ta souffrance. Maintenant, nous serons deux à lutter contre le mal. Il ne faut pas te laisser abattre. Ton devoir... Non... je ne sais plus ce que je dis... Il n'y a pas de devoir...

Il bafouillait un peu, la langue liée, les lèvres maladroites. Des larmes bougeaient horizontalement sur le bord rouge de ses paupières. Une goutte pendait à la pointe de son nez. Elle se détacha, tomba sur son gilet. Il se tamponna les narines avec un mouchoir :

— L'irréparable..., l'irréparable... Accepter l'irréparable... Ne pas s'insurger en vain... On use ses forces contre le vide... La guérison viendra peu à peu...

— Je ne veux pas guérir! dit Nina.

— Tu n'as pas besoin de vouloir. La vie, le temps s'en chargeront pour toi. Oh! Nina, crois-moi, j'ai connu de ces chagrins qui paraissaient définitifs. On est devant eux comme devant un mur. Y a-t-il vraiment une route derrière le mur? Pas moyen de savoir. Pas moyen d'avancer. Tout l'horizon, c'est le mur. Tout l'avenir, c'est le mur, Et puis, sous l'effet de la pluie, du soleil, des jours qui passent, les pierres s'effritent une à une. On aperçoit le paysage, par l'ouverture. C'est fini. Je ne blâme pas ton amour pour cet homme. Je respecte ton deuil. Je ne te fais pas l'injure de te rappeler tes devoirs envers ton mari qui n'a rien à se reprocher. Il n'y a pas de devoirs pour une douleur comme la tienne. Les grandes passions portent en elles-mêmes leur excuse. Je te demande seulement de traiter Mayoroff avec douceur, avec patience, jusqu'au jour où tu te sentiras déliée de tes souvenirs. Fais-le, ma chérie, et tu t'en trouveras bien. Fais-le, par amour, par pitié pour moi...

Sa voix défaillait à la fin des phrases. Nina ne cherchait pas à comprendre ce qu'il disait. Elle se laissait baigner par la seule musique des mots, comme elle eût écouté le vent dans les arbres, ou un ruisseau dans le fond d'un ravin. Elle appuya sa joue contre la main de son père. Entre les doigts et le poignet, la peau était mince, blanche, striée de petites rides géométriques très compliquées. Soudain, Nina songea que cette main n'appartenait pas à son père, mais à Siféroff. Siféroff aurait pu devenir, avec le temps, pareil à ce beau vieillard, serein, tendre, désabusé. Mais Siféroff était mort et son père mourrait. Quel était donc le sens de la vie, puisque le bonheur était transitoire, puisque chaque être recelait en soi le germe de sa propre destruction, puisque la souffrance était au bout de toutes les entreprises humaines? Comme s'il eût entendu sa question, Constantin Kirillovitch récita, d'une voix basse :

— Tant que la terre durera, les semailles et les moissons, le froid et le chaud, l'été et l'hiver, le jour et la nuit ne cesseront point de s'entre-suivre... » C'est écrit dans la Genèse. La roue tourne. Les saisons passent. Dieu mélange les hommes et les semences, vanne les graines et les chagrins. Laisse-toi porter par le vent, comme une semence, comme une graine...

— Accepter, accepter, murmura Nina, toujours accepter. Je n'en peux plus!

Une confusion pâteuse régnait dans sa tête. Elle plaignait à la fois Siféroff, tué stupidement, arraché à ses mains, à ses yeux, à sa bouche, et son père vieillissant, affaibli, et elle-même dont tout l'amour ne servait plus à rien. Elle unissait trois êtres dans une seule compassion frénétique. Elle suffoquait d'indignation devant la volonté de Dieu. Au terme de cette révolte, les larmes jaillirent de ses paupières, et elle tomba sur l'épaule de Constantin Kirillovitch. La face écrasée contre l'étoffe du veston, elle reniflait cette odeur de tissu et d'eau de Cologne, si familière à son enfance. Elle essayait de penser qu'elle était une fillette, et que son père était jeune et vigoureux, avec une belle barbe blonde et un sourire narquois. Lorsqu'elle releva le front et qu'elle vit la figure ridée, les moustaches blanches, qui se penchaient vers elle, ses dernières forces l'abandonnèrent. Elle geignit :

— Oh! papa! Qu'as-tu?

— C'est à toi qu'il faut le demander, fillette.

Avec son mouchoir, il lui essuyait les yeux, le bout du nez, maladroitement. Elle se laissait faire. Constantin Kirillovitch respirait à petits coups, comme s'il eût gravi un escalier :

— Là, là... Il fallait pleurer... Ça soulage... Maintenant, nous allons partir...

— Pas encore, dit Nina.

— Tu vois, dit Constantin Kirillovitch, je voulais venir au jardin pour arracher les mauvaises herbes, et, au lieu de cela, je console ma fille. Mais je ne sais pas m'y prendre. Je suis un bêta. Les mots tombent mal. Les mains tremblent. Ah! si le cœur pouvait parler.

— Ne dis rien à maman.

— A personne.

— Et ne m'interroge plus jamais.

— Plus jamais.

— Je me sens mieux depuis que je t'ai tout raconté. Tu m'aideras, n'est-ce pas?

— Aussi longtemps que je vivrai, ma chérie.

Comme il proférait ces mots, une angoisse serra la

gorge de Constantin Kirillovitch. Il lui sembla que quelqu'un voulait le frapper par-derrière.

— Merci, papa, dit Nina.

De quoi le remerciait-elle? Il tressaillit et se mit à chercher comment s'appelait l'homme dont Nina lui avait vanté les mérites, quelques instants plus tôt. Ah! oui, Siféroff. Un docteur. Tué pendant le bombardement. Que tout cela était étrange, irréel! Nina amoureuse, le guerre, la révolution, et lui, au centre de ce grand charroi d'hommes et de discours. Lui, avec son cœur faible, sa barbe grise, ses habitudes de vieillard. Un nuage d'une forme bizarre, pareil à un crocodile blond et pelucheux, ouvrait sa gueule dans le ciel. D'autres petits nuages, tout ronds, l'entouraient. Constantin Kirillovitch sourit et murmura :

— Regarde, Nina, quel drôle de nuage!

Aussitôt, il songea que ce propos était malséant après les aveux de Nina et qu'elle allait lui tenir rigueur de son inconséquence. Mais Nina dit :

— Oui, c'est vraiment un drôle de nuage.

Et Constantin Kirillovitch se sentit soulagé.

Avec la venue du soir, l'haleine de la steppe se parfumait de bois brûlé et d'absinthe. Un vent timide inclinait le feuillage des arbres fruitiers. Des pétales de roses tombaient au bord de l'allée. Dans l'enclos voisin, un chien très jeune jappait, des poules caquetaient sottement. Un seau cogna contre la margelle d'un puits. Constantin Kirillovitch et Nina se levèrent et leur ombre s'allongea sur le sable.

Le fiacre les ramena en ville, à travers un crépuscule jaune soufre, qui embaumait les feuilles fanées et la poussière de brique. Durant le trajet du retour, Constantin Kirillovitch évita d'observer les passants. Mais, comme la voiture tournait dans la rue de la Police, il lui sembla que quelqu'un criait :

— Constantin! Kostia! Kostia[1]!

1. Diminutif de Constantin.

Il regarda sa fille. Elle n'avait rien entendu.

— Comme convenu, vous dînez chez nous, dit Constantin Kirillovitch. Veux-tu que nous passions prendre ton mari, à l'hôpital.

— Non, dit Nina. Il viendra nous rejoindre quand il aura fini son travail. Maman doit s'inquiéter de notre longue absence...

Son visage était lisse, impénétrable. Elle s'était ressaisie, après un bref abandon. Constantin Kirillovitch douta de ses souvenirs. Ses oreilles bourdonnaient un peu. Il ne sentait plus le poids de sa chair sur ses os. Quel était donc ce désagrément qui le préoccupait naguère? L'échec de Korniloff? La mort de Siféroff?

Le fiacre s'était arrêté devant la grille de la maison. Comme Arapoff posait son pied à terre, il vit deux personnes, debout sur le perron, qui agitaient leurs mains en signe de bienvenue : sa femme et un officier. Inquiet, il s'efforçait d'identifier la silhouette du militaire. Il fronçait les sourcils. Il grommelait :

— Qui est-ce? Qui est-ce donc?

Subitement, Nina poussa un cri et s'élança dans le chemin :

— Akim! Akim!

Éperdu, les genoux faibles, Constantin Kirillovitch la suivait en boitillant. Tout se brouillait dans sa tête. Son cœur lui faisait mal. Il entendait la voix de sa femme qui sonnait comme une cloche dans le brouillard :

— Oui... En permission!... Pour une semaine!... Sans prévenir!... Tu as vu ses décorations?... J'ai voulu qu'il les mette toutes pour vous recevoir!... N'est-ce pas qu'il a fière allure?... Dis quelque chose au moins!... Dieu qu'il est bête!...

Deux bras vigoureux entouraient les épaules de Constantin Kirillovitch. Le visage dur et hâlé d'Akim se penchait vers lui dans une odeur de cuir neuf et de pommade. Une bouche riait à grands éclats tout contre son tympan. Quelqu'un dit :

— Et n'oubliez pas le champagne! Il faut du champagne!

— Oui, oui, absolument du champagne, bredouilla Constantin Kirillovitch.

Zénaïde Vassilievna avait une figure triomphante et lasse, luisante de larmes. Des cheveux gris pendaient en mèches sur les montures de ses lunettes. En parlant, elle caressait du bout des doigts l'uniforme d'Akim, sur le coude, sur la hanche :

— Et voilà... Tout arrive... Nous ne l'espérions plus... C'est du beau tissu...

Nina s'était accrochée au bras de son frère et l'examinait de bas en haut, d'une manière quêteuse.

— Où êtes-vous cantonnés? disait-elle. Qui vous commande? Et après?...

La lumière électrique brûlait dans le salon. Les silhouettes noires tremblaient dans leurs cadres ovales. Sur la bergère bouton d'or, reposait une casquette militaire à cocarde blanche. La joie de Constantin Kirillovitch était si forte qu'il crut étouffer et ouvrit les lèvres, à deux ou trois reprises, pour avaler une bouffée d'air. Une pointe aiguë montait à travers son corps. Il sentit que lui aussi devait dire quelque chose :

— Tu as vu..., hein..., Korniloff..., chuchota-t-il péniblement.

— Oui, c'est un désastre, dit Akim. Mais rien n'est encore perdu.

— C'est bien ce que je pensais, reprit Constantin Kirillovitch.

Soudain, il se rappela qu'il n'avait pas raconté à Nina l'histoire d'Olénine et du pot de miel.

— Un jour, Olénine avait apporté un pot de miel en classe, dit-il en souriant avec malice.

Mais il se tut. La chambre, devant lui, s'allongeait tel un couloir où tournoyaient des miettes de lumière. Le plancher s'inclinait. Les visages devenaient obliques. Un coup rude retentit, comme si on avait claqué une porte dans sa tête. Des personnages, aux masques de noyés, hurlaient en chœur :

— Constantin! Constantin! Kostia!

Il ouvrit la bouche, reçut en pleine face la gifle d'une vague noire, où tintaient des pièces de monnaie, des cuillères d'argent. Ce flot musical l'enveloppa, l'entraîna. Il perdit pied et s'écroula, de tout son poids, sur le sol.

Lorsqu'il revint à lui, il était couché dans son lit et des figures familières l'entouraient en corbeille. Il devina la voix de Mayoroff qui bourdonnait dans un angle de la pièce :

— Ce ne sera rien... La saignée a été salutaire... Quelque difficulté à parler, peut-être...

Constantin Kirillovitch essaya de remuer la bouche. La partie gauche de son visage lui parut être insensible et lourde. Il pensa rapidement : « Apoplexie cérébrale. Première attaque bénigne. Raideur des muscles faciaux. Je m'en tire à bon compte. » La lumière du jour filtrait à travers les rideaux. Le plancher craquait sous un pas viril. Des éperons sonnèrent. Constantin Kirillovitch se rappela qu'Akim était dans la maison, et un peu de joie entra dans son cœur. Bougeant avec effort sa langue volumineuse, pesante, tendant le cou, tordant les lèvres, il articula faiblement :

— Akim... Viens plus près... Raconte...

V

La lueur abstraite des réverbères éclairait, de place en place, la chaussée de la perspective Nevsky. Ce pointillé de disques jaunes et vagues s'enfonçait, par échelons, dans le soir. Une bise fine rasait le sol et agitait, au passage, des paperasses à demi enlisées, des lambeaux d'affiches. Les devantures des magasins étaient aveuglées de planches. Le courant électrique étant coupé dans presque toute la capitale, les fenêtres des maisons dardaient un regard noir de squelette. Il semblait que les derniers habitants de Pétrograd eussent déserté la ville pour se soustraire à un cataclysme imminent. Très loin, du côté du Palais d'Hiver, claquaient des coups de feu, irréguliers et sommaires. Un projecteur insulta le ciel de son rayon blanc et ravala sa langue aussitôt, comme pris en faute. L'écho des pas résonnait entre les façades plates. Nicolas buta contre une boite de conserves vide, qui tinta telle une cymbale. Zagouliaïeff se mit à rire :

— Regarde où tu poses tes pieds, poète de la révolution!

— Quand débarrassera-t-on la rue de ces ordures? dit Nicolas, en poussant la boîte de conserves vers le caniveau.

— Il y a d'autres ordures dont il est plus urgent de

nettoyer la cité, grommela Zagouliaïeff. Commençons par les hommes. Les épluchures et le fer-blanc peuvent attendre. Ne dirait-on pas un pays mort? Les bourgeois se terrent comme des marmottes, implorent les icônes et cousent leur argent dans les doublures de leurs habits. Quand ils se réveilleront, leur règne aura pris fin.

— Il est trop tôt pour se réjouir, dit Nicolas. Nous ne sommes pas au bout de nos peines. Le gouvernement provisoire a encore de nombreux partisans.

— Mille partisans qui restent chez eux valent moins qu'un seul adversaire qui descend dans la rue. Nous gagnerons parce que nous n'avons rien à perdre.

— Sauf notre vie, peut-être...

— Pour un prolétaire, la vie n'a pas grande importance. Toute notre force vient de notre pauvreté. Si j'étais riche, je n'oserais pas risquer ma peau. Un riche est peureux, par réflexion. Un pauvre est courageux, par nécessité.

Subitement, de faibles lumières orangées brillèrent aux fenêtres.

— Les camarades ont rendu le courant, dit Zagouliaïeff.

Puis, d'un seul coup, toutes les croisées s'éteignirent.

— On se bat peut-être autour de la centrale électrique, dit Nicolas.

— Non. Elle est solidement entre nos mains. J'avoue que l'insurrection a commencé par un coup de maître. La centrale électrique, les gares, les ponts, les bureaux de poste, les banques... Le gouvernement est isolé dans le Palais d'Hiver comme sur un bateau en perdition. Je ne lui donne pas quarante-huit heures pour capituler.

— C'est à peine croyable, murmura Nicolas.

— Seuls les miracles ne sont pas croyables, grogna Zagouliaïeff. Notre succès n'est pas un miracle. Il est la conséquence mathématique des données du problème. Deux fois deux font quatre. Guerre, plus famine, plus désordre, plus Kérensky, égale : victoire des bolcheviks. N'importe quel potache te le dirait!

Nicolas ne pouvait pas nier que les événements se fussent déroulés selon une logique parfaite. Comme il fallait s'y attendre, l'échec de Korniloff avait renforcé la position des bolcheviks au Soviet. Les ouvriers des usines, qui avaient été mobilisés pour constituer des centuries de gardes rouges, refusaient de rendre leurs armes. Les soldats du front, découragés par la perspective d'une quatrième campagne d'hiver dans la boue et le froid, désertaient en masse et envahissaient les trains pour rentrer au plus vite dans leurs villages. Des révoltes et des grèves éclataient un peu partout dans le pays. Devant ce concours de circonstances favorables à une insurrection générale, Lénine, venu de Finlande sous un déguisement, avait ordonné d'ouvrir les hostilités à la date du 25 octobre. Aussitôt, les bolcheviks avaient expédié des commissaires dans les casernes et les arsenaux pour enjoindre aux troupes de n'obéir qu'aux décisions du Soviet et non du commandement militaire. En riposte, le gouvernement de Kérensky, réuni au Palais d'Hiver, s'était empressé d'assembler quelques régiments fidèles, pour parer aux éventualités d'une émeute dans la capitale. Après dix heures de combat, la plupart des points stratégiques étaient déjà aux mains des gardes rouges. Les cosaques, sur lesquels Kérensky avait compté pour maîtriser les rebelles, refusaient, presque tous, d'intervenir. Seuls le Palais d'Hiver et l'état-major, gardés par des élèves officiers et des bataillons de femmes, résistaient encore. Mais Kérensky avait appelé des renforts du front.

— Je crains, dit Nicolas, que Lénine ne soit moins certain que toi du résultat.

— Ses inquiétudes portent peut-être sur la date de la victoire, dit Zagouliaïeff, mais non sur la victoire même. Son dernier article n'était pas intitulé : *Les Bolcheviks prendront-ils le pouvoir ?* mais bien : *Les*

Bolcheviks garderont-ils le pouvoir ? Pour lui, les jeux sont faits. Et pour moi aussi.

Il s'arrêta de marcher et aspira l'air, profondément, avec une expression goulue :

— Enfin, enfin!

Son visage était flétri par la fatigue et l'obscurité. Il était vêtu d'un paletot court et râpeux, au col de cuir, coiffé d'une casquette à visière ébréchée. Une vapeur bleuâtre sortait de ses lèvres.

— Lorsque nous serons maîtres de la situation, dit-il encore, une lutte implacable commencera contre ceux qui nous ont barré la route. Abattre le bourgeois s'imposera comme un devoir sacré. Classe contre classe. Ce sera la nouvelle étape. N'en déplaise à Zinovieff et à Kaménieff, il faudra oublier Tolstoï et l'amour du prochain.

Un rire secoua ses épaules, comme une quinte de toux.

— Il m'est difficile d'admettre, dit Nicolas, que la fin justifie le moyen. Si la fin justifie le moyen, qu'est-ce qui justifie la fin? Le triomphe du pouvoir démocratique, c'est la fin que nous poursuivons, mais elle deviendra ensuite le moyen du pouvoir démocratique pour une fin nouvelle. Toute fin est destinée à se transformer en moyen. Entre le moyen et la fin existe une interdépendance dialectique terrible. C'est une échelle dont les derniers échelons se perdent dans l'infini.

— Le dernier échelon est aisément concevable, dit Zagouliaïeff. La fin est justifiée si elle mène à l'accroissement du pouvoir de l'homme sur la nature, et à l'abolition du pouvoir de l'homme sur l'homme. Cette fin ne pouvant être atteinte que par des voies révolutionnaires, la morale émancipatrice du prolétariat a nécessairement un caractère révolutionnaire. Selon cette morale révolutionnaire, sont autorisés tous les moyens qui augmentent la cohésion du prolétariat, lui inspirent la haine de l'oppression et le pénètrent de la conviction de sa propre mission historique. Dans les circonstances actuelles, et étant donné le danger permanent que la survivance des bourgeois représente pour le peuple, l'extermination des bourgeois devient, pour quiconque veut la fin révolutionnaire, un moyen moral recommandable. Lorsque les quelques bourgeois épargnés auront cessé d'être une menace tangible, il sera, en revanche, amoral de les inquiéter. C'est simple ?

— Oui, c'est simple, dit Nicolas. A condition d'oublier son enfance.

— Tu ne l'as pas encore oubliée ?

— Je crois bien que si, dit Nicolas. Mais, par moments, des souvenirs reviennent. Ont-ils déjà commencé à Moscou ?

— Non. C'est pour demain ?

— Oui. A qui penses-tu ?

— A ma sœur. A mes neveux. A la maison de la rue Skatertny.

— Pense plutôt à l'Institut Smolny, où les camarades fêtent les premiers succès de la révolution.

— L'un n'empêche pas l'autre.

— Si.

A mesure qu'ils se rapprochaient de l'Institut Smolny, les rues sombres s'animaient peu à peu. Des silhouettes silencieuses glissaient le long des murs. Dans les encoignures des portes, stagnaient des groupes d'ouvriers qui bavardaient à voix basse. Près des casernes de la gendarmerie, des soldats avaient formé les faisceaux et se chauffaient devant un feu de planches.

— L'avant-garde du prolétariat en armes, dit Zagouliaïeff.

Derrière les arbres dénudés d'un jardin, l'ancienne pension des jeunes filles nobles, où le Soviet avait établi son quartier général, imposait dans la nuit le quadrillage de ses fenêtres violemment éclairées. Des reflets bleus dormaient sur les cinq coupoles de la cathédrale de la Résurrection du Christ. Devant la façade rococo de l'Institut, un troupeau de voitures blindées attendait les ordres. Les capots fumaient. Des chauffeurs battaient la semelle autour d'un bûcher aux flammes sautillantes. Sous la colonnade de l'entrée, s'alignaient des canons-revolvers et des mitrailleuses. De petites affiches carrées étaient collées, comme des pansements, sur les pilastres des arcades. Un bourdonnement de voix venait de l'intérieur.

Nicolas et Zagouliaïeff durent exhiber leurs papiers à six reprises, avant de pouvoir pénétrer dans le bâtiment. Dès les premiers pas, une chaleur suffocante, élastique, les engloutit. L'air sentait le chien mouillé, les pieds sales et l'urine. Dans les corridors aux parquets souillés de boue, de crachats, de mégots mâchonnés et de douilles aplaties, se bousculaient des soldats et des matelots, des gardes rouges et des filles fleuries de pompons écarlates. Sur les murs clairs zigzaguaient des remarques obscènes, tracées au charbon ou gravées au canif. Aux portes, figuraient encore des inscriptions officielles, datant de l'époque où l'Institut Smolny abritait un essaim de demoiselles aristocratiques : « Chambre des dames », « Bureau du personnel enseignant ». A côté, on lisait : « Union des soldats socialistes », « Délégation des usines et des ateliers. » Dans la salle de distribution des prix, au premier étage, une foule compacte se pressait entre les colonnes blanches et dédaigneuses de la périphérie. Nicolas et Zagouliaïeff s'enfoncèrent comme des coins dans cette substance humaine.

Les yeux éblouis par la lumière crue des lustres, Nicolas regardait, droit devant lui, l'estrade et la table semi-circulaire du bureau. Dominant la chaussée des têtes, isolé dans un rayonnement électrique intense, un petit homme chauve, au veston sombre, froissait sa casquette entre ses mains et criait avec passion dans le vide. Nicolas reconnut Lénine. Le leader bolchevique s'était rasé la barbe. Elle commençait à peine à ombrer de nouveau son menton. Son crâne luisait, blafard et rond comme une grosse bille. Son visage mongol se crispait dans un effort rageur. Les mots giclaient hors de sa bouche, frappaient des auditeurs, tels des fragments de silex :

« Le gouvernement actuel n'a ni raison d'être, ni plan déterminé, ni forces suffisantes, ni aucune chance de salut! Demain, nous proposerons de conclure la paix! Nous donnerons la terre aux paysans! Les usines aux masses ouvrières!... »

Nicolas comprit que Lénine répétait son discours pour la centième fois. Ce chef ne se lassait pas de planter des clous dans les têtes dures. Il savait que, comme les enfants, les hommes simples aiment entendre réciter les formules qu'ils connaissent par cœur. En renouvelant sa manière, il eût risqué d'introduire le doute dans des milliers de consciences primitives. Nicolas lui-même, d'ailleurs, était sensible à cette éternelle reprise des thèmes révolutionnaires. Lénine lui inspirait confiance par son obstination. Tout en l'écoutant, il songeait à la prodigieuse destinée de ce tribun, qui, après des années d'exil, réussissait à unir autour de son nom les espoirs d'un peuple fatigué de la guerre. Ses troupes étaient composées d'êtres découragés, affamés, indisciplinés, inutilisables. Pourtant, à cette cohorte disparate, il donnait un but et un drapeau. Autour de lui proliféraient les traîtres, les saboteurs, les tièdes, les éloquents, les envieux. Mais, malgré les intrigues, il poursuivait son plan avec la rigueur de l'automate réglé pour accomplir son unique mouvement. Devant cette foule suante et hurlante, dans la fumée, dans la chaleur, exténué, malade, n'ayant pas dormi deux heures dans la nuit, Lénine n'oubliait pas une seconde le but final de l'opération. Tandis que ses auditeurs participaient à un délire vulgaire, les mécanismes de combat continuaient à fonctionner avec une précision impeccable. Les téléphones sonnaient. Des croix à l'encre rouge s'abattaient une à une sur le plan de la capitale. Les camions chargés de munitions roulaient vers les points stratégiques. A la place des bavardages et des équivoques, le maximalisme triomphait, les armes à la main.

« Tout retard serait un crime, une trahison! clamait Lénine. Notre victoire est assurée. Le cuirassé *Aurore* a jeté l'ancre dans la Néva. Ses vaillants matelots ont pointé les canons sur le Palais d'Hiver. L'artillerie de la forteresse Pierre-et-Paul est prête à déclencher son feu meurtrier. Vive la révolution sociale! Vive la dictature du prolétariat! Vive l'insurrection armée! »

Comme un nuage qui crève, la foule explosa en cris et en battements de mains. Des soldats escaladaient la tribune et se pressaient autour de Lénine. Il s'abîma bientôt dans un entonnoir de capotes et de vestons. Un matelot, aux épaules larges, à la face rouge et ronde, cria en brandissant le poing :

« A sept heures, le camarade Antonoff-Ovseenko a transmis au gouvernement un ultimatum exigeant la reddition dans les vingt minutes. S'il n'obtient pas de réponse, le bombardement du Palais d'Hiver commencera à l'expiration du délai convenu. Ainsi, camarades, nous pouvons dire... »

La suite de la harangue se perdit dans un tumulte forcené. Des salves de hurlements trouaient les figures luisantes. Les mains s'agitaient en l'air, comme des torchons roses secoués par le vent. Des casquettes sales et des bonnets volaient, en tournant, vers les pendeloques des lustres.

— Hourra!

— A mort, Kérensky!

— A bas les valets de la bourgeoisie!

— La victoire ou l'esclavage!

Nicolas regarda sa montre.

— Je ne comprends pas, dit-il. Le délai de l'ultimatum a expiré depuis longtemps. Et on n'entend rien.

— Sans doute les marins de l'*Aurore* et les canonniers de la forteresse n'osent-ils pas détruire le palais, dit Zagouliaïeff. Où la délicatesse va-t-elle se nicher? Je vais quêter des instructions auprès de Lénine. Attends-moi.

Et il plongea dans la cohue, avec des mouvements de nageur. Non loin de Nicolas, quelques hommes discutaient avec ardeur :

— C'est un coup de force!

— Les bolcheviks veulent placer les mencheviks devant le fait accompli.

— Il faut éviter le carnage!

— Martoff s'opposera à Lénine dès la réunion du congrès!

— Il y a des heures que ce congrès devrait être ouvert! Et on attend toujours!

— Quoi?

— Que les bolcheviks aient gagné la partie, parbleu!

A ce moment, le faisceau blanc d'un projecteur lécha les fenêtres et disparut. Une mitrailleuse crépita au loin. Un coup de canon, lourd et seul, enfonça la nuit. Les vitres, ébranlées, rendirent un son plaintif, et la lumière des lustres palpita faiblement.

— C'est l'*Aurore*! glapit quelqu'un. Le bombardement a commencé.

— Dernier acte, scène dernière, dit le voisin de Nicolas, un jeune ouvrier, au joli visage nu et rieur.

Nicolas sourit à ce camarade anonyme, chercha une réponse et se tut, occupé par une pure angoisse. Zagouliaïeff revint en jouant des épaules et des coudes. Il transpirait de toute la figure. Ses yeux étincelaient de fièvre :

— Lénine s'est retiré pour prendre un peu de repos. Il ne tient plus sur ses jambes. Mais j'ai vu Trotsky. Allons au Palais d'Hiver. Il faut envoyer des parlementaires aux dernières troupes qui défendent le gouvernement. Pour l'instant, l'*Aurore* tire à blanc. C'est de la frime. J'ai un ordre de réquisition pour une voiture. Ainsi nous serons dans dix minutes sur les lieux du combat.

Comme mus par la même idée, quelques hommes couraient vers la sortie en déchirant le tissu serré de la foule. Un matelot, grimpé sur les épaules de ses camarades, éructait des injures à l'adresse d'on ne savait qui. Sur l'estrade, une silhouette maigrichonne luttait de la voix et des poings dans un halo de fumée grise :

— Camarades !... Camarades !... L'union des prolétaires... La victoire des opprimés...

Une femme, assise à califourchon sur le cou d'un soldat, chantait en battant la mesure avec une cravache :

— Debout, lève-toi, peuple laborieux...

Des vitres, cassées à coups de crosse, s'effondrèrent en tintant. Une bouffée d'air frais dilua le nuage de tabac qui flottait au-dessus des têtes.

S'arrachant à la masse collante des auditeurs, Nicolas et Zagouliaïeff se hâtaient dans la direction de la porte. Comme ils débouchaient dans le corridor, un second choc secoua les fenêtres, et, derrière eux, les clameurs du public redoublèrent d'intensité.

A la hauteur du pont Troïtsky, l'auto fut obligée de stopper à cause de la foule qui obstruait le passage. Le chauffeur cornait désespérément sans que personne se dérangeât.

— Les badauds se sont installés aux premières loges, dit Zagouliaïeff. Nous ferions mieux de continuer la route à pied.

Devant eux, à gauche, le Palais d'Hiver dressait sa carapace opaque, aux fenêtres mortes, aux toits rougeâtres. De l'autre côté de la Néva, la forteresse de granit était également plongée dans l'obscurité. Seule une ampoule écarlate brillait à la hampe de l'étendard révolutionnaire. De temps en temps, un projecteur s'allumait dans la citadelle. Hors de l'ombre, se haussait violemment le profil trapu des bastions, la pyramide aiguë du clocher. Toute une île géométrique émergeait de l'abîme, dans un éclairage de cataclysme planétaire. Aussitôt après, un coup de canon, sourd et bref, déplaçait ce paysage de pierre. En réponse, des mitrailleuses hoquetaient chichement, des fusils pétaient en désordre. Puis, le projecteur s'éteignait, les armes se taisaient, et un murmure inquiet parcourait la multitude ténébreuse des spectateurs.

— Ne perdons pas de temps, dit Nicolas.

Et, suivi de Zagouliaïeff, il se dirigea vers le quai, en rasant les murs. Au-delà du pont Troïtsky, l'espace était libre. Nul curieux n'osait s'aventurer aux abords du palais. Les balles perdues sifflaient, claquaient contre les parois des maisons, ricochaient sur le trottoir glacé d'une boue blanchâtre. Cependant, Nicolas avait la certitude qu'il ne serait pas atteint. Il se tenait droit. Il portait haut la tête. En se retournant, il vit Zagouliaïeff qui s'était arrêté pour allumer une cigarette.

— Eh! cria Nicolas. Ne reste pas immobile. On finira par te descendre.

Zagouliaïeff jeta son allumette par-dessus son épaule, souffla un jet de fumée, et dit :

— Qu'est-ce que ça changerait?

Parqués dans la cour du Palais d'Hiver, les cosaques avaient allumé un feu de bois et plaisantaient, pour se distraire, les femmes-soldats affectées avec eux à la garde des portes. Les bataillons féminins avaient été créés depuis peu, sur l'initiative de Kérensky, pour relever, par leur courage et leur discipline, le moral des troupes régulières. Vaguement humiliés par la présence à leurs côtés de ces filles en uniforme, les cosaques les lorgnaient, leur adressaient des injures cordiales, les invitaient à s'approcher du feu ; mais les autres ne répondaient pas et demeuraient dans leur coin, dignes et renfrognées.

— Ça devrait faire des enfants au lieu de singer les hommes!

— Regarde le gros derrière qu'elles ont dans leurs culottes.

— Et par-devant, quels oreillers! Je dormirais bien dessus, histoire de passer le temps.

— Il faudrait les fouetter, les garces, les renvoyer chez elles.

— De qui avons-nous l'air, avec des femelles pour nous aider?

— Montre-leur le doigt, et elles ouvrent les cuisses!

— Venez par ici, mignonnes. Entre soldats, faut qu'on se caresse. C'est une habitude chez les cosaques!

A la longue, cependant, le mutisme des femmes-soldats découragea les cosaques. Devant la porte cochère, barrée par une pile de sacs et de poutres, des mitrailleurs surveillaient la place du Palais. Parfois, ils tiraillaient sur l'ennemi invisible. Des coups de canon, massifs et ronds, leur répondaient. La nuit était froide, brumeuse. A huit heures, la cuisine roulante n'était pas encore arrivée. Quelques élèves officiers, aux visages puérils, trimbalaient des caisses de munitions vers les étages. Les cosaques s'ennuyaient, dansaient sur place, fumaient des cigarettes. Bientôt, les mitrailleurs, abandonnant leur poste, se joignirent à eux.

— Qu'est-ce qu'on fout là, frères? Ils bombardent le Palais. Tôt ou tard, nous serons forcés de nous rendre. Il vaut mieux partir.

— Si nous sortons de la cour, les bolcheviks nous faucheront avec leurs mitrailleuses.

— On pourrait leur envoyer des délégués avec un drapeau blanc.

— Mais les officiers?...

— Ils sont tous à l'intérieur...

— Personne n'en saura rien.

— Y a-t-il des volontaires?

Trois hommes s'offrirent à exécuter la mission. Escaladant la barricade de l'entrée, ils se perdirent bientôt dans la nuit, où claquaient des coups de feu isolés. Au bout d'une demi-heure environ, ils revinrent, accompagnés d'un civil, en pardessus court, à col de cuir, et d'un aspirant mitrailleur au visage fatigué. Le civil et l'aspirant sautèrent par-dessus les poutres qui obstruaient la porte cochère et s'avancèrent délibérément vers le groupe des cosaques.

— Parle-leur, Nicolas, dit le civil. L'uniforme inspire confiance.

Nicolas regarda les nombreuses figures, tendues vers lui dans une même expression de curiosité. Des moustaches en crins, des barbes d'étoupe, des yeux d'émail blanc bougeaient dans l'éclairage haletant du brasier. Plus loin, les baïonnettes croisaient leurs faisceaux aux limites de l'ombre. Au fond de la cour, les chevaux, recouverts de housses, remuaient autour d'un tas de foin. Si les émissaires des cosaques avaient attiré Nicolas et Zagouliaïeff dans un traquenard, la moindre résistance eût été inutile. Il fallait jouer le tout pour le tout. Dominant son inquiétude, Nicolas dit d'une voix ferme :

— Camarades cosaques, nous représentons le Comité révolutionnaire militaire de Pétrograd, et nous sommes venus vous proposer de quitter le Palais d'Hiver. A quoi bon défendre plus longtemps un gouvernement bourgeois auquel le peuple entier est hostile? Laissez ce soin aux élèves officiers, en attendant que nous leur tirions les oreilles. Passez de l'autre côté de la barricade.

— Et si les bolcheviks nous canardaient! s'écria l'*ouriadnik* [1].

— Au nom du Comité révolutionnaire militaire de Pétrograd, dit Zagouliaïeff, nous vous garantissons

1. Sous-officier, chez les cosaques.

la sécurité absolue. Nous ne vous voulons pas de mal. Vous n'êtes pas nos ennemis. Nos ennemis sont dans le Palais, et non dans la cour.

— Et les femmes, qu'est-ce qu'on en fait ?

— Offrez-leur de venir avec nous, dit Nicolas.

L'*ouriadnik* se tourna vers le bataillon féminin, qui observait la scène en silence. Une grosse matrone, rembourrée de partout et décorée de la médaille de Saint-Georges, se tenait, jambes écartées, poings sur les hanches, devant son détachement.

— Eh ! sœurettes ! cria un grand cosaque sec et barbu comme un diable. Viendrez-vous avec nous, ou resterez-vous à grelotter sur place pour faire plaisir à votre Kérensky.

— Allez-y seuls, chez les bolcheviks, bandes de lâches et de déserteurs ! glapit la matrone d'une voix fluette. Nous savons où est notre devoir.

— Ton devoir, il est entre tes cuisses, mémère ! hurla l'*ouriadnik*.

— Chienne galeuse ! renchérit le cosaque barbu. Que le diable emporte tes poils !

Mais la matrone ne s'en laissait pas imposer. Elle vociférait en sautillant sur place :

— Turc maudit ! Porc boiteux ! Eunuque !

Les cosaques s'étranglaient de rire et se claquaient les cuisses :

— Oïe ! Oïe ! Elle gueule bien, la diablesse ventrue ! Quelle mégère ! Malheur à qui tombe sous sa langue ! Vas-y, *ouriadnik* !

L'*ouriadnik*, conscient de la prouesse oratoire que ses hommes attendaient de lui, fronça les sourcils, réfléchit profondément et rugit soudain :

— Ta mère s'est trompée de sortie, en te mettant au monde !

La femme-soldat, suffoquée, ne répondit rien. Les cosaques exultaient :

— Ça, c'est envoyé !

— En pleine gueule.

— Elle l'a avalé comme un œuf.

Triomphant et calme, l'*ouriadnik* tortillait sa moustache en maugréant :

— Chaque femelle doit connaître sa place. C'est ainsi.

— En route, dit Zagouliaïeff.

Les cosaques se précipitèrent vers les faisceaux et se rangèrent en colonne de marche :

— Et les chevaux?

— On les reprendra après la bagarre. Ils sont mieux ici que dehors.

— Est-ce que les femmes ne vont pas nous mitrailler lorsque nous aurons passé la porte?

L'*ouriadnik* se tourna une fois de plus vers le bataillon féminin.

— Écoutez-moi bien, soldats à trous, cria-t-il. Si vous nous tirez dans le dos, nous reviendrons pour vous apprendre à vivre. Compris? Bonne chance, donc. Et n'oubliez pas que vous aurez beau porter la culotte, il vous manquera l'essentiel. Ça!

Il fit un signe obscène et se dirigea vers la porte cochère dans une rumeur d'acclamations. Un à un, les hommes escaladèrent la barricade et sautèrent dans la nuit extérieure. Les cosaques des premiers rangs avaient accroché des papiers et des chiffons blancs à la pointe de leurs baïonnettes. Nicolas et Zagouliaïeff guidèrent le détachement à travers la grande place muette, où se dressait le fantôme vertical de la colonne d'Alexandre. Subitement, des coups de feu partirent de la porte du Palais.

— Truies! Salopes! aboya l'*ouriadnik*. A moi, les gars!

Et, avant que Zagouliaïeff et Nicolas eussent pu faire un geste, les cosaques revenaient en courant sur leurs pas. Les femmes s'étaient déployées en ligne devant la façade du Palais et tiraient droit dans la masse. L'*ouriadnik* et ses hommes les chargèrent au sabre et à la baïonnette. Lorsque Nicolas et Zagouliaïeff les rejoignirent, une mêlée de corps, féroce, indistincte, s'agitait dans l'ombre. Cognant, mordant, griffant, les femmes battaient en retraite vers la porte cochère. De temps en temps, l'une d'elles était ravie au troupeau. Un cosaque lui arrachait ses vêtements et la renversait à terre pour l'achever d'un coup de crosse. Çà et là, parmi les bottes, luisait un profil tuméfié, un sein barbouillé de sang. L'*ouriadnik* passa devant Nicolas, portant sur l'épaule une fille aux cheveux coupés court, à la face blafarde et hurlante. Elle était nue jusqu'à la ceinture. Sa poitrine blanche et molle tremblait rondement à chaque pas. Elle sanglotait. Et l'*ouriadnik* répétait en trottant :

— Sorcière! Je vais te faire voir! Sorcière! Sorcière!

Il la jeta sur le sol, au pied du mur, et commença à déboutonner sa culotte. Un gémissement hystérique creva les oreilles de Nicolas. Il tressaillit et se mit à crier :

— Camarades cosaques! Cela suffit! Laissez les femelles! Revenez!

— Tais-toi, imbécile, dit Zagouliaïeff en lui serrant le poignet. Tu vas les mécontenter. Ils ont bien le droit de corriger ces garces, puisqu'elles les ont mitraillés dans le dos.

— Qu'ils les tuent donc, dit Nicolas. Mais vite.

Les femmes qui avaient pu échapper à l'assaut s'étaient retranchées derrière le rempart de sacs et de solives. La lueur brève des coups de feu zébrait de nouveau les ténèbres. Dispersés en chaîne, les cosaques reculaient vers le fond de la place. Nicolas les entendait rire et renifler d'une manière virile. L'*ouriadnik* accourut enfin. Il haletait. Sa figure était marquée de griffures parallèles. Il grommela :

— Quelle charogne! Il a fallu que je l'assomme d'abord.

Lorsque, tard dans la nuit, Nicolas et Zagouliaïeff revinrent dans la salle des fêtes de l'Institut Smolny, le congrès des Soviets avait déjà appris, par la bouche du camarade Antonoff-Ovseenko, la chute du Palais d'Hiver et l'arrestation des ministres, qui avait eu lieu à deux heures du matin. Plusieurs socialistes modérés avaient quitté la réunion en signe de protestation. Du haut de la tribune, face à la foule silencieuse, recueillie, un homme au veston gris lisait la première proclamation du nouveau régime. Comme engourdi par un songe, Nicolas entendait tomber une à une les paroles qui annonçaient la victoire du prolétariat :

« Le Congrès statue que tout le pouvoir local passe au Soviet des députés, des ouvriers, des soldats et des paysans, qui doivent assurer l'ordre révolutionnaire effectif... »

Une allégresse grave s'établissait dans le cœur de Nicolas. Il avait le sentiment d'un accord parfait entre son âme et sa chair, entre l'idée directrice et le travail accompli. Tout son être s'ouvrait normalement à la récompense. Et la récompense, c'était ceci : cette salle blanche, bourrée de faces frustes, ces lustres, cette lumière, et cet orateur debout sur l'estrade, dont la voix bien timbrée signifiait aux siècles futurs que le règne du peuple était arrivé. La plupart de ceux qui l'écoutaient ne savaient même pas écrire. Ils étaient là, comme un limon obscur, déposé sur la berge par le flot de la révolution. Tirés au hasard de la masse des hommes, ils personnifiaient l'humanité entière, lasse, uniforme, terne, profonde, agitée de remous silencieux. Parfaitement anonymes et interchangeables, ils ne laisseraient ni leurs visages ni leurs noms sur les feuillets de l'Histoire. Cependant, tous, ils participaient à la majesté de l'événement. L'expression de leurs traits prouvait qu'ils étaient conscients de la conquête collective dont cette séance marquait la consécration. Leur joie, leur orgueil d'esclaves déchaînés se communiquaient à Nicolas, comme une vibration à peine perceptible de l'atmosphère. En regardant ses voisins, il oubliait facilement les femmes-soldats violées, les cosaques tués dans le dos. On ne paierait jamais assez cher le bonheur de tout un pays. Les cadavres n'avaient pas d'odeur. Il fallait accepter que les soubassements de la société nouvelle fussent pétris de boue et de sang.

Devant la table semi-circulaire, l'homme seul parlait toujours. Mais Nicolas distinguait mal ses propos. La fatigue lui broyait les reins. Sa tête voguait loin de lui, dans la fumée. Il entendit, cependant :

— Soldats, ouvriers, employés, le sort de la révolution et de la paix démocratique est entre vos mains...

A ces mots, une clameur énorme fit sauter les murs et le plafond de la salle :

— Hourra!

— Vive Lénine!

— Vive Trotsky!

— Vive le Soviet!

Nicolas tourna les yeux vers Zagouliaïeff. Autour d'eux, des inconnus s'embrassaient sur les joues, sur la bouche.

— Embrasse-moi aussi, dit Zagouliaïeff en riant. Nous le méritons bien, l'un et l'autre.

VI

Le jeudi 26 octobre, Kisiakoff s'éveilla à l'aube, enfila son pantalon et sortit dans le couloir de l'hôtel pour interroger les domestiques sur les événements de la nuit. Puis, il entra dans la chambre de Volodia, tira les rideaux, et cria d'une voix victorieuse :

— La révolution triomphe. Le Palais d'Hiver est tombé aux mains des bolcheviks à deux heures du matin. Tous les ministres ont été arrêtés et jetés dans les cachots de la forteresse Pierre-et-Paul. Clac! Un tour de clef, et la puissance d'un homme est finie. Kérensky est en fuite. Les élèves officiers qui défendaient le Palais ont été massacrés comme des lapins. Les femmes-soldats ont été traînées dans les casernes Pavlovsky et violées selon toutes les règles de l'art. Le premier ministère soviétique sera constitué cet après-midi, sous la présidence de Lénine! Voilà les nouvelles! Qu'en dis-tu, fiston?

Volodia dressa vers la lumière un visage froissé par le sommeil. Ses cheveux blonds s'ébouriffaient en touffes sur ses tempes. Il remua des lèvres collantes, murmura :

— Laisse-moi dormir.

— Je te propose de m'accompagner en ville. Ça doit bouger. On pourra peut-être visiter le Palais d'Hiver. D'accord?

Volodia ne répondit pas et se tourna vers le mur.

— Tu ne veux pas? demanda Kisiakoff.

— Non, grogna Volodia.

Et il ramena la couverture sur sa tête.

— Tu as tort. Je suis sûr que le spectacle vaut le dérangement. Les vers de terre sortent de leurs trous. Le pus crève la peau. Tout ce qui est sombre, laid, mystérieux en l'homme se libère de la pesanteur et monte vers la clarté du jour. On n'aura plus souvent l'occasion de voir ça!

Sa voix vibrait d'enthousiasme. Il marchait d'un mur à l'autre de la chambre et ses savates claquaient contre ses talons.

— Je me demande ce qui te réjouit tellement dans ce déballage d'ordures, dit Volodia.

— La pensée que Dieu l'a voulu, s'écria Kisiakoff.

— Ou le diable?

— C'est la même chose. Les gens ne savent pas se tenir avec Dieu. Ils l'encensent, ils se prosternent devant lui, ils lui adressent des prières respectueuses. Moi, j'emploie la méthode forte. Si je désire obtenir quelque chose de Dieu, je n'hésite pas à le menacer. Je lui parle d'homme a homme. Je lui fais peur.

— Peur? Mais comment pourrais-tu lui nuire?

— En ne croyant plus en lui, dit Kisiakoff. Les bolcheviks ne croient plus en Dieu. Alors Dieu s'affole, se lamente et les aide dans leurs travaux.

Il partit d'un éclat de rire sonore et se dirigea vers la porte de communication.

— Je vais m'habiller et je sors, dit-il encore. Je ne sais pas si je rentrerai pour le déjeuner. Et toi, que comptes-tu faire?

— Rester ici.

— Tu attends une visite de ta couturière?

Volodia rougit :

— Peut-être. Ce n'est pas sûr.

— Je doute que tu puisses t'amuser avec elle autant que tu te serais amusé avec moi.

Kisiakoff rentra dans sa chambre et ferma la porte. Volodia poussa un soupir de soulagement. Il y avait deux semaines environ que sa vie avait pris une direction nouvelle. C'était au cinéma qu'il avait fait la connaissance de cette couturière, dont Kisiakoff parlait avec une légèreté coupable. Elle s'appelait Xénia. Volodia et elle avaient discuté du film à l'entracte. Ils s'étaient revus, le lendemain, dans un café. Depuis ils se rencontraient chaque jour, mais Volodia n'avait pas encore couché avec la jeune fille. Pour la première fois à dater de sa blessure, il éprouvait du respect et de l'affection pour un être humain. Xénia n'était ni très jolie ni très intelligente. Mais son visage frais, au nez retroussé, aux fossettes gourmandes, exprimait une santé préférable à la grâce. Elle travaillait dans un atelier tenu par une Française et débordait d'histoires comiques sur le compte de sa patronne et des employés. Volodia écoutait sans fatigue ces ragots de pensionnaire, débités d'une voix essoufflée, entre deux bouchées de gâteaux. Xénia était satisfaite de tout et riait pour un rien. Constamment, elle l'entraînait à rire lui-même. Peut-être, grâce à elle, pourrait-il retrouver du goût à la vie quotidienne. Il ne savait pas au juste s'il devait le souhaiter ou le craindre. Blotti dans la chaleur des draps, il se laissait baigner par la promesse d'un bonheur inédit. Une tendresse, longtemps oubliée, déformait son cœur. Avec plaisir, il repassait dans sa mémoire les compliments que Xénia lui avait adressés la veille. Pour elle, il était un personnage beau, compliqué, génial. Elle ignorait qu'il portât un œil de verre. Sans doute espérait-elle qu'il la demanderait en mariage. Pourquoi pas ? Ne serait-ce qu'à l'effet d'exaspérer Kisiakoff.

Un rire intérieur secoua le ventre de Volodia. Il remua ses jambes sous les draps, et une odeur amère lui monta aux narines. Il se sentit encore plus lui-même, tout à fait différent des autres, encerclé dans le fumet de son corps. La conscience de sa vie lui fut douce comme un éloge. Il s'aima. Et, du même coup, il aima Xénia. C'était étrange. Il ne pouvait plus penser à lui sans penser à elle. Elle habitait le quartier, avec sa mère. Comme son atelier était fermé, à cause des événements, elle avait promis de passer voir Volodia, en courant, vers les onze heures du matin. Pourvu qu'elle n'eût pas l'idée de lui raconter des détails sur cette révolution nocturne! Volodia refusait de laisser compromettre sa tranquillité par les échos de la ville. Xénia elle-même lui deviendrait odieuse si elle s'avisait de lui parler politique. Mais elle était trop fine pour cela. Elle savait que la vérité n'était pas dans la rue, dans la foule, mais dans la chair et l'âme de chacun. Décontracté, flottant, imbibé de langueurs bizarres, Volodia répéta, du bout des lèvres, ce prénom sifflant :

« Xénia! Xénia! »

Tout en marmonnant de la sorte, il songeait qu'il était sans doute amoureux, que cet amour le rajeunissait, que l'avenir dont il n'attendait rien, depuis si longtemps, lui réservait peut-être d'agréables surprises. Il imaginait une suite de jours paisibles, dans une villa bâtie en pierre rose, au bord de la mer bleue, loin des massacres et des discours. Des visions de fleurs, de fontaines, de lacs, d'escaliers blancs et de pelouses sages défilaient paresseusement dans son esprit. Il avait envie de mâcher quelque chose de froid et de désaltérant. Il caressa de la main le coin de l'oreiller, qui était tiède encore de son sommeil, et cet oreiller devint une femme, et cette femme devint Xénia. Il était couché aux côtés d'une Xénia nue, ouverte et humide de son amour. Ses oreilles vrombirent, comme frôlées par un papillon de nuit. Toute sa figure se mit à flamber. Un désir douloureux retint son attention. « Elle ne refusera pas. Elle m'aime tant! Ce soir, demain... »

Un camion quinteux passa dans la rue. Volodia se rappela les coups de canon, qui, cette nuit encore, ébranlaient le silence. « Elle a eu peur, sans doute, seule dans son petit appartement, avec la mère malade, qui tousse, qui crache. Elle a pensé à moi. Elle m'a appelé... » Un rayon de soleil entra par la fenêtre et s'éteignit aussitôt. Volodia se sentit fort et responsable. Des lignes droites traversaient son cerveau et dessinaient des itinéraires étincelants dans une matière grisâtre. « Ce qu'il faut faire, et ce qu'il ne faut pas faire. Le bien et le mal. Le beau et de laid. » Au-dessus de cette géographie spirituelle, sa volonté brillait solide, nette, comme une étoile en carton argenté. Il se jugea méconnaissable, lavé des pieds à la tête, parfumé de vertus, alimenté de biscuits aux inscriptions morales. Il acceptait ceci, rejetait cela. Il était capable de conduire un attelage. D'autres vivaient pour Lénine, pour Trotsky, pour Nicolas II ou pour Korniloff. Il vivrait pour Xénia. Combien de temps? « Ah! pourvu que je l'aime jusqu'à ma mort », se dit-il. Et il ferma les paupières. Quelqu'un frappa à la porte. C'était le valet de chambre. Il venait s'excuser parce que, « vu les événements », il n'y aurait pas de lait pour le petit déjeuner, ce matin.

La carcasse éventrée du Palais d'Hiver bourdonnait comme une charogne assaillie de mouches. Des ruisseaux noirs coulaient dans les escaliers, prenaient de la vitesse dans les corridors, tournaient sur place dans les chambres. Soldats et ouvriers, filous et badauds, filles en cheveux et marins envahissaient le sanctuaire tsariste et se vengeaient de leur esclavage en dégradant les œuvres d'art. Dans les caves forcées à la grenade, des ivrognes cassaient les goulots des bouteilles précieuses, se déchiraient la bouche avec le cul des flacons, perçaient les fûts, remplissaient leurs seaux, leurs casquettes, leurs bottes. Dépêchés pour mettre fin à l'orgie, des pompiers arrosaient cette multitude hagarde, qui pataugeait jusqu'aux chevilles dans une marée d'alcool. Les sauveteurs retiraient des corps inanimés, le mufle immergé dans un jus rosâtre et boueux, maîtrisaient des prophètes épileptiques à la gueule barbouillée de sang, tiraient des coups de feu en l'air, pour intimider ce troupeau de déments qui clapotaient et rotaient dans les pénombres vineuses.

Dans les étages, cependant, d'autres farceurs brisaient à coups de crosse les glaces de Venise, crevaient les toiles de maître, enfonçaient les armoires anciennes. Un groupe de gamins bombardaient les lustres avec des pierres et se protégeaient le visage, de leur bras relevé, contre les éclats de cristal qui tombaient du plafond. Kisiakoff, enfoui dans la mêlée, marchait sur des fragments de porcelaine, trébuchait contre des tiroirs. Par moments, d'un secrétaire fracturé, jaillissaient des fontaines de paperasses blanches, qui s'éparpillaient en pluie sur les assistants : manuscrits vénérables, traités secrets, lettres intimes. Des dentelles s'enroulaient au cou de matrones suantes. Des plateaux d'argent disparaissaient sous les blouses.

— Cassez tout, camarades, c'est notre jour de fête!

— Ils ont assez bu notre sang!

— Le peuple veut une place nette!

— Démolissons les cavernes de l'autocratie!

Kisiakoff riait à pleine gorge et cognait à droite, à gauche, pour se creuser un passage dans cette masse adhérente. Un formidable contentement élargissait sa poitrine. Les chocs du verre, le craquement des bois rares, provoquaient dans sa chair des spasmes brefs et délicieux. Mouillé, haletant, le cœur rapide, il participait à cette destruction comme à un acte d'amour forcené. Dans la fumée de l'hallucination, il lui semblait que ces poings grossiers, ces bouches criardes, ces pieds lourds appartenaient à son individu. Par une multiplication extraordinaire, il se trouvait partout à la fois. Il était ce bonhomme obscur, à face de lamproie, qui lançait un encrier contre une tapisserie. Il était cette vieille surchauffée, qui s'asseyait, cuisses ouvertes, sur un vase de Chine. Il était ce gamin sournois qui lardait à coups de canif les sièges soyeux des fauteuils. Il était ce soldat qui se vautrait, avec une femme, sur la banquette, et jouissait dans son pantalon. D'un bord à l'autre du Palais, lui seul s'étalait dans une sorte de prolifération innombrable et salissante. S'il s'en allait, il ne resterait plus personne dans les salles. Tout dépendait de lui. Il ne dépendait de rien. Le sentiment de sa puissance lui donnait le vertige. Il eût été moins heureux, sans doute, si le pillage avait correspondu à une nécessité logique. Ce qui l'enchantait, c'était l'inutilité de cette mise à sac. Par le massacre des meubles et des tableaux, les limites de la raison se trouvaient abolies. D'un seul bond, l'homme dépassait son intelligence et voguait en pleine volupté. Tous s'acharnaient sur la matière comme sur une femme. L'instinct seul commandait leurs gestes. Écrasé contre le mur, Kisiakoff avisa un pastel représentant une jeune fille aux cheveux poudrés. Subitement, sans réfléchir, il poussa son coude dans la vitre qui protégeait le tableau. Ensuite, il cracha sur le visage tendre et pâle, dessiné avec soin. Une limace jaunâtre s'aplatit sur le front velouté de l'inconnue et descendit lentement, jusqu'à ses lèvres roses, souriantes. Lorsque la traînée saliveuse eut atteint la bouche du portrait, une décharge électrique secoua le ventre de Kisiakoff. Ses cuisses tremblaient. Il béait de joie. Il était nu. Des oiseaux chantaient dans sa barbe. Longtemps, il demeura immobile au centre du tohu-bohu, comme un arbre noir battu par l'inondation. Enfin, la foule le déracina, l'entraîna plus loin. Des cris claquaient autour de lui, comme des pierres qui ricochaient sur l'eau :

— Chez le tsar!... Chez la tsarine!... C'est par ici!... Venez, camarades!..

Un élan irrésistible propulsa Kisiakoff jusqu'à une

grande pièce claire, aux tentures dorées. Sur les lits du tsar et de la tsarine, drapés d'une soie jaune aux armes impériales, des couples s'enlaçaient silencieux, besogneux. Une prostituée débouchait les flacons de la table de toilette et se versait des flots de parfum dans le corsage, en gloussant à cause du froid. Dans un coin, étaient suspendues des icônes et une lampe d'église aux chaînettes d'argent. Un soldat ivre, débraillé, trempé de sueur, agitait son revolver au-dessus de sa tête et gueulait :

— Je tire sur le Christ! Je tire sur le Christ!

Une fille maigre, édentée, l'encourageait à mi-voix :

— T'oseras pas! Montre! Montre voir!

Kisiakoff s'approcha d'eux. Les paroles qu'il avait prononcées ce matin devant Volodia lui revenaient en mémoire : « Traiter Dieu comme un homme..., l'intimider..., employer la manière forte... » Que se passerait-il si ce soldat ivre déchargeait son revolver contre le Christ? La vitre volerait en lamelles. Une plaie blanche marquerait l'effigie du Sauveur. Et puis? L'impie tomberait-il foudroyé pour avoir attenté à la majesté divine, ou s'en irait-il sur ses deux jambes, rigolant et calme, suivi de sa putain qui baverait d'extase? Si Dieu ne donnait pas de réponse, était-ce parce qu'il acceptait l'injure et reconnaissait le bon droit de l'iconoclaste?

— Tire! Mais tire donc! disait la fille.

L'autre se balançait sur ses pieds, prêt à vomir ou à tirer, on ne savait pas. Sa langue rouge brique pointait entre ses lèvres.

— Tu te dégonfles! T'as peur des popes!

Un bégaiement sinistre se fit dans le corps de Kisiakoff. Quelque chose clapotait en lui, à hauteur du sternum. Des fourmis couraient sur ses mollets nus. La foule avait démissionné. Il était seul. Face à face avec Dieu. Lui et Dieu. Qui sera le plus fort? Au paroxysme de cette lutte, il grommela :

— Alors, quoi, camarade, qu'attends-tu?

Une détonation énorme lui emporta la mâchoire. Il frémit de terreur. Paralysé, étonné, il regardait fixement la fumée grise qui se dissipait autour de l'icône. Le Christ avait un œil crevé. Des débris de verre jonchaient le sol. Le soldat visait l'image voisine. Kisiakoff attendit quelques secondes. Mais Dieu ne se défendait pas contre l'audace sacrilège des hommes. Dieu se faisait tout petit, courbait le front, cédait la place. A quoi ? Au peuple ? Aux sciences exactes ? A la mécanique de précision ? A Kisiakoff ? « Que mon règne arrive ! »

Cependant Kisiakoff n'était pas heureux. Une inquiétude le dominait. « Et si je ne savais pas ? Et si je n'étais pas prêt ? » Un carrousel de gueules coloriées virait autour de lui comme sur un pivot. Il avait envie de poser ses mains sur un objet solide. Un second coup de feu étoila le silence. Tournant le dos aux icônes, Kisiakoff se hâta vers la sortie.

Lorsqu'il se retrouva dans la rue, son trouble avait disparu. Çà et là, près des kiosques à journaux, des gardes rouges brûlaient par monceaux les gazettes hostiles au mouvement bolchevique. La fumée âcre forçait les passants à changer de trottoir. Il y avait beaucoup de monde aux abords des barricades abandonnées. Les visages étaient neutres, ébahis, stupides. Le renversement du régime s'était opéré avec une telle promptitude, que nul ne croyait encore à la stabilité de l'ordre nouveau. En s'approchant d'un groupe de citoyens qui lisaient une proclamation imprimée sur papier écarlate, Kisiakoff entendit deux hommes, vêtus correctement, qui bavardaient à voix basse :

— A Moscou, les troubles ont commencé ce matin. On s'attend à une résistance sérieuse...

— Je sais de source sûre que Kérensky rassemble des troupes...

— Il ne trouvera personne.

— C'est tout de même insensé qu'une garnison de

deux cent mille voyous et déserteurs fasse la loi à Pétrograd !

— Si encore elle faisait la loi ! Mais elle fait tout autre chose ! Avez-vous visité le Palais d'Hiver ?

— Quelle horreur ! Le docteur Stolkine a pu soigner quelques ministres enfermés dans des casemates de la forteresse. Il paraît...

Kisiakoff s'éloigna à grandes enjambées. Des hommes humbles et peureux étaient à éventrer, à tondre. L'avenir appartenait aux violents. Dieu s'était mis du côté de la Bête. A plusieurs reprises, il sembla à Kisiakoff que le Christ borgne le dévisageait derrière une fenêtre. Le sang battait comme une corde dans son cou. Il éprouvait le besoin de monter sur une borne et de crier : « Regardez-moi ! »

Lorsqu'il arriva à l'imprimerie, son visage fumait, ses yeux lui sortaient de la tête. Sur la marche du seuil, un soldat était accroupi, le fusil entre les genoux.

— Salut, camarade, lui dit Kisiakoff.

Le factionnaire ne répondit pas et continua de mâcher des graines de tournesol. Dans l'atelier, les rotatives tournaient avec un bruit sourd. On tirait des manifestes pour le parti. Un ouvrier s'avança vers Kisiakoff :

— Il y a du monde qui vous attend au bureau.

— J'y vais, dit Kisiakoff.

Et il poussa la porte vitrée. Deux soldats se tenaient, assis, les jambes ballantes, sur la table, et fumaient en feuilletant les pages d'un album. L'un était petit et blond, avec de jolies moustaches frisées au fer. L'autre, noiraud, bouffi, mal rasé, paraissait plus redoutable. Une mince inquiétude effleura Kisiakoff, et il plissa les paupières comme pour éviter une lumière trop vive.

— Puis-je savoir ce qui me vaut l'honneur de votre visite ? demanda-t-il en souriant.

Le petit blond sauta à bas de la table, posa une main crasseuse sur son étui de revolver et dit :

— Vous êtes arrêté!

— Comment ça, arrêté? balbutia Kisiakoff.

— Oui. Arrêté. Nous avons un ordre.

— Permettez! dit Kisiakoff. Loin de moi l'idée de discuter les initiatives du gouvernement bolchevique. Je suis moi-même un bolchevik de vieille date. Mon imprimerie a travaillé clandestinement pour le parti...

— Paraît que tu ne travaillais pas seulement pour le parti, dit le petit blond en crachant son mégot par terre. On a coffré ce matin un nommé Probosseloff, vendeur d'hosties et agent de l'Okhrana. A l'heure qu'il est, ce saint homme a expié ses péchés. Mais avant de crever, il nous a donné quelques noms. Le tien, entre autres...

Une dégringolade molle s'opéra dans les entrailles de Kisiakoff. Toutes ses idées fuyaient sa tête, en glougloutant, comme aspirées par un trou de vidange. Il se sentit vacant et nu, sonore et incapable. La sueur coulait sur son front. Pris de panique, il ne put que bredouiller :

— Ce... ce n'est pas vrai...

— Vrai ou pas vrai, on t'arrête, dit le blondin.

— Quel nom vous a-t-on indiqué? proféra Kisiakoff dans un souffle.

Le soldat fouilla dans sa poche et en sortit un carnet aux pages cornées. Kisiakoff reprit sa respiration. Après un instant de désordre, le calme revenait en lui. Il ne pouvait pas être arrêté, tué. C'était bon pour les autres.

— Alors, demanda-t-il.

— Voilà, dit le soldat, en approchant son nez du calepin ouvert. C'est écrit Kisiakoff, propriétaire de l'imprimerie, rue Kharkov.

Une jubilation terrible descendit en plânant sur Kisiakoff. Il eut l'impression qu'un manteau protecteur lui couvrait les épaules :

— Tu as bien dit Kisiakoff, propriétaire d'une imprimerie, rue Kharkov?

— Oui.
— Pas de prénoms?
— Ils n'en ont pas donné.
— Eh bien, il ne s'agit pas de moi, dit Kisiakoff d'un ton grave.
— Et de qui?
— De mon fils.
Dans l'effusion de son bonheur, il se fit une chute brève. On eût dit que son pied avait manqué une marche. « Chacun pour soi. Ma vie vaut plus que la sienne. D'abord, parce qu'elle est à moi. Dieu ne veut pas que je meure. »
— Bon, dit le soldat, qui me prouve que l'imprimerie appartient à ton fils?
— J'ai les pièces officielles, dit Kisiakoff d'une voix altérée. Si vous voulez bien considérer... Heu...
Il vidait ses poches sur la table. Ses mains frémissaient nerveusement. Jouant le tout pour le tout, il déplia une page de papier glacé :
— Voici la copie de la demande d'adoption... C'est mon fils adoptif, n'est-ce pas?
— Ton histoire n'est pas claire, grommela l'homme en parcourant du regard le feuillet que lui présentait Kisiakoff. On parle d'un Vladimir Philippovitch Bourine...
— C'était son nom avant..., avant l'adoption... Maintenant, il s'appelle Bourine-Kisiakoff, ou plus simplement Kisiakoff... Comme moi... Exactement comme moi...
Il rit d'une manière servile.
— Et l'imprimerie? demanda le soldat mal rasé.
— Voici l'acte de cession de l'imprimerie, dit Kisiakoff. L'imprimerie est à lui, pas à moi. La chose est en règle, comme vous pouvez le constater. Cachets, signatures...
Tout en parlant, Kisiakoff redoutait que les soldats ne vérifiassent la date du document, qui était

trop récente pour le disculper. Dans l'espoir de les distraire et d'abolir leurs scrupules, il s'écria :

— Je me doutais bien qu'il jouait un sale tour dans mon dos. Toujours, nous nous sommes heurtés dans nos discussions politiques. Mais je n'aurais jamais supposé qu'il en viendrait à servir de mouchard à l'Okhrana! C'est affreux! Vous avez devant vous un père humilié, camarades! Un père qui n'ose pas contempler la lumière du jour! Je n'ai plus de fils! Arrêtez-le! Faites-en ce qu'il vous plaira! Et, si le parti a besoin d'argent...

Il sortit son portefeuille et fourra une liasse de billets dans la main du soldat. L'homme le regardait avec surprise.

— Prenez..., bafouilla Kisiakoff. C'est pour la caisse du parti... Ou pour vous... Comme vous voudrez... Oh! j'ai mal... Mon cœur se tord et se fend!... Je mâche de la cendre!... Rien n'effacera cette honte!...

Le soldat haussa les épaules et empocha l'argent.

— D'accord, dit-il. On te laisse. Où trouverons-nous ton fils?

— A l'hôtel du Brésil. Chambre 201.

— Comment le reconnaîtrons-nous?

— C'est un homme encore jeune, blond, bien fait, avec un œil de verre.

— Tu ne veux pas venir avec nous?

— Oh! camarades, murmura Kisiakoff, vous ne pouvez pas demander à un père d'aller désigner son fils à ceux qui sont chargés de le mettre en prison.

— Nous ne le mettrons pas en prison.

— Ah! non?

Kisiakoff plongea la pointe de sa barbe dans sa bouche et la mordilla méditativement.

— En période révolutionnaire, la justice doit être rapide, dit le blondin.

Et ses dents blanches étincelèrent sous sa moustache dorée. Kisiakoff baissa les paupières. Il lui sembla que quelque chose s'écartait de lui, d'une fuite oblique.

— Eh bien, dit-il, allez...

— Si nous ne trouvons pas ton fils, nous revenons te chercher.

— D'accord.

— Il y a une sentinelle à la porte de l'imprimerie. N'essaie donc pas de te débiner. Cela te coûterait cher.

— Je ne bougerai pas d'ici. Mais je vous préviens, mon fils niera tout. Il vous dira qu'il ne s'est jamais occupé de l'imprimerie, il tentera de m'accuser pour sauver sa peau! Je le connais!... C'est... c'est un vaurien, une vipère!...

— T'en fais pas pour la vipère. On ne l'écoutera pas, dit le soldat mal rasé, en tapotant du plat de la main la poche où il avait enfoui les billets de banque.

— Si tout se passe bien, dit Kisiakoff, il y aura la même somme pour vous, après l'arrestation.

— Tu peux la préparer.

— Merci, camarades, dit Kisiakoff faiblement.

Lorsque les deux hommes eurent quitté la pièce, Kisiakoff s'appuya au mur et inclina la tête sur sa poitrine. Après la lutte qu'il avait soutenue, tout son être tonnait d'une angoisse surnaturelle. Il était comme une bête à bout de course, qui vient d'échapper aux chasseurs et qui trouve son souffle, hume le vent, lèche ses plaies. Sa vie, si chèrement rachetée, s'arrondissait en lui, reprenait ses droits. Avec une satisfaction animale, il épiait tous les signes de son existence : les battements du cœur, une démangeaison au gras de l'orteil, le parfum de sueur et de résine qui montait de sa barbe. Aucune partie de lui ne manquait à l'appel. Il eût tué Volodia de ses propres mains, s'il l'avait fallu, pour se préserver de la mort.

« Que ta volonté soit faite, mon Dieu », chuchota-t-il.

Subitement, il se souvint de l'icône défigurée, et un serpent froid glissa dans son dos. Ébranlé jusqu'aux racines, il se mit à claquer des dents. Il contemplait le mur nu, devant lui, avec hébétude. Il chancelait, comme si un abîme se fût ouvert sous ses pieds. Derrière la vitre, retentissait le grondement méthodique des machines. « Je suis un assassin », pensa Kisiakoff. Et les larmes jaillirent de ses yeux. Il s'affala sur une chaise en gémissant :

« Volodia! Volodia! Mon chéri! »

Puis, il sortit un peigne de sa poche et se peigna la barbe et les moustaches, tristement.

— C'est exact, dit Volodia, Ivan Ivanovitch Kisiakoff m'a légalement adopté et m'a cédé son imprimerie, mais je ne comprends toujours pas en quoi cette circonstance peut justifier mon arrestation.

— On ne te demande pas de comprendre, mais d'obéir, dit le petit soldat à la moustache blonde.

— Vous devriez au moins consulter Ivan Ivanovitch Kisiakoff. C'est lui qui s'est toujours occupé de l'affaire. En ce moment même...

— Nous l'avons déjà vu.

— Ah! Et que vous a-t-il dit?

— Il nous a fourni ton adresse et ton signalement. Tu as un œil de verre?

— Oui.

— A preuve qu'il n'a pas menti. Donne-le.

— Pourquoi?

— Tu n'en auras plus besoin.

Une frayeur immense s'empara de Volodia. D'une main fébrile, tâtonnante, il retira son œil de verre et le tendit au soldat, qui le glissa dans la poche de sa capote.

— Maintenant, en route!

— Attendez, dit Volodia. Je vais mettre mon manteau.

— Si tu veux, grommela le soldat blond en remontant son ceinturon.

Volodia se dirigea vers l'armoire. En vérité, il se servait de ce prétexte pour gagner du temps. Sa surprise était telle qu'il n'arrivait pas à réfléchir d'une façon pratique. Il attendait Xénia. Et, au lieu d'elle, deux hommes en armes avaient pénétré dans la pièce. De quoi l'accusait-on? Où allait-on le conduire? N'était-ce pas Kisiakoff qui avait combiné le coup? Mais quel intérêt Kisiakoff avait-il à livrer Volodia aux bolcheviks? Non. Cette idée était absurde. Il s'agissait d'un malentendu.

— Expliquez-vous, au moins! s'écria Volodia en se tournant vers les soldats. On n'arrête pas quelqu'un sans lui fournir la moindre raison. Nous ne sommes pas chez les sauvages.

— Des crapules comme toi, dit le soldat blond, on ne devrait pas les arrêter, mais les abattre sur place.

— Vous n'avez pas le droit de me traiter de crapule!

— Je me gênerai peut-être!... Allons, grouille-toi, ennemi du peuple, vampire!...

Volodia décrocha son manteau et le jeta sur ses épaules.

— Il faut aussi que je mette mes souliers, dit-il. Je suis en pantoufles.

— Tu n'auras pas longtemps à marcher.

Une lueur cruelle passa dans les yeux de l'homme. « Cette fois, le doute n'est plus possible, songea Volodia. Ils vont me tuer. » Une sueur froide sortit de sa peau. Ses jambes faiblirent. Il pensait à Xénia, aux promesses d'amour, à certaines chances qui lui tombaient des mains. Deux semaines plus tôt, il eût facilement accepté de mourir. Mais maintenant, il tenait à la vie, de toutes ses fibres, de toute son âme. Le priver de la vie était une entreprise illicite. Comment le dire? A qui le dire? Des larmes montaient dans sa gorge. Il avait de la peine à nouer ses lacets de soulier.

— Alors, quoi? Tu veux qu'on t'aide?

Enfin, il se redressa, embrassa la chambre d'un regard général. Tous les meubles étaient en place. Anonymes et insensibles, ils attendaient déjà le prochain locataire. La vue de ces chaises, de ce lit, de cette armoire, qui lui faussaient compagnie pour s'offrir aux clients futurs, dégrisa Volodia, et il sourit dans l'absolu. Une indifférence subite se communiquait des objets à son cœur. Les espoirs, les projets glissaient de sa tête, comme de vaines pelures. Son prénom, la couleur de ses cheveux, son âge, ses vêtements, Xénia, son œil de verre l'abandonnaient un à un. Démuni, simplifié, il ne s'étonnait plus d'être condamné à mort pour un motif inconnu. Tout cela était, au contraire, parfaitement raisonnable. Depuis quelques secondes, la notion de son moi s'était diluée dans l'air. Il était n'importe qui, avec un corps quelconque et une âme de série. Comment eût-il pu s'intéresser à cet étranger qui soupirait, lorgnait sa montre, disait aux soldats :

— Je suis prêt!

Ils sortirent dans le couloir. L'œil-de-bœuf, aux croisillons sales, trouait le papier violet de la tapisserie. Au fond du corridor, Volodia eut le temps de voir la porte de la chambre où s'était suicidé le colonel Stassoff. On avait réparé le battant. Des planches de bois clair, mal repeintes, s'encadraient dans l'embrasure marron foncé.

— Avance, grogna le soldat, en poussant Volodia à petits coups de crosse dans le derrière.

La descente de l'escalier fut interminable. Chaque marche en était connue à Volodia, et il les saluait tour à tour. Pour un peu, il leur aurait donné des numéros ou des noms. Il songea brusquement qu'il passait en revue les échelons successifs de sa vie.

En haut était sa naissance, et, en bas, sa mort prochaine. Entre ces deux extrêmes, s'étageaient les visages, les paysages et les gestes de son destin : ses parents, Ekaterinodar, Tania, Michel, Kisiakoff, des salles de restaurants, un boudoir, des lèvres de femmes, un orchestre tzigane, la roseraie, des distances, des dates, des lieux, le goût du champagne, ce gâteau à la crème qu'il avait tant aimé lorsqu'il était enfant. Sur le moment, il avait pris chaque chose au sérieux, comme s'il ne devait jamais mourir. Maintenant, il lui semblait que son existence ne valait rien, simplement parce qu'elle était finie. Son passé était là, devant lui, étiqueté, figé, inutile. Il ne pouvait plus lui ajouter qu'un reflet sur la tringle du tapis, la sensation désagréable du faux col qui lui sciait le cou, une odeur de viande rôtie qui venait des cuisines. Après quoi, on lierait le tout dans un sac. On jetterait le sac dans un trou. Et le monde continuerait de prospérer et de fleurir pour les siècles des siècles. Il aurait voulu pouvoir se dire : « J'ai eu une belle vie. » Mais il n'y avait pas de vies belles, comme il n'y avait pas de vies laides, au regard de celui qui s'en séparait. En tout état de cause, il ne regrettait rien. Il était repu de lui-même.

Au rez-de-chaussée, le directeur de l'hôtel se tenait debout sous un palmier en pot. Apercevant Volodia, il s'écria d'une voix éplorée :

— Vladimir Philippovitch, est-ce possible?

Volodia tenta de sourire d'une manière courtoise à ce gros petit homme qui ne lui était rien. Mais ses muscles refusèrent de lui obéir, et sa bouche se mit à trembler. La figure bouleversée du directeur renseignait Volodia sur la gravité de la situation. La pitié, l'affolement qu'il lisait sur cette face ronde réveillaient sa propre terreur. Il pensa : « Mais c'est vrai : je vais mourir. Comment puis-je être si calme, puisque je vais mourir? » On eût dit qu'il n'y avait pas encore songé. Soudainement, il ne comprenait plus sa docilité, son insouciance. Une tempête rouge et noire se levait en lui. Il imaginait les fusils braqués sur son corps, le choc affreux des balles qui tranchaient les veines, qui ouvraient le cœur, la chute en perte de vitesse dans l'éternité, et tout ce qu'on ne savait pas de l'autre royaume, tout ce qui commençait après le dernier soupir, tout ce qui attendait cette viande et cette âme, depuis les vers de terre jusqu'aux fonctionnaires de Dieu. La chair hérissée, il s'arc-boutait, trébuchait, happait l'air comme un ivrogne, et les soldats criaient :

— Eh bien? Qu'est-ce qui te prend? Tu vires de l'œil? Tu as oublié quelque chose?

Il n'arrivait pas à concevoir qu'il s'agissait vraiment de lui, de Volodia Bourine, que la vie de Volodia Bourine était en jeu, que le moment approchait où il n'y aurait plus de Volodia Bourine. Dans la rue, il avança comme un somnambule, et les passants se retournaient et parlaient à voix basse. Une petite pluie fine descendait du ciel.

— Marche, marche, disaient les soldats.

Il gémit :

— Oh! je vous en supplie, laissez-moi partir. Allez-vous-en!

— Tu flanches?

Il avoua humblement :

— J'ai peur. Est-ce que vous allez vraiment me... me tuer?

— Non. T'installer sur le trône.

— Où me menez-vous?

— Dans un endroit tranquille.

— Mais je n'ai rien fait!...

Un coup de poing le frappa à la nuque, et il se tut, glacé jusqu'aux os. Son esprit surexcité travaillait avec une rapidité prodigieuse. Il ne voulait pas se résigner à mourir. De toutes ses forces, il cherchait une issue à l'encerclement des menaces. Soudain, une idée folle le traversa comme une flèche. Xénia habitait dans la première rue, sur la gauche. Il pouvait bousculer les soldats, et, profitant de leur surprise, détaler à toutes jambes, tourner l'angle et se réfugier dans l'appartement de la jeune fille. Le plus difficile était d'atteindre le coin sans être touché par une balle. Mais les deux hommes portaient leur fusil en bandoulière. Le temps d'épauler, de viser, de tirer... Il fallait calculer judicieusement la distance. Ne partir ni trop tôt, ni trop tard. Une fois chez Xénia, il réfléchirait au moyen de prendre le large. Les soldats perdraient bien une demi-heure à fouiller les immeubles voisins. Il trouverait une possibilité de s'échapper par les toits ou de sortir par une porte dérobée. Mentalement, il décida qu'il avait cinquante chances sur cent de réussir. Sa lucidité était totale. Tout son corps se rangeait aux ordres de sa volonté. A présent, il mesurait le nombre d'enjambées qui le séparaient de la rue transversale. « Trente-cinq pas environ. C'est un peu trop. Attendons encore. » Un vertige l'emprisonna comme dans une colonne. Son cœur tapait à coups violents contre ses côtes. Ses dents serrées lui barraient la face d'une bonne douleur. « Trente-trois, trente-deux, attention... » Subitement, il donna un coup de coude à droite, à gauche, et se mit à courir, tête basse, droit devant lui. Ses pieds touchaient à peine le sol. Des ailes vibrantes soutenaient son élan. Il entendait, derrière lui, les clameurs rauques de ses gardiens :

— Salaud! Arrête-toi! Attrapez-le!

La maison d'angle était toute proche. Et, derrière elle, le salut. Les soldats ne tiraient pas encore. Volodia, les poumons en feu, voyait venir à lui les pierres sombres du coin, barbouillées de dessins à la craie. Un petit chat jaune se léchait le plastron devant un soupirail. Au-dessus, rêvait une affiche lacérée. Il la connaissait par cœur : « La maison Popoff accepte de nouveau des commandes. » Volodia voulait vivre, parce que la maison Popoff acceptait de nouveau des commandes. Encore cinq ou six foulées. L'image de Xénia palpitait devant lui, comme une lampe qui s'allume et s'éteint par saccades. « Xénia chérie... Vivre... Vivre... Avec elle... Toujours... Ah! Dieu, et mon œil de verre... Ils ont pris mon œil de verre!... Elle me verra sans mon œil de verre!... » Frappé de stupeur il marqua une seconde d'hésitation. Au même instant, un choc, raide comme un coup de fouet, le cingla dans le dos. Furieux, il cria :

— Quoi? Quoi?

Puis, il sentit que son corps touchait une surface dure. Un liquide chaud gicla entre ses dents. Et il cessa de voir et d'entendre.

Tard dans la soirée, les deux soldats vinrent signifier à Kisiakoff que justice était faite et qu'il pouvait quitter l'imprimerie. Kisiakoff leur versa, comme convenu, la seconde fraction de la somme et sortit, les épaules basses, l'œil éteint. Il erra longtemps dans les rues avant de retourner à l'hôtel. Lorsqu'il pénétra dans la chambre de Volodia, une épouvante respectueuse l'enveloppa dès le seuil. Cette pièce vide et bien ordonnée paraissait plus vaste que de coutume. Elle avait pris déjà les dimensions de l'absence. Le couvre-lit était légèrement froissé vers le centre. Des pantoufles traînaient, béantes, près du pied de la table de nuit. Kisiakoff ouvrit l'armoire, considéra les piles de linge, les complets pendus côte à côte. Le costume gris fer et le pardessus bleu marine avaient disparu. C'était donc dans ce costume et dans ce pardessus que Volodia avait trouvé la mort. Kisiakoff fronça les sourcils, plissa le front, comme pour mieux imaginer le cadavre. On l'avait jeté dans une fosse commune. Les soldats avaient donné des détails précis sur l'endroit de la sépulture. On pourrait facilement déterrer et identifier le corps. Mais était-ce bien nécessaire? Pourquoi le corps de Volodia était-il plus respectable que les chaussettes qu'il avait laissées dans sa chambre ? Comme les chaussettes, le corps avait contenu l'âme de Volodia et ne contenait plus rien. D'une main prudente, Kisiakoff prit une paire de chaussettes sur un rayon, les déplia, les fit danser au bout de ses doigts, telles des marionnettes. Il évoquait les chevilles, les pieds de Volodia. Une douceur affreuse se diluait dans son cœur. Des larmes roulaient sous ses paupières. Il suffoquait de chagrin. Cependant, il ne regrettait pas cette mort :

« De deux maux, il faut choisir le moindre, marmonnait-il, comme s'il se fût adressé à un juge. Voici le second fils dont Dieu trouve bon de me priver. Et ma solitude n'a pas de fin. »

Un accomplissement mystérieux se formait en lui. Comme les médecins qui recommandent à leurs malades de respirer profondément pour faire travailler les plus infimes rameaux de leurs bronches, ainsi Dieu exigeait de Kisiakoff qu'il utilisât totalement les ressources de son esprit et de sa chair. Puisque cet acte noir était inclus dans son registre, Kisiakoff devait, sous peine de renoncer à être lui-même, le perpétrer et en subir la joie et le remords. On n'est vraiment soi que dans le dépassement. On ne se définit que par l'excès. On n'est aimable à Dieu que dans l'abus des chances qu'il vous a consenties. Les sages, les prudents, irritent Dieu, parce qu'ils n'osent pas appuyer sur certaines touches du clavier dont il leur fit présent à leur naissance. Ils laissent dormir et s'empoussiérer des dizaines de cordes aux sonorités admirables. Ils ne méritent pas d'avoir un piano complet à leur disposition. Lui, en revanche, était un virtuose. Toute la table d'harmonie résonnait selon son désir. Il n'y avait pas assez d'octaves pour contenter son énergie lyrique. Sa musique large était un hommage à Dieu. Il lui semblait qu'un accord grave, grondant, palpitait dans l'air. La fin d'une symphonie, sur un coup de tonnerre.

« Ta! Ta! Ta! Boum! » La mort de Volodia. Et Dieu éclate en applaudissements.

Il inclina la tête, comme pour saluer un public invisible. En relevant le front, il rencontra son image dans le miroir, il eut peur de ce reflet bouffon, livide, à la barbe noire, au regard fixe. Les signes extérieurs de son angoisse l'inquiétaient. Des idées passaient en se tenant par la main : « Ainsi, je n'ai adopté Volodia et ne lui ai transmis cette imprimerie que pour le faire tuer à ma place. J'ai monté de toutes pièces un alibi qui le perdrait en me sauvant. J'ai misé, j'ai gagné. Mais, avais-je vraiment cette intention, lorsque je lui proposai d'être mon fils et de me succéder? N'étais-je pas sincèrement ému en lui offrant mon nom, ma fortune? Comment savoir? Dieu m'a poussé. Les voies de Dieu sont adorables. »

Malgré les remontrances de sa raison, il demeurait ébranlé par le souvenir de Volodia. Il le sentait mêlé à l'atmosphère de la chambre. Des fils invisibles traçaient ses itinéraires sur le tapis. Une ligne imaginaire indiquait la carrure de ses épaules sur le papier du mur. Le poids d'un corps abstrait enfonçait encore le matelas. Kisiakoff arracha un drap au lit de Volodia et le suspendit devant la glace de l'armoire, comme pour interdire aux fantômes de pénétrer plus avant dans la chambre. Puis, il fourra les chaussettes dans sa poche, poussa du pied les pantoufles sous la table de nuit. Ce faisant, il lui sembla qu'il supprimait Volodia une seconde fois. Un filet de pitié coulait en lui, timidement, comme de l'eau d'un robinet mal vissé. C'était monotone et lent, murmurant et inefficace. Le ruban liquide s'effilochait dans un gouffre noir. Volodia ne méritait pas autre chose. Il n'aimait plus la vie. Il subsistait, vaille que vaille, dans ce décor, non comme un acteur, mais comme un témoin, comme un enjeu, comme un objet. On ne pleurait pas un objet. On ne craignait pas un objet. A ce moment, Kisiakoff revit l'icône borgne, et ses omoplates se rapprochèrent dans une brève contraction. Une corrélation mystérieuse s'établissait dans son esprit entre l'image du Christ frappé par un vandale et le souvenir de Volodia assassiné. Un escalier s'ouvrit sous ses pas. Le vent s'engouffra dans sa barbe. Il tressaillit et se signa méthodiquement :

« Au nom du Père, du Fils, du Saint-Esprit, surtout du Saint-Esprit, *amen.* »

Ce geste final le rassura, comme chaque fois qu'il l'accomplissait. Il se détourna du passé et des autres pour ne plus penser qu'à lui-même et à l'avenir. Sa sécurité, à Pétrograd, était menacée. Le péril, conjuré pour un jour, pouvait se représenter bientôt. Les bolcheviks le poursuivaient de leur méfiance. Il était prudent de partir, le plus vite possible. Dès demain matin, à l'aube, déguisé, méconnaissable, il quitterait la ville. Il frotta ses mains l'une contre l'autre et se mit à rire :

« Ils ne m'auront pas ! Ni eux, ni personne ! »

Passant dans sa chambre, il ôta son veston, son faux col, déboutonna sa chemise sur sa poitrine molle et velue. Dans la glace de la table de toilette, sa barbe épaisse, lustrée, vivante, lui parut être un animal de fourrure sombre, accroché au bas du visage par des griffes. Il fallait supprimer cette barbe par précaution. Le menton nu, Kisiakoff serait plus difficile à identifier. Cependant, l'idée de sacrifier cette excroissance pileuse le remplissait d'effroi et de mélancolie.

Tendrement, Kisiakoff caressa sa barbe, du plat de la main, comme pour lui dire adieu. Et il devinait qu'elle comprenait, qu'elle était triste. Un pétillement électrique se communiquait à ses doigts. Une odeur angoissante, essentielle, capiteuse, montait à ses narines. Les larmes aux yeux, Kisiakoff joua une dernière fois avec cette partie de lui-même. Il glissait ses ongles dans les touffes compactes, divisait le buisson, tortillait quelques brins, les enroulait sur une phalange, puis serrait toute la masse dans son poing. Son cœur fondait d'amitié et de gratitude. Enfin, d'un geste brusque, il empoigna des ciseaux et les approcha de ses joues. La barbe devint sérieuse, recueillie. Un silence auguste sépara la moisson de la faux. Les couteaux se refermèrent. Des paquets noirs et soyeux tombaient du visage de Kisiakoff. Le souffle rauque, les nerfs tremblants, il massacrait un paysage de nuit. A longues morsures obliques, l'acier tailladait cette auréole ténébreuse. Des balafres claires, des pelades géométriques apparaissaient dans la broussaille. La figure diminuait de volume, perdait son complément, son support. La chair du menton accédait à la lumière et à la fraîcheur de l'air. Aux pieds de Kisiakoff, s'amoncelaient des liasses de poils de plus en plus nombreuses. Déplumé, il regardait dormir, sur le sol, les signes de sa royauté abolie. Et il avait peur de cet autre lui-même qui se dessinait un peu mieux à chaque coup de ciseaux.

Lorsque ses joues ne furent plus couvertes que d'une petite herbe inégale et dure, il se savonna le visage et tira son rasoir de l'étui. Un pouce enfoui dans la bouche pour tendre la peau, il faisait glisser la lame, diagonalement, de sa tempe à sa mâchoire. Au terme de l'opération, un étranger à la face blafarde et nue comme une motte de beurre se présenta dans le cadre du miroir. Son menton imberbe, ses lèvres chaudes et indécentes, impressionnaient désagréablement Kisiakoff. Il ne se reconnaissait plus dans ce reflet vulnérable. Il avait le sentiment qu'il s'était volontairement dépouillé d'une ligne de défense, d'un rideau de protection, d'une énigme efficace. Comme pour reprendre courage, il grommela :

« Ça repoussera ! Ça repoussera ! »

Sa voix aussi avait changé. Il frémit et porta la main à sa joue. Le contact de cet épiderme, poli comme celui d'une cuisse de fille, l'étonna. Le bas de son visage, subitement révélé à sa vue, à son toucher, avait un caractère féminin, neuf et vierge. Des dizaines d'années le séparaient du haut de son visage, qui était, lui, masculin, rude, fatigué par les intempéries. Les doigts de Kisiakoff s'attardaient à tapoter cette pâte tiède. Il se lécha les lèvres d'un leste coup de langue, et regretta que Volodia ne fût plus là pour jouir du spectacle. Ensuite, il prit une enveloppe sur sa table, y inséra quelques touffes de poils et nota la date sur le paquet.

VII

Pour Serge et pour Boris, l'existence était subitement devenue passionnante. Du jour au lendemain, à cause d'individus mystérieux que les grandes personnes appelaient « bolcheviks », le cérémonial quotidien s'était trouvé bouleversé de fond en comble. Toute la maison vivait d'une manière inhabituelle et comique.

Par crainte des éclats d'obus et des balles de mitrailleuses, on avait suspendu des matelas aux fenêtres donnant sur la rue. Le premier étage était évacué. Maman dormait dans une chambre du rez-de-chaussée. Une petite pièce, attenante à celle des enfants, servait de salle à manger provisoire. Constamment, on entendait des détonations, des cris, une agitation énigmatique et absurde, qui montait de la ville, comme le grondement de la mer. Les domestiques affectaient un air secret et hargneux. L'un d'eux, en croisant Serge dans le couloir, l'avait traité de « petit bourgeois », sur un ton qui indiquait bien qu'il s'agissait d'une injure. Le gardien tcherkess, Tchass, armé jusqu'aux dents, se tenait en faction à la porte de la cour. La nounou, Marfa Antipovna, avait une tache grisâtre sur le front, à force de se prosterner devant les icônes. La gouvernante, Mlle Fromont, pleurait beaucoup et disait qu'elle voulait retourner en Suisse. Grand-mère parlait toute seule, en circassien. Maman était nerveuse, buvait des gouttes qui sentaient mauvais, et déplorait que papa fût prisonnier des Allemands. On se nourrissait surtout de conserves. Et cet état de choses durait depuis trois jours.

En s'éveillant, le matin du quatrième jour, Serge redouta une accalmie. Derrière les murs de la chambre, la cité était silencieuse, désarmée et morne. Mlle Fromont s'approcha du lit et proféra d'une voix enrouée :

— Levez-vous, Serge.

Puis, comme Serge ne bougeait pas, elle fredonna, selon sa coutume :

Debout, matelots!
Equipage, équipage, debout!

A ces mots, la tradition exigeait que Serge se dressât d'un bond sur ses pieds, criât « présent » et embrassât la gouvernante. Cependant, oublieux de la règle, et tout occupé par sa déception personnelle, Serge considérait Mlle Fromont d'un œil vide et grommelait :

— Alors? C'est déjà fini?

— Quoi?

— La bataille.

— Pensez-vous! s'écria Mlle Fromont. Ces sauvages reprennent le souffle avant un nouvel assaut. Tant que tout le monde ne sera pas égorgé, ils ne seront pas contents! Pétrograd ne leur suffit plus. Il leur faut Moscou, maintenant. On se demande, vraiment, si nous vivons au xxe siècle, ou si c'est la Saint-Barthélemy qui recommence!

— Ils vont donc se battre encore?

— Ma foi, oui!

— C'est bien, dit Serge.

Et il poussa un soupir de soulagement. Après le petit déjeuner, comme le calme se prolongeait et que maman n'était toujours pas levée, Serge demanda à

Mlle Fromont l'autorisation de jeter un coup d'œil dans la rue. Mlle Fromont commença par répondre que ce projet lui paraissait imprudent, mais Marfa Antipovna, qu'elle détestait, ayant eu la maladresse d'abonder dans son sens, elle changea brusquement d'avis et décréta :

— Nous ne pouvons pas priver les enfants de ce spectacle.

A ces mots, la nounou devint verdâtre, et son vieux visage se froissa comme une feuille de papier dans un poing. Les yeux étincelants, les lèvres retroussées, elle siffla :

— Allez-y avec Serge, si vous voulez. Mais j'aime trop mon petit Boris pour l'exposer au danger.

— Il ne faut pas élever les garçons comme des filles, répliqua Mlle Fromont, dont des taches roses marbraient les joues considérables. Vous ferez de votre Boris un rachitique, un peureux et un niais, si vous continuez à le conserver sous vos jupes.

— Laissez mes jupes tranquilles, étrangère, dit Marfa Antipovna, ce n'est pas parce que vous venez de Suisse que vous m'apprendrez à soigner les enfants. On croirait vraiment qu'il n'y a qu'en Suisse qu'on sache vivre!

— Le fait est qu'un scandale comme celui auquel nous assistons serait inconcevable dans la confédération helvétique.

— Je veux voir ce qui se passe dans la rue, dit Boris.

— Tu n'iras pas, dit la nounou.

— Pauvre petit! soupira Mlle Fromont.

— Et moi, j'irai! Et moi, j'irai! répétait Serge en sautillant sur sa chaise.

Poussé à bout, Boris éclata en sanglots et donna des coups de talon dans le pied de la table. Marfa Antipovna, le nez froncé, les yeux pleins de larmes, reniflait :

— Calme-toi, mon ange turbulent! Il me rendra folle! Maman va t'entendre! Elle s'est couchée tard! Elle a besoin de dormir!

— Laissez-le venir avec nous, dit Mlle Fromont d'un air magnanime. Je prends toute la responsabilité sur moi. Cela devrait vous suffire.

Sa figure s'empâtait dans une expression d'héroïsme et de majesté. Une respiration puissante animait son buste, sous la blouse de satin violet, à plis parallèles. Marfa Antipovna se sentit vaincue par le poids et l'instruction de son ennemie. Courbant l'échine, elle grogna, pour l'acquit de sa conscience :

— Pas plus de dix minutes, en tout cas!

— Dix minutes nous suffiront, dit Mlle Fromont, sur le ton d'un jeune officier qui s'élance à l'assaut d'une redoute.

— On va voir les soldats! Les vrais soldats de la guerre! ânonnait Boris.

— Vous nous accompagnez, nounou? demanda Mlle Fromont.

Marfa Antipovna inclina la tête avec tristesse, et dit :

— Je préfère prier pour vous en vous attendant.

Munis des recommandations et des bénédictions de Marfa Antipovna, Mlle Fromont, Serge et Boris se dirigèrent vers une chambre qui servait de cabinet de débarras, et dont les fenêtres ouvraient sur l'angle des rues Skatertny et Médvéjy. La pièce obscure, encombrée de valises et de cartons à chapeaux, fleurait la naphtaline. Avec des précautions infinies, Mlle Fromont souleva le coin du matelas qui masquait les carreaux. La lueur bleuâtre du jour s'étala en losange sur le parquet. Serge colla son nez à la vitre, avec le sentiment d'accomplir un exploit. Son cœur battait rudement dans sa poitrine. Il retenait son souffle, comme fait un Indien sur le sentier de la guerre. A son côté, Boris clappa de la langue.

— Chut! dit Serge avec irritation.

— Eh bien, demanda Mlle Fromont, êtes-vous contents?

— On ne voit rien, dit Boris. Ce n'est pas drôle.

— Mais si! s'écria Serge. Regarde, là, là. Les voici qui viennent...

— Qui?

— Les soldats!

La rue était vide, sale, muette. Des fenêtres closes veillaient sur une longue chaussée de neige et de boue. Un réverbère gisait sur le sol, comme un tronc calciné. Tout autour traînaient des lambeaux d'affiche, des torchons et de petits objets brillants que Serge reconnut pour être des balles.

— Ce sont des balles, dit-il. Il faudra que je demande à Tchass de m'en rapporter.

Tournant le coin de la rue, des ombres grises avançaient pas à pas, rasant les murs. Le fusil à la main, pliés en deux, les pans de leur capote touchant presque le sol, ces combattants anonymes semblaient jouer à cache-cache avec un ennemi invisible et patient. Leurs visages paraissaient si jeunes, qu'il ne pouvait s'agir que d'un amusement. Serge regretta de n'être pas avec eux, sur le trottoir.

— Ce sont des blancs, dit Mlle Fromont, avec compétence. Ils vont attaquer les rouges par surprise.

Boris écarquilla les yeux pour mieux apercevoir ce qui, dans l'uniforme ou la physionomie de ces soldats, justifiait l'épithète de « blanc ». Mais il n'y avait pas la moindre trace de blanc du haut en bas de leur silhouette. Certains d'entre eux portaient bien un brassard sale sur la manche, mais, dans l'ensemble, comme tous les militaires du monde, ils étaient gris de vêtements et roses de figure. Est-ce que les « rouges », eux, avaient la peau réellement rouge, ainsi que les Indiens, par exemple? Cette question le préoccupa un instant. Il demanda :

— Pourquoi dites-vous qu'ils sont blancs, et que les autres sont rouges?

— Pour les distinguer politiquement, répondit Mlle Fromont. Les blancs défendent le gouvernement légal, et les rouges veulent le renverser.

— Mais ils sont tous pareils quand même, n'est-ce pas?

— Que voulez-vous dire, Boris?

— Leur costume, leur peau...

— Mais bien sûr, voyons. Vous êtes un petit sot.

Boris se tut, humilié. Il ne comprenait rien à cette histoire de rouges et de blancs. Il lui semblait qu'on lui cachait quelque chose. Conscient de sa supériorité, Serge se chargea d'expliquer la situation à son frère :

— Écoute-moi bien, benêt. Nous tous, toi, moi, maman, on est pour les blancs. Ce sont des élèves officiers, des lycéens, des volontaires, des gens bien, quoi! Les autres, les rouges, ce n'est rien que des bandits. Pour qu'on puisse vivre tranquillle, il faut que les blancs tuent les rouges. Et ils sont en train de le faire. Voilà! Tu t'y retrouves, maintenant?

— Oui.

— Regarde. Ils vont tirer.

Un groupe de cinq élèves officiers s'était arrêté à quelques pas de la maison. Ils visaient le bout de la rue. Leurs figures étaient collées contre la crosse de leurs fusils, comme sur les images de guerre. Deux d'entre eux avaient posé un genou à terre. Les trois autres se tenaient debout. Subitement, des détonations brèves retentirent. Ivre de joie, Serge hurla :

— Paf! Paf! En avant!...

Comme s'ils eussent entendu son commandement, les cinq hommes se mirent à courir très vite, en longeant les murs. Puis, ils se dispersèrent, et chacun d'eux s'établit dans l'encoignure d'une porte cochère. De là, ils tirèrent de nouveau.

— Barbares! dit Mlle Fromont en clignant des paupières.

Ses grosses joues tremblaient comme les parois gélatineuses d'un gâteau. Sa bouche duvetée remuait faiblement. Cela faisait un petit bruit humide et ridicule. Effrayé par les coups de feu, Boris pleurait.

— Poule mouillée, dit Serge.

Et il foudroya son frère d'un regard martial.

— J'ai peur! balbutia Boris, en aspirant un peu de morve.

— De quoi? Ce n'est pas sur nous qu'ils tirent.

— Et sur qui?

— Sur les rouges.

— Encore les rouges!

Une main posée à plat sur la région approximative du cœur, le menton haut, les narines ouvertes, Mlle Fromont marmonnait, comme se parlant à elle-même : « On ne m'ôtera pas de l'idée que tous ces Russes sont des fous! S'entre-tuer ainsi, entre frères! Forcer toute une population à vivre dans les caves, ou derrière des fenêtres barricadées! Ah il faut être né dans les steppes pour pouvoir supporter cela! »

A la troisième salve, elle lâcha le bord du matelas et dit :

— Cela devient trop dangereux!

— Oh! laissez-moi voir encore un peu, gémit Serge. Rien qu'un peu.

— Non, déclara Mlle Fromont avec autorité. Vous allez retourner dans votre chambre.

Boris, rassuré par cette injonction, murmura d'une voix polie :

— Bien, mademoiselle.

Mais Serge ne voulait rien entendre. Il secouait sa tête maigre, raclait le sol du talon :

— Ah! non! Pas encore! C'est maintenant que ça commence à être intéressant! Je suis sûr que si maman était là, elle me permettrait de rester. Je vous en prie...

— « Je vous en prie », qui? demanda la gouvernante.

— Je vous en prie, mademoiselle, dit Serge excédé. Vous voulez bien?

— Je n'ai pas l'habitude de prendre en considération les caprices des enfants, répliqua Mlle Fromont.

— Quoi ? chuchota Serge, qui avait mal compris.
— On ne dit pas : *quoi ?* on dit : *plaît-il ?*

A ce moment, un éclatement énorme ébranla la maison. L'air oscilla comme un liquide entre les murs de la chambre. Les vitres tintèrent, violentées. Boris poussa un vagissement aigu et rentra le cou dans les épaules.

— La canonnade! clama Mlle Fromont, en attirant les enfants contre son ventre. Il ne manquait plus que cela!

Marfa Antipovna fit irruption dans la pièce. La face quadrillée de rides, les yeux saillants comme des boutons de bottines, elle ouvrait une bouche profonde et glapissait :

— Au secours! Ils vont tous nous tuer, les antéchrists!

— Retournons dans la chambre des enfants, dit Mlle Fromont, d'une voix blanche.

— Mais non, geignait la nounou, c'est de par là qu'ils tirent, ces diables galeux! Une icône est tombée par terre. Sûrement, ils vont démolir le toit. Il vaut mieux rester ici.

Elle caressait les cheveux de Boris de la main gauche et se signait de la main droite en bafouillant :

— Saint Arthème, mégalomartyr, délivre-nous de la hargne ; bienheureux Néphonte, chasse les démons ; saint Moïse, le Hongrois, dénoue les colères...

Mlle Fromont plissa les lèvres dans une moue indulgente :

— Si Dieu ne nous aide pas, ce ne sont pas vos saints qui interviendront à sa place.

— Dieu ne peut pas tout faire. Il est pris à droite, à gauche. Mais les saints, eux, ont chacun leur petite besogne. C'est plus sûr. Sainte Justine...

Un autre coup de canon retentit, mais lointain, inopérant, comme un cri étouffé sous un édredon. La fusillade recommença dans la rue. Profitant d'un moment d'inattention de Mlle Fromont, Serge souleva le bord du matelas. Deux élèves officiers revenaient sur leurs pas en traînant par les bras et par les cuisses un camarade blessé. Ils déposèrent le corps juste en face de la maison, pour reprendre haleine. Serge les voyait très bien. Ils avaient des visages pâles, luisants de sueur et semés de grains de beauté qui étaient des gouttes de boue. Comme ni l'un ni l'autre ne portaient de moustaches, Serge estima qu'ils ne devaient pas avoir plus de seize ans. Celui qui était couché par terre paraissait, lui aussi, très jeune. Un flot sombre coulait de son front et se divisait en ruisselets pour couvrir toute la figure d'une espèce de résille rouge. Il ne bougeait pas. Ses mains même étaient immobiles. Serge considérait attentivement le militaire allongé sur le trottoir. Il n'avait jamais vu de mort, et se demandait si, par chance, il n'en avait pas un sous les yeux. L'envie de contempler un cadavre le poursuivait depuis longtemps. Il lui semblait que, tant qu'on ne s'est pas trouvé face à face avec un cadavre, on n'était pas un homme. Se tournant vers Mlle Fromont, il dit :

— Mademoiselle, est-ce que vous croyez que celui-ci est vraiment un cadavre ?

Mlle Fromont eut un haut-le-corps, s'avança vers la fenêtre, jeta un regard dans la rue et bégaya :

— Quelle ignominie!... Mais vous n'avez donc pas de cœur ?

Serge ne comprenait pas l'émotion de sa gouvernante. Que faisait-il de mal en s'intéressant à ce mort ?

— Pauvre garçon ! Une balle dans la tête, lamentait Mlle Fromont, sans pouvoir se détacher de la vitre ! Un enfant ! Et voilà ! Quand je pense à sa mère ! Venez voir, nounou !

— Non, dit Marfa Antipovna. Je n'en dormirais pas de la nuit.

A présent, les deux élèves officiers s'écartaient du corps, traversaient la rue, comme pour entrer dans la maison des Danoff. Mais ils s'arrêtèrent devant le soupirail de la cuisine.

— On leur sert du café chaud, dit Mlle Fromont. Madame avait donné des instructions. Tous les élèves officiers qui passent par ici, on leur propose du café chaud. A mon avis, c'est imprudent. On ne sait jamais avec qui on a affaire...

S'étant désaltérés, les deux hommes empoignèrent leur camarade et repartirent, en trottant à petits pas, dans la gadoue. Une mitrailleuse hacha le vide. Mlle Fromont rabattit le coin du matelas, et la pénombre envahit la pièce. L'odeur de la naphtaline était piquante, maléfique.

— Ne pourrait-on allumer l'électricité, mademoiselle? demanda Serge.

— Il n'y a pas d'électricité, ce matin, dit Mlle Fromont.

— Mais si! L'électricité fonctionne, je vous assure...

En réponse à ces paroles, une explosion tonitruante éventra la maison, et les murs changèrent de place, le plafond se rapprocha. Boris hurlait. Marfa Antipovna était tombée assise dans un carton à chapeaux. Elle se releva en bêlant :

— Que ta volonté soit faite, Seigneur! Réduis-nous en poussière puisque l'heure est arrivée! Ouvre-nous les portes de ton paradis!

Tout en se défendant d'avoir peur, Serge se cramponnait convulsivement à la main de Mlle Fromont. A travers les derniers roulements du tonnerre, on entendait la dégoulinade des moellons et des vitres dans la cour.

— Touché, chuchotait Mlle Fromont. Au second étage, sans doute. Tous les cristaux...

Et soudain, elle se mit à geindre d'une voix inconnue, puérile :

— Mais qu'est-ce que je fais ici, je vous le demande?... N'étais-je pas bien en Suisse?... J'irai trouver le consul... Je lui dirai... On n'a pas le droit... Nous sommes neutres!...

Un parfum de fer chaud et de graisse imprégna la chambre. De fines poussières tourbillonnaient dans le rayon de jour qui filtrait sous le bord du matelas. La porte s'ouvrit à toute volée, et Tchass, en uniforme tcherkess, parut sur le seuil. Son visage exprimait une jubilation totale. Ses yeux brillaient, cruels et minces. Un rire hardi découvrait ses dents. Dans le creux de sa main, il tenait de petites billes noires.

— Des balles de shrapnell, dit-il à Serge. En veux-tu? Je viens de les ramasser. Elles sont encore tièdes! Ah! quelle belle journée!

Serge prit les balles de shrapnell, et Tchass repartit en courant.

— Jetez immédiatement ces horreurs, dit Mlle Fromont. A l'avenir...

Mais un sifflement aigre, tremblotant, vrilla l'espace, et elle n'acheva pas sa phrase. L'obus atteignit une maison voisine et développa un colossal fracas de tôles et de pierres crevées. Instinctivement, Serge fermait les paupières, et soulevait un peu les épaules. L'angoisse qu'il éprouvait lui était agréable, comme on aime certains bonbons parce qu'ils ont mauvais goût. En outre, grâce à la révolution, il avait le sentiment de participer enfin à la vie des grandes personnes. Pour prouver sa bravoure, il dit :

— Ce qu'ils visent mal!

Mlle Fromont lui pinça l'oreille et grogna, dans l'ombre :

— Taisez-vous, ou je vous donne à copier cinquante fois : « Je ne dois pas parler quand mademoiselle ne m'a pas invité à le faire. »

Comme Mlle Fromont ne pouvait le voir, Serge lui tira la langue. Des gémissements et des bruits de pas venaient de la rue. Quelqu'un râlait :

— Hou! Hou! Aidez-moi, chrétiens!

Puis, la voix s'éteignit. Des talons de femme martelaient le parquet du corridor.

— C'est maman, dit Boris.

Tania entra dans la pièce et s'écria :

— Que faites-vous ici ? Je vous cherche partout.

— Nous nous abritons, dit Mlle Fromont avec dignité.

— Cette chambre est plus exposée que celles qui donnent sur la cour.

— Mais le bombardement...

— Les bolcheviks ont installé leurs canons près du monastère de la Passion, et tirent par-dessus les maisons sur l'école militaire Alexandre. Nous sommes sur la trajectoire des obus. Une partie du toit a été emportée. Si cela continue, il faudra nous réfugier au sous-sol.

— Chic, alors! dit Serge.

— Mon pauvre chéri! soupira Tania. Venez tous dans la petite salle à manger. C'est encore là que nous serons le plus en sécurité.

Dans la petite salle à manger, les matelas de protection ne descendaient pas jusqu'au bas des fenêtres, de sorte que la pièce était vaguement éclairée par la lumière du jour. Marie Ossipovna, renfrognée, vêtue de drap noir, le dos rond, était assise devant la table et buvait une tasse de thé kalmouk. Serge et Boris s'approchèrent de leur grand-mère pour la saluer. Comme Serge s'apprêtait à lui baiser la main, un coup de canon choqua les vitres, la vieille dame tressaillit, et ses doigts secs heurtèrent la bouche de l'enfant. Serge fit la grimace et alla s'accroupir près de la croisée, sur le tapis. Boris s'installa à son côté, les jambes repliées sous les fesses. Mlle Fromont décréta que les enfants devaient jouer aux décalcomanies. Mais Serge estimait ridicule de perdre son temps à tripoter des images, alors qu'on se battait dans les rues. Il dit :

— Cela ne m'amuse pas.

— Que cela t'amuse ou non, répliqua Tania avec

humeur, tu joueras aux décalcomanies. Et que je ne t'entende plus. Je t'assure que je ne supporterai pas de caprices, un jour pareil.

Elle était triste, exténuée, à bout de résistance. Il lui semblait que son corps était traversé de fils douloureux qui vibraient au moindre souffle de l'air. Depuis le début de l'insurrection, elle dormait mal et mangeait à peine. La conscience de sa responsabilité l'empêchait de vivre. Constamment, elle tremblait pour ses enfants, pour la maison, pour les domestiques, pour elle-même. Des visions horribles de carnage et d'écroulement hantaient ses nuits sans sommeil. L'absence de Michel était une punition qui, d'heure en heure, se révélait plus cruelle.

— Si vous faites gicler de l'eau partout, je vais confisquer les décalcomanies, dit Mlle Fromont.

Tania regarda ses fils et envia leur insouciance. Assis côte à côte, ils triaient des vignettes, trempaient leurs doigts dans le verre d'eau et riaient en collant des figures de loups et de chevaliers sur une page blanche.

— Viens voir, maman.

— Plus tard, mon chéri. Je suis fatiguée...

— Si je te donne un tableau, tu l'encadreras ?

— Mais oui.

— Dans de l'or ?

— Bien sûr.

— Je vais encore aller prier un peu, barinia, dit Marfa Antipovna.

Et elle quitta la pièce, avec le maintien compassé d'une nonne.

— C'est peut-être parce qu'elle prie tant que tout va mal, dit Marie Ossipovna en repoussant sa tasse. Le thé kalmouk était froid. Si on boit du thé kalmouk froid, la santé est ébranlée. Tu devrais donner des ordres, puisque c'est toi qui commandes.

Elle décocha à sa bru un regard noir et vif comme un jet d'encre et marmonna encore quelques paroles en circassien. Tania ne doutait pas que sa belle-mère la rendît responsable des violences révolutionnaires. Dans l'esprit de Marie Ossipovna, la coquetterie et l'incompétence de Tania étaient à l'origine de tous les désagréments que subissait la famille. Murée dans une hostilité auguste, elle accueillait les catastrophes comme des preuves éclatantes de sa propre divination.

— Tout cela, j'aurais pu le prévoir, murmura-t-elle. Quand l'homme est parti, la maison s'effondre.

— Ce n'est tout de même pas l'absence de Michel qui a provoqué la révolution, maman, dit Tania avec vivacité.

— Qu'en sais-tu? dit Marie Ossipovna. Tu es trop jeune pour comprendre. Heureusement que je suis là. Solide. Avec moi, il ne vous arrivera rien.

— En êtes-vous bien sûre?

— Si je n'en étais pas sûre, je ne le dirais pas. Je suis d'une autre race. Je n'ai pas peur. Je ne tremble pas dans mes jupes...

Son courage apparent était fait d'orgueil et d'ignorance. Elle demeurait intimement persuadée que nul n'oserait porter la main sur l'aïeule de la tribu Danoff. Son nom la protégeait contre les injures des vilains. L'insurrection n'était qu'un grouillement de chiens enragés. Blancs comme rouges méritaient qu'on les dispersât à coups de cravache. Une poignée de cavaliers tcherkess eût suffi à rétablir l'ordre. A plusieurs reprises, Tania avait essayé d'expliquer à la vieille dame les causes et le développement de la situation politique. Mais Marie Ossipovna ne voulait rien savoir.

— Où est Tchass? demanda-t-elle.

— Dans la cour, sans doute.

— Il devrait bien chasser tous ces gredins.

— Mais il est seul, maman.

— Dis aux autres domestiques de l'aider.

Tania baissa les paupières, rompue, prête à fondre en larmes. Prise entre une belle-mère ignare et hargneuse, une nounou qui se réfugiait dans les prières, une gouvernante affolée qui rêvait à sa Suisse natale, des enfants qui jouaient aux décalcomanies, et des domestiques paresseux et sournois, auprès de qui pouvait-elle trouver le réconfort et le conseil nécessaires? Terrés dans leurs maisons, depuis les premières heures du soulèvement, ses amis ne venaient plus la voir. Elle était isolée en pleine tempête, et ne devait compter que sur elle-même pour guider le bateau. Aux dernières nouvelles, les forces des blancs et des rouges s'équilibraient dangereusement. En dépit du succès de la révolution maximaliste à Pétrograd, la municipalité de Moscou, restée fidèle au gouvernement provisoire de Kérensky, avait formé un Comité de sécurité publique, et chargé le colonel Riabtseff de réprimer toute tentative de coup d'État bolchevique dans la ville. Les effectifs dont disposait le colonel Riabtseff comprenaient plusieurs milliers d'élèves officiers et quelques centaines d'étudiants et de collégiens concentrés à l'école militaire Alexandre. En réponse, le Comité de guerre révolutionnaire des bolcheviks s'était empressé de déclencher une grève générale et d'attirer dans le mouvement tous les soldats cantonnés au Kremlin. Une offensive des blancs les ayant délogés de la forteresse, la lutte se poursuivait, confuse et meurtrière, d'un bout à l'autre de la cité. Nul ne pouvait prévoir l'issue de ces combats fratricides. Où était Kérensky? Saurait-il obtenir de l'état-major que des troupes sûres fussent envoyées à la rescousse des élèves officiers et des étudiants? Les cheminots n'arrêteraient-ils pas les convois de renforts pour laisser passer des régiments favorables aux bolcheviks? Que deviendrait Moscou, la maison, la famille, si Lénine triomphait de l'opposition libérale? Pour la centième fois, Tania se sentit perdue et déplora sa solitude et sa faiblesse. La canonnade avait repris. Les enfants ne jouaient plus aux décalcomanies, mais écoutaient les bruits de l'extérieur.

— Chiens! Sales chiens! grognait Marie Ossipovna.

Serge fit rouler des balles de shrapnell sur le tapis:

— C'est comme des billes. Quand l'obus éclate, elles volent de tous les côtés. Les gens qui sont autour sont sûrs d'être tués.

Marie Ossipovna tira un jeu de cartes de sa jupe aux poches profondes et se mit à étaler une patience. Les carrés de carton claquaient sur le bois de la table. Le chapelet de la vieille dame, enroulé à son poignet, bruissait à chaque geste. Une respiration saccadée, sifflante, s'échappait de ses lèvres. Tania détesta la mère de Michel pour sa sérénité et son impéritie.

— Vous devriez tricoter, madame, dit Mlle Fromont en s'approchant de Tania. Cela calme les nerfs.

Des sanglots et des cris retentirent derrière la porte. Tania, dressée d'un bond, se précipita dans le corridor. Dans la pénombre elle vit sa femme de chambre, Douniacha, qui pleurait, les poings sur les yeux, la bouche tordue en virgule. Un peu en retrait, se tenait le cuisinier Athanase, énorme, le bonnet à la main, la prunelle ronde, la moustache tombante.

— De quoi s'agit-il? demanda Tania promptement.

— Il m'a battue! piaula Douniacha.

— Permettez, barinia, dit Athanase, je lui ai juste donné une tape élémentaire sur le dos.

— Tu appelles ça le dos! s'écria Douniacha en montrant sa joue.

— Il faisait sombre, soupira Athanase en hochant la tête.

— Tout cela parce que, selon vos instructions, barinia, je servais du café chaud et des tartines aux élèves officiers, déclara Douniacha.

Et elle posa les poings sur ses hanches.

— Tu ne veux pas qu'on serve du café chaud et des tartines aux élèves officiers? dit Tania, en faisant un pas vers Athanase.

— C'est-à-dire, barinia, répondit le cuisinier avec un sourire malin, je... Il faut vous expliquer... Je n'aime pas les élèves officiers...

— Comment oses-tu parler ainsi? s'écria Tania.

Nous devons tous respecter ces garçons pour leur courage et leur abnégation. N'oublie pas qu'ils risquent leur vie pour nous défendre. S'ils n'étaient pas là, il y a longtemps que les bolcheviks auraient pris le pouvoir...

— Justement, dit Athanase en bombant le ventre.

— Quoi ?

— Mes idées politiques, n'est-ce pas ?... proféra Athanase d'une voix hésitante. Hum... Chacun a le droit de penser ce qu'il veut... La tête est libre... Nous ne sommes plus en monarchie... Mes idées politiques...

— Un imbécile comme toi ne peut pas avoir d'idées politiques ! glapit Douniacha en tendant le cou, comme une poule. Regardez-moi cette outre pleine de vodka qui se mêle de réfléchir !

— Tu es bolchevik ? demanda Tania.

— Je suis pour le peuple, dit Athanase avec componction.

Un coup de tonnerre furibond annula les oreilles de Tania. Le plancher vibrait sous ses semelles.

— Voilà ce qu'il fait, ton peuple, rugit Douniacha en saisissant Athanase par un bouton de sa veste. Il veut détruire la ville, nous tuer tous, tant que nous sommes, et toi le premier !...

— Pourquoi restes-tu à mon service, puisque tu es pour le peuple ? reprit Tania.

— Il faut bien gagner sa vie.

— Mais tu souhaites la ruine de ces bourgeois dont l'argent te fait vivre ?

— Je ne souhaite la ruine de personne. Je veux que chacun ait la même place au soleil et le même repas dans le ventre. Voilà tout. Il n'est pas juste que les uns crèvent de faim et courbent le dos sous la trique, tandis que les autres les commandent et s'engraissent de leur sueur.

— Tu estimes que je m'engraisse de ta sueur ?

— Je parlais en général.

— Eh bien, je vais te parler en particulier, dit Tania. Puisque tu refuses d'aider les élèves officiers, puisque tu attends la victoire des bolcheviks, puisque tu espères voir ma maison pillée, détruite, je t'annonce qu'à dater d'aujourd'hui tu ne fais plus partie de mon personnel. C'est compris ?

Son cœur sautait dans sa poitrine. L'indignation lui coupait le souffle.

— Vous avez tort, dit Athanase sur un ton menaçant. Ce n'est pas le moment d'être fière pour des dames de votre espèce. Le peuple aura bonne mémoire.

Ses yeux, coincés entre des paupières adipeuses, luisaient d'un feu vindicatif et noir. Un dessin de haine raffermissait les traits de son visage. Ses moustaches remuaient au passage de son haleine. Tania eut peur.

— Va-t'en, dit-elle. Que je ne te voie plus.

— Je m'en irai, répliqua Athanase, mais vous me reverrez peut-être.

Puis, il tourna les talons et s'éloigna, d'une démarche pesante, dans le corridor.

— Ivrogne! Tueur de mouches! hurla Douniacha en tendant le poing dans sa direction.

Tania, épuisée, faillit pleurer et porta une main à son cœur.

— Que pense-t-on d'Athanase, à l'office? demanda-t-elle.

— Oh! dit Douniacha, on ne le prend pas au sérieux, on se moque de lui...

— Personne d'entre vous ne partage ses idées?

— Le chauffeur, peut-être, et le palefrenier... Le laquais, lui, est monarchiste... comme le cocher... Mais la femme du cocher est socialiste-révolutionnaire...

— Et toi?

— Moi, je suis pour Kérensky.

— Et la blanchisseuse?

— Elle est bolchevik!

— Mais qu'est-ce que je leur ai fait à tous? gémit Tania. Est-ce qu'ils ne vivent pas bien, chez moi? De quoi se plaignent-ils? Croient-ils qu'ils seront plus heureux sous le gouvernement des Soviets? Personne n'aura plus d'argent pour se payer des domestiques! Qui les emploiera? Qui les logera? Qui les nourrira?

— Je le leur répète chaque jour, barinia, dit Douniacha en jouant avec les brides de son tablier. Mais ce sont des ânes sans instruction. Comment les convaincre?

— As-tu pu parler aux élèves officiers, par le soupirail?

— Oh! oui, barinia. Ils sont si gentils! Des gamins, de vrais gamins! Et bien élevés, et courageux! Quand on leur passe du café et des tartines, ils ne savent plus comment remercier. Ils sont sûrs de gagner. Tout le centre de la ville est entre leurs mains. Si Kérensky expédie des renforts...

— Et s'il n'en expédie pas?

Douniacha préféra ne pas répondre et abaissa son regard sur la pointe de ses souliers.

Ayant congédié sa femme de chambre, Tania rentra dans la petite salle à manger, où Marie Ossipovna terminait sa patience.

— Alors? Qu'est-ce que c'était que tout ce bruit? questionna-t-elle sans se distraire de son jeu.

— J'ai renvoyé le cuisinier, dit Tania.

— Il y a longtemps que tu aurais dû le faire. C'était un ivrogne. Et il n'a jamais su cuire un plat circassien.

— Il préparait de bons desserts, dit Serge avec regret.

— Un enfant bien élevé n'intervient pas dans la conversation des grandes personnes, dit Mlle Fromont.

Serge se renfrogna et déchira une page de décalcomanies.

— Tu es méchant comme un bolchevik! dit Boris.

Tania sourit tristement et porta un mouchoir à ses yeux qui s'embuaient de larmes.

— J'ai réussi ma patience, annonça Marie Ossipovna, en abattant sa dernière carte sur la table.

— Vous aviez fait un vœu? demanda Tania.

— Oui.

— Peut-on savoir lequel!

Marie Ossipovna dressa sa tête de vieil oiseau et dit sobrement :

— Que Michel revienne!

VIII

Le matin du 30 octobre, un armistice de quelques heures ayant été conclu, dans la nuit, entre les rouges et les blancs, sur l'initiative du syndicat des cheminots de Moscou, la fusillade se calma, le canon cessa de tonner. On tirait bien encore, par-ci par-là, dans les quartiers du centre, mais les opérations d'envergure étaient suspendues. Les habitants purent descendre dans la rue, courir aux nouvelles et se ravitailler dans les magasins. Le cocher de Tania se promenait de long en large sur le trottoir, accompagné du bouc et du coq qui lui servaient à écarter de l'écurie les maladies pernicieuses et les mauvais esprits. Tchass, chargé par Tania de porter des paquets de provisions à Eugénie et à Lioubov, avait quitté la maison dès le matin. Les enfants obtinrent l'autorisation de sortir dans la cour.

Il faisait gris et froid. Des débris de plâtre et de briques jonchaient les pavés boueux. Le toit, éventré en deux endroits, laissait apercevoir une denture de poutres calcinées. Partout, sur les murs, se voyaient des traces de balles. Furetant parmi les décombres, Serge découvrit un éclat d'obus et des billes noires de shrapnell. Il regrettait l'absence de Tchass, qui seul aurait su lui donner les explications techniques indispensables. En désespoir de cause, il s'arma d'un fusil à fléchettes et se mit à trotter le long du caniveau, comme il avait vu faire aux élèves officiers. De temps en temps, il posait un genou à terre, plissait l'œil et pressait sur la détente, en imitant le bruit de la détonation. Boris, qui était assis sur un banc, entre Mlle Fromont et Marfa Antipovna, poussait un cri, par pure complaisance, et se voilait le visage des deux mains.

— Cessez ce jeu absurde, dit Mlle Fromont.

Dépité, Serge se dirigea vers la niche du saint-bernard et tenta de lui faire peur en le menaçant avec son arme. Mais le saint-bernard jappait d'allégresse et remuait la queue.

— Idiot! disait Serge. Je suis ton ennemi, je t'attaque...

Le cocher, Varlaam, rentra dans la cour. A sa droite, marchait le bouc, pensif et barbu ; à sa gauche, le coq, lustré, célèbre, l'œil rond, la patte automatique.

— Vous savez, dit Varlaam en s'approchant de la gouvernante et de la nounou, hier soir, il y a une poule qui est morte de peur en entendant le canon. Au premier coup, elle s'est mise à voler, et puis la voilà qui tombe, claquée. Un arrêt au cœur. Quelle histoire! Et les chevaux! Pensez donc! Ils sont nerveux! Toute la nuit, ils m'ont empêché de dormir. Est-ce que c'est une existence ? Il faut être une brute comme Athanase ou comme le chauffeur pour aimer les bolcheviks! Tfou!

Il cracha d'une manière sifflante et se lissa la barbe et les moustaches avec le pouce.

— Viens ici, fainéant! hurla sa femme en passant la tête par la fenêtre de l'écurie. J'ai du travail et toi tu te promènes, tu bavardes, anathème de ma vie!

— Pour quels péchés Dieu t'a-t-il donnée à moi ? soupira le cocher en s'acheminant vers la maisonnette. Tu me harcèles comme une mitrailleuse. Et tu es socialiste, par-dessus le marché!

Le bouc bêla, le coq agita ses ailes, et Marfa Antipovna dit :

— Ce n'est pas un bon ménage.

Sur ces entrefaites, le chauffeur Georges sortit du garage. Il portait des jambières de cuir fauve et fumait une cigarette. Derrière lui, par la porte ouverte, on apercevait une longue automobile recouverte de bâches. S'avançant vers Varlaam, il cria :

— Au lieu de parler de socialisme, tu ferais mieux de graisser ton dos, serf pouilleux. Tu ne sais pas lire et tu te mêles de politique. Laisse les autres préparer l'avenir. On t'appellera quand ce sera fini, avec ton bouc et ton coq.

— Ton avenir, il me dégoûte, enfant de démon, dit le cocher. Je n'ai pas besoin de lire pour comprendre que vous êtes tous des bandits. Tu seras bien attrapé quand madame t'aura foutu à la porte, comme Athanase.

— Qu'elle essaie un peu!

— Elle ne se gênera pas. Et je l'aiderai, s'il le faut. A coups de bottes dans le cul, je te flanquerai dans la rue. Bougre de fainéant! Ventre rouge! Charogne mécanique! Automobiliste! Que ta mère...

Précipitamment, la nounou et la gouvernante poussèrent les enfants dans la maison. D'ailleurs, la pluie s'était mise à tomber, brouillée de neige. Réfugié dans sa chambre, Boris entreprit de construire un château en cubes de couleurs différentes. Serge attendait qu'il eût fini pour démolir l'édifice avec les balles de shrapnell.

A quatre heures, Tchass revint, accompagné du ménage Prychkine, dont il portait les valises. Des mitrailleuses ayant été installées par la garde blanche aux abords de leur domicile, Lioubov et son mari ne voulaient pas rester une nuit de plus dans le quartier. Eugénie Smirnoff et Malinoff se présentèrent peu après. Eux aussi considéraient que l'immeuble de la rue Skatertny était moins menacé que beaucoup d'autres. Sa situation, la solidité de ses murs, le confort et la propreté de ses sous-sols en faisaient un excellent abri contre les fusillades et les bombardements. Tania accepta joyeusement d'héberger tout ce monde pendant la durée de l'émeute. Quelle que dût être l'issue de cet armistice, elle était heureuse d'avoir retrouvé ses amis et sa sœur. Grâce à eux, elle avait l'impression de n'être plus seule à subir des événements démesurés et incontrôlables.

La femme de chambre et le laquais traînèrent quatre lits dans des pièces vides du rez-de-chaussée. Serge participait à l'aménagement avec turbulence. Le caractère baroque de ce campement dans des locaux désaffectés, l'air préoccupé des grandes personnes, le va-et-vient des domestiques soucieux, les querelles du chauffeur et du cocher l'enchantaient comme les signes d'une existence libre et quelque peu bohémienne. Il aurait souhaité que cette soirée n'eût pas de fin. Mais, après le dîner, Tania ordonna de coucher les enfants, sans leur accorder un délai de grâce. Et Serge quitta la petite salle à manger avec la conviction qu'on lui dérobait la meilleure part de la fête. Marie Ossipovna se retira elle-même, bientôt. Elle réprouvait Tania d'avoir accueilli tant d'étrangers, et tenait à manifester sa mauvaise humeur. Sur le seuil, elle dit :

— Je pense que tu n'as plus besoin de moi. Je m'en vais.

— Vous n'êtes jamais de trop, maman, soupira Tania.

— On m'a pris ma place, grogna Marie Ossipovna en cognant le plancher avec sa canne.

Personne ne comprit ce qu'elle avait voulu dire, mais tout le monde sentit qu'elle était fâchée. Et elle acheva sa sortie dans un silence unanime et respectueux.

Le laquais desservit la table. Une lampe, drapée de soie crème, éclairait doucement le cercle des visages. Derrière les têtes, s'étalait le papier fade des cloisons, décoré de carquois et de guirlandes de roses.

Sur le buffet, reposaient une pelote de laine bleue, des livres, des jouets. Le parfum de la sauce flottait encore dans l'air. De la rue, venaient de lointains coups de feu, des bruits de pas, des roulements étranges.

— Encore une heure à attendre avant l'expiration du délai d'armistice, dit Malinoff en allumant un cigare. Pourvu qu'ils arrivent à un compromis !

— Les bolcheviks ne peuvent pas accepter de compromis, dit Tania. Vous les connaissez. Avec eux, c'est tout ou rien.

— S'ils se sentent sur le point de perdre la partie...

— Moi, susurra Eugénie, je ne souhaite qu'une chose, c'est que les désordres finissent, n'importe comment, mais au plus vite.

— Quelle insouciance est la vôtre ! s'écria Malinoff. Si les désordres finissent par la victoire des bolcheviks, nous serons tous perdus !

— L'art trouvera sa place dans le cœur de la plèbe, comme il l'a trouvée dans le cœur des bourgeois, dit Prychkine. L'art est éternel. Ce n'est pas vous qui me contredirez, cher grand écrivain de langue russe.

— Il y a autre chose que l'art dans la vie, dit Malinoff.

— J'en doute, dit Prychkine.

— Je refuse de penser à l'art pendant qu'on égorge des milliers d'innocents.

— Où avez-vous pris qu'on égorgeait les innocents ?

— Qu'a-t-on fait tous ces jours-ci, à Pétrograd, à Moscou, en province.

— On s'est battu.

— Bon. Et qui se battait ? Des rouges contre des blancs, c'est-à-dire des Russes contre des Russes, dit Malinoff avec violence. Vous connaissez mes sentiments. Je suis socialiste. J'aime le peuple. Je l'ai toujours défendu. Pourtant, il n'y a pas d'idéal politique qui mérite, à mes yeux, le massacre actuel. Toutes les réformes peuvent être obtenues sans effusion de sang. Mais les bolcheviks sont pressés. Ils brusquent les événements. Ils espèrent régner par la force. Ils méprisent l'homme, ce qu'il y a de sacré en l'homme...

— Ne vous fâchez pas, dit Prychkine. Je ne suis pas bolchevik.

— Et qu'êtes-vous, alors?

— J'attends la victoire des uns ou des autres pour vous le dire. Un artiste se tient toujours au-dessus du conflit.

Malinoff haussa les épaules.

— Après tout, vous avez choisi le meilleur parti, dit-il. Laissons les fous s'éventrer en gros et en détail, et continuons de nous curer les ongles, ou de cracher au plafond, pendant que ça se passe. Ah! misère!

— Je me demande ce que pense le tsar, soupira Lioubov en battant des paupières.

Depuis qu'elle avait vu Nicolas II sur le quai de la gare, à Pskov, elle se sentait, en quelque sorte, alliée à la dynastie des Romanoff, et toute proche de ses intérêts.

— Comme il doit souffrir, enfermé avec sa famille à Tsarskoïé-Sélo, dit-elle encore, gardé par des soldats grossiers, privé de tout contact avec son peuple!

— C'est un chapitre terminé, grommela Malinoff. Il faut tourner la page.

Subitement, il se tut, la bouche ouverte, la main levée.

— Avez-vous entendu? chuchota-t-il enfin. Il me semble qu'on a tiré. Tout près.

— Mais non, dit Prychkine. C'est une porte qui claque.

— Vous avez très bien fait, Tatiana Constantinovna, de fixer ces matelas aux fenêtres, dit Malinoff. C'est une sage précaution.

Le téléphone sonna. Tania sortit dans le corridor et revint bientôt, la tête basse.

— Une erreur.

— Oh! gémit Eugénie. Cette attente!...

Son menton court tremblait par saccades. Ses yeux globuleux se voilaient de larmes. Elle bâilla.

— De quoi te plains-tu? dit Tania. Si tu avais comme moi des enfants, une maison...

— Je vous assure qu'on se bat dans les environs, dit Malinoff en tiquant du genou.

Personne ne répondit. Tania observait ses quatre visiteurs et songeait que chacun avait de la révolution une idée différente. Eugénie, Lioubov, Prychkine, Malinoff jugeaient les événements en fonction de leur situation personnelle. Quel que fût son désir d'être impartiale, Tania ne pouvait, elle-même, oublier sa fortune, son nom, sa responsabilité, au moment de se prononcer sur la valeur de ce cataclysme social. L'objectivité pure était le fait des saints ou des historiens à venir. Or, Tania n'était pas une sainte, et elle se moquait du verdict de l'Histoire.

« Je les hais », dit-elle entre ses dents.

Un coup de canon dérangea le poids de la nuit. Tous les visages tressaillirent.

— Qu'est-ce que cela signifie? demanda Lioubov.

— L'armistice doit être rompu, dit Malinoff. Je vais téléphoner à mon ami Griboff. Il est très bien introduit auprès du Comité de sécurité publique.

Tania se leva pour accompagner Malinoff jusqu'au téléphone. Il fallut attendre longtemps avant d'obtenir la communication. Enfin, une voix lointaine bourdonna dans l'espace. La figure de Malinoff se figea dans une attention douloureuse. Sa barbe blonde vibrait seule, comme un petit balai :

— C'est vous, Pierre Pétrovitch? Ici, Malinoff. Quoi de neuf? On entend de nouveau le canon... Vous dites?... Les rouges ont repoussé nos conditions?... Les négociations sont arrêtées?... Mais votre opinion?... Oh! je vois... Eh bien, patientons... Excusez-moi...

Il raccrocha le récepteur et tourna vers Tania une face décolorée :

— Vous avez compris ?

Prychkine, Lioubov et Eugénie les rejoignirent.

— C'est bien ce que nous pensions, dit Tania. La lutte continue.

Eugénie fondit en larmes banales. Lioubov posa sa tête sur l'épaule de Prychkine et murmura :

— Quel ennui !

— Ne nous laissons pas abattre, dit Prychkine. Inventons un jeu. Petits papiers, charades, n'importe quoi...

— Excusez-moi, dit Malinoff avec colère, il m'est impossible de m'intéresser aux petits papiers et aux charades pour le moment...

— Alors, allons dormir, dit Lioubov, en lançant à Prychkine un regard complice. Je suis si lasse ! Je voudrais me déshabiller, me coucher...

Elle croisa les bras derrière sa nuque et bomba le torse d'une manière provocante.

Un aboiement sinistre retentit dans la cour. C'était le saint-bernard qui hurlait à la mort. Tania frissonna et dit :

— Je n'aime pas entendre cela. C'est un mauvais présage.

La journée du lendemain se passa principalement en coups de téléphone. Les amis s'appelaient, de loin en loin, échangeaient leurs impressions, se communiquaient les dernières nouvelles. Tania imaginait ces correspondants invisibles, disséminés aux quatre coins de la ville, et dont chacun vivait à sa manière une même révolution. De leurs commentaires, il était difficile de conclure qu'ils fussent tous des habitants de Moscou, intéressés simultanément à une épreuve identique. Les uns prétendaient que leur secteur était calme et qu'ils n'entendaient même pas le bruit du canon. D'autres affirmaient que les blancs s'étaient emparés des ponts de la Moskova, tandis que des renforts arrivaient aux rouges. Certains tenaient de source sûre que l'immeuble de la préfecture, sur le boulevard Tverskoï, était tombé aux mains des bolcheviks. Mais Ruben Sopianoff, par exemple, bien que son appartement fût situé dans la zone des combats, était optimiste. Selon lui, le général Doukhonine avait envoyé une brigade de la garde, avec de l'artillerie, à la rescousse des défenseurs de l'ordre. Jeltoff, en revanche, totalement affolé, bégayant, la voix méconnaissable, criait, à l'autre bout du fil, que tout était perdu, et que les révolutionnaires, s'étant rendus maîtres de la gare de Briansk, se dirigeaient vers l'école militaire Alexandre.

— La catastrophe est inévitable, geignait-il. Comment voulez-vous qu'une poignée de junkers et d'étudiants tienne tête à cette masse énorme de soldats? Les régiments qui arrivent par échelons passent l'un après l'autre aux ordres des rouges. Le Comité révolutionnaire a trahi sa parole. Il a profité de l'armistice pour amener des troupes fraîches. Le malheur est sur la Russie. Je vous salue, Tatiana Constantinovna.

A travers ces informations contradictoires, Tania tentait de discerner la physionomie générale de la bataille. La ville surgissait devant elle, avec ses longues rues boueuses, ses coupoles innombrables, ses palissades, ses jardins. Çà et là, sur cette carte en relief, des visages d'amis brillaient d'une flamme pâle. La voix de Lioubov la tira de sa rêverie :

— Nous devrions téléphoner à Volodia.

Tania faiblit et demanda en rougissant :

— Pourquoi?

— Il est peut-être mieux renseigné que nous, répliqua Lioubov, avec un sourire fielleux. Il a des relations. Tu ne veux pas lui parler?

— Non.

— Je le ferai donc à ta place.

Elle décrocha l'appareil, énonça le numéro, attendit, l'œil vague, les lèvres entrouvertes. Au bout d'un moment, elle déposa le récepteur et dit :

— Ça ne répond pas.

Tania poussa un soupir de délivrance.

Ils retournèrent tous dans la petite salle à manger, aux murs décorés de carquois et de roses. Tania ordonna de servir du thé, non qu'elle en eût envie, mais parce qu'il fallait bien s'occuper d'une manière ou d'une autre. Les enfants jouaient dans leur chambre, avec la nounou et la gouvernante. A intervalles irréguliers, des coups de canon ébranlaient le sol. Le courant électrique baissait, revenait soudain.

— Si les rouges occupent le central téléphonique et le central électrique, dit Malinoff, nous serons privés de toutes nouvelles, coupés du monde extérieur, et plongés dans le noir.

— J'ai fait préparer des lampes à pétrole, dit Tania.

— Merci pour la consolation, dit Malinoff sur un ton acerbe.

Il était de plus en plus nerveux. Son visage vieillissait à vue d'œil, comme si une maladie incurable l'eût travaillé de l'intérieur. Dédaignant les mines enamourées d'Eugénie, il marchait de long en large dans la pièce, tel un prisonnier dans sa cellule.

— Il faut le comprendre, chuchota Eugénie en se penchant vers Tania. Un artiste comme lui est toujours esclave de sa sensibilité. Il vit ces heures tragiques plus intensément, plus profondément que nous. S'il n'était pas ainsi, il ne pourrait pas écrire...

A six heures, on sonna à la porte d'entrée. Le laquais annonça qu'un étudiant de la garde blanche désirait parler à madame.

— Que me veut-il ?

— Je ne sais pas, barinia, dit le laquais. Il a l'air pressé. C'est sûrement un jeune homme de bonne famille.

— Eh bien, faites-le entrer.

L'étudiant venait réquisitionner l'automobile des Danoff. Il avait une figure intelligente, pointue, aux yeux francs et clairs, aux lèvres hérissées de poils blonds. Un brassard blanc était cousu à la manche de son uniforme. Sa casquette était glissée sous la boucle de son ceinturon. Il tenait un fusil dans sa main fine et sale.

— Je m'excuse, madame, dit-il. C'est une nécessité pour nous. Nous ne possédons guère de moyens de transport. On nous a signalé que vous aviez une automobile dont vous ne vous serviez pas...

— Cette auto est à vous, dit Tania. Je vais donner des ordres pour que le chauffeur la mette à votre disposition.

L'étudiant claqua des talons, et un afflux de sang aviva la couleur de ses joues :

— Je vous remercie... au nom... heu... la garde blanche que je représente...

Le cœur de Tania se serrait de pitié à la vue de ce grand garçon maladroit, encombré de son fusil et de son rôle. Elle le devinait intimidé par le spectacle de ces jolies femmes et de ces messieurs respectables. Sans doute désirait-il paraître à la fois martial et poli. Mais il manquait d'expérience. Il se gênait, alors que sa seule présence était une leçon d'humilité pour tous ceux qui se trouvaient assemblés dans la pièce.

— Pouvez-vous nous dire, jeune homme, comment se dessine la situation? demanda Malinoff.

— Oh! répondit l'étudiant, c'est difficile! Chacun combat dans son coin. Nous avons eu de grosses pertes. Mais nous tenons bon. Si seulement on nous envoyait des renforts!...

Il tira un carnet de sa poche et griffonna un bon de réquisition qu'il remit à Tania.

Lorsqu'il fut parti, Lioubov claqua de la langue et murmura :

— C'est un joli garçon!

— Voilà tout ce que tu trouves à dire! s'exclama Tania. Moi, je me sentais devant lui comme une accusée, comme une coupable. De quoi avons-nous l'air, nous tous, assis en rond autour d'un samovar, pendant que des gamins de seize ans se font tuer dans la rue pour défendre notre repos? Ce garçon aurait dû nous cracher à la figure!...

Un spasme nerveux nouait sa gorge. Elle pensait à tous les étudiants, à tous les élèves officiers qui versaient leur sang au profit des Malinoff et des Prychkine de Russie.

— Si la bourgeoisie est vaincue, elle l'aura bien mérité, finit-elle par dire d'une voix sifflante.

— Permettez, rétorqua Malinoff, je crois que vos paroles sont injustes. Étant ennemi de la violence, je ne me vois pas empoignant un fusil et...

— Je ne faisais pas allusion à vous, dit Tania.

— Et à qui donc?

— Le sang te monte à la tête, ma chérie, dit Lioubov. Tu devrais prendre de la valériane.

Le laquais revint pour annoncer que le chauffeur refusait de livrer la voiture aux gardes blancs.

— Je vais le voir! s'écria Tania. Je lui apprendrai...

La colère faisait trembler ses joues. Elle engloba l'assistance dans un regard méprisant et sortit de la pièce en claquant la porte.

Dans la cour, elle aperçut le chauffeur Georges, qui se tenait debout, les jambes écartées, les bras croisés sur la poitrine, devant l'entrée du garage. Quelques étudiants en armes l'entouraient.

— J'ai perdu les clefs du garage. Je ne peux pas ouvrir, disait Georges. Ah! si j'avais les clefs...

— Veuillez les retrouver immédiatement, dit Tania en s'approchant de lui.

— C'est un ordre?

— Parfaitement.

— Vous avez raison. Profitez bien du temps où vous pouvez encore donner des ordres, grommela

Georges avec un mince sourire. Mais je vous répète que j'ai perdu les clefs. Et puis, la machine est cassée.

— Vous mentez, murmura Tania en serrant les poings.

Une bouffée de haine la combla jusqu'aux lèvres. Elle sentit que son visage revêtait une expression méchante. Après quelques secondes de réflexion, elle reprit son souffle et dit d'une voix usée :

— Messieurs les étudiants, je vous prie d'enfoncer la porte du garage. Si la voiture est effectivement détériorée, forcez cet homme à la réparer, sous la menace de vos fusils. Je prends la responsabilité de tout.

Puis, elle leur tourna le dos et se dirigea vers la maison en marchant aussi vite que le lui permettaient ses talons pointus. Dans la petite salle à manger, Lioubov et Eugénie jouaient aux dominos. Prychkine les regardait faire avec ennui. Malinoff prenait des notes sur son calepin. Au bout d'un moment, Tania entendit le bourdonnement régulier du moteur. Le portail de la cour s'ouvrit en grinçant. L'auto pétarada, patina sur les pavés glacés.

— Tu ne la reverras plus, ta belle Mercédès, dit Lioubov.

Le 1er novembre, vers le soir, les combats, qui duraient depuis une semaine, tournèrent nettement à l'avantage des rouges. Une fusillade nourrie résonnait du côté de l'école militaire Alexandre. Jeltoff annonça par téléphone, que, profitant du désarroi, des bandes de criminels envahissaient les entrepôts de vin, pillaient les magasins et s'attaquaient aux maisons privées. Consulté par Tania, Tchass s'offrit à veiller toute la nuit, derrière le portail. Après le dîner, Serge reçut la permission de rendre visite au gardien tcherkess. Mais Mlle Fromont défendit au garçon de s'aventurer dans la cour, par crainte des balles perdues. Debout sur la première marche du perron, au côté de Mlle Fromont qui avait recouvert ses épaules d'un châle, Serge fouillait des yeux l'obscurité brumeuse et froide où tourbillonnaient de maigres flocons. Enfin, il distingua une ombre assise sur la borne, près du mur d'enceinte. C'était Tchass, le bachlik ramené sur la tête, les bras croisés sur les genoux. Avec ce capuchon, il avait l'air d'un moine.

— Heï, Tchass! cria Serge.

— Heï! répondit le Tcherkess en dressant le cou.

— Tu n'as pas froid?

— Non.

— Comment es-tu armé pour nous défendre?

— J'ai un revolver, un fusil, mon poignard. Tout ce qu'il faut.

— Tu ne veux pas tirer un coup de feu, pour voir?

— Non.

— Pourquoi?

— J'aurai peut-être besoin de toutes mes balles bientôt, répliqua Tchass en riant.

— Il est temps de rentrer, dit Mlle Fromont.

— Au revoir, Tchass! hurla Serge. Bonne nuit.

— Qu'Allah soit avec toi, gamin. Va te coucher!

Serge eut beaucoup de mal à s'endormir. Constamment, ses rêves étaient traversés par des éclatements de lumière et des bruits de canonnade profonde. Vers le milieu de la nuit, il s'éveilla en sursaut, et il lui sembla entendre une rumeur de pas dans la maison. Ramassant les pans de sa chemise, il bondit sur ses pieds, entrebâilla la porte de la chambre et se glissa dans le corridor. Toutes les grandes personnes se trouvaient massées dans le vestibule. Maman, vêtue d'un déshabillé rose et noir, les cheveux défaits, le visage très pâle, se penchait sur une forme longue qui reposait à terre, sans mouvement.

— C'est épouvantable! disait-elle. Il les a repoussés. Et, en s'enfuyant, ils ont tiré un dernier coup de feu. Il est mort instantanément, sans doute...

— Il aurait mieux fait de ne pas sortir dans la rue, dit Malinoff.

— Il a voulu les poursuivre...

— J'ai sonné les domestiques. Nous allons le transporter au premier, en attendant...

Marie Ossipovna, ficelée dans un peignoir de velours prune, la tête coiffée de bigoudis, se mit à crier soudain :

— Traîtres! Chiens! Il y avait un Tcherkess dans la maison, il a fallu qu'ils le tuent! Cela leur coûtera cher! Notre race ne pardonne pas!

Serge, frappé de stupeur, avançait, pas à pas, vers le groupe. Tania l'aperçut et s'exclama en frappant ses mains l'une contre l'autre :

— Veux-tu retourner te coucher, immédiatement!

— Mais, maman...

— Tu n'as rien à faire ici! Va-t'en! Va-t'en!

Réfugié dans sa chambre, Serge attendit que le silence revînt au creux de la maison. Au bout d'une heure, environ, il sortit sur la pointe des pieds dans le couloir. Toutes les lumières étaient éteintes. Toutes les portes étaient closes.

Le cœur battant, les cuisses faibles, Serge rampa, dans l'ombre. A chaque instant, il avait peur de se rencontrer nez à nez avec un bolchevik énorme, accroupi dans les ténèbres. Il s'imaginait que des mains aux ongles crochus pendaient le long des murs. Il percevait, sur sa figure, l'haleine d'un monstre nourri d'encaustique. Il souhaitait s'enfuir. Mais une énergie irrésistible l'attirait vers l'extrémité du corridor.

Arrivé dans le vestibule, il se redressa et chercha, à tâtons, la place du commutateur sur le mur froid et lisse. Une lueur douce jaillit enfin du plafond. Le tapis beige de l'entrée s'étalait, désert, indifférent, éternel, d'une cloison à l'autre. Trois marches descendaient vers la porte d'entrée. Dans une large coupe en cristal, dormait une flottille de cartes de visite. Une pendule battait le vide, dans sa colonne de verre et de bois doré. Tout paraissait en ordre. Il était difficile de croire que, récemment encore, un cercle de personnes affolées piétinait, ici même, devant le cadavre de Tchass. Serge finissait par se demander s'il n'avait pas été le jouet d'une de ces visions, dont nounou prétendait que les personnes pieuses détenaient seules le privilège. Ce fut à ce moment qu'il remarqua deux petites flaques d'un rouge sombre, tout à fait rondes et identiques, sur le tapis. A n'en pas douter, c'étaient des gouttes de sang.

Perclus de respect, Serge se baissa, effleura les taches, l'une après l'autre, du bout de l'index. La laine du tapis avait bu le liquide. Seule une humidité visqueuse s'attardait sur la pulpe du doigt. Serge frémit de répulsion et essuya sa main contre le devant de la chemise de nuit. Des traînées brunâtres souillèrent le tissu blanc. « Il n'est peut-être pas mort », pensa Serge.

Sur la première marche, contre la tringle de cuivre, gisait le pompon noir du *bachlik*. Serge le ramassa gravement. « Si. Sûrement, il est mort. Mais comment a-t-il pu se laisser tuer? Est-ce que les autres étaient plus forts que lui, visaient mieux que lui? » Il réfléchissait à la question, d'une manière saine et virile. De toutes ses forces, il serrait le pompon noir dans son poing. Brusquement, il comprit qu'il ne verrait plus jamais la figure loyale et rieuse du gardien tcherkess. Et une tristesse froide avala son cœur. Ses lèvres bourdonnaient toutes seules. Des larmes amères gonflaient son nez.

« Je ne veux pas pleurer, je ne veux pas pleurer ». répétait-il en cognant son poignet contre ses dents. Un courant d'air, venu de l'entrée, lui glaçait les chevilles. Il grelottait, mais n'osait partir, enchanté par ces taches de sang et ce pompon noir. Très loin, à l'autre bout du couloir, une porte grinça en pivotant sur ses gonds. Serge tressaillit et tourna le commutateur. La lumière s'éteignit.

— Qu'est-ce que c'est? Qui est là? demanda une voix inquiète.

Le chagrin et la crainte ajoutaient leur poids aux

ténèbres. La chair fourmillante, la face moite, Serge retenait sa respiration. Et, subitement, contre sa volonté, une plainte enfantine s'échappa de sa bouche :

— C'est moi, maman. Est-ce que je peux venir dans ta chambre ?

Durant l'après-midi du 2 novembre, tandis que les blancs, épuisés, débordés, privés de tout secours, se battaient encore dans les rues, le Comité de sécurité publique et le Comité révolutionnaire entamaient de nouveaux pourparlers. A l'issue de ces tractations, le Comité de sécurité publique, soucieux d'abréger le massacre inutile des élèves officiers et des étudiants, acceptait de capituler à condition que les autorités bolcheviques garantissent la vie sauve à tous les défenseurs du gouvernement provisoire, après la restitution de leurs armes. Dès le lendemain matin, 3 novembre, les hostilités cessaient dans la ville, et les gardes rouges entreprenaient de dissoudre les formations du colonel Riabtseff.

La municipalité fut renvoyée en bloc, le colonel Riabtseff se trouva du même coup révoqué, et le soldat Mouraloff devint commandant militaire de la circonscription de Moscou.

IX

L'avènement des bolcheviks au pouvoir précipita la désorganisation de l'armée. En exécution du décret qui ordonnait l'élection des officiers par leurs hommes, certains régiments passèrent sous l'autorité d'un sergent ou d'un vétérinaire. Le chef suprême des forces russes n'était-il pas lui-même un simple sous-lieutenant nommé Krylenko ? Les bolcheviks l'avaient établi à ce poste après l'assassinat du généralissime Doukhonine, coupable d'avoir refusé de traiter séance tenante avec les Allemands. Kérensky avait réussi à s'enfuir, déguisé en matelot. Une à une, les villes de province tombaient aux mains des rouges. Des mouvements séparatistes divisaient la Russie. La circulaire du 28 octobre qui enjoignait aux soldats de négocier avec l'ennemi des armistices locaux sur n'importe quel point du front, l'annonce enfin de l'ouverture des pourparlers de paix à Brest-Litowsk, la fatigue, l'ivrognerie, l'oisiveté eurent raison des formations les plus solidement encadrées. Aucun plan officiel ne présidait à la démobilisation. Les troupes se débandaient, s'éparpillaient, par longs ruisseaux gris et beiges, à travers le pays anéanti de stupeur.

Plus sages, ou mieux disciplinés que leurs camarades, les hussards d'Alexandra avaient choisi un lieutenant pour les commander, et attendaient dans un petit village de Livonie, l'ordre de partir pour la ville de Tchérépovetz, où devait avoir lieu la dissolution de leur unité. La plupart des officiers s'étaient déjà dispersés sous les motifs les plus divers. Les hommes passaient leur temps à boire, jouer aux cartes et lutiner les paysannes. Ce faisant, d'ailleurs, ils ne marquaient aucune animosité à l'égard des gradés qui étaient demeurés en fonction. Simplement, ils feignaient d'ignorer leur présence.

La veille du jour fixé pour la transmission des pouvoirs au nouveau chef élu, le colonel Bekker, qui avait commandé les hussards d'Alexandra pendant les derniers mois de la guerre, invita ses officiers à un dîner d'adieu. L'état-major du régiment était installé dans un petit château tout neuf, que son propriétaire avait abandonné avec les meubles et la vaisselle, dès le début de l'avance allemande. Dans la grande salle du rez-de-chaussée, le colonel Bekker avait fait dresser une table pour six couverts. Contre la fenêtre, était posé l'étendard roulé dans son étui. En effet, selon le règlement, la sentinelle, qui se trouvait dans la cour, devait, de son poste, surveiller le drapeau.

En pénétrant dans la pièce, Akim fut frappé par la blancheur de la nappe et l'étincellement des cristaux. Deux lampes à pétrole, aux abat-jour orange, dispensaient à l'ensemble une clarté amicale et comme féminine. Dans les boiseries blondes des murs, s'encastrait une bibliothèque bourrée de vieilles reliures aux couleurs de feuilles mortes.

Le repas fut rapide et silencieux. Nul ne prêtait attention à la nourriture. L'esprit des convives était occupé par une seule pensée obsédante, mais ils n'osaient pas la formuler devant les ordonnances qui passaient les plats. Au moment du café, le colonel congédia enfin les ordonnances et vérifia la fermeture des portes. Lorsqu'il revint à sa place, les visages des cinq invités se tournèrent vers lui avec la même expression d'angoisse. Il y avait là le cornette Vijivine, le capitaine Staroff, le capitaine en second Liavine et le lieutenant Vonsovitch, seuls rescapés, avec Akim, de la désagrégation lamentable des cadres. Akim ne pouvait s'empêcher de considérer ses compagnons comme les survivants d'un naufrage. Pour célébrer la gloire, la tradition, la permanence des hussards d'Alexandra, il ne restait plus que six hommes aux uniformes flétris, aux figures tristes. Et ces six hommes eux-mêmes allaient se séparer, après avoir rendu un ultime hommage à l'étendard qu'ils avaient si longtemps et si fidèlement servi. Leur présence à ce repas consacrait la ruine du régiment, la faillite de la Russie. Comme aux festins de mortailles, le fantôme d'un être cher s'était installé à la table. Durant les silences, c'était lui qui parlait.

Le colonel Bekker se rassit sur sa chaise et posa son menton sur son poing. Son œil gris et vif courait d'un visage à l'autre. Ses lèvres étaient pincées sous la moustache brune retroussée en crocs. Il dit enfin :

— Eh bien, mes amis, l'heure est venue. Demain, je rendrai les comptes et transmettrai la caisse au nouveau commandant. Je n'ai pas voulu l'inviter pour cette dernière soirée. C'est un brave garçon, mais il n'aurait pas compris. Quels sont vos projets ?

Akim avait déjà préparé son plan de campagne. Au mois de novembre, le général Korniloff s'était évadé de la prison de Bykhof, et, avec le concours du général Alexéïeff, organisait, à Rostov-sur-le-Don, une armée de volontaires contre les bolcheviks. Un officier de l'ancien régime pouvait-il, sans déchoir, demeurer étranger à cette croisade antirévolutionnaire ?

— J'estime, dit Akim, que notre devoir à tous est de rejoindre Korniloff.

— Je pense comme vous, dit le colonel Bekker, bien que la situation sur le Don soit très confuse. Les cosaques ne veulent prendre parti ni pour les rouges ni pour les blancs. Des bolcheviks coupent les communications et risquent d'encercler la ville. Korniloff n'a pas d'argent, pas d'équipement, pas de matériel...

— Raison de plus pour l'aider.

— Comment parviendrez-vous jusqu'à lui?

— Le fourrier m'a établi un faux titre de permission. Je me débrouillerai. Au besoin, je ferai un détour...

Bekker se mit à rire :

— Tous, tant que nous sommes, nous ferons un détour. Quand partez-vous?

— Demain soir, si possible, dit Akim.

— Je vous envie, monsieur le lieutenant-colonel, dit Vijivine.

Les autres se taisaient. Sans doute hésitaient-ils encore à se lancer dans cette aventure? On ne savait rien de précis sur le nombre et les chances de la petite armée qui se constituait difficilement, secrètement, à des milliers de verstes, dans les terres des cosaques du Don. Certes, les noms de Korniloff et d'Alexéïeff inspiraient confiance. Mais était-il exact qu'ils fussent à la tête du mouvement! Ne s'agissait-il pas d'un subterfuge des bolcheviks, pour concentrer en un seul lieu tous les officiers hostiles à leur cause, et les exterminer en masse, le moment venu? Ne valait-il pas mieux attendre de plus amples renseignements sur l'entreprise des volontaires? Après une discussion générale, Akim proposa de se rendre seul à Rostov. Une fois sur les lieux, il examinerait la situation et ferait parvenir un rapport au colonel Bekker. Si ses conclusions étaient favorables, le colonel Bekker rassemblerait tous les anciens officiers de son régiment et les acheminerait, par groupes, vers le sud de la Russie. La poste fonctionnant mal et les lettres risquant d'être interceptées, il fallait convenir d'un code et choisir des adresses de repli. Ce travail distrayait les convives de leur tristesse. Les figures s'animaient. Un espoir timide marquait sa place dans le cœur de chacun.

— Qui sait, s'écria Akim, peut-être, un jour prochain, tout le régiment des hussards d'Alexandra, reconstitué, renforcé, étendard en tête, prendra-t-il sa revanche contre les pleutres et les traîtres qui ont voulu le réduire à néant ?

Ses yeux étincelaient, comme ceux d'un archange guerrier. Une extase méchante et fière isolait son visage. D'une main ferme, il saisit son verre et l'éleva à hauteur de son front.

— Messieurs, dit-il encore, je bois à la résurrection de l'armée !

Tous se dressèrent en repoussant leurs chaises. Quelqu'un hurla, d'une voix enrouée par les larmes :

— Hurrah ! Hurrah !

Akim baissa les paupières et avala une large gorgée de cognac. Cette coulée d'alcool le brûla et le secoua jusqu'au ventre. On eût dit qu'une flamme claire venait de s'allumer en lui. Ses genoux tremblaient. Sa poitrine était sonore. Un trop grand désir l'oppressait. Il jeta son verre, qui se brisa contre le mur avec un tintement émietté.

— Messieurs, dit le colonel Bekker, en se rasseyant et en essuyant ses moustaches, il nous reste un dernier point à régler. Vous n'ignorez pas que, selon les nouvelles instructions, l'étendard des hussards d'Alexandra devrait être remis au musée de l'Intendance, à Pétrograd. Libre aux autres régiments d'obéir à cette consigne dictée par les bolcheviks. Quant à nous, j'estime que nous ne pouvons pas abandonner le symbole sacré de nos victoires entre les mains d'une bande de déserteurs et de parjures.

Tous les regards se tournèrent vers le drapeau roulé dans sa housse de toile cirée. Hors de l'étui, pendaient les rubans de Saint-Georges, orange et noir. Au sommet de la hampe, brillait le fer de lance, frappé de la croix blanche de Saint-Georges.

— Vous avez raison, grommela Akim. Nous avons risqué notre vie pour défendre notre étendard contre l'ennemi extérieur. Il ne faut pas que l'ennemi intérieur se l'approprie sans combat.

— Mais, si nous subtilisons l'étendard, on le remarquera, dit Vijivine.

— L'essentiel, dit le colonel Bekker, c'est qu'on le remarque le plus tard possible. Voici ce que je propose : nous commencerons par éteindre la lumière, pour n'être pas vus de la sentinelle qui surveille le drapeau, en faisant les cent pas. Ensuite, nous emporterons le drapeau dans la pièce voisine, le détacherons de sa hampe et glisserons un chiffon quelconque à sa place, dans l'étui. On ne déploie l'étendard que pour les cérémonies importantes. Or, croyez-moi, il n'y aura plus de cérémonies importantes pour les hussards avant leur démobilisation...

— Et que fera-t-on de l'étendard ainsi dérobé? demanda Akim.

Le colonel Bekker sourit et alluma une cigarette.

— Le lieutenant Vonsovitch, dit-il, partira ce soir pour Moscou, sans avertir personne. Il connaît, là-bas, une cachette sûre pour notre emblème. Nous serons six dans le secret : vous, messieurs, et moi-même. Êtes-vous d'accord ?

Les cinq officiers acquiescèrent silencieusement de la tête.

— Eh bien, messieurs, il ne reste plus qu'à exécuter notre plan. Transportons les lampes dans la pièce voisine.

La pièce voisine était un petit salon aux meubles recouverts de housses grises. Les cristaux du lustre scintillaient vaguement dans un réseau de tulle raidi de poussière. Dans les coins, pendaient des toiles d'araignées aux ventres rebondis. Il faisait froid et humide.

— Je vais chercher le drapeau, dit Akim.

Il retourna dans la salle à manger obscure. En s'approchant de la fenêtre, il vit la silhouette de la sentinelle, qui marchait de long en large devant le perron blanc. Les mains d'Akim se refermèrent sur la hampe. Il souleva l'étendard, le serra contre sa poitrine, violemment, comme pour l'incruster dans sa chair. Une barre douloureuse rayait son corps, obliquement. Son cœur battait contre une mince colonne de bois cannelé, se heurtait, nu, à cet obstacle. Une douceur amère étreignit sa gorge. Au centre de la pièce, luisaient des squelettes de verres et de bouteilles. Derrière la porte, résonnaient les voix sourdes des officiers. Pas à pas, alourdi, consacré par le trophée, Akim traversa la nuit et pénétra dans le salon où brillaient les lampes.

— Au travail, dit le colonel Bekker.

Et, saisissant l'étendard que lui tendait Akim, il dénoua les lacets, retira l'étui de toile cirée noire. Délivré de sa housse, le lourd carré de soie, brodé d'or grisâtre et d'argent verdi, se déroula, se déplia dans la lumière. Un silence auguste présidait à l'opération. Figés au garde-à-vous, les officiers tentaient de fixer dans leur mémoire les moindres détails de cet emblème, pour lequel ils avaient vécu, et qu'ils ne reverraient peut-être jamais. Akim scrutait d'un œil amoureux, intransigeant, les chiffres impériaux cousus aux quatre coins du drapeau, la croix centrale, tous les rubans des jubilés qui pendaient le long de la hampe. Il prenait cette image sur sa rétine, comme on accepte une hostie sur la langue. Il l'absorbait, la faisait sienne pour le reste des temps. Subitement, le colonel Bekker approcha ses lèvres de l'étoffe aux reflets métalliques. Puis il dit :

— A vous, messieurs.

Un à un, les officiers déposèrent un baiser d'adieu sur l'étendard. Akim, à son tour, sentit, sous sa bouche, le contact froid et glissant de la broderie, ce léger parfum ferrugineux et moisi.

En redressant la tête, il lui sembla que les murs du salon vacillaient, que les lampes cherchaient vainement une position verticale. Il plaça la main sur ses yeux. Ses sourcils lui faisaient mal. Un goût acide montait vers ses dents. Le bruit d'une étoffe déchirée le tira de sa solitude. Il laissa retomber sa main. Le colonel

Bekker tenait dans son poing une hampe nue. Entre les doigts du capitaine Staroff tremblait un carré de soie, argenté et doré, comme une nappe d'autel.

— On a séparé l'étendard de sa hampe, chuchota Akim.

Et il eut envie de pleurer. Déjà, le lieutenant Vonsovitch enlevait sa chemise. Ses camarades enroulèrent l'étendard sur sa poitrine, à même la peau. Ainsi accoutré, il paraissait un chevalier, revêtu d'un corselet de mailles étincelantes, d'où émergeaient les épaules et les bras musclés. Son visage se figeait dans une expression résolue. Ses yeux cherchaient une route. Enfin il secoua le front, comme pour éparpiller son rêve, et se rhabilla sans prononcer un mot.

— Qu'allons-nous mettre dans l'étui ? demanda le colonel Bekker.

— Prenez la housse d'un fauteuil, dit Akim. C'est bien assez beau pour les bolcheviks.

Le cornette Vijivine essaya de rire :

— Quelle bonne idée !

Mais nul ne lui fit écho. Le colonel Bekker empoigna une chaise et la dépouilla de sa housse, avec des gestes maladroits et violents. Puis, il entortilla la housse autour de la hampe et glissa le tout dans l'étui. Vijivine se chargea de replacer le faux étendard devant la fenêtre de la salle à manger. Quand il revint, les officiers n'avaient pas bougé d'une ligne. Immobiles et muets, ils semblaient fascinés par le vide. Au bout d'un moment, le lieutenant Vonsovitch dit d'une voix basse :

— Il faut que je parte. Je ne veux pas perdre de temps.

— Que Dieu vous accompagne ! murmura le colonel Bekker.

Ayant serré la main de tous les officiers, le jeune homme quitta la pièce d'une démarche rapide. On entendit ses éperons sonner dans le vestibule de pierre. Et le silence engloutit les dernières traces de son passage dans la nuit.

— Le régiment n'a plus d'étendard, soupira Akim.

— Il le retrouvera lorsqu'il en sera digne, dit le colonel Bekker.

La flamme des lampes à pétrole dansait dans le col de verre enfumé. Des taches d'humidité s'arrondissaient sur les murs. Sur le sol traînaient quelques filets d'or et d'argent. Akim les ramassa un à un, les roula en boulettes et les enfonça dans la poche de sa vareuse.

— Retournons dans la salle à manger, messieurs, dit le colonel Bekker. Il est trop tôt pour nous séparer. Et, de toute façon, aucun d'entre nous ne pourrait dormir.

X

Lorsque Akim parvint à Rostov, après un voyage pénible et dangereux, pendant lequel il lui fallut plusieurs fois changer d'identité, modifier son itinéraire, abandonner le train pour continuer son chemin en charrette ou à pied, il trouva la ville dans un état de surexcitation et de désordre extrêmes. Malgré les efforts des généraux Alexéïeff, Korniloff et Dénikine, l'armée des volontaires ne comprenait que quatre mille hommes environ. Les cosaques du Don, fatigués de la guerre, avaient refusé, pour la plupart, d'obéir aux consignes de levée en masse. Seuls des officiers, des élèves officiers, des étudiants, des jeunes gens du gymnase avaient répondu à l'appel. Pour vêtir et équiper cette troupe hétéroclite, l'État-Major ne disposait ni de capitaux suffisants, ni de stocks immédiatement utilisables. Les dames de la haute société se cotisaient pour acheter du linge chaud, des souliers, des gants. On organisait des razzias dans les dépôts de munitions et les magasins d'habillement situés à quelques verstes de Rostov. Un coup de main, opéré dans un village voisin, permettait aux volontaires de se procurer des canons et quelques caissons garnis d'obus. De généreux donateurs équipaient un chariot d'ambulance. Un ingénieur rachetait au personnel d'une usine de charbon de la dynamite, des capsules et des mèches.

Peu à peu, par la charité, par l'ingéniosité, par la rapine, une armée sortait du néant et prenait conscience de ses qualités combatives. La principale valeur de cette unité venait de la force morale, de la discipline et de l'expérience des hommes. Elle ne comptait dans ses rangs que des officiers de métier ou des civils animés d'une foi sauvage. Des capitaines et des lieutenants consentaient à marcher comme simples soldats. Des colonels s'estimaient heureux de commander un peloton. Chacun, au départ, oubliait ses titres à l'avancement pour se fondre fraternellement à la masse. Akim fut affecté au bataillon des officiers. Il accepta son poste avec reconnaissance, comme une promotion.

Cependant les préparatifs des volontaires prenaient une ampleur telle que, dès la fin de janvier 1918, les bolcheviks, inquiets, dépêchèrent contre Rostov des troupes fraîches, pourvues d'artillerie, qui commencèrent l'encerclement de la ville. Pendant près d'une semaine, les assiégés défendirent âprement les approches de la cité, se battant à un contre dix, ménageant les balles, attaquant à la baïonnette. Mais des émeutes menaçaient d'éclater dans les faubourgs. Les munitions diminuaient rapidement. Et les rouges recevaient des renforts, gagnaient des cosaques à leur cause. Le 9 février, Korniloff donna l'ordre d'évacuer Rostov.

Au crépuscule, l'armée, en colonne dense, s'écoula hors de la ville par la route du nord-ouest, vers Axaï. Un vent tranchant et froid coupait la figure. La neige volait dans l'air, en sifflant. Grelottants, mal vêtus, exténués, les hommes franchirent le Don sans que les bolcheviks, surpris par la reddition de Rostov, songeassent à les poursuivre et à leur barrer le chemin. Le lendemain, ils s'arrêtèrent à la *stanitsa* Olguinskaïa, où le général Korniloff tint conseil. A cette réunion, il fut décidé d'abandonner les territoires du Don et de descendre vers Ekaterinodar, dans le Kouban. Selon les derniers renseignements, cette région comptait beaucoup de cosaques hostiles aux bolcheviks et désireux de rejoindre les formations volontaires. La ville même d'Ekaterinodar se trouvait aux mains du général Pokrovsky, dont les troupes préservaient la population d'une révolution maximaliste imminente. Le bon sens militait en faveur de cette longue expédition vers le pays des cosaques koubaniotes. Quand Akim apprit la nouvelle, il voulut voir dans ce plan de campagne l'indice d'une faveur divine à son égard. Aurait-il pu croire, lorsqu'il quittait ses camarades pour s'engager sous les ordres de Korniloff, que la première démarche de l'armée blanche consisterait à se diriger vers sa ville natale? Ses parents, enfermés à Ekaterinodar, soupçonnaient-ils qu'en cet instant même, leur fils se rapprochait d'eux, par étapes, mêlé à une cohorte d'officiers en guenilles et de civils armés de flingots rouillés?

Korniloff menait ses hommes à travers les steppes nues et glacées, moins comme un général que comme un chef de tribus nomades. Akim le comparait à Moïse ou à Xénophon. Beaucoup de volontaires manquaient de bottes, et leurs pieds étaient entortillés de vieux linges, chaussés de savates de tille, de galoches en loques. Quelques manteaux de lycéens, à boutons d'argent, déparaient le flot des capotes réglementaires. Des fusils de toutes provenances hérissaient les vagues successives des épaules. Les bonnets de fourrure, les casquettes plates et les capuchons dansaient au gré du courant, comme des détritus disparates charriés par une même rivière. En queue de colonne, après les caissons, les chariots de la Croix-Rouge et la roulante s'avançaient, sur trois rangs, plusieurs centaines de fourgons attelés de chevaux ou de bœufs. Tout autour, sur les bords de la route, marchaient péniblement des réfugiés, sérieux et âgés, vêtus de pardessus civils et coiffés de chapeaux noirs. Des femmes couraient à petits pas derrière les voitures, vacillaient sur leurs talons hauts et toussaient rauquement dans leur poing. Les familles des officiers suivaient le convoi, car les bolcheviks, après s'être emparés de Rostov, n'auraient pas hésiter à exercer sur elles les représailles d'usage. De même, Korniloff avait prescrit de ne pas abandonner un seul blessé dans la ville, puisque, dans cette guerre fratricide, d'un côté comme de l'autre, on ne faisait plus de prisonniers. Outre les blessés et les familles d'officiers, l'armée traînait encore dans son sillage une foule de personnages importants, venus de Pétrograd, de Moscou, de Kharkov, de Kiev, et qui fuyaient devant les rouges. Cette arrière-garde pesante ralentissait l'allure des régiments. Mais il était impossible de s'en défaire, à moins de consentir au massacre de tous les civils par la horde des poursuivants.

Ainsi, l'interminable chenille grise des volontaires et des rescapés, des héros et des impotents, rampait, vaille que vaille, de village en village, à travers des étendues de neige grinçante et de brouillard salé. Nul n'ignorait qu'il faudrait marcher pendant plus d'un mois, endurer bien des peines, subir de nombreux assauts, avant d'atteindre la capitale du Kouban. La ville d'Ekaterinodar prenait, dans l'esprit de chacun, les couleurs délicieuses d'un mirage. Tous les espoirs se concentraient sur cette terre promise. On rêvait de repos, de linge frais, de nourriture abondante et de bains de vapeur. On imaginait des milliers de cosaques koubaniotes s'enrôlant avec joie sous la bannière de Korniloff. Avec eux, on nettoyait la Russie méridionale des dernières bandes rouges, on remontait vers Moscou, vers Pétrograd, on obtenait le concours des Alliés pour recommencer la guerre contre l'Allemagne. Tel était certes le plan de Korniloff. Ennemi acharné des Allemands, à qui il avait infligé de grandes défaites, il ne doutait pas que la France et l'Angleterre soutiendraient son effort pour restaurer le pays. Ces projets glorieux défendaient Akim contre le froid et la fatigue. Les pieds en sang, le corps transi, les yeux brouillés de givre, il avançait non plus vers une étape réelle, mais vers un but idéal, non plus vers une cité de pierre, mais vers la Russie future. Autour de lui, des voix murmuraient :

« Attention... Rangez-vous... C'est Korniloff... Korniloff... »

Un général maigre, hâlé, fripé par le soleil et le vent, aux yeux obliques d'Asiate, à la moustache tombante, passait au trot léger de son cheval isabelle.

« Vive Korniloff! Notre Korniloff! Hourra! » criait-on dans les rangs.

Aux côtés de Korniloff, chevauchait le général Dénikine, gros et lourd, sous son bonnet de fourrure grise, qu'il portait à la mode khabardine. Un officier turkoman, coiffé d'un turban, et une cinquantaine d'officiers de l'armée du Don formaient l'escorte de l'état-major. Des voix jeunes chantaient en tête de colonne :

Soldats, avançons au pas,
C'est Korniloff qui nous conduit...

D'autres répondaient :

Nous irons bravement au combat
Pour sauver la sainte Russie,
Nous donnerons notre jeune sang
Pour le salut de la patrie...

L'odeur des chevaux en sueur frôlait Akim et le rendait triste. Un jeune lieutenant, tout frisé, son voisin, le regardait en riant, disait :

— Quel calvaire! Où s'arrêtera-t-on pour la nuit?

— Dieu seul le sait.

— A Ekaterinodar, on se reposera comme des cochons. Je dormirai trois jours sans ouvrir l'œil. Vous connaissez Ekaterinodar, monsieur le lieutenant-colonel?

— J'y suis né.

— Tiens, voilà le général Alexéïeff dans sa calèche! Le cocher fouettait les chevaux noirs aux queues nattées dont les sabots faisaient voler des gerbes de boue et de neige. Alexéïeff, les joues bleuies par le froid, la moustache raide et blanche, la casquette enfoncée sur les oreilles, tenait une main frileuse à hauteur de sa gorge. Il toussait.

A l'approche du soir, la marche devenait plus difficile. Les pieds glissaient dans la gadoue. L'humidité pénétrait les bottes.

« Hep, là-bas, du renfort! »

C'était un chariot de la Croix-Rouge, dont un essieu avait cédé. Des cris de blessés. Un affairement de coiffes blanches dans le lointain.

Soldats, avançons au pas,
C'est Korniloff qui nous conduit...

Quel était ce jour? Et quelle était cette heure? Tous les jours, toutes les heures se ressemblaient. Les étapes étaient de vingt-cinq à trente verstes. On campait souvent dans les cours des fermes, ou même en plein vent. Pas d'ordonnance. Vêtements, bottes et armes, il fallait tout nettoyer, tout réparer soi-même. Les officiers montés étrillaient leurs chevaux, les abreuvaient, sans le secours de personne. La nuit, il n'était pas rare que des bandes de bolcheviks locaux tentassent un coup de main contre les volontaires assoupis. Les sentinelles, qui avaient marché toute la journée, étaient somnolentes et ne donnaient l'alerte qu'au dernier moment. Dans les ténèbres, les hommes se levaient en jurant, couraient, tiraient. Des têtes de femmes apparaissaient par l'ouverture des bâches. Les chevaux hennissaient de peur. Six blessés. Deux morts. L'ennemi était repoussé. On fusillait les prisonniers dans un petit bois paisible et romantique. On repartait. Le soleil se haussait, rouge et seul, dans un décor de brumes arctiques.

Le 22 février, avant d'arriver à Léjanka, les troupes de Korniloff furent arrêtées par le bruit de la canonnade. Un fort contingent soviétique tenait le village. Dans le ciel bleu turquoise, éclataient les fumées rondes et blanches des shrapnells. Une rivière scintillante séparait les deux armées, et des mitrailleuses crépitaient près du pont. En queue de convoi, les réfugiés, femmes, enfants, vieillards, s'agitaient, grimpaient sur les roues des chariots, sur les sièges des conducteurs, pour mieux voir le spectacle de la bataille. C'étaient leurs maris, leurs pères, leurs frères, leurs fils, ou leurs amis qui mèneraient l'attaque et tomberaient peut-être sous leurs yeux.

— Il paraît que c'est la 39e division, complétée par des bolcheviks locaux, qui défend Léjanka.

— Ils ont de l'artillerie lourde.

— Ils sont dix fois plus nombreux que nous.

— Non, cinq fois. Et puis, ils n'ont pas de chefs.

— Regardez, voici les nôtres qui avancent.

— Où ?

— Mais là... Cette ombre grise...

— Pourquoi les volontaires se laissent-ils mitrailler sans répondre ?

— Trente cartouches par homme. Il faut ménager les munitions.

— Et le régiment des officiers ? Où est le régiment des officiers du général Markoff ?

— Oh ! Ils sont fous ! Ils se croient à la parade !

Débouchant dans la plaine, le régiment des officiers progressait, pas à pas, vers la courbe de la rivière. Les hommes marchaient en ligne régulière, la tête droite, l'arme à la bretelle, comme pour un défilé sur le Champ-de-Mars. On eût dit un râteau aux dents de fer, poussé à ras du sol par une main puissante. De temps en temps, une dent du râteau se pliait en deux, se cassait, ne se relevait plus.

— Mon Dieu ! Qui est-ce ?

Les balles sifflaient, les obus, mal dirigés, éventraient la terre, lançaient au ciel des nuages de poudre et de cailloux noirs.

Malgré le tir des bolcheviks, les régiments de volontaires se rejoignaient et, soudain, leurs rangs sombres se hérissèrent d'épingles étincelantes. Des griffes d'acier leur sortaient du ventre. Une clameur sourde, à peine distincte, mourut, telle une lame de fond aux abords du convoi :

« ... Rra! Hourra! »

Les officiers se ruaient à l'attaque, baïonnette en avant, et une frange d'écume beige reculait à leur approche, comme aspirée vers l'intérieur du village. Les bolcheviks traversaient le pont, se jetaient à l'eau, s'éparpillaient, essaimaient très loin des groupes de vibrions affolés.

Akim, mêlé à la vague d'assaut, courait, tel un forcené, à la poursuite des fuyards. Des cris de haine claquaient dans sa tête comme des flammes :

« C'est votre tour. Vous avez arraché nos épaulettes. Vous avez tué et torturé nos frères. Vous avez souillé les églises. Vous avez chassé le tsar. Vous avez vendu la Russie aux Allemands. Payez donc! Payez donc, maintenant!... »

Les premières maisons. Une eau jaunâtre coulait des toits de chaume. Un soldat, vêtu d'une courte capote autrichienne, détalait en pataugeant dans les flaques. Akim le rattrapa en deux bonds et lui planta sa baïonnette dans les reins.

— Frère! glapit le soldat.

Akim appuya son talon sur les fesses molles de l'ennemi pour retirer sa baïonnette, prise en pleine chair. Il y eut un petit bruit de succion, et le fer reparut, rougi et fumant.

— Salaud! hurla Akim.

Et il se remit à courir, les yeux élargis de colère, la face énorme à force de crier. Des démons, aux figures barbouillées d'encre et de craie, sautaient, à droite, à gauche, dans une vapeur ocre. Des gestes incohérents divisaient l'air en losanges. On piquait, on sabrait, au hasard, sur une peau anonyme qui cédait en braillant. Un canon passa, faisant vibrer le sol. Les chevaux galopaient. Les cavaliers secouaient leurs cravaches, comme des nœuds de serpents. Le grondement des caissons, des affûts, aux roues bandées de fer, complétait le claquement de la fusillade. Çà et là, dans les cours des fermes, aux abords des puits à bascules, des soldats rouges jetaient leurs armes, tombaient à genoux et se laissaient éventrer, à bout de souffle, à bout de peur. Un lieutenant, assis dans la boue, remontait la manche de sa vareuse sur son avant-bras gluant de sang clair. Son camarade fourrait des tampons d'ouate dans la blessure, en grommelant :

— Et comme ça, tu as mal? Non? Je peux y aller?...

— Par ici! Ils se sont réfugiés dans le potager! A l'aide!

Un groupe de bolcheviks tiraillait contre les officiers qui s'approchaient de la palissade. En un clin d'œil, les piquets volèrent comme des plumes, et le combat s'engagea. Dans une bousculade informe, les sabres et les baïonnettes entrèrent en action. Akim, brandissant son épée, frappa, droit devant lui, un gros homme, au visage spongieux, à la bouche sombre et baveuse. Subitement, la main de l'homme, tranchée au poignet, se replia sur le bras, comme un morceau de viande lourde. Une fontaine écarlate jaillit à la face d'Akim. Il cogna encore, dans le tas, aveuglé, déchiré d'horreur et de plaisir. Une odeur de vinaigre et de cuir pourri montait de cette boucherie. Lorsqu'il n'y eut plus un seul ennemi vivant dans le potager, les volontaires sortirent, un à un, dans la rue.

— A plate couture!

— Si la cavalerie était intervenue à temps, pas un rouge n'aurait échappé.

A la tombée de la nuit, les chariots arrivèrent, grinçants, bossus, bondés de civils aux faces angoissées :

— Savez-vous si Pierre Ivanovitch est en vie ?

— N'avez-vous pas vu mon mari ? Il était dans le régiment des officiers de Markoff. Personne ne peut me renseigner. C'est épouvantable !

— Igor ! Mais qu'as-tu ? Rien de grave ?

Déjà, les paysans, terrifiés, se hasardaient sur le pas de leurs portes. Des fourriers circulaient, d'une maison à l'autre, pour assurer le logement de l'État-Major. On entendait pleurer les enfants. Des chiens perplexes flairaient les cadavres.

Le lendemain, l'armée de Korniloff reprenait sa route vers le sud.

Cependant, d'étape en étape, malgré les premiers succès, une inquiétude croissante se manifestait parmi les volontaires. Les cosaques du Kouban ne se montraient nullement hostiles aux bolcheviks, et tenaient surtout à demeurer dans l'expectative. Dans les localités importantes, comptant plusieurs milliers d'habitants, c'était tout juste si une quinzaine de jeunes gens se décidaient à rallier l'armée blanche. En revanche, des forces soviétiques considérables se trouvaient concentrées aux abords du nœud ferroviaire de Tikhoretskaïa, avec artillerie et trains blindés. Les régiments de Korniloff contournèrent donc Tikhoretskaïa, après avoir fait sauter les rails de part et d'autre du lieu prévu pour le passage du convoi. Quelques escarmouches locales permirent aux officiers de se procurer du sucre, de la dynamite et un chargement de linge de dames, dans des wagons abandonnés sur la voie. Comme leur linge personnel était en lambeaux, ils n'hésitèrent pas à revêtir ces dessous bordés de festons. Akim portait, à même la peau, une chemise rose, très décolletée, qui le serrait à la taille.

Le 2 mars, Korniloff entrait à Jouravskaïa en triomphateur. Trois jours de marche le séparaient à peine d'Ekaterinodar. Les volontaires exultaient. Akim songeait à la surprise, à la fierté de ses parents, lorsqu'ils le verraient défiler dans la rue principale, à la tête de son peloton d'officiers. Cependant, très vite, il fallut déchanter et envisager de nouvelles batailles. Ekaterinodar était tombé, depuis peu, aux mains des bolcheviks. La cavalerie du général Pokrovsky avait laissé la ville et s'était repliée sur les contreforts du Caucase. Il était particulièrement pénible d'apprendre une pareille nouvelle, à quatre-vingts verstes du but, après avoir marché pendant près d'un mois dans l'espoir d'un réconfort matériel et moral indispensable. Un rêve s'écroulait. La fatigue prenait ses droits.

Pour vérifier ces informations pessimistes, le général Korniloff résolut d'envoyer à Ekaterinodar quelques officiers habillés en civils. Akim sollicita l'honneur de participer à l'expédition.

Constantin Kirillovitch retourna entre ses doigts le billet que venait de lui remettre un petit garçon inconnu, vêtu de guenilles, et au visage pelé par le froid.

— Qui t'a donné cette lettre? demanda-t-il.

— Un homme.

— Quel homme?

— Je ne sais pas.

— Il t'a payé?

— Oui.

— Combien?

— Trois roubles.

— Où l'as-tu rencontré?

— Près de la briqueterie du baron Steingel.

Arapoff relut les quelques lignes tracées au crayon sur un mauvais papier jaune : « Honorable Constantin Kirillovitch, j'attends votre visite d'extrême urgence. Vous connaissez mon adresse. En sortant d'Ekaterinodar, vous prendrez la route de Rostov, comme d'habitude. » La signature était illisible. Mais l'écriture paraissait au docteur singulièrement familière, révélatrice. Il réfléchit encore, assembla des souvenirs, vérifia des soupçons. Puis, une clarté se fit en lui : « C'est Akim... Il m'attend à la roseraie... » Son cœur palpita plus vite. Une chaleur agréable envahit sa figure. Il agita la main faiblement :

— Va-t'en... C'est bien...

Lorsque le gamin fut parti, Constantin Kirillovitch se leva, enfila précautionneusement sa vieille pelisse au col rongé, se coiffa d'un bonnet de fourrure et quitta le bureau de l'hôpital en évitant de regarder les infirmières. Dans le couloir, son gendre l'arrêta :

— Où allez-vous, cher beau-papa ?

— Prendre l'air, balbutia le docteur. J'ai la tête lourde... Y a-t-il un fiacre par ici ?

Depuis la révolution, les fiacres avaient été, en majeure partie, réquisitionnés par les autorités bolcheviques. Mais quelques voitures stationnaient encore devant l'hôpital pour les besoins des services sanitaires.

— Sûrement, vous trouverez un fiacre, dit Mayoroff. Désirez-vous que je vous accompagne jusqu'à la grille ?

— Non. Reste ici. Si on me demande, tu répondras que je me suis absenté pour peu de temps. Au revoir...

Comme Constantin Kirillovitch aurait dû s'y attendre, le cocher fut terrifié à l'idée de conduire un client hors de la ville, vers les lotissements de la route de Rostov :

— Les bolcheviks nous arrêteront dans les faubourgs d'Ekaterinodar. Ils exigeront de voir nos papiers.

— Je suis docteur, dit Arapoff, et, comme tel, j'ai le droit de visiter des malades dans toute la circonscription. Ne crains rien. Je doublerai le prix de la course.

Rassuré par cette promesse, le cocher fouetta son cheval, et l'équipage s'ébranla en geignant. Les jambes prises sous une couverture raidie et luisante de graisse, les mains glissées dans les poches, le col levé à cause du froid, Constantin Kirillovitch tentait de concentrer son esprit sur les nombreuses questions que posait le retour d'Akim. Pourquoi était-il revenu? Avait-il l'intention de se fixer à Ekaterinodar? Se trouvait-il parmi les volontaires de Korniloff, dont certaines rumeurs annonçaient l'approche? De toute façon, il ne fallait pas qu'Akim s'aventurât dans la ville. Il serait vite reconnu, dénoncé, arrêté. N'était-il pas odieux qu'un père dût refuser l'hospitalité à son fils, sous prétexte que tel ou tel parti politique avait confisqué le pouvoir? Il y avait là une injustice que Constantin Kirillovitch éprouvait intensément sans être capable de l'exprimer. Depuis sa petite attaque du mois de septembre, son intelligence travaillait moins rapidement, et les mots fuyaient sa mémoire. Vers le soir, lorsqu'il était fatigué, il lui arrivait encore de ne plus savoir remuer sa langue. Mais cet inconvénient se reproduisait rarement et, dans l'ensemble, il n'avait pas lieu de se plaindre, car, grâce à des exercices quotidiens, il avait recouvré l'usage de la parole. On pouvait vivre vingt ans après un choc pareil. Tous les livres de médecine l'affirmaient, avec des exemples à l'appui. L'essentiel était de mener une existence régulière, hygiénique, de surveiller la nourriture, d'éviter les émotions. Mais était-il possible d'éviter les émotions à l'époque actuelle? Chaque jour apportait une surprise notoire. Les rouges à Ekaterinodar, l'avance de Korniloff, le billet d'Akim... Les hommes étaient devenus fous! Ils s'agitaient comme des fauves en cage. Le monde ancien ne leur suffisait plus. Qu'espéraient-ils trouver au-delà des barreaux? Constantin Kirillovitch soupira et regarda une file de ménagères qui piétinaient dans la boue, devant une boulangerie fermée. Machinalement, il se mit à les compter :

« Quatre, cinq, six, sept... »

Lorsqu'il parvint au chiffre cent, il s'aperçut que le fiacre avait depuis longtemps dépassé la boutique, et que son calcul ne correspondait plus à rien. Il continua pourtant à bouger les lèvres :

« Cent un, cent deux... »

Cette addition l'apaisait comme une bonne prière. De petites mouches entraient dans sa tête, saluaient, cent trois, cent quatre, et disparaissaient dans les coulisses. Un bourdonnement monotone battait les parois de son crâne. Il fut sur le point de s'endormir et se révolta. « Et Akim ?... J'oubliais Akim !... Où en étais-je ?... Cent sept... »

Lorsque le fiacre s'arrêta devant la palissade de l'enclos, Constantin Kirillovitch éprouva le sentiment d'avoir trouvé la solution d'un problème difficile.

— Tu vois, dit-il, les soldats bolcheviques ne nous ont pas inquiétés.

— Comment ça ? dit le cocher. Mais si. Vous avez montré vos papiers...

— Tu as raison, dit Constantin Kirillovitch. J'avais oublié. Reste là, j'en ai pour quelques minutes à peine.

Et il pénétra dans le jardin aux arbres nus et noirs, aux plates-bandes chauves, poudrées de grésil. Une torpeur très douce l'enveloppait, comme un manteau flottant. Il écoutait bruire autour de lui cette étoffe imaginaire qui se déplaçait avec son corps, à chaque pas. Il souriait. Il pensait : « Akim est là... Moi seul le sais... Nous parlerons d'homme à homme... »

Soudain, Akim fut devant lui, comme une borne jaillie du sol. Un Akim inconnu, coiffé d'une casquette d'ouvrier, vêtu d'un paletot verdâtre, souillé de taches, déchiré aux coudes. Une barbe rare et courte doublait les contours de ses joues. La peau de son visage était tendue de fatigue. Ses yeux luisaient comme ceux d'un pauvre. « Mon fils est un pauvre ! » songea Constantin Kirillovitch. Et quelque chose de mou trembla dans sa bouche. Il balbutia :

— Akim !... Mon cher !... Dans ce costume !...

— Je ne pouvais tout de même pas venir chez vous en uniforme, dit Akim avec humeur.

Puis, il se mit à rire et embrassa son père en lui tapotant l'épaule :

— Entrons dans la cabane. Tu as compris mon billet ? Je ne voulais pas écrire plus clairement, à cause des risques d'indiscrétion. Ce gamin n'était pas sûr. Tu dois te demander d'où je viens, ce qui m'amène.

Affolé, radieux, Constantin Kirillovitch avait l'impression qu'Akim pensait, parlait, vivait trop vite. En dépit de ses efforts, il n'arrivait pas à suivre son fils. Il était en retard sur lui de quelques idées, de quelques mots. Il courait, il peinait, loin derrière. Akim demanda :

— Tu m'as entendu ?

— Oui, dit Constantin Kirillovitch en rougissant. Tu disais donc ?...

— Je disais que je fais partie de l'armée des volontaires de Korniloff. Nous sommes cantonnés à quatre-vingts verstes d'ici. D'après nos informations, Ekaterinodar était à l'abri des menaces bolcheviques. Le général Pokrovsky attendait notre arrivée pour se joindre à nous. Or, au dernier moment, nous avons appris que Pokrovsky s'était retiré, et que la ville était passée sous le contrôle des rouges.

— C'est exact.

— Quand les troupes de Pokrovsky sont-elles parties ?

— Le 28 février. Et les rouges se sont installés le 1er mars.

— As-tu des indications précises sur les effectifs de la garnison ?

Difficilement, avec de longs arrêts, des contradictions, des excuses, Constantin Kirillovitch raconta ce qu'il avait entendu dire sur l'organisation militaire de la place et des environs. Tout en parlant, il s'irritait contre sa mauvaise mémoire qui l'empêchait de retrouver certains chiffres et certains noms importants. Il se sentait dans la situation d'un élève soumis à un examen dont il eût négligé la préparation :

— Si j'avais pu prévoir que ces détails te seraient utiles, j'aurais demandé d'autres renseignements. Tu me questionnes à l'improviste...

— Continue... Tu disais qu'à Korenovskaïa ils disposent de quinze mille hommes ?

— Environ.

— Parfait.

Akim s'était assis sur un banc, dans la cabane, et prenait des notes en suçant son crayon après chaque mot. Constantin Kirillovitch marchait, à petites enjambées, de long en large, pour se garantir contre le froid. Des frissons montaient de ses mollets à ses reins. Il ne pouvait s'habituer à l'idée que cet homme mûr, barbu, vêtu de haillons, fût effectivement son fils. Les rôles étaient renversés. Devant Akim, c'était lui, Constantin Kirillovitch, qui avait l'air d'un enfant débile, arriéré, qu'on gourmande et qu'on rudoie un peu pour le tirer de sa rêverie. Les inquiétudes d'Akim lui étaient étrangères. Elles émanaient d'un monde dont l'accès était réservé aux individus d'âge moyen et de sang chaud. Comment Constantin Kirillovitch se fût-il intéressé aux manifestations de cet univers adulte ? Il avait envie d'attirer l'attention d'Akim sur le jardin dépouillé, grelottant, de lui montrer la couleur navrante de la terre endormie, les paillasses autour des arbres, les branches gainées de givre, le ciel maussade et sans regard. Mais, en même temps, il savait très bien qu'il ne devait pas s'occuper de ces choses lorsque son fils lui parlait des événements militaires. De pareilles pensées étaient incorrectes et vulgaires en ce moment. Surpris par lui-même en flagrant délit de distraction, Constantin Kirillovitch se troubla, mordit ses lèvres. Pour racheter sa faute, il murmura :

— Vous avez entrepris une noble tâche. Quand comptez-vous attaquer Ekaterinodar ?

— Ce n'est pas moi qui décide, dit Akim, mais Korniloff.

— Et comment est-il, Korniloff?

— Un héros. Il a partagé toutes nos peines, toutes nos fatigues. Les hommes l'adorent. Je me ferais tuer pour lui sans regret.

Une crispation rapide endolorit le cœur de Constantin Kirillovitch. Ses yeux se voilèrent de buée. Il s'arrêta de marcher et soupira :

— Oui..., oui... tu es jeune...

— A présent, donne-moi des nouvelles de la maison, dit Akim.

— La maison, bredouilla Constantin Kirillovitch, j'aurais voulu t'y amener, mais ce n'est pas prudent... On pourrait te reconnaître... Ta mère serait si heureuse, pourtant!... Quand elle saura... Ah! quelle époque cruelle!... N'être plus libre d'accueillir son propre fils sous son toit!... Tempérer l'amour par la prudence!... Quand sera-t-il accordé à l'homme de vivre selon son cœur?...

— C'est pour que ce temps revienne que nous nous battons, dit Akim.

— Oui, vous vous battez, c'est-à-dire que vous usez de la force pour imposer votre idéal. Il ne faudrait jamais user de la force pour imposer un idéal. Les belles pensées devraient prospérer d'elles-mêmes, comme le soleil perce les nuages.

— Tu parles un langage que personne ne veut plus comprendre, papa.

— Je sais, je sais... Tu as tant marché, tant lutté... Tu ne peux pas avoir tort... Es-tu venu seul à Ekaterinodar?...

— D'autres officiers, déguisés en civils, essaient d'obtenir les renseignements qui nous manquent encore.

Constantin Kirillovitch réfléchit longuement et dit :

— C'est dangereux.

— C'est nécessaire.

— As-tu besoin de quelque chose?

— Non.

— Si tu voulais m'attendre, je pourrais passer à la maison, te rapporter des vêtements, de la nourriture.

— Inutile, papa.

Le visage d'Akim était dur et sec comme une écorce. Une veine bleue divisait son front verticalement. Dans ses yeux se concentrait une lumière énergique. Constantin Kirillovitch eut peur de son fils. Akim n'était venu à Ekaterinodar que pour accomplir une mission. Ce n'était pas l'envie de rencontrer son père qui l'avait poussé à braver tant de risques, mais le désir d'assembler quelques indications sur les forces de l'ennemi. Ayant réuni ces informations sommaires, il ne songeait plus qu'à partir. « Il s'ennuie avec moi, pensa Constantin Kirillovitch. Maintenant que je lui ai tout expliqué, je ne l'intéresse plus. Je ferais mieux de le laisser... » En vérité, cette scène entre père et fils n'était, de loin, pas telle qu'elle aurait dû être. Par hâte, ou par maladresse, ils avaient gâché leur entrevue. Ils ne s'étaient rien dit de ce qu'il fallait dire. Chaque seconde écoulée consacrait un peu plus leur séparation. Il semblait à Constantin Kirillovitch qu'un grand morceau de glace encombrait la cabane, et qu'il eût suffi de l'enlever pour qu'Akim et lui devinssent gais et confiants. Mais le morceau de glace restait là, ne fondait pas, et ses ondes de froid pénétraient la chair. Constantin Kirillovitch frissonna, se découvrit seul, malheureux, frustré, et demanda d'une voix coupable :

— Tu pars bientôt ?

— Avant la tombée de la nuit.

— Ah ! oui !...

Des cris énormes se formaient dans son cœur. Il eut pitié d'Akim jusqu'à la souffrance, pitié de lui-même, pitié de la Russie. Il eût aimé pouvoir exprimer ce trop-plein de compassion en quelques mots admirables. Mais une bouillie de syllabes se pressait sur sa langue. En désespoir de cause, il avança la main, toucha la manche d'Akim.

— Tu es sale, tu es maigre, tu as faim, dit-il avec effort. Et tu vas te battre...

— Il le faut bien, grommela Akim.

On eût dit qu'il était fâché contre son père. Mais ce n'était pas vrai. Sa colère était dédiée aux autres. Et cette colère le rendait inhumain.

— Pauvre Akim! chuchota Constantin Kirillovitch.

— Pourquoi dis-tu que je suis pauvre?

— Parce que tu te crois riche.

Akim ne comprit pas et haussa les épaules. Visiblement, il était pressé d'en finir.

— Tu embrasseras maman pour moi, prononça-t-il rapidement. Tu lui diras que, très bientôt, je rentrerai dans cette ville sans avoir besoin de me cacher comme un voleur...

— C'est ça..., absolument, dit Constantin Kirillovitch, la gorge serrée.

— Ah! j'oubliais, si quelqu'un t'interroge...

— Personne ne m'interrogera.

— On pourrait t'avoir vu avec moi, dans le jardin... Des voisins... Tu raconteras...

Constantin Kirillovitch n'entendait rien de ce que disait Akim, mais hochait la tête, de temps en temps, d'un air studieux. Une détresse infinie chantait dans son cœur, à plusieurs voix. Il se sentait âgé et inutile. Ses doigts ne savaient plus imprimer aux êtres et aux choses que de faibles secousses, sans lendemain. Son esprit régnait sur un domaine de jour en jour plus étroit et plus pauvre. Quel que fût son désir d'aider Akim, il ne pouvait lui être d'aucun secours. Loin de lui, les hommes se battaient et jetaient leur vie et leur amour aux flammes. Son fils avait le droit de lui désobéir en mourant. Sa fille aussi. Tout le monde. Les soucis de famille, la grossièreté des employés de poste, les paperasseries administratives, l'incohérence politique, la malveillance universelle avaient rongé sa chair et son âme, heure après heure, patiemment.

Et maintenant, usé, vidé, il n'avait plus de force que pour bénir la blancheur de la neige, le cri du corbeau et l'odeur du ruisseau qui fait craquer sa glace. Pourquoi Akim était-il si dur, si vieux, si imprenable? Pourquoi ne voulait-il pas se laisser aimer comme la neige, le corbeau, le ruisseau? Pourquoi se séparait-il violemment de toute la nature?

— Akim, tu ne devrais pas être ainsi, souffla Constantin Kirillovitch.

— Que veux-tu dire?

— Tu es lointain... Tu ne viens pas dans ma chaleur... N'as-tu donc besoin de personne?...

— A notre époque, il vaut mieux ne compter que sur soi.

— Mais... un père..., il me semble qu'un père...

La voix de Constantin Kirillovitch se brisa étrangement. Sa langue clapota deux ou trois fois dans la bouche. Il reprit :

— Je... je ne te reconnais pas. Tu es un autre...

— Tant que les bolcheviks seront au pouvoir, je serai un autre, dit Akim, et ses yeux étincelèrent brièvement.

Constantin Kirillovitch ne doutait pas qu'avec un tout petit effort la solution du bonheur pût être trouvée. Une roue tournait dans sa tête. Il haleta :

— C'est donc uniquement à cause d'eux... C'est... C'est temporaire...

Akim ne répondit pas. Les pieds de Constantin Kirillovitch étaient gelés. Une douleur froide lui cassait les narines. Le vent se leva et agita des branches qui grincèrent.

— Tu dois être transi dans ton paletot, dit Constantin Kirillovitch.

— Je n'y pense même pas.

— Tu veux que je parte?

— Je crois que ce serait plus prudent.

Un vide se fit dans la poitrine de Constantin Kirillovitch. Il baissa le front. Un corbeau traversa le ciel, en secouant ses ailes vieilles comme le monde. Derrière la palissade, la steppe s'étalait par vagues blanches et beiges, figées dans une houle immobile. L'air résonnait, telle une corde de violon touchée par mégarde. Cette vibration, lente et triste, venait de loin et allait loin. Elle passait au-dessus des têtes, comme un message.

— Au revoir, Akim, dit Constantin Kirillovitch. J'aurais voulu que ta mère te bénisse. Mais je le ferai à sa place.

D'une main crispée, il esquissa le signe de la croix devant le visage d'Akim. Ensuite, il le baisa sur sa joue râpeuse, mais si maladroitement que leurs fronts se cognèrent.

— Voilà... Je m'en vais, je m'en vais, répétait Constantin Kirillovitch en souriant.

Cependant, il ne s'en allait toujours pas. Il lui semblait qu'il avait oublié de dire l'essentiel. Un mécontentement panique se levait en lui. Il marmonnait :

— Qu'est-ce que j'ai ?... Voyons...

Akim l'observait, les poings enfouis dans les poches de son paletot, la casquette tirée sur sa face sombre, velue, aux traits nets. Enfin, Constantin Kirillovitch murmura avec un petit rire contraint :

— Eh ! Akim... Sois sage... Tu te casseras le cou, chenapan !...

Il le menaçait du doigt, comme s'il se fût adressé à un enfant. Il clignait des yeux. Une haleine épaisse s'échappait de sa bouche. Puis, il s'éloigna, les épaules rondes, le pied lourd. Il s'appuyait fortement sur sa canne. Parfois, il s'arrêtait pour reprendre sa respiration ou pour toucher de la main le tronc d'un arbre. Sa tête se courbait davantage à chaque pas. Son dos tremblait par saccades. Avant d'arriver au portillon, il tira un grand mouchoir blanc de sa poche. Akim comprit que son père pleurait. Il voulut courir vers lui, le serrer dans ses bras, lui crier qu'il l'aimait, qu'il le respectait, qu'il espérait le revoir bientôt. Mais il demeura sur place, engoncé dans une fierté incommode. Constantin Kirillovitch sortit du jardin et monta dans le fiacre avec peine. Les grelots tintèrent. Debout au milieu de l'allée, Akim regardait interminablement fuir cette tache noire dans un monde incolore et froid.

Le lendemain matin, deux soldats et un civil se présentèrent à l'hôpital pour arrêter Constantin Kirillovitch. Il ne fut pas étonné par cette intrusion d'hommes en armes dans son bureau. Depuis la veille, il s'attendait à une catastrophe. Maintenant que tout était perdu, il se sentait très calme, presque joyeux. Un étrange plaisir lui venait à l'idée qu'on allait l'interroger, l'emprisonner, le fusiller pour l'exemple.

— Voilà, mes amis, un peu de patience, j'arrive, disait-il en cherchant ses galoches.

Avertis de l'événement, le directeur de l'hôpital, des docteurs, des infirmières, Mayoroff, Nina se pressaient à la porte de la pièce. Ces gens criaient :

— Vous ne savez pas ce que vous faites, monsieur le commissaire!... Vous arrêtez un homme respectable, aimé de toute la ville!... Vous n'avez pas le droit!... C'est un abus de pouvoir!... Sous aucun gouvernement...!

Ces revendications bruyantes indisposaient Constantin Kirillovitch. Ayant chaussé ses galoches, il releva la tête et dit :

— Que ces messieurs fassent leur devoir. S'ils m'arrêtent, c'est qu'ils ont des raisons de me soupçonner. Et, vous, taisez-vous!

Il était très rouge. Ses lèvres, légèrement déviées sur la gauche depuis l'attaque d'apoplexie, se tordaient, laissaient filtrer des bulles de salive. Il passa une main sur son front et ajouta :

— Je suis prêt.

— Papa, gémit Nina, en s'élançant vers lui.

Les soldats la repoussèrent avec douceur.

— Allons, sœurette... Ne complique pas... Va-t'en...

Constantin Kirillovitch était mécontent de sa fille. Elle lui gâchait son arrestation.

— C'est ridicule, Nina. Tiens-toi bien, dit-il en ajustant ses lunettes.

Et il se dirigea vers la porte d'une démarche raide. Le groupe des curieux s'ouvrit en chuchotant sur son passage. Des infirmières pleuraient. Les docteurs parlaient de téléphoner à quelqu'un. La coiffe blanche de Nina disparut derrière un rempart d'épaules.

— Ouf! dit Constantin Kirillovitch.

Il lui semblait que le plus dur était fait. Dans la rue, il chemina d'un pas alerte, entre les deux soldats, muets, sombres, salis de fatigue, dont les bottes frappaient le sol à contretemps. Sur le trottoir, des passants s'arrêtaient, se rangeaient contre le mur, avec des visages aplatis de compassion. Cette fois encore, Constantin Kirillovitch eut l'impression de reconnaître des amis d'enfance parmi la foule. Flatté par la curiosité des badauds à son égard, il leur souriait d'une manière affable et incertaine. En même temps, il faisait attention à ne pas glisser dans la neige. Une chute, en ce moment, eût été interprétée comme une preuve de faiblesse. Or, Constantin Kirillovitch tenait beaucoup à vivre dignement cette dernière aventure. Il ne pensait pas à l'interrogatoire, mais à la façon dont il posait ses pieds. Il ne redoutait pas la mort, mais un mouvement maladroit qui l'eût déconsidéré aux yeux de ses concitoyens. Par bonheur, la traversée de la ville ne fut marquée d'aucun incident notable. Après un trajet de vingt minutes environ, les soldats pénétrèrent dans une maison grise, habillée d'affiches. Constantin Kirillovitch fut poussé dans un couloir où s'entassaient déjà une trentaine de personnes humbles et murmurantes. Le commissaire civil lui dit d'attendre son tour. Il le remercia et s'appuya au mur pour reprendre des forces. L'air puait la sueur humaine, la laine mouillée, le tabac. Une machine à écrire cliquetait derrière une porte vitrée. Autour du docteur, des hommes, des femmes, aux faces désaxées par la peur, parlaient sourdement :

— Quand avez-vous été pris ?

— Savez-vous au moins ce qu'on vous reproche ?

— Il leur faut des otages, voilà tout ?

— Et ils ont emporté les bagues de Sophie Mironovna !...

Constantin Kirillovitch ferma les yeux et sentit qu'il allait s'endormir, d'une minute à l'autre. Il vivait sur une île. La mer immense entourait ses rivages. Le passage d'un oiseau dans le ciel était un événement.

— Arapoff !

Il tressaillit et ouvrit à regret ses paupières. L'île disparut, envahie par le visage rond et charnu d'un soldat.

— Suivez-moi.

La pièce où ils entrèrent était petite et lumineuse. Une casserole pleine d'eau bourdonnait sur la plaque d'un poêle en fonte, dont le tuyau coudé s'enfonçait dans le carreau supérieur de la fenêtre. Aux murs pendaient des affiches fraîches et des coupures de journaux. Le parquet était maculé de crachats. Dans un coin de la chambre, il y avait une montagne de fusils, de revolvers et de bandes de mitrailleuses. Trois hommes se tenaient assis derrière une table encombrée de dossiers : un matelot, au cou énorme, au front plat et court, avec une boucle d'argent fixée à l'oreille gauche ; un Géorgien, dont une paire de moustaches noires traversait la figure horizontalement, comme un essieu ; et un soldat, taciturne, hérissé d'une barbe rousse rappelant le poil du renard. Le Géorgien consulta des papiers, fronça les sourcils et demanda :

— Votre nom ?

— Arapoff, Constantin Kirillovitch.

— Profession ?

— Médecin.

— Nous avons des raisons de nous plaindre de vous.

— C'est possible, dit Constantin Kirillovitch avec amabilité. Je ne partage pas tout à fait vos idées.

— Des rapports dignes de foi vous signalent comme un réactionnaire dangereux. Vous n'hésitez pas à propager autour de vous des doctrines hostiles à la cause du prolétariat. Vous regrettez ouvertement la chute du tsar et la victoire des maximalistes.

— Un vieil homme qui a servi le tsar pendant toute sa vie peut difficilement se détacher de ses souvenirs.

Le matelot referma la main sur un colt massif, qui reposait près de l'encrier. La boucle d'oreille trembla, comme un petit poisson argenté, sur sa joue.

— Lors de sa dernière permission, en septembre 1917, reprit le Géorgien, votre fils, Akim Constantinovitch Arapoff, ci-devant lieutenant-colonel aux hussards d'Alexandra, s'est permis, en présence des domestiques, de déplorer l'échec de Korniloff et de souhaiter l'écrasement de Lénine et de ses partisans.

— Je ne proteste pas, dit Constantin Kirillovitch. Mon fils a des sentiments monarchistes très prononcés.

— Où se trouve-t-il actuellement?

Une fumée d'angoisse combla l'esprit de Constantin Kirillovitch. Tant qu'il s'était agi de lui-même, il avait répondu aux questions avec sérénité. Maintenant qu'on lui parlait d'Akim, il perdait confiance.

— Où se trouve-t-il actuellement? répéta le Géorgien.

— Je l'ignore, balbutia Constantin Kirillovitch. Et la sueur sortit de son front comme une rosée.

— Vous êtes sans nouvelles de lui?

— Sans nouvelles... exactement...

— Ne s'est-il pas enrôlé dans les troupes de Korniloff?

— Comment le saurais-je?

— Vous avez été vu, hier matin, en fiacre. Où vous rendiez-vous ?

— A mon jardin.

— Des voisins vous ont aperçu, causant avec un homme en civil. Qui était-ce ?

Le cœur de Constantin Kirillovitch fit une chute verticale. Mille petites veines se mirent à vibrer dans son corps.

— Qui était-ce ? hurla le Géorgien en abattant son poing sur la table.

— Je... un... un vagabond, souffla Constantin Kirillovitch. Il voulait se présenter comme jardinier... N'est-ce pas ?... J'ai besoin d'un jardinier... On le sait dans les environs... Alors, les gens viennent...

— Vous l'avez engagé ?

— Non.

— Pourquoi ?

— Il me demandait trop cher... Et puis..., oui..., il ne m'inspirait pas confiance...

— Vous a-t-il donné son adresse ?

— Je vous ai dit que c'était un vagabond. Un vagabond n'a pas d'adresse, murmura Constantin Kirillovitch.

Il se croyait sur le point de défaillir. Des moucherons brillants dansaient devant ses yeux. Ses jambes étaient des colonnes de nuages instables. Le soldat aux poils roux écrivait dans un registre et sa grosse patte se déplaçait, comme une bête intelligente, sur le papier blanc. Le matelot visait le plafond avec son colt. « Est-ce lui qui me tuera ? songea Constantin Kirillovitch. J'aimerais que ce fût lui. Il ne doit pas manquer son coup. » De nouveau, il se sentit heureux, comme au terme d'une excursion. Une torpeur délassante l'envahit. Sa bouche fit un sourire enfantin et triste. Il demanda :

— C'est tout ?

— Non, dit le Géorgien, en repoussant les dossiers pour poser ses coudes sur la table. On a perquisitionné chez vous, ce matin, pendant que vous étiez à l'hôpital.

— Oh! il ne fallait pas, soupira Constantin Kirillovitch.

Il pensait à sa femme. Sûrement, elle avait eu peur. Que tout cela était donc douloureux et absurde! Ne pouvait-on tuer un homme sans inquiéter son entourage? Il était fâché contre les bolcheviks. Subitement, il oublia son rôle de prisonnier politique et devint un citoyen mécontent.

— C'est stupide, dit-il. Stupide et inutile...

— Je vous prie d'être poli, dit le Géorgien. Au cours de la perquisition, nos hommes ont découvert des photographies de votre fils Akim Constantinovitch, qui nous permettront de l'identifier, quelques lettres qui seront versées à votre dossier personnel et les plans d'un appareil sur lequel vous voudrez bien nous donner les éclaircissements nécessaires. Toutes les légendes de ce document sont rédigées en allemand. Les camarades prétendent qu'il s'agit d'une machine infernale. Si vous refusez de vous expliquer, nous saurons vous délier la langue.

Le matelot se renversa dans son fauteuil et posa les pieds sur le bord de la table. Il tenait le colt contre son ventre, à deux mains. Sur ses semelles larges et noires, étaient collées des brindilles de paille.

— Voici, dit le Géorgien.

Et il tendit à Constantin Kirillovitch une feuille de papier pliée en quatre.

Constantin Kirillovitch prit la feuille de papier, l'ouvrit avec des doigts faibles, et un gloussement s'échappa de sa gorge.

— Ce... Ce n'est pas une machine infernale, dit-il.

— Et quoi donc?

— Un four crématoire.

Le Géorgien leva les sourcils, et ses yeux tournèrent dans ses orbites comme à la recherche d'une issue :

— Quoi?

— Un four crématoire. Avant la guerre, je m'intéressais à la question.

— A quelle question? Explique-toi, bougre d'âne, grogna le matelot.

— A la question des fours crématoires, répliqua Constantin Kirillovitch. J'avais fait venir des documents d'Allemagne. Cette maquette, entre autres.

— Mais à quoi servent-ils, tes fours crématoires? demanda le Géorgien.

— A brûler les morts, dit Constantin Kirillovitch hâtivement. L'enterrement, tel que le recommande l'Église, est... oui... pour ainsi dire, antihygiénique et encombrant. En incinérant les cadavres, on évite la contagion et on gagne de la place. Ce serait un grand progrès. Je suis pour le progrès.

— Et que disent les prêtres de ton projet? interrogea le matelot, en tapotant sa boucle d'oreille du bout des doigts.

— Ils lui sont tout à fait hostiles. J'ai eu des discussions terribles avec le père Diodore. C'est tout juste s'il n'a pas menacé de m'excommunier.

Le Géorgien se mit à rire, et ses dents étincelèrent sous sa moustache noire :

— Tu es contre les prêtres, tu es pour le progrès, et, pourtant, tu n'aimes pas les bolcheviks? Comment est-ce possible, camarade?

— Je ne sais pas.

— Comprends-tu bien ce que c'est qu'un bolchevik?

— Non.

— Le bolchevik est un homme qui regarde l'avenir en face.

— Oui.

— Un homme qui va de l'avant.

— Oui.

— Un homme à qui les fours crématoires ne font pas peur.

— C'est très bien, murmura Constantin Kirillovitch.

Le Géorgien cligna de l'œil à ses acolytes. Visiblement, il jouissait de sa propre mansuétude. Bombant le torse, dressant la tête, il poursuivit avec majesté :

— Notre but n'est pas d'exterminer les bourgeois sans distinction. Il existe parmi les bourgeois des individus qui, comme toi, ne sont pas foncièrement mauvais. Cette affaire de fours crématoires me prouve que tu as de bons principes. Comme, au demeurant, les charges que nous avons relevées contre toi ne sont pas d'ordre criminel, j'estime que tu ne mérites pas la mort.

Les jambes de Constantin Kirillovitch se dérobèrent mollement. Une sentinelle accourut et poussa un tabouret sous ses fesses. Il s'assit et baissa le front.

— Tu m'as entendu ? demanda le Géorgien.

— Je vous remercie, dit Constantin Kirillovitch.

Pourtant, il n'était pas heureux. Il s'était si bien habitué à la nécessité de la mort, que l'idée de continuer à vivre lui paraissait déprimante. Comme détourné d'une promesse, il écoutait remuer en lui les éléments obscurs de sa déception. Mais, subitement, il se rappela que sa femme l'attendait. « Zina sera si contente ! » Une joie malicieuse palpita dans son cœur. « Elle me croit mort... Et pas du tout... Je reviens... »

— Tu pourras dire à tes semblables, reprit le Géorgien, que le bolchevisme n'est pas une entreprise d'assassinats, comme ils le prétendent, mais de nettoyage, d'épuration. Nous poursuivons le bonheur de tous en détruisant les bêtes nuisibles. Quiconque n'est pas une bête nuisible n'a rien à craindre de nous. Toi, par exemple, tu m'as parlé avec franchise. Tu m'as été sympathique, à cause de ton four crématoire. Eh bien, je te laisse aller. Tu crois rêver, hein ?

— Oui, je crois rêver, dit Constantin Kirillovitch avec empressement.

Il se leva. Ses genoux tremblaient. Une vapeur ternissait le verre de ses lunettes.

— Décampe, on t'a assez vu, gronda le matelot.

Et tâche de te tenir tranquille, à l'avenir. Sinon...

— Au suivant, cria le Géorgien.

Constantin Kirillovitch se retrouva dans la rue, sans savoir par où il était sorti. Il serrait dans sa main le plan du four crématoire. Un froid vif réduisait son visage et gelait des larmes au coin de ses yeux. Comme il traversait la chaussée, un fiacre qui passait en trottant faillit le renverser.

— Où tu vas, vieille bûche? glapit le cocher.

Le docteur se mit à rire en balançant la tête. Puis il monta sur le trottoir et continua son chemin, à petits pas économes, le souffle court, le regard prudent.

XI

D'étape en étape, de combat en combat, l'armée de Korniloff approchait d'Ekaterinodar. Contournant la cité par le sud, elle s'engagea enfin dans la région des contreforts du Caucase, où, selon toute probabilité, s'étaient retirées les troupes du général Pokrovsky. Des éclaireurs, lancés dans toutes les directions, s'efforçaient d'établir le contact avec les cosaques koubaniotes. Les volontaires manquaient, en effet, de cavalerie, et les régiments montés du général Pokrovsky pouvaient leur être d'un grand secours dans les opérations d'investissement de la ville.

Harassés, décimés, malades de faim et de froid, les hommes cheminaient dans un paysage montagneux, aux pentes de rocs et de broussailles. Des torrents écumeux coupaient la route. Sur les ponts de planches pourries, qui vibraient au-dessus de l'abîme, les chariots s'avançaient un à un, au risque de s'effondrer dans le vide. Dans les sentiers étroits, creusés à flanc de ravin, les roues des fourgons s'enlisaient, les bottes adhéraient à la terre glaise. A l'entrée des *aouls* caucasiens, des rubans blancs flottaient au bout d'une perche pour signaler l'esprit pacifique des habitants. Cependant, les Tcherkess ne pouvaient rien offrir à leurs hôtes, car les bolcheviks avaient déjà réquisitionné le bétail, pillé les réserves de miel et détruit les ruches. On se nourrissait surtout de conserves, plus ou moins avariées, de galettes dures comme la pierre et de racines bouillies.

Le 14 mars, enfin, à l'*aoul* de Chendji, le général Korniloff rencontra le général Pokrovsky, et tous deux décidèrent de fondre leurs effectifs en une seule armée qui se dirigerait sur Ekaterinodar. Dès le lendemain, les volontaires se mirent en marche, pour opérer leur jonction avec les cosaques cantonnés à Kaloujskaïa. En passant, Korniloff avait l'intention d'attaquer les rouges, établis en force dans le village de Novo-Dimitrievsk, et de les déloger de leurs positions.

Un épais brouillard était descendu sur la terre. La pluie giclait du ciel, fine et pointue. Grelottants, trempés, les bottes pleines d'eau jusqu'aux chevilles, les hommes peinaient dans un infini grisâtre, zébré d'étincelles d'argent. Peu à peu, des glaçons se mêlèrent aux gouttes volantes. Des aiguilles dures frappaient le visage, piquaient les lèvres, le nez, le menton. Lorsque le vent du nord accourut en mugissant du haut d'un col en forme de croissant, la neige succéda subitement à la pluie et à la grêle. La température était tombée à plusieurs degrés au-dessous de zéro. Instantanément, les habits mouillés gelèrent en carapaces qui limitaient les mouvements. Les chevaux, enfermés dans une croûte scintillante, pouvaient à peine remuer les jambes. De minute en minute, les flocons devenaient plus charnus, plus serrés. L'ouragan secouait en hurlant une fantasmagorie de plumes, de perles et d'écharpes gazeuses. D'un bord à l'autre du monde, un bouillonnement laiteux occupait l'atmosphère. Les formes en marche se diluaient comme des fantômes dans ce néant couleur de cendre. En queue de convoi, les blessés hurlaient de douleur. Leurs uniformes raidis par le froid coupaient les bandages, appuyaient sur les plaies fraîches. La neige entrait en sifflant par l'entrebâillement des bâches. Des chariots chaviraient, des infirmières, épuisées, s'affalaient en travers de la route et refusaient d'aller plus avant.

Cependant, la tête de la colonne descendait, pas à pas, vers une rivière fortement gonflée par les pluies. Pas de ponts en vue. Il fallait sonder le gué, coûte que coûte. L'interminable serpent gris de l'armée s'était immobilisé sur toute sa longueur, comme englué dans une nébuleuse. Chacun attendait une décision. Le général Markoff ordonna de pousser à l'eau deux prisonniers bolcheviques. Sous la menace des revolvers, les hommes pénétrèrent, tout habillés, dans le courant. Trébuchant et gesticulant, ils progressaient de biais, entre les vagues. Le flot tumultueux les baignait jusqu'au cou. Enfin, ils escaladèrent la berge opposée, à quatre pattes, et se tournèrent vers les officiers en leur montrant le poing.

— La rivière est guéable! cria le général Markoff. Que les cavaliers prennent les fantassins en croupe. En avant!

Mais les uniformes des fantassins, solidifiés par la glace, leur interdisaient des acrobaties de cette envergure. Ils geignaient et juraient en s'efforçant de grimper sur leurs chevaux. Certains préféraient franchir la rivière à pied. Tenant leurs fusils et leurs cartouchières au-dessus de la tête, ils entraient bravement dans cette bouillie coléreuse d'eau et de neige sale.

— Et le tabac! Le tabac est mouillé! glapissaient des voix fraternelles.

— Par ici, c'est moins profond!

— Aïe! Mère céleste!

— Quoi? elle est trop chaude?

— Monsieur le colonel, il y en a un qui se noie!

— A gauche! A gauche! Laissez passer les chevaux!

Les chevaux hennissaient d'impatience, dansaient sur place, avec leur double charge de cavaliers sur le dos. Akim, qui avait pu se procurer une monture à Chendji, fonça avec elle dans l'eau. Heurté par les remous, l'animal renâclait, encensait de la tête. Tout son corps tressaillait sous les détonations du torrent. Il tentait de nager, reprenait pied, nageait encore. Sa queue flottait derrière lui. Ses oreilles étaient pointées comme des fers de lance. Le flot glacé enserrait Akim jusqu'aux hanches, remplissait ses bottes, ses poches. A travers une buée fatigante, il voyait osciller des grappes de spectres, des théories de loques, agglomérées, submergées par le déluge des flocons. Les caravanes naufragées avançaient d'une manière aveugle, traçaient des chemins sombres d'un bord à l'autre de la rivière. Dans sa nuque, Akim sentait l'haleine chaude du volontaire qu'il emmenait en croupe. Le courant déportait les chevaux. Des pellicules de farine glissaient le long de la berge. Comme la monture d'Akim touchait la terre ferme, un shrapnell éclata dans cette bourrasque d'amidon et de suie. Malgré la tornade, les guetteurs bolcheviques avaient aperçu le rassemblement. A présent, les détonations opaques des canons et le claquement métallique des mitrailleuses se mariaient avec les ululements lugubres de la tempête. Le vacarme du ciel aidait le vacarme de la terre. On ne savait plus si c'était le vent ou les obus qui soulevaient ces gerbes de poudre blanche, arrachaient ces broussailles filandreuses, donnaient la peur et la mort aux petits hommes têtus qui luttaient contre les éléments.

Le fantassin qu'Akim transportait en croupe avait sauté à bas du cheval et s'ébrouait en sacrant d'une voix aphone. A peine sortis de l'eau, ruisselants, chancelants, avec un masque de froid chimique sur la figure, des mains dénudées jusqu'aux os par la bise, des jambes pétrifiées et volumineuses, les volontaires se groupaient par compagnies et vérifiaient leurs armements. Les doigts insensibles se plaquaient comme des pinces en bois sur les culasses. Les yeux bordés de givre s'écarquillaient pour résister à un brouillard rongeur.

— Pas de repos. En avant! En avant!

Le crépuscule était venu. Des écharpes de fumée rose couronnaient la crête de la berge. Derrière ce rempart naturel, l'ennemi invisible précipitait son tir. Akim se dressa sur sa selle et un rictus féroce découvrit ses dents. Ses mains gourdes haussèrent la bride. Le cheval trébucha dans un trou de marmotte, hennit et activa son allure. Des cavaliers aux faces de squelettes l'entouraient. Une armée maigre, gelée, terrible, gravissait la pente. Enfin, la plaine surgit, comme un moutonnement de nuages hérissés de balais, crevés de flaques noires. Très loin, des lueurs jaunes, horizontales, indiquaient l'emplacement des batteries bolcheviques. Akim assura ses pieds dans les étriers et huma une bouffée d'air vif, qui creusa ses fosses nasales comme s'il eût aspiré une poignée de sel. Il retrouvait dans son cœur ce sentiment complexe qui toujours précédait l'assaut. L'angoisse religieuse devant ce qui allait suivre se mêlait à une excitation sauvage, au besoin de frapper, de crier, d'oser l'impossible. Sa raison démissionnait au profit de l'instinct animal. Un fourmillement agréable animait sa peau. Déjà, des lignes de fantassins disparaissaient, en trottant, au plus profond de l'espace cotonneux. Les baïonnettes luisaient vaguement dans les vapeurs de neige. Quelqu'un hurla :

— Sabre au clair ! A l'attaque! Frères, suivez-moi!

Akim lâcha son cheval et le frappa du plat de son sabre. La bête, aux jambes emprisonnées dans des chausses de glace, pliait mal les genoux et courait en boitant. Mais, peu à peu, échauffée par l'effort, elle accéléra sa cadence. Ses oreilles étaient baissées, collées contre sa tête par la peur. Des tressaillements réguliers traversaient son encolure tendue en avant vers le but. Autour d'Akim, galopait une cavalerie blanche et noire, dont la battue faisait sonner la poitrine de la terre comme un tambour. Des rafales de balles chantaient dans le vent. Un obus grinça sinistrement, et Akim courba les épaules. Pendant un centième de seconde, il lui sembla que le gémissement du projectile s'arrêtait au-dessus de lui. On eût dit que la masse d'acier suspendait son vol et cherchait sa victime. Puis, un fracas énorme fit vaciller Akim, de gauche à droite, sur sa selle. Une explosion de terre, de glace pulvérisée et de feu jaillit en éventail devant sa figure choquée. Avant même qu'eût cessé le sifflement plaintif des éclats, une nouvelle détonation déplaçait l'air avec violence. Des râles de douleur retombèrent avec les débris du sol. Plusieurs ombres désarçonnées s'agitaient dans un vertige opalin. Un cheval sans maître galopait vers les lignes ennemies. Émergeant de la commotion, Akim talonna sa bête :

— En avant! Hourra!

A présent, des balles de mitrailleuses faisaient sauter la neige devant les sabots, comme des pichenettes. Déjà, derrière un rideau de nuées glissantes, tremblait le profil des clôtures. Une éruption de pustules brunes marquait la blancheur molle du paysage. Les mitrailleuses s'étaient tues. A une cinquantaine de *sagènes*, quelques soldats rouges s'affairaient autour d'une Maxim montée sur roues. Trois d'entre eux étaient en train de couper les traits de l'attelage. Un matelot tirait sur Akim. Akim le voyait manier la culasse mobile de son fusil. Il entendait les coups de feu, déchargés presque à bout portant. Mais l'homme visait mal. Son visage était bouleversé de terreur et de hâte. Dans la tête d'Akim, entrèrent un béret à rubans noirs, les lettres dorées d'une inscription, deux yeux exorbités où se reflétait la mort. Il se leva sur ses étriers, et son sabre, lancé de biais, fendit un cou rose et rasé d'où le sang fusa avec force. Une voix russe gueula :

— Salaud! Faut le prendre vivant!

Un claquement de chargeur. Le canon luisant

d'un fusil. Akim se jeta en arrière, si violemment que la selle remua sous ses fesses. Un crachat lumineux lui brûla la face. Raté. Les doigts crispés sur la poignée de son sabre, il frappa encore, obliquement, de gauche à droite, dans l'obstacle. Puis, son cheval l'emporta hors de la mêlée. De tous cotés, volaient des cavaliers aux bonnets de fourrure marqués de rubans blancs. Tout près d'Akim galopait un sous-officier vêtu d'une pelisse courte. De sa joue, ouverte en demi-cercle jusqu'au menton, coulaient des caillots ronds et rouges comme des cerises. Au bout d'un moment, il perdit l'équilibre et boula dans la neige. Dans les rues de Novo-Dimitrievsk, la bataille faisait rage. Les bolcheviks avaient été surpris par la brusquerie de l'attaque et s'étaient barricadés dans les maisons. Il fallut conquérir la localité d'une demeure à l'autre, d'une chambre à l'autre, par morceaux.

Tandis qu'on se massacrait encore aux abords de l'église, quelques cavaliers avaient mis pied à terre dans un jardin. Le poil humide des chevaux fumaient dans l'air froid et trouble du soir. Des cosaques poussaient une dizaine de prisonniers contre la clôture. Les captifs se serraient coude à coude, pâles et ternes, exténués et sans âme, comme des cailles à l'approche du vautour. L'un d'eux, plus grand, plus fort que les autres, cria soudain :

— Quoi ? Qu'allez-vous faire de nous, camarades ?

Une casquette verte, trouée à l'endroit de la cocarde, était enfoncée sur son crâne jusqu'aux oreilles. Ses lèvres étaient tuméfiées par un coup de crosse. Akim s'avança vers lui et demanda :

— Qui es-tu ?

L'homme se ramassa comme pour prendre son élan et dit :

— Soldat de l'armée rouge.

— De quelle région ?

— Novorossiisk.

— Bolchevik ?

— Oui.

Un des cosaques hurla :

— Il a tiré sur nous, cette vermine!

— Oui, dit l'homme. Et toi tu as tiré sur nous. Chacun aime sa peau. Même si elle pue.

Akim tourna le dos aux prisonniers et revint vers son cheval, qui léchait la neige déposée sur la palissade. Un gémissement atroce monta vers le ciel :

— Pitié!

Le cheval frémit. Akim serra les mâchoires avec dégoût et caressa l'encolure de la bête, amicalement, longuement, jusqu'à ce que, là-bas, se tût le dernier râle. Quand le silence se fut rétabli, il lui sembla qu'on avait arraché un bandeau de ses yeux. De nouveau, il était calme, humain. La vie s'engouffra en lui, non point flétrie et vieillie par le sang, mais jeune, passionnante. Des cris retentissaient dans la rue :

— Korniloff! Korniloff! Hourra!

Au-dessus de la palissade, Akim vit passer la silhouette maigre du général. La neige poudrait ses épaules, ses moustaches. Il glissait au pas de son cheval invisible. Au sommet de l'église, une cloche sonna, pure et tragique.

L'armée s'installa à Novo-Dimitrievsk pour un repos prolongé. Après les combats, il fallait enterrer les morts, soigner les blessés, referrer les chevaux, réparer les fourgons, préparer les conquêtes futures. La cavalerie du général Pokrovsky ayant enfin opéré sa fusion avec les troupes de Korniloff, la prise d'Ekaterinodar paraissait assurée. Jour et nuit, les hommes rêvaient d'Ekaterinodar. Akim était obligé de répondre à des questions saugrenues pour satisfaire la curiosité de ses camarades : les femmes de la ville étaient-elles légères ou revêches, jolies ou banales? Où pouvait-on danser et boire? Était-il vrai que la population s'apprêtât à fêter les officiers de Korniloff comme des libérateurs? Akim partageait l'impatience de tous. Son entrevue avec Constantin Kirillovitch lui avait laissé une sensation pénible d'incohérence et de froideur. Il avait hâte de corriger cette fausse manœuvre. Dans son esprit revenaient, de plus en plus souvent, les images du salon au parquet ciré, à la bergère jaune et joufflue, de la table familiale entourée de visages chers, de sa propre chambre, fruste et nue, où des livres de classe dormaient encore sur des rayons de bois pyrogravés.

En attendant, Akim logeait chez un cosaque, âgé et crasseux, qui se prétendait malade et ne quittait pas sa litière de chiffons établie au sommet du four. Le fils du cosaque était parti avec un détachement de bolcheviks. Aussi le vieux craignait-il qu'on n'exerçât des représailles contre sa ferme, voire contre lui-même. Dans l'espoir d'amadouer les officiers, il avait ordonné à sa bru d'être particulièrement aimable avec eux. La bru était une femme jeune et très blanche de peau. Elle s'appelait Daria. Le deuxième jour, elle dit à Akim qu'elle dormait seule dans la remise. Il la rejoignit, la nuit venue, et elle se laissa caresser jusqu'au matin.

Ils étaient couchés sous des peaux de mouton qui sentaient fort. La lueur déclinante de la lune filtrait entre les chaumes du toit. Dans la pénombre phosphorescente, les outils agricoles, rangés contre les parois, semblaient être des instruments de torture. Daria mordillait l'épaule d'Akim avec ses petites dents serrées, l'appelait « mon chéri » et secouait ses cheveux noirs, en riant, comme une sorcière.

— Toi, tu es un homme. Tu t'es battu. Tu as fait couler le sang, dit-elle.

Puis, elle haleta d'une manière oppressée et remua ses cuisses sous les fourrures.

— Tu ne regrettes pas ton mari ? demanda Akim.

— Il était chétif. Il ne savait pas donner le plaisir. Avec toi, je me sens couverte.

— Il est parti avec les bolcheviks, n'est-ce pas ?

Daria ne répondit pas et croisa les mains derrière sa nuque. Sa chair rayonnait de chaleur comme un pain sorti du four. Enfin, elle gémit d'une voix grave chantante :

— C'est dur, sans homme, pour une femme jeune. On voudrait mordre la terre, ouvrir les jambes dans le vent.

On entendait ruminer les bœufs dans l'étable voisine. Le chien de garde aboyait en s'étranglant dans son collier. Rompu de douceur, Akim caressait du bout des doigts le visage lisse et invisible de son amie. Il respirait son parfum d'oignon et de sueur. Son propre corps était léger, victorieux. Un moment, il songea que cette femme l'aimait peut-être, et une allégresse enfantine s'épanouit en lui comme une fleur. Lorsque le deuxième coq chanta, il regagna sa chambre. Le vieux cosaque ronflait sur son foyer. L'air de la pièce embaumait le fromage blanc et le cuir. Dehors, les blocs de neige fondue s'effondraient en glissant des toits.

Les jours suivants, le dégel se précisa. La terre attiédie corrodait l'épaisse couche blanche qui s'affaissait par places, devenait poreuse, consentait à mourir. Les côtes sablonneuses se dénudaient, une à une. Des éboulements de cristal libéraient les bords des rivières. Une odeur de glaise et de mousse montait avec les premières buées du printemps. Mille ruisselets serpentaient entre des îles aux croûtes d'argent. Sur la route, les sabots des chevaux pétrissaient une bouillie de neige, de bourbe et de crottin. Les freux, courtauds et taciturnes, au plumage bleu noir, se promenaient en se dandinant à la lisière des bois.

Le 23 mars, à l'aube, l'armée de Korniloff quitta Novo-Dimitrievsk. Akim fit ses adieux au vieux cosaque, qui s'était levé pour la circonstance. Daria se tenait devant la palissade de la cour. Elle souriait imperceptiblement. Son regard était triste. Plusieurs fois, Akim se tourna sur sa selle, pour apercevoir le visage de la jeune femme. Bientôt, il ne vit plus d'elle qu'une petite tache rose, coiffée d'un foulard blanc.

Pour franchir la voie ferrée d'Ekaterinodar à Novorossiisk, les volontaires eurent à soutenir des combats contre deux trains blindés. Plus loin, commençaient des marécages, provoqués par les débordements du fleuve. Sur des étendues immenses, les flaques glauques et brunes alternaient avec de minces bandes d'humus. Une peau tremblante, mi-liquide, mi-solide, cédait sous les pas des soldats. On enfonçait jusqu'aux genoux au plus épais de cette soupe visqueuse. Les montures renâclaient, s'effondraient dans des trappes d'herbes. Des ventouses clapotantes aspiraient leurs sabots. Les chariots s'enlisaient, l'un après l'autre, avec leurs charges de blessés criards. Il fallait dételer les chevaux, poser des planches sous les roues. Les doigts gelés, barbouillés de vase, glissaient sur les brides et sur les traits. Une exhalaison de soufre, écœurante, venait de la gadoue. La nuit tombait.

— On ne voit plus rien!

— Conduis droit sur moi.

— Mais où es-tu?

— Devant toi.

— Où, devant toi? Il n'y a rien devant moi!

— Marche, marche.

Dans les ténèbres, une troupe d'égoutiers puants, gluants, hirsutes, poursuivait le sauvetage des voitures et des chevaux. Enfin, le convoi atteignit la terre ferme. Il ne restait plus qu'à traverser le fleuve sur des bacs rafistolés en hâte par les pontonniers.

La lutte pour Ekaterinodar durait depuis trois jours. L'armée de Korniloff avait épuisé ses munitions, et la moitié de ses hommes étaient hors de combat. Les bolcheviks, en revanche, recevaient des renforts de Novorossiisk. Après plusieurs assauts infructueux, la première brigade du général Markoff pénétra enfin dans les faubourgs ouest de la ville.

Akim, le fusil à la main, avançait pas à pas, dans le décor de son enfance. La fumée et les détonations défiguraient cet itinéraire sacré. Les explosions de shrapnells éventraient des fantômes chers, éparpillaient des visages irremplaçables. Là-bas, très loin encore, au cœur de la cité, la maison familiale dormait derrière un rideau paisible de tilleuls.

Les volontaires couraient lourdement, en faisant voler les pans de leurs capotes. Un nuage hérissé de flammes barrait le fond de la rue. Des volets déchiquetés pendaient sur les façades. Toute la ville avait le hoquet. Akim criait de joie et de colère. Subitement, un coup sec le frappa à la tête et il perdit l'équilibre. Il vit encore, avec une netteté éclatante, le dos d'un officier qui disparaissait dans une vapeur calcaire. Puis des gouttes rouges tremblèrent dans la fente de ses yeux. Une souffrance aiguë lui serra la nuque.

Lorsqu'il revint à lui, il était couché dans un chariot en marche. D'autres formes geignantes grouillaient dans l'ombre, autour de lui. Une odeur de pansements pourris et d'éther flottait au niveau de son visage. Les cahots se répercutaient douloureusement dans son crâne. Le grincement des essieux lui donnait envie de vomir. Une sœur de charité était assise, le dos rond, sur un ballot de paille.

— Où suis-je? Où me mène-t-on? demanda Akim d'une voix chagrine.

— Tenez-vous tranquille, dit la sœur de charité. Votre blessure est superficielle, mais il ne faut pas bouger. Nous remontons vers le nord.

— Pourquoi?

— L'État-Major a résolu de lever le siège d'Ekaterinodar. Nos pertes étaient trop grandes. Il n'y avait plus de munitions. Et puis, la mort de Korniloff a démoralisé tout le monde...

— Korniloff est mort?

— Oui, tué par un éclat de shrapnell.

La sœur de charité se tut. Son visage long vibrait dans les ténèbres verdâtres de la bâche. Ses mains étaient croisées sur ses genoux. Dehors, on entendait chanter des voix rudes :

Soldats, avançons au pas,
C'est Korniloff qui nous conduit...

Le convoi, tournant le dos au mirage d'Ekaterinodar, remontait par étapes vers les territoires du Don. Harcelés jour et nuit par les bolcheviks, affamés, privés de secours, alourdis de blessés et de civils malades, les volontaires suivaient en sens inverse l'itinéraire qu'ils avaient parcouru pour descendre vers le Kouban. Vingt fois, ils furent sur le point d'être cernés et massacrés par les rouges. Vingt fois, par miracle, ils échappèrent à l'anéantissement. Le général Dénikine avait remplacé le général Korniloff à la tête des troupes. Un regain d'espoir animait les survivants du naufrage. En effet, aux dernières nouvelles, les cosaques du Don se soulevaient enfin contre les bolcheviks et sollicitaient le concours des officiers blancs. A Novotcherkassk, libéré des rouges, les blessés goûtèrent leur premier repos.

Le printemps venait, annonciateur de futures semailles. Une lune ronde et rose montait au-dessus des clochetons sombres de la forêt. Les nuits étaient tièdes, nerveuses. Les chevaux et les bœufs dormaient mal ; les chiens haletaient, flairaient l'air en fronçant leur museau. Dès l'aube, des bandes de grues volaient dans le ciel clair, vers le nord. Quelques cygnes se posaient dans la fourrure pâle et spongieuse des steppes. Aux abords du Don, les oies criaient dans les prairies inondées, les canards barbotaient, ivres d'amour. Des bourgeons verts et collants piquaient la masse noueuse des saules. Le blé jeune se nourrissait du sang noir de la terre. Une odeur ancestrale, fondamentale, émanait du monde renaissant. Les blessures se cicatrisaient d'elles-mêmes. Associé aux bêtes et aux plantes, tiré de l'ombre, offert au premier soleil, Akim reprenait confiance.

XII

La victoire des rouges à Moscou, la fatigue, les privations matérielles, l'obsession quotidienne de la peur, avaient endormi la sensibilité de Tania. Un dernier espoir lui était venu au mois de janvier 1918, lors de la réunion à Pétrograd de l'Assemblée constituante. En effet, contrairement à l'attente des bolcheviks, les élections des députés, à travers tout le pays, avaient marqué un échec très net pour le parti de Lénine, qui devait se contenter de neuf millions de voix sur trente-six millions de suffrages exprimés, et de cent soixante-quinze représentants contre quatre cent dix-sept aux socialistes révolutionnaires, trente-quatre aux social-démocrates de diverses nuances, et soixante-quatre aux bourgeois et nationaux. Cependant, les bolcheviks étaient résolus à ne tenir aucun compte des résultats d'une consultation populaire qui avait tourné à leur désavantage et, sur leur ordre, dès la première séance, les matelots du service de sécurité dispersaient le nouveau parlement. A dater de ce jour, Tania avait compris que seule une action militaire pouvait délivrer la Russie de l'emprise maximaliste. Mais, malgré tout ce qu'on disait dans la ville au sujet des troupes blanches qui s'organisaient et se battaient dans différentes régions, elle ne voulait pas croire que ces formations de partisans et d'officiers arriveraient aux portes de Moscou. Les renseignements, à cet égard, étaient d'ailleurs vagues et improbables. Après la signature de la paix avec l'Allemagne, des détachements austro-allemands occupaient Odessa, la Crimée, Rostov, Koursk. L'hetman Skoropadsky instituait à Kiev une dictature antimaximaliste, contrôlée par les officiers prussiens. En Sibérie, une armée de Tchèques et de Russes, adversaires des Soviets, s'emparait des villes principales et poursuivait son avance vers l'Oural. Avant de quitter Ekaterinenbourg, les rouges fusillaient le tsar et sa famille qui avaient été amenés dans cette localité au mois d'avril 1918. Des détails affreux circulaient dans le public sur ce massacre sommaire. Les Alliés, de leur côté, aidaient les volontaires de Dénikine, qui, revenus de leur expédition contre Ekaterinodar, se préparaient à de nouveaux combats. Les Anglais débarquaient quelques unités à Mourmansk et à Arkhangelsk.

Pour résister à l'assaut de ces forces combinées, Trotsky ordonnait une mobilisation en masse, rétablissait la peine de mort et faisait appel aux généraux de l'ancien régime qu'il entourait de conseillers bolcheviques. La terreur systématique, entretenue par la commission extraordinaire ou « Tchéka », garantissait le gouvernement contre les troubles intérieurs. Dès le mois de mars, la capitale des Soviets avait été transférée de Pétrograd à Moscou. Toute l'administration d'État installait ses bureaux dans le Kremlin et les palais adjacents.

Promue au rang de centre politique, la ville, cependant, s'enlisait dans une torpeur maladive. Chaque matin, de nouveaux décrets venaient restreindre encore les dernières libertés des bourgeois. Placés hors la loi, privés de leurs droits civiques, ceux que leurs opinions, leur fortune ou leur nom rangeaient dans cette catégorie étaient soumis à la menace permanente d'une arrestation à titre de suspect ou d'otage. Sous prétexte de perquisition, des cambrioleurs professionnels vidaient les appartements avec méthode. Les prisons étaient bondées à craquer. Un décret ayant prescrit la constitution d'un comité des locataires dans chaque maison et l'élection d'un président des locataires responsable devant le Soviet, Tania dut assembler tout son personnel, et ce fut le laquais, Igor, qui accepta, finalement, d'assumer cette fonction délicate. Pour le dédommager des tracas exceptionnels que lui vaudrait cette distinction, Tania n'hésita pas à doubler ses gages. Au bout de quelques semaines, les gages furent triplés, car le « président », soucieux de gagner la bienveillance du commissaire du quartier, s'était vu obligé de partager avec lui les bénéfices de sa charge. Le chiffre fut augmenté le mois suivant, lorsque le commissaire du quartier eut résolu d'intéresser le commissaire de l'arrondissement au sort des habitants de l'immeuble Danoff. La protection de ces personnages officiels n'empêcha pas d'ailleurs la réquisition des étages supérieurs pour le logement de deux ménages d'ouvriers et d'un expert militaire auprès de l'État-Major soviétique.

Ayant entassé tous les meubles précieux dans une seule pièce fermée à clef, Tania s'installa, avec sa famille, dans les chambres du rez-de-chaussée. Une porte supplémentaire, donnant sur le vestibule, isola cette partie de la maison et en fit un appartement indépendant. Les nouveaux occupants se révélèrent, au reste, suffisamment corrects. Tania les entendait souvent rire, banqueter et se disputer au-dessus de sa tête, mais ils ne venaient jamais sonner à sa porte, et lorsqu'ils la croisaient dans le vestibule, ils la saluaient sans ironie. Leurs enfants jouaient souvent dans la cour, et Serge eût volontiers participé à leurs ébats. Mais Tania redoutait que son fils ne commît en leur présence quelque indiscrétion innocente dont elle eût à répondre ensuite devant le commissaire du quartier. Sur son ordre, Mlle Fromont et Marfa Antipovna ne quittaient pas les deux garçons d'une semelle et se bornaient à de courtes promenades autour de la maison.

Depuis quelques mois, les habitants de Moscou, plongés dans la terreur, l'apathie, le manque de nouvelles, n'aspiraient plus qu'à végéter obscurément, trop heureux de rentrer indemnes, à la tombée du soir, dans leurs chambres sans joie. La faim primait toutes les préoccupations sentimentales. En effet, la nationalisation brusquée des industries et le monopole des produits alimentaires avaient désorganisé le ravitaillement. Les paysans, ayant perdu confiance dans la monnaie, n'acceptaient de céder leur blé qu'en échange de produits manufacturés. Le manque de wagons, de locomotives, de charbon, paralysait l'approvisionnement des centres urbains. Par ordre des bolcheviks, les consommateurs avaient été répartis en plusieurs catégories. Les ouvriers recevaient deux cents grammes de pain par jour, plus deux œufs, de la graisse et des légumes secs. Les fonctionnaires de bureau devaient se contenter de cent grammes de pain et d'un œuf. Quant aux bourgeois, ils avaient droit à cinquante grammes de pain tous les deux jours pour seule nourriture. Encore ce pain était-il un aggloméré noirâtre et nauséabond de paille et de tourteaux. Cependant, il était possible de se procurer, en cachette, des pommes de terre et du sucre à des prix exorbitants. A plusieurs reprises, grâce à la femme de chambre, Douniacha, dont les parents habitaient aux environs de Moscou, Tania put obtenir du lard et même un peu de farine. Des moujiks commissionnaires se glissaient dans les rues, à l'approche du soir. Ils portaient des sacs de paille sur le dos. Mais sous la paille étaient dissimulées des denrées comestibles. Les gardes rouges traquaient ces marchands clandestins. On les arrêtait. On les fusillait. Les prix montaient. Et d'autres trafiquants barbus et finauds surgissaient dans les cours des immeubles, dans les arrière-boutiques, dans les terrains vagues.

Peu à peu, l'argent liquide venant à manquer, et les

comptes courants se trouvant bloqués dans les banques, la plupart des bourgeois durent se débarrasser de leurs meubles et de leurs bijoux pour assurer leur subsistance. Assis au bord du trottoir ou sur les marches des escaliers, des dames illustres et exténuées, des généraux dégradés vendaient de petits morceaux de pain, des galettes grisâtres, des bonbons gluants, des broches, des portraits de famille et des bagues dans leurs écrins. Une cohue de soldats se pressait autour de ces colporteurs timides. Les troufions ahuris, suant sous leur bonnet de fourrure trop lourd, offraient à leurs compagnes, au maquillage agressif et au chignon sale, un éventail d'ivoire décoré de dessins agrestes. Des matelots aux cheveux longs, pommadés, au col ouvert en triangle jusqu'au nombril et aux chaussures vernies, se payaient des tabatières en or frappées d'une couronne.

Grâce à l'argent qu'elle avait retiré de la banque avant la révolution d'octobre, Tania put se dispenser de recourir à la vente des meubles. Toutefois, si la situation se prolongeait, elle ne doutait pas qu'il lui fallût, un jour, consentir à ce trafic humiliant. D'ailleurs, à tout moment, une perquisition bien conduite risquait de la réduire à l'indigence. Elle avait dissimulé billets et bijoux derrière les glaces, sous les lames des parquets, dans les poignées de portes. Mais les gardes rouges connaissaient ce genre de cachettes. Et il suffisait d'une dénonciation pour qu'une patrouille de soldats envahît la maison et la fouillât de fond en comble, pendant des heures. Trois personnes avaient été arrêtées pour recel dans l'immeuble voisin. Dans l'appartement de Lioubov, un groupe de marins, surgi à l'improviste, avait confisqué tous les gilets de flanelle de Prychkine, les couvertures de laine, deux pelisses et une cassette contenant quatre mille roubles. Malinoff avait été incarcéré, puis relâché, après une forte amende, pour détournement de denrées alimentaires. Il était impossible que Tania ne fût pas inquiétée à son tour. Cette angoisse quotidienne finissait par émousser le sens critique et l'imagination. L'esprit s'habituait à ne considérer que la minute présente, l'obstacle immédiat, la joie instantanée et fugitive. Tout ce qui n'était pas consommable ou réalisable dans les vingt-quatre heures ne méritait pas l'effort d'une pensée. L'avenir devenait un mot vide de sens. Les idées générales, les espoirs à longs termes, les projets, les rêveries n'avaient plus cours dans cet univers constamment menacé. A la longue, Tania éprouvait le sentiment que chaque journée constituait un tout bien rond, une sorte d'existence séparée et complète dont il fallait se contenter, et qui n'impliquait aucune promesse de survie ni aucune dépendance à l'égard du passé. Rien ne l'étonnait plus, ni les cercueils entassés par centaines sur les tombereaux et emmenés vers la fosse commune, ni les spéculateurs promenés dans la rue, avec un écriteau au cou : « Je suis un voleur », ni les rafles opérées dans un immeuble sur accusation d'un portier mécontent, ni les comtesses qui vendaient des journaux, ni les officiers qui s'employaient comme déménageurs, ni les cadavres de bêtes, mortes de faim, qui pourrissaient sur la chaussée, ni les affiches antireligieuses placardées sur les murs et représentant un prêtre à la trogne rouge buvant de la vodka : « La religion est l'opium du peuple. » Enfermée dans une manière de coma, elle avait l'intuition confuse qu'un autre monde prospérait encore, quelque part, très loin : un monde où les gens qui n'avaient rien à se reprocher vivaient dans une sécurité relative et mangeaient selon leur appétit, où les rues étaient propres, les toilettes soignées, où le fait d'avoir des enfants ne compliquait pas le destin des femmes, où les fonctionnaires répondaient aux clients avec politesse, où l'entrée des églises n'était pas gardée par des soldats, où la mort, enfin, n'était pas la hantise quotidienne de chaque citoyen. Cet univers idéal se situait à des milliers de verstes de Moscou, par-delà les terres et les mers, comme il est dit dans les vieilles légendes. Les gens qui l'habitaient parlaient le français, l'anglais, l'espagnol, l'italien, le suédois. Mais, pour les Russes, une malédiction implacable les avait privés de la raison humaine. Revenus à l'état de bête, ils ne se montraient plus soucieux que de sauver leur peau et de trouver leur pitance. L'habitude remplaçait le désir de vivre.

Au mois de juin, Tania reçut la visite d'un soldat de l'armée rouge, porteur d'un pli urgent à son nom. L'enveloppe contenait une lettre de Nicolas. Son frère venait de s'installer à Moscou, avec différents bureaux de l'État-Major : « Je doute, lui écrivait-il, que tu aies envie de me revoir, car tes opinions politiques n'ont pas dû changer. Pourtant, si ton affection pour moi était plus forte que tes répugnances idéologiques, rends-toi à l'adresse ci-dessus, et donne mon nom à la sentinelle. Je serais heureux de te serrer dans mes bras et d'apprendre par ta bouche des nouvelles de la famille. Au cas où cette démarche te paraîtrait vaine, aie l'obligeance de dire simplement au porteur de ce mot si tes enfants et toi-même êtes en bonne santé. Je n'ai pas l'adresse de Lioubov. Mon travail ici... » Sans achever la lecture de la lettre, Tania la chiffonna, la glissa dans son corsage et, se tournant vers le soldat, proféra d'une voix sèche :

— Vous direz au camarade Arapoff qu'il n'y a pas de réponse.

Ses yeux étincelaient d'une fierté mauvaise. Son beau visage de blonde s'empourprait de courroux. Un souffle bref écartait ses lèvres. Le soldat, intimidé, se retira en la saluant d'une main molle.

Une fois seule, Tania regretta que Nicolas ne se fût pas présenté lui-même devant elle, car, ainsi, elle aurait eu le plaisir de le jeter à la rue. Inconsciemment, elle le rendait responsable de toutes les épreuves qu'elle traversait depuis plus de six mois. Elle ne pouvait pas concevoir qu'il fût un bolchevik convaincu, alors que ce gouvernement de bandits régnait par la terreur sur un peuple affamé. Le soir même, à table, tandis que Serge et Boris renâclaient devant une platée de pommes de terre pourries, elle faillit pleurer et chuchota entre ses dents :

« Aucune vengeance ne sera trop dure!... »

Après le repas, la nounou raconta qu'elle avait assisté à la messe, dans l'une des églises proches du Kremlin. Un commissaire et des soldats lettons se tenaient à la porte. De chaque côté de l'iconostase, des matelots, le béret sur la tête et le fusil à la main, fumaient des cigarettes et parlaient à voix haute pendant le service religieux. Comme les fidèles s'étaient permis de protester contre cette insolence, les marins les avaient poussés hors de l'église, à coups de crosse dans les reins.

— C'est la fin, bredouillait Marfa Antipovna. Les diables ont envahi la terre. Bientôt, on fermera les temples, et Dieu s'en ira tout à fait.

Mlle Fromont, elle, plaçait tout son espoir dans les débarquements alliés.

— L'Europe viendra remettre de l'ordre chez vous, disait-elle. Sans l'Europe, la Russie retournera à l'état barbare. Je compte recevoir du lait condensé par la légation de Suisse.

Marie Ossipovna, privée de thé kalmouk, ruminait de sombres projets. Par moments, ses prunelles devenaient fixes, ses lèvres se tordaient un peu, et elle grommelait :

— Arracher la tête... piétiner..., piétiner...

— Est-ce que vous croyez vraiment que vous aurez du lait condensé, mademoiselle? demandait Serge, les yeux brillants de convoitise. Du vrai, n'est-ce pas? Très épais. Et on lèche la cuillère.

— Vous avez faim, mes chéris? murmurait Tania.

— Oh! oui, maman.

Elle se sentait coupable devant eux. Elle avait envie de leur demander pardon pour la folie des hommes.

— Tu sais, maman, disait Boris, les petits garçons bolcheviques nous ont encore appelés pour jouer dans la cour. Ils ont l'air gentils, je t'assure.

— S'il te plaît, maman, s'écriait Serge, laisse-nous avec eux. Je ne dirai pas un mot. Je ferai comme si j'étais muet. Ça existe, les enfants muets.

Lorsque tout le monde fut couché, Tania s'agenouilla devant l'icône et pria longuement pour la victoire des armées blanches et l'extermination des bolcheviks, jusqu'au dernier. Elle les englobait tous dans sa haine, les femmes, les enfants, les matelots pédérastes, les soldats débraillés, les commissaires juifs, Lénine, Trotsky, Ouritsky, et son frère surtout, Nicolas, le plus impardonnable de tous.

A quelque temps de là, vers la fin du mois d'août, une nouvelle vague de terreur déferla sur la ville. Ouritsky, président de la commission extraordinaire chargée de combattre la contre-révolution, fut assassiné à Pétrograd. Le lendemain, Lénine fut grièvement blessé, en sortant d'un meeting, à Moscou. Aussitôt, les journaux réclamèrent des mesures de répression exceptionnelles contre les bourgeois. « Nous allons organiser le massacre méthodique, écrivait la *Gazette rouge*, en faisant sortir de leur retraite tous les bourgeois et ceux qui leur sont dévoués... Il faut beaucoup de sang. » Sur la tombe d'Ouritsky, Zinovieff déclarait : « Mort à la bourgeoisie ! Voilà la devise que nous devons mettre en pratique. Cela ne veut pas dire que nous devons seulement tuer certains représentants de la bourgeoisie, c'est l'égorgement en masse de toute la classe bourgeoise que nous devons exécuter... » Lissovsky, commissaire du peuple pour la presse et la propagande, affirmait avec plus de netteté encore : « Nous ferons une terreur organisée, mais nos comités ne seront forts que par le soutien des masses. C'est pourquoi chacun de vous doit être en éveil. Si vous voyez qu'un bourgeois échappe à l'œil, pourtant vigilant, de notre organisation, attrapez-le et tuez-le de votre propre main. » Sur les murs de Moscou apparurent des affiches fraîchement imprimées :

« Pour l'assassinat du camarade Ouritsky, pour l'attentat contre le chef de la révolution mondiale, le camarade Lénine, le prolétariat répondra par un coup mortel porté à la bourgeoisie. Œil pour œil, et mille yeux pour un œil. Mille vies de bourgeois pour la vie de notre chef. Vive la terreur rouge! »

Ayant donné cet avertissement solennel aux citoyens, la Tchéka commença l'arrestation des otages. Des détachements punitifs, composés de Chinois, de Lettons, de Finnois, opéraient nuit et jour à travers la ville. Les « contre-révolutionnaires » — et cette qualification dépendait entièrement de l'arbitraire des agents tchékistes — étaient jetés dans les cachots de la Grande Loubianka et fusillés sans interrogatoire. Cependant, la ville était grande, surpeuplée, et les gens s'étaient habitués au commerce de la mort. Malgré les perquisitions et les exécutions de plus en plus nombreuses, la vie des masses continuait, monotone, obsédante et sans but.

Une semaine environ après l'attentat contre Lénine, Tania sortit de chez elle pour se rendre auprès de Lioubov, qui était tombée malade de la grippe, et manquait de provisions et de médicaments. Il y avait longtemps déjà que les bolcheviks avaient réquisitionné les deux chevaux et la calèche des Danoff. Les tramways étaient bondés de soldats en vadrouille, et il était dangereux pour une femme seule de s'aventurer parmi eux. Tania résolut donc de marcher jusqu'à la maison de sa sœur. Un ciel trouble et tiède pesait sur les toits. Le vent fiévreux balayait la poussière et les menues ordures des trottoirs. Toute la ville, sale, abandonnée, pelait comme après une maladie de peau. Des débris de chaux et de plâtre se détachaient des façades. Les enseignes des magasins s'écaillaient par endroits. Les affiches partaient en lambeaux qui palpitaient au souffle de la brise. Aux fenêtres des immeubles, des rectangles de carton remplaçaient les carreaux brisés. Des lettres manquaient aux devantures. Et les passants eux-mêmes paraissaient être de pauvres croûtes séparées d'un corps las, de misérables pellicules, des membranes grisâtres, poussées par le souffle de l'air, pêle-mêle avec les chiffons de papier, les écales de tournesol et les mégots. Auprès d'eux, Tania se sentait également fripée, fatiguée et malpropre. Le vent retroussait les pans de son manteau d'été, dérangeait ses cheveux sur ses tempes. Un goût fade et mou d'asphalte et de crottin s'appuyait sur ses lèvres. Au coin du boulevard Tverskoï, un matelot au cou rouge brique, le fusil en bandoulière, la cigarette au bec, observait la circulation des piétons. Il était là, au milieu de l'écume humaine, comme un récif. L'haleine du ciel jouait avec les rubans noirs de son béret. Ses yeux étincelaient d'une vanité solitaire. En apercevant Tania, il gonfla les narines, et dit :

— Grouille-toi la bourgeoise. Profite du moment...

Tania se demanda comment cet homme avait pu reconnaître en elle une bourgeoise authentique. Elle s'était habillée très simplement pour sortir. Rien, semblait-il, ne la distinguait des autres femmes qui passaient dans la rue. Et pourtant, il devait exister des signes particuliers, dont elle était inconsciente, une sorte de rayonnement néfaste qui la signalaient à la vindicte du prolétariat. Elle se hâta de fuir le regard sévère du matelot.

Sur les murs, des affiches familières déjà se gondolaient, crevaient horizontalement, suivant les arêtes des pierres : « Pour l'assassinat du camarade Ouritsky, pour l'attentat contre le chef de la révolution mondiale, le camarade Lénine... Vive la terreur rouge! » Un vieillard en tenue d'officier lisait la proclamation. Sur les épaules de sa capote grise, pendillaient de petits fils, provenant des épaulettes arrachées. Ses moustaches, d'un blanc pisseux, tremblaient, comme prêtes à prendre leur vol. Il tenait à la main un filet à provisions d'où émergeaient un fragment de pain noir et des feuilles de salade boueuses. Non loin de là, un étudiant vendait des journaux et des cigarettes, étalés sur la table pliante. N'était-ce pas le jeune garde blanc qui s'était présenté chez elle, au mois d'octobre dernier, pour réquisitionner la voiture ? Mais non, elle se trompait, elle était folle. Une rougeur subite envahit ses joues. L'uniforme du garçon était usé, déchiré à hauteur des hanches. Deux prisonniers allemands s'approchèrent de lui pour acheter des gazettes, et il les servit avec empressement. Il y avait beaucoup de prisonniers allemands qui se promenaient à travers la ville et apostrophaient les passants. Devant l'ancienne préfecture de police, pavoisée de drapeaux rouges, stationnaient des convois d'automobiles réquisitionnées, où se prélassaient des soldats et des femmes en cheveux. A l'angle du bâtiment, un vieux sous-officier de la guerre de Turquie, vêtu d'un cafetan rapiécé, la face labourée de cicatrices, l'œil caché par un bandeau noir, tournait inlassablement la manivelle d'un orgue de Barbarie. Les tuyaux de cuivre lançaient par poignées des notes haletantes et aiguës, qui augmentaient l'angoisse de Tania. Sur le couvercle de l'instrument, était posée une casquette galonnée de rouge, avec un trou à la place de la cocarde. Dans la coiffe sale, s'accumulaient des pièces de cinquante kopecks, des timbres militaires, des « roubles Kérensky » verts et fripés. Une pancarte pendait au cou du musicien : « Musique populaire et nettoyage des souliers. » Un client s'étant avancé vers lui, l'homme lâcha la manivelle et ouvrit une boîte de cirage en criant :

— En une seconde! En une seconde, le ciel se reflétera dans tes chaussures, camarade! Crois-en un héros titulaire de la croix de Saint-André, que la peste l'étouffe, et père d'une nombreuse famille...

Autour de lui, des mendiants loqueteux et hâves tendaient leurs mains gantées de crasse, leurs gueules dévorées de douleur et d'humilité. Au bout de la rangée, une petite fille de cinq à six ans, aux joues boursouflées de pustules rosâtres, psalmodiait d'une voix monotone, en serrant une poupée contre son ventre :

— Charité, charité, s'il vous plaît!

— Où est ta mère? demanda Tania en lui tendant quelques kopecks.

— Au bout de la rue. Elle mendie aussi.

— Et ton père?

— Papa? Des matelots l'ont tué.

Du côté de la place des Théâtres, venaient les accents d'un orchestre de cuivres. Un détachement de femmes, habillées en soldats, remontaient vers la porte Tverskaïa. Elles bombaient le buste en marchant, et chantaient *L'Internationale*. Cet effort martial déchirait leurs figures lisses et jaunes. Un chien maigre courait derrière elles en jappant. Des camions passèrent en sens inverse, chargés de matelots, dont des bandes de cartouches luisantes ceignaient les poitrines et les reins. Ils encadraient quelques civils étroits, aux faces condamnées, d'une pâleur de nacre. Ils hurlaient : « Vive la terreur rouge! Vive Lénine! »

Effrayés par ce cri, des pigeons traversèrent le ciel, en secouant leurs ailes sombres.

Au croisement de la Tverskaïa et de la Kamerghers-kaïa, un attroupement silencieux encombrait la chaussée. Un vieux cheval roux s'était affalé en travers du chemin. On l'avait dételé. Les jambes de devant repliées comme pour un salut, les jambes postérieures raidies, la bête agonisait lentement. Ses gros yeux ternes, bordés de cils blancs, considéraient la foule avec reproche. Son poil, ébouriffé et mouillé de sueur, vibrait par saccades. Une respiration rauque soulevait et abaissait ses flancs cerclés de côtes dures. Les badauds, serrés coude à coude, suivaient les étapes de cette mort, comme si elle eût prophétisé un cataclysme universel. Et, vraiment, il semblait à Tania que cette rosse exténuée personnifiait la Russie en train de rendre le dernier soupir. Elle se sentit associée à cette fin sans gloire. Le cocher piétinait autour de son cheval, tirait sur les brides, se lamentait, jurait :

— Tu ne vas pas crever comme ça, carne, salope! Qu'est-ce que je vais devenir, moi? Si j'avais su, je l'aurais vendue à la boucherie! Hep! Hep! Lève-toi!

Des larmes avares de moujik brillaient dans ses prunelles. Tania s'écarta du rassemblement et continua son chemin, tête basse. Elle n'avait pas l'habitude de marcher. Des élancements douloureux montaient en flèche vers ses genoux. Ses chaussures lui faisaient mal. Elle avait l'impression que toute la poussière de la ville se collait dans les plis de son corps. Devant la maison de Lioubov, elle s'immobilisa soudain, comme extraite d'un songe. Elle avait oublié le but de sa promenade. Un peu de honte lui vint à la pensée de sa distraction, et elle s'engouffra sous la porte cochère, d'où émanait une fraîcheur de cave.

Contrairement aux prévisions de Tania, Lioubov n'était pas couchée, mais prenait le thé, toute seule, devant une petite table sculptée, de style « vieux slave ».

— Je te croyais malade, dit Tania en s'asseyant en face d'elle.

— Je l'étais ce matin encore, dit Lioubov, mais je ne le suis plus. Et sais-tu ce qui m'a guérie? Une bonne nouvelle. Une nouvelle inespérée. Devine!...

Elle s'arrêta de parler, les sourcils levés, la bouche entrouverte, altérée, le regard étrangement bête. Ses cheveux sombres et luisants croulaient sur sa nuque blanche. Un petit souffle cupide distendait ses narines...

— Tu ne devines pas? dit-elle sur un ton de triomphe modeste.

— Non.

— Prychkine a obtenu l'autorisation de rouvrir le caveau de *La Sauterelle*.

Tania tressaillit, dévisagea sa sœur avec inquiétude, et demanda :

— Vous n'allez tout de même pas vous remettre à jouer maintenant?...

— Pourquoi pas ?

— Mais les bolcheviks ont déclenché une campagne de terreur...

— Il faut bien vivre, soupira Lioubov.

— Et devant qui jouerez-vous ? s'écria Tania. Devant ceux-là mêmes qui jurent d'exterminer les derniers bourgeois !

— Je n'ai jamais été une bourgeoise, dit Lioubov.

— Comment oses-tu dire cela, Lioubov. Souviens-toi... Réfléchis... Pense à tes parents, à tes amis, à ton milieu... Que tu le veuilles ou non, tu es des nôtres. Tu n'as pas le droit de t'abaisser à distraire nos ennemis. Pendant que tu grimaceras sur les planches, on massacrera des officiers, des notables dans les caves de la Tchéka. Ceux qui viendront t'applaudir auront les mains rouges de sang. Tu construiras ton succès sur nos ruines...

— Que de grands mots ! dit Lioubov en riant.

Et dans chacun de ses yeux dansait une étincelle d'or.

— Si tu as la moindre trace de sens moral, la moindre parcelle d'honneur, tu ne peux pas accepter, reprit Tania d'une voix haletante.

La bouche de Lioubov s'épaissit, devint charnue et boudeuse :

— Tu m'embêtes. Tout ce que tu racontes ne servira à rien. Prychkine a déjà fait les démarches nécessaires. Et puis, j'ai envie de jouer. Je suis une actrice. Mon avenir est sur la scène. Je vis pour le public, quel qu'il soit.

— Toi qui étais si fière à la pensée de te produire devant le tsar !

— Justement. Il n'y a plus de tsar. Alors, il faut que je cherche ailleurs.

— Tais-toi, tu me dégoûtes.

Lioubov haussa les épaules et se versa une nouvelle tasse de thé. Tania huma l'odeur du petit logis tapissé de papier à fleurs, orné de mousselines et de photographies. Le parfum poivré de Lioubov alourdissait l'air de la chambre. Aux murs pendaient de nombreux portraits de Prychkine dans ses derniers rôles.

— Un rôle de plus, dit Tania tristement.

— Est-ce que tu viendras me voir, à *La Sauterelle ?* demanda Lioubov.

— Sûrement pas.

A ces mots, Lioubov, vexée, changea de place et prit le parti de s'étendre à demi sur un canapé. La joue appuyée au tissu d'un coussin, l'œil rêveur, elle chuchota :

— Tu as tort de t'occuper de politique. Il faut vivre avec son temps, s'adapter aux modes et aux gouvernements qui passent... Tu es... tu es intransigeante comme un homme...

La porte d'entrée claqua, et Prychkine parut sur le seuil. Le visage de Lioubov se tourna vers lui comme une corolle.

— Ah! dit Prychkine, Tania Constantinovna! Je ne m'attendais pas à vous trouver au chevet de notre malade!

Il semblait contrarié par la présence de Tania, et un sourire faux dilatait ses lèvres rasées.

— Je crois que vous l'avez facilement guérie, dit Tania.

— Vous savez la nouvelle? dit Prychkine avec soulagement. Oui, oui, c'est très important pour nous... Notre gagne-pain, n'est-ce pas?... Bien sûr, ce n'est pas sans répugnance que...

Il s'interrompit pour allumer une cigarette.

— Thadée Kitine est-il d'accord? demanda Tania.

— Pas exactement. C'est moi qui ai pris l'initiative de l'opération. Je serai donc le directeur intérimaire de la troupe. Quant au programme...

Lioubov s'étira et tendit vers son mari deux mains transparentes, agitées de frissons :

— Chéri! Chéri! Réponds-moi. As-tu vu Malinoff?

— Je viens de chez lui.

— Alors ?

La figure de Prychkine se dessécha dans une expression perplexe. Visiblement, il était fâché de parler du spectacle devant Tania. Il devinait l'hostilité de la jeune femme à son égard, et ne savait pas se composer une attitude convenable. Fronçant les sourcils, il grommela :

— Eh bien... Malinoff hésite... il ne veut pas se compromettre... Bref, il préfère ne rien nous donner pour l'instant. Mais je ferai intervenir Gorki, et ses derniers scrupules s'évanouiront comme la neige au soleil. Après tout, il faut bien qu'il mange, lui aussi...

Tania éprouvait une immense brisure à travers tout son corps. Le conformisme de sa sœur et de son beau-frère lui procurait une sensation de dégoût et de solitude. Elle toisa du regard cet homme et cette femme occupés de leur bonheur. Secourus, nourris, étayés par un même espoir, ils se ressemblaient, ils étaient horribles.

— Je vous souhaite beaucoup de succès auprès de votre nouveau public, dit Tania.

Et elle se leva de sa chaise. Prychkine l'accompagna dans le vestibule. Son visage était déformé par une petite convulsion honteuse. Un parfum d'iris venait de ses cheveux roux. Sur le seuil, il murmura :

— Ne nous jugez pas...

Tania lui tourna le dos sans répondre.

Il faisait déjà sombre lorsqu'elle s'engagea dans la rue Skatertny. A mesure qu'elle approchait de la maison, son appréhension devenait plus forte. Chaque fois qu'elle se rendait en ville, elle craignait d'apprendre une mauvaise nouvelle à son retour. N'était-il rien arrivé de fâcheux aux enfants ? N'avait-on pas perquisitionné pendant son absence ?

Ce soir encore, ses frayeurs se révélèrent abusives. Boris et Serge venaient de se coucher. Elle les bénit, l'un après l'autre, et borda leurs couvertures. Puis, elle dîna seule et se retira dans sa chambre où bourdonnait une grosse mouche bleue. Pendant longtemps, cette mouche l'empêcha de dormir. Il devait être très tard lorsqu'elle s'assoupit, encombrée de songes néfastes. Elle croyait être le vieux cheval affalé en travers de la rue, sous les coups de fouet et les cris. Et son dernier regard était pour une affiche en lambeaux : « Vive la terreur rouge!... »

Au milieu de la nuit, un coup de sonnette l'éveilla en sursaut. Dans la grande demeure creuse, le timbre résonnait d'une manière interminable, menaçante. Derrière ce signal, Tania imaginait des hommes armés, les ténèbres, la mort. Glacée de terreur, la face bouffie et moite, le cœur perdu, elle sauta hors de son lit, enfila un peignoir et se dirigea en courant vers l'antichambre. Chemin faisant, elle se disait qu'elle avait eu tort de se déranger, et qu'il eût été plus sage d'attendre. Peut-être s'agissait-il d'une erreur ? Peut-être n'était-ce pas elle que cherchaient les visiteurs nocturnes ? Il y avait d'autres locataires dans la maison. Cependant, une force irrésistible l'attirait dans le vestibule. Elle sortit de l'appartement, descendit les trois marches de l'entrée et s'immobilisa devant le battant aveugle. La sonnette s'était tue. Un silence lugubre émanait du vantail de bois plein. Rassemblant son courage, Tania demanda faiblement :

— Qui est là ?

Et, tout à coup, sans attendre la réponse, comme mue par un instinct plus fort que la raison, elle tira la chaînette et ouvrit la porte. Devant elle, dans l'ombre bleutée et brumeuse un homme se tenait debout. Il avait un visage buriné, tari, hérissé de barbe. Sous le front osseux, ses prunelles luisaient, rondes et fixes comme celles d'un oiseau empaillé. Le vent jouait avec les loques de son uniforme. Il leva une main. Ses lèvres tremblèrent. Tania poussa un cri :

— Michel!

Et le sol glissa sous ses pieds. Lorsqu'elle reprit connaissance, sa tête reposait sur la poitrine de Michel. L'haleine de Michel lui caressait la figure. Ils se trouvaient encore dans le vestibule, serrés l'un contre l'autre, maladroits, titubants, épuisés d'allégresse. Tania ne se lassait pas de tâter le corps de Michel à travers ce tissu sale qui sentait la route et la misère. Elle avait peur de s'éloigner de lui, comme si, rompant le contact, elle eût risqué de perdre la preuve de sa joie. Immobile, engourdie par son plaisir, effrayée par sa chance, elle avait oublié la révolution, la maison, les enfants, la porte ouverte sur la rue. Subitement, elle se rappela qu'elle était coupable. Une horrible commotion disloqua son cœur. Elle avait accueilli Michel comme une femme qui n'aurait rien eu à se reprocher. Et voici que le souvenir de sa faute tombait entre eux, comme un rideau. N'avait-elle plus le droit d'être heureuse? Quelque chose de tumultueux montait dans sa poitrine. Toutes ses entrailles battaient. La honte, la tristesse, le découragement s'emparaient de son âme. A bout de forces, elle murmura :

— Je te demande pardon, Michel.

Une ligne noire entourait la face décharnée de son mari. Les yeux de Michel reculaient, devenaient graves, purs, inhumains. Enfin, il dit d'une voix enrouée :

— Ne parlons plus du passé, Tania.

Elle crut l'avoir mal compris. Un élan de bonheur frénétique déchira son angoisse. Elle porta les poings à son ventre comme pour étouffer une brûlure. Tout dansait devant son regard.

— Conduis moi, dit Michel. Quelle est cette porte dans le vestibule ?

— C'est la porte de notre appartement, dit Tania. On a réquisitionné les étages supérieurs. Nous habitons tous au rez-de-chaussée.

Elle parlait avec hâte, très librement, comme dans un rêve. Elle voulait tout lui raconter à la fois. Michel souriait d'un air las et tranquille. Ses dents brillaient dans sa barbe. La peau de son cou était fripée. Un brassard brun foncé était cousu à la manche de son uniforme.

— Comment vont les enfants? demanda-t-il encore.

— Très bien. Veux-tu les voir?

— Lorsque je me serai rasé. Je leur ferais peur si je me présentais ainsi devant eux. Et ma mère?

— Elle t'attend avec impatience. Tu t'es évadé?

— Non. Ils nous ont libérés par petits groupes après la signature de la paix. Mon tour est venu.

Ils marchaient côte à côte dans le couloir. Devant la porte de Serge, Tania dit :

— Les enfants dorment ici.

— Ne les réveille pas encore, dit Michel.

Il hésita un moment et ajouta d'un ton sourd :

— Que devient l'affaire?

— Tous les stocks ont été réquisitionnés par les bolcheviks ; Fédor Karpovitch est maintenu comme gérant, et...

Michel secoua la tête, de gauche à droite, comme pour nier l'évidence.

— Plus tard, dit-il. Nous parlerons de tout cela plus tard.

— Tu es fatigué

— Un peu.

— Tu as faim?

Il ne répondit pas et baissa les paupières.

— Mon Dieu, s'écria Tania en le poussant dans sa chambre, et moi qui bavarde! Assieds-toi. Je vais te préparer à manger, à boire. Il me reste un peu de champagne. Aimes-tu encore le champagne?

Elle riait, et des larmes sautaient dans ses yeux ivres. Les murs, les meubles, tous les objets devenaient diaphanes. Michel toussa dans son poing. Tania écouta, comme un prodige, le son de cette toux virile. Une voix d'homme, une odeur d'homme étaient entrées dans sa chambre. Fondue de tendresse, elle prenait possession de sa récompense. Elle n'avait plus peur de personne. Son goût de vivre était plus fort que jamais. Une chaleur âcre monta vers ses lèvres. Elle soupira :

— Michel... Accepterais-tu de... de m'embrasser ?...

Il tourna vers elle un regard loyal, plein de confiance et de sévérité. Et, soudain, deux bras étreignirent Tania avec une vigueur hostile. La bouche de Michel, rude, gercée, écrasa sa bouche. Ils se cramponnaient l'un à l'autre, comme s'ils venaient d'échapper à un accident. Dans un brouillard de cheveux et de pleurs, elle entendait tomber des paroles inespérées :

— Tania, Tania, ma chérie...

Un spasme la surprit, lui coupa le souffle. Puis, son corps se détendit. On frappait à la porte.

— J'ai entendu sonner, dit la voix de Marfa Antipovna. Je me suis levée. Ce n'était rien de grave, au moins ?

— Non, rien de grave, nounou, répondit Tania. Mais vous devriez bien réveiller les enfants.

— Pourquoi ?

— Leur père est revenu.

Un cri pointu retentit derrière le battant :

— Anges célestes ! Martyrs innombrables ! Dieu soit loué !

Michel et Tania se regardaient en riant d'une façon timide.

— Réveillez ma mère aussi, réveillez tout le monde, dit Michel.

Il claqua des doigts et conclut gaiement :

— Tant pis pour la barbe. Ils m'accepteront bien tel que je suis !

Tania saisit la main de son mari et appuya ses lèvres, violemment, sur la chair grise, craquelée et odorante de la paume.

Le lendemain, Michel ne se leva qu'à midi. Il achevait de s'habiller lorsqu'on sonna à la porte. Comme il sortait dans le corridor, il vit un groupe de trois inconnus qui parlementaient avec Tania. L'un portait un paletot marron à carreaux, des lorgnons et une casquette. Les deux autres étaient engoncés dans des vestes en cuir noir. Des étuis-revolver massifs pendaient à leur ceinture. Derrière eux, se tenaient le chauffeur Georges et le cuisinier Athanase.

— C'est bien lui, chuchota Athanase en désignant Michel d'un mouvement de tête.

Il avait un mauvais visage, bouffi et pâle. Georges baissait les yeux, n'osait pas regarder son patron.

— Ce n'est pas possible! s'écria Tania. Vous n'avez pas le droit! Il revient de captivité!

L'homme au pardessus marron tira un papier de sa poche et demanda d'une voix polie :

— Vous êtes bien Michel Alexandrovitch Danoff?

— Oui, dit Michel.

— Voici le mandat de la Tchéka. Vous êtes arrêté comme otage.

XIII

— Le camarade Arapoff est en conférence, dit le planton. Il vous prie d'attendre.

Tania s'assit sur une banquette adossée au mur du couloir. Le froid de la moleskine pénétra ses cuisses, à travers le tissu de la jupe. Le mur nu, devant elle, palpitait comme un rideau agité par le souffle du vent. Elle serra ses pieds l'un contre l'autre, et les os de ses chevilles se touchèrent. Il lui avait fallu surmonter beaucoup de répugnance avant de consentir à une démarche aussi humiliante. Mais Nicolas pouvait intercéder en faveur de Michel, et elle n'avait pas le droit de négliger cette chance de salut. Quelle que fût son hostilité à l'égard des bolcheviks, il importait de tenter l'impossible pour tirer Michel de prison. En vérité, une inspiration divine l'avait poussée à conserver cette lettre de son frère, qui portait l'adresse du bureau. Elle ne doutait pas que Nicolas, en dépit de ses convictions politiques, serait indigné en apprenant l'arrestation de Michel et interviendrait aussitôt pour obtenir sa libération. Les journaux de Moscou publiaient déjà les premières listes d'otages, qui comprenaient surtout de gros négociants, des bourgeois, des fabricants, des industriels, des professeurs, des écrivains des banquiers, des fonctionnaires.

— Le temps est à la pluie, dit le planton.

Tania ne répondit pas et baissa la tête. Malgré toute son émotion et toute sa faiblesse, elle ne donnerait pas à Nicolas le plaisir de la plaindre. Elle se dresserait devant lui, non comme une mendiante, mais comme une créancière. Elle ne lui ferait pas grâce de son mépris.

Le planton lavait les encriers dans une cuvette posée sur un tabouret, devant l'embrasure de la fenêtre. Des gouttes d'eau giclaient sur le linoléum. Le chiffon humide grinçait en frottant les verres. Ce bruit aigu irrita Tania. Par moments, elle avait l'impression que le remue-ménage qui se faisait dans le monde dépassait son intelligence et sa résistance nerveuse. Elle découvrait soudain l'impuissance de son esprit devant tant d'instincts déchaînés. Un encrier glissa des mains du planton et se cassa avec un tintement limpide.

— Allons, bon! dit l'homme. Quel malheur!

Il paraissait sincèrement navré. C'était un malheur, vraiment. Et l'arrestation de Michel en était un autre. Une sonnette grelotta chichement. Des pas retentirent au bout du corridor.

— Ah! le voici, dit le planton.

Tania se leva d'un bond et regarda venir, dans la pénombre du couloir, la silhouette rapide de son frère. Il lui sembla plus mince et plus grand que d'habitude. Son front s'était dégarni, durci. Des cernes bruns entouraient ses yeux. De part et d'autre de sa bouche, pendaient deux rides minces et longues qui se rejoignaient sous le menton.

— Excuse-moi de t'avoir fait attendre, dit-il en souriant d'une façon joviale. Mais je ne suis pas maître de mon temps!

Et il poussa une porte matelassée de cuir. A sa suite, Tania pénétra dans un petit bureau très clair, décoré de cartes. La table d'acajou était encombrée de dossiers aux couvertures brodées d'une écriture ronde. Sur le mur du fond, s'étalait un portrait de Lénine rehaussé de couleurs. Par la fenêtre entrebâillée et voilée de tulle jaunâtre, montait le bourdonnement monotone de la cité. L'air sentait le cigare éteint et les bottes.

— Eh bien, dit Nicolas en désignant un siège à sa sœur, tu as mis du temps à te décider!

Lui-même se tenait debout près de la croisée et allumait une cigarette à cartouche de carton.

— J'aurais préféré ne pas te revoir, dit Tania en faisant un effort sur elle-même pour dominer le frisson qui secouait ses membres.

— Tu n'es guère aimable, murmura Nicolas tristement. Nos divergences politiques ne doivent pas nous empêcher de nous fréquenter, de nous aimer. J'espère que tes enfants vont bien...

— Ce n'est pas pour te parler d'eux que je suis venue.

— Et de qui?

— De Michel.

— As-tu des nouvelles de lui?

Tania dressa le menton et proféra d'une voix mate :

— Il est rentré hier soir de captivité, et, ce matin, des agents de la Tchéka l'ont arrêté comme otage.

Le visage de Nicolas se comprima dans une expression soucieuse. Un feu pointu brilla dans ses prunelles. Il grommela :

— Je comprends le but de ta visite. Dans quelle prison se trouve-t-il?

— Je ne le sais pas.

— On pourrait se renseigner...

Un brusque espoir souleva le cœur de Tania. Le sang frappait de grands coups qui retentissaient dans sa tête.

— Il faut que tu m'aides, Nicolas, s'écria-t-elle en se penchant vers lui. Toi seul peux nous sauver. Cette arrestation est injuste. Michel n'a rien fait de mal!

Nicolas jeta sa cigarette par la fenêtre entrebâillée.

Ses joues s'allongèrent. Un petit muscle trembla au coin de ses lèvres.

— S'il n'a rien fait de mal, on le relâchera, dit-il.

— Tu sais bien que non! Tes amis ne s'embarrassent pas de justice. Ils raflent n'importe qui par mesure d'intimidation. Ils espèrent que la menace qu'ils font peser sur des milliers d'innocents garantira les chefs bolcheviques contre de nouveaux attentats et de nouvelles émeutes...

— En période révolutionnaire, tous les moyens sont bons pour conserver le pouvoir, dit Nicolas. Nous entrons dans une phase juridique et sociale inaccoutumée. Il serait absurde de nous condamner selon les vieilles règles du droit.

— Laisse le droit tranquille! gémit Tania. Il ne s'agit pas d'une querelle idéologique, mais d'un homme dont la vie est en danger, d'un homme que tu aimes, que tu respectes, de mon mari, de ton beau-frère, de Michel...

Elle se tut, comme étonnée et honteuse de sa propre éloquence. Nicolas regardait le parquet boueux avec son air de souffrance, d'indécision. Une buée bleu noir ombrait le creux de ses joues et le dessus de ses lèvres. Ses sourcils se nouèrent, se dénouèrent. Il glissa une main tremblante dans son ceinturon.

— Tu voudrais que je le fasse remettre en liberté? demanda-t-il enfin.

— Je ne devrais même pas avoir besoin de te le demander!

Des mouvements imperceptibles décomposaient les traits de Nicolas. Visiblement, une lutte se livrait dans son esprit entre deux sentiments contraires. Déconcerté, mécontent, il cherchait une excuse. Les paupières basses, il marmonna :

— L'opération n'est pas facile. Je suis employé à l'État-Major, et non à la Tchéka. Ce sont des services tout à fait différents...

— Oh! je m'en doute bien, dit Tania. Mais tu as

sûrement des relations que tu pourrais utiliser sans te compromettre. Ton poste officiel te met à l'abri des soupçons. On t'écoutera. On suivra tes instructions...

— Tu as une singulière idée de l'administration bolchevique. Au nom de quoi solliciterais-je une pareille faveur ?

Tania haussa les épaules :

— Mais je ne sais pas, moi !... Au nom de tout et de rien !... Au nom de ta parenté avec Michel, au nom de son innocence !...

Brusquement, Nicolas dévoila ses yeux, et tout son visage brilla, sec et net, habité par une pensée précise. Il paraissait avoir triomphé de son hésitation comme d'un malaise physique.

— Tu m'as affirmé toi-même, dit-il, que le fait d'être innocent ne suffisait pas à assurer la sécurité des otages. Quant à ma parenté avec Michel, il me déplaît d'en tirer argument devant l'administration bolchevique. Parlons franc : c'est un passe-droit que tu cherches à obtenir de moi ?

Ces paroles, prononcées sur un ton ironique, décontenancèrent Tania. Frappée d'une inquiétude subite, elle balbutia :

— Mais non..., enfin, je ne pense pas..., non...

— Pourquoi Michel bénéficierait-il d'un traitement spécial, reprit Nicolas, alors que tant de ses semblables, privés d'appuis, demeureront en prison jusqu'au règlement de leur sort ? Parce qu'il a un beau-frère membre du parti ? Mais, si je suis membre du parti, c'est que je crois en la nécessité de la révolution bolchevique. Et si je crois en la nécessité de la révolution bolchevique, je dois renoncer aux intérêts personnels pour ne songer qu'aux intérêts de la cause.

— En quoi la libération de Michel porterait-elle préjudice à la cause ?

— Tu raisonnes comme une femme. Le régime tsariste a été pourri par l'usage abusif des recommandations, des exemptions, des privilèges, des protections de toutes sortes. Nous ne commettrons pas les mêmes erreurs.

Le sang colorait ses pommettes. De petits os durs jouaient sous la peau de ses joues. Il toussa dans son poing, et poursuivit d'une voix altérée :

— Écoute-moi bien, Tania : la meilleure façon de servir l'humanité, c'est d'être inhumain. Il ne faut pas que la main du chirurgien tremble devant le corps qu'il espère sauver de la gangrène. S'il songe au passé de ce corps, à son nom, à son âge, aux liens de famille, aux souvenirs d'enfance, il ratera l'opération. Nous voulons oublier les individus pour ne penser qu'au total. Ce n'est pas le sang de Danoff ou de Pétroff qui coule. C'est un sang propre, anonyme, un sang russe, notre sang à tous. Nous avions trop de sang...

Un poids horrible oppressait Tania. Nicolas et elle ne parlaient pas la même langue. Elle était devant lui comme une femme qui crie au bord de la mer. Rien de ce qu'elle disait ne pouvait l'atteindre. A bout d'arguments, elle demanda :

— Tu approuves donc le système des otages ?

— Oui, s'il donne le résultat que nous souhaitons.

— Et s'il ne sert à rien, si les attentats continuent ?...

— Il faudra trouver autre chose. La réussite est l'excuse naturelle de toutes les entreprises humaines. L'échec seul justifie la condamnation morale d'un procédé. Mais il n'y aura pas d'échec.

Il existait sûrement un moyen de toucher ce cœur clos, de briser cette raison hostile. Mais Tania était trop émue pour mener la bataille avec lucidité. La pensée de Michel emprisonné, menacé de mort, absorbait son esprit comme un vertige. Elle avait conscience d'une déperdition inouïe de ses forces, d'une dissipation écœurante de sa vie. Ses yeux se brouillaient de larmes. Sa langue se desséchait. Elle gronda :

— Je te regarde, et je vois un étranger ! Tu as changé, ta figure a changé ! Nicolas, reprends-toi, reviens !

C'est ta sœur qui te parle! C'est Michel qu'on a jeté en prison! Tu ne peux pas refuser de nous secourir!

— Non seulement je le peux, mais je le dois, Tania.

— Pourquoi donc m'as-tu écrit, dès ton arrivée à Moscou? Tu demandais des nouvelles de la famille. Tu t'intéressais à notre sort. Et maintenant...

— Maintenant aussi, je m'intéresse à votre sort. Mais, quelle que soit mon affection pour Michel, je n'agirai pas contre ma conscience...

— Tu espères m'humilier? Tu veux que je te supplie? Je le ferai...

Elle se découvrit si lâche soudain que son abaissement ne pouvait plus avoir d'importance. Une envie subite lui vint de se jeter aux pieds de Nicolas. Elle lui saisit les mains. Le portrait de Lénine souriait d'une manière étrange, orientale, dans son cadre. Nicolas dégagea ses doigts de cette étreinte fiévreuse.

— Ne pleure pas, dit-il, c'est inutile. Et ne crois pas que je sois insensible à ton chagrin. Mais cette émotion même que j'éprouve me paraît suspecte et me fortifie dans ma résolution d'être dur. Essaie de comprendre qu'on ne bouleverse pas un monde en prêtant l'oreille aux gémissements des épouses et des mères de famille. Essaie de comprendre que, pour mener à bien la tâche énorme que nous avons entreprise, il faut que nous coupions net les tendres liens qui nous attachent au passé. Essaie de comprendre que je ne suis plus Nicolas, ton frère, ton ami, mais l'artisan d'une civilisation future. La dictature du prolétariat est une réalité vivante. Elle doit vaincre en écrasant toutes les philosophies adverses et tous les éléments hostiles de la société. Seuls les traîtres ou les imbéciles peuvent réclamer la bienveillance pour les ennemis de la cause...

Il parla longtemps encore, avec fougue, avec intolérance. Dégrisée, Tania s'écartait de son frère, prenait du recul, acceptait les conseils de la haine. Dans la confusion totale de ses pensées, elle devinait que le point critique était dépassé et que sa chute allait s'accélérer d'elle-même.

— Ainsi... tu... tu ne feras rien pour sauver Michel? demanda-t-elle.

— Rien.

— Et s'il devait être fusillé, tu ne te sentirais pas coupable de sa mort?

— Nul n'est coupable d'une mort politique. Ce ne sont pas des hommes qui tuent d'autres hommes. Mais l'Histoire en marche qui entraîne un lot de victimes nécessaires.

— Si je t'adjurais au nom de mes parents...

Les prunelles de Nicolas trébuchèrent. Une tristesse vague, un misérable regret glissèrent dans son regard. Les contours de son visage parurent mollir un peu. Il remua les lèvres faiblement :

— Ne me torture plus, Tania. Laisse-moi!

A ces mots, un éclair de fureur illumina la jeune femme. Dressée d'un bond, aveuglée, déchirée, elle hurla :

— Tu veux que je m'en aille? Tu as peur que je ne trouble ton repos? Tu n'es donc pas aussi fort que tu l'imagines? Tu doutes de l'excellence de ta position?

— Je tiens simplement à nous épargner, à l'un et à l'autre, une scène aussi pénible qu'inutile. Un homme incorruptible est toujours un objet de scandale pour ses contemporains.

Un tremblement convulsif agitait tous les muscles de Tania. Le masque pâle et maigre de son frère sautillait et se déformait bizarrement devant elle. Elle le blessait à la face, d'un regard aigu. Elle le clouait à la pointe de sa colère. Et la carte de la Russie, placardée au mur, l'approuvait, et la ville grondante, et l'humanité entière, avec les hommes besogneux, les femmes fécondes, les ventrées de mioches débiles. Elle était une justicière. Elle portait la lumière de Dieu. D'une voix lente, sourde, contenue, elle murmura :

— Oh ! Nicolas, tu t'es mis du côté de l'illégalité, du mensonge, de la délation et du crime. Tu as renié ce qui était humain en toi pour devenir le valet des bourreaux. Je te méprise, je te hais. Je vois du sang sous tes ongles. Tant que je vivrai, je souhaiterai ta mort...

— Je ne tiens pas tellement à la vie, dit Nicolas en souriant dans le vide.

— Ne juge pas les autres d'après toi-même. Michel tient à la vie. Et moi, je tiens à la vie. Et tous ceux que vous torturez, que vous tuez, tiennent à la vie.

— Tant pis pour eux.

Subitement, Tania s'approcha de son frère et lui cracha au visage. Nicolas blêmit et serra les mâchoires. Puis, il tira un mouchoir de sa poche, essuya la salive qui marquait sa joue. Le geste de Tania, loin de l'humilier, semblait l'affermir dans sa décision. Un enthousiasme mystique éclatait dans ses yeux. Tout son corps, tendu, frémissant, participait à une apothéose prophétique. On eût dit que ses pieds ne touchaient plus le sol. Il prononça gravement :

— Que tu le veuilles ou non, de toutes ces injustices, de toutes ces cruautés, de toutes ces erreurs, émergera une Russie grande et forte. Une Russie qui étonnera le monde. Une Russie dont tu seras fière, Tania.

Tania sortit de la pièce et repoussa la porte, qui se ferma avec un bruit sourd. Dans le couloir, le planton, assis devant sa table, collait des enveloppes.

XIV

— Debout! cria le commandant.

Derrière lui, par la porte restée ouverte, on apercevait le couloir bondé de soldats. Leurs fusils luisaient dans la fumée bleuâtre des cigarettes. Leurs faces se superposaient drôlement, comme des pommes à un étalage. Michel se dressa à demi sur la paillasse bourrée de paille craquante. Ses yeux englués clignèrent dans la clarté mesquine et froide du petit jour. Autour de lui, dans la pièce très vaste, aux murs blancs, aux fenêtres limpides, s'agitait une épaisseur de corps étendus côte à côte. Comme la Tchéka manquait de locaux pénitentiaires, les bolcheviks avaient entassé le surplus des otages dans ce vieil hôtel désaffecté. Toutes les chambres étaient transformées en cachots. Près de deux cents personnes se trouvaient assemblées avec Michel dans l'ancien salon de réception débarrassé de ses meubles. Chaque matin, à la même heure, le commandant se présentait avec une nouvelle liste de dix ou douze condamnés, que les soldats emmenaient et fusillaient séance tenante dans la cave.

Il y avait quatre jours que Michel attendait le règlement de son sort. « Peut-être est-ce pour maintenant? », se dit-il en quittant sa place. Il se sentait calme et lucide, nullement révolté. Au-delà d'un certain degré d'absurdité et d'abjection, les actes de ses contemporains ne l'indignaient plus, mais devenaient intéressants et nécessaires. Il lui paraissait aussi ridicule de s'insurger contre eux que de protester, au nom de la morale ou de la justice, contre les désordres causés par un ouragan. Il subissait donc cette menace, comme on subit une tornade, en regrettant, certes, de n'avoir pu lui échapper, mais sans songer à lui opposer des arguments logiques. Dans toute cette affaire, il lui semblait que les bourreaux étaient aussi irresponsables que les victimes. Une fatalité inqualifiable entraînait les uns et les autres, comme les molécules d'un mélange. Aveugles et innocents, ils se heurtaient, se tuaient, mouraient, sans haine, pour obéir aux lois de la nature. A certains endroits de la planète, il valait mieux être rouge que blanc, et, à d'autres, il valait mieux être blanc que rouge, voilà tout.

— Alignez-vous, charognes! hurla le commandant en montant sur une chaise au siège de soie rose, la seule qui fût restée dans la pièce après le déménagement de l'hôtel.

Dans une bousculade piteuse, les otages roulèrent vers le mur du fond et s'établirent en bourrelet le long des fenêtres. Ces hommes, âgés ou jeunes, mal rasés, hâves, tremblants, étaient tous des gens fortunés, titrés, jadis encore respectables. Michel connaissait nombre d'entre eux pour les avoir rencontrés dans les ministères ou dans les salons de Moscou. Maintenant, dévêtus de leurs insignes et de leur autorité, ils se serraient les uns contre les autres, cherchaient à se cacher derrière le dos d'un camarade, se faisaient tout petits, tout gris, pour échapper au regard du chasseur. Au côté de Michel, se tenait un conseiller privé, nommé Mouraveïkine, au vieux visage blafard, lubrifié de sueur, à la barbe blanche en forme de lyre. Une odeur aigre émanait de ses pantalons chiffonnés.

— Je suis sûr que c'est pour ce matin, chuchota-t-il en battant nerveusement des paupières.

Un bonhomme chauve, à la panse rebondie, qui était fabricant de chocolat, se tourna vers lui et dit d'une voix de fausset :

— Nous saurons mourir ! Pour Dieu, le tsar et la patrie !

Michel souleva les épaules. Cette réflexion lui paraissait subitement prétentieuse et comique. Autrefois, les soldats mouraient, en effet, pour une idée, pour un symbole. Mais les otages, eux, mouraient pour rien. Ils mouraient parce que les révolutionnaires étaient plus forts que les antirévolutionnaires, parce que quelqu'un avait tiré sur Lénine, parce qu'on était au mois de septembre 1918, parce qu'il n'existait plus de place pour les bourgeois dans la société nouvelle. Qu'y avait-il de glorieux ou d'utile dans un sacrifice de ce genre ?

Le commandant considérait avec satisfaction cette série de faces mortifiées par la crainte, qui s'étendait tout au long de la pièce, telle une bande de caoutchouc colorié. Ses yeux vifs couraient d'une figure à l'autre. Son nez camard humait le relent délicieux de la peur. Il cracha par terre et tira un papier de sa poche. Le cœur de Michel roula plus vite. Il pensa à Tania, aux enfants, à la maison lointaine, et il lui sembla que l'univers entier se décollait de lui comme une feuille. Les êtres et les choses reculaient et le laissaient seul. Un vide propre s'arrondissait autour de son âme.

— Arsénieff ! cria le commandant.

— Présent ! répliqua une voix volontairement tranquille.

— Boutylkine !...

Personne ne répondit. Au bout du salon, retentissaient de petits sanglots puérils.

— J'ai dit Boutylkine, reprit le commandant.

Un remuement timide agita la rangée d'otages.

Des visages inquiets se tournaient en tous sens. Il y eut des murmures :

— Répondez, Stépan Trophimovitch... C'est ridicule... Il est là, monsieur le commandant... C'est lui... C'est lui...

— Alors? Vous décidez-vous à parler, ou faudra-t-il que j'allonge la liste? glapit le commandant.

Et ses joues virèrent au rouge, comme inondées par du jus de betterave.

— Présent, balbutia Boutylkine.

— Davydoff!

— Présent.

— Efremoff!

Michel poussa un soupir de soulagement. La lettre « D » se trouvait dépassée. Les condamnés étant inscrits par ordre alphabétique, il y avait peu de chances qu'il fût appelé ce matin. Une hébétude suave relâchait les fibres de sa chair. Il se dégoûtait, et il était heureux. D'un geste furtif, il essuya ses mains moites contre son pantalon. La scène ne le concernait plus. Il entendait, avec indifférence, tomber les noms de ceux qui cesseraient de souffrir avant la fin de la matinée.

— Mouraveïkine!

Le vieillard, à côté de Michel, sursauta, écarquilla les yeux d'une manière indignée et stupide. Ses oreilles se congestionnèrent. Sa mâchoire se décrocha. Il dit dans un souffle :

— Présent.

Michel eut l'impression que ce petit mot venait de trancher les derniers liens qui rattachaient le conseiller privé à la terre. Le corps de l'homme survivait, pour quelques instants encore, à l'annonce de sa mort. Mais, déjà, il était devenu répugnant et incompréhensible comme un cadavre. Il n'appartenait plus à la communauté. On avait hâte qu'il se retirât, comme si sa présence eût risqué de contaminer les autres. Sans réfléchir, Michel s'écarta de lui, pour mieux marquer qu'il se désolidarisait de son sort. Mouraveïkine regardait la pointe de ses pieds, tels des objets infiniment précieux et irremplaçables. Il grommela :

— Eh bien, c'est terminé...

Michel feignit de ne l'avoir pas entendu et détourna la tête. « Vite, vite, qu'on en finisse! Qu'on reste entre vivants! » Enfin, le commandant annonça le seizième et dernier nom de la liste :

— Tarassoff.

— Il est à l'infirmerie, répondit quelqu'un.

Et, aussitôt, craignant que le commandant ne remplaçât ce nom par un autre, des prisonniers crièrent :

— Il n'a rien...

— Unc petite diarrhée...

— On peut aller le chercher...

— Vous le prendrez en passant...

— Silence! rugit le commandant. Je sais ce que j'ai à faire. Que ceux que j'ai appelés sortent des rangs et passent dans le couloir. N'emportez rien avec vous. C'est inutile.

Un à un, les condamnés émergèrent de la foule. Leurs pieds remuaient lentement, comme enlisés dans la douceur de vivre. Ils se démoulaient à grand-peine de leurs souvenirs et de leurs espoirs. Subitement, Mouraveïkine s'accrocha aux vêtements de son voisin, le fabricant de chocolat, et se mit à bêler :

— Je ne veux pas!... Non!... Je veux rentrer à la maison!... Laissez-moi!... Je n'ai rien fait!... Je ne dois pas mourir!... Pitié, camarades!... A la maison!... A la maison!...

La bave coulait de sa bouche comme de l'eau. Il hoquetait en secouant sa barbe.

Le fabricant de chocolat, la calvitie luisante, le menton branlant, avait saisi les mains de Mouraveïkine, et les détachait de son veston, brisant les doigts, tordant les poignets, comme s'il avait eu peur qu'on ne les entraînât tous les deux vers la porte. Il voulait se défaire de ce squelette cramponné à sa chair. Il bégayait :

— Voyons!... Voyons, monsieur Mouraveïkine!... Il faut y aller!... Soyez digne!... Courage!... Chacun son tour!...

Enfin, Mouraveïkine s'écarta de lui, courut vers sa paillasse et s'y jeta à quatre pattes, la tête enfouie dans les bras, la croupe levée, comme pour n'offrir aux coups que son postérieur important. Un otage, tout jeune, avait escaladé le rebord d'une fenêtre et hurlait d'un ton aigu :

— Bourreaux! Assassins! Laissez-nous! Allez-vous-en!

Le commandant, cramoisi, les prunelles saillantes, porta un sifflet à ses lèvres. Des soldats accoururent et empoignèrent Mouraveïkine, qui crachait, mordait, cognait de la tête dans le vide. Sa barbe, en forme de lyre, balayait le parquet. L'un des gardiens maintenait ses talons qui tressautaient follement. Un autre le traînait par les aisselles. Un troisième lui tapait les fesses avec la crosse de son fusil en répétant :

— Tu te calmes? Non? Tu te calmes! T'en veux encore?...

Suivant Mouraveïkine, qui trépignait et râlait comme un possédé, le groupe des condamnés s'avança vers la porte. Au moment de franchir le seuil, l'un d'eux se tourna vers les otages restants et cria d'une voix perçante :

— Adieu, messieurs!... Gardez un bon souvenir de nous!...

Un silence hostile lui répondit. Pétrifiés, les survivants baissaient les yeux pour ne pas voir s'éloigner la troupe des martyrs. Le commandant descendit de sa chaise et sortit de la pièce en sifflotant. La salive se raréfiait dans la bouche de Michel, et ses lèvres se collaient à ses dents. Il écoutait avidement le bruit saccadé des bottes et les plaintes de Mouraveïkine qui diminuaient à mesure que les hommes s'enfonçaient dans le corridor. La porte se referma en claquant. Une clef tourna dans la serrure. C'était fini. Les prisonniers revenaient à leurs litières avec des mines coupables. Ils évitaient de se regarder, de se parler, comme s'ils eussent commis un meurtre collectif. Quelqu'un sanglotait dans un coin du salon, frappait du poing contre le mur. Des voix mécontentes s'élevèrent :

— Assez! Assez! Maîtrisez vos nerfs, monsieur!

Michel se laissa tomber sur sa paillasse. Il se sentait à la fois las et surexcité, heureux de ce sursis et terrifié à l'idée du lendemain. Soudain, il eut envie de courir derrière le commandant pour demander qu'on l'exécutât avec les autres. Puis, le souvenir de Tania lui sauta au visage, et il pensa hurler de désespoir. Toute sa chair grouillait sur place, comme habitée par des vermisseaux impatients. Un goût de larmes lui barbouillait l'intérieur de la gorge. L'écho étouffé d'une salve le tira de son ahurissement. Une deuxième salve retentit. Ensuite, ce fut le silence. Le fabricant de chocolat se signa et dit :

— Que Dieu ait leur âme.

Alors, seulement, Michel remarqua que la paillasse voisine, qu'occupait ordinairement Mouraveïkine, était vide. Sur l'étoffe graisseuse, traînaient une boîte d'allumettes et une biscotte entamée. Cette boîte d'allumettes et cette biscotte fascinaient Michel. Il voulut souffler sur les miettes. Mais il eut honte, serra les dents et comprit qu'il redevenait normal. A ce moment, un petit monsieur aux moustaches floconneuses s'approcha du matelas de Mouraveïkine, saisit furtivement la biscotte et la fourra dans sa bouche. Sa face se plissait dans une grimace de contentement funèbre et glouton. On entendait craquer la pâte dure sous ses dents.

— Allez-vous-en, dit Michel.

Le petit homme prit aussi la boîte d'allumettes, s'éloigna de quelques pas et poussa un soupir.

Une averse subite frappa les carreaux. Toutes les figures se tournèrent vers la pluie. Elle rappelait l'existence d'un autre monde, à peine concevable, elle parlait d'espace, de liberté, de rues mouillées, de routes grises.

— Il pleut! Oh! il pleut, dit l'homme à la biscotte.

Il s'était exprimé sur un ton extasié et malheureux, comme s'il se fût agi d'un événement d'une extrême importance. Après, il continua de mâcher sa biscotte. A travers ses joues, on voyait le jeu de la langue qui cueillait les dernières bribes collées contre les gencives. Les gouttes d'eau glissaient sur les vitres comme des larmes. Une lumière grise et terne baignait la pièce. Les prisonniers se groupaient, jouaient aux cartes, allumaient des cigarettes et parlaient à voix basse de leur passé. Un parfum de tabac se mêla aux relents de la chair malpropre et des linges. Michel s'étendit sur le dos et ferma les yeux. Il n'espérait pas dormir. Pourtant, il crut être le jouet d'un songe lorsqu'il entendit une voix forte qui criait son nom :

— Danoff!

Les syllabes retombèrent du plafond sur sa tête comme des éclats de pierre. Il se dressa d'un bond et serra les poings par un réflexe habituel de défense. La porte du salon était ouverte. Un homme grand et maigre, un commissaire sans doute, se tenait debout au centre de la chambrée. Son long visage rasé, intelligent, maladif, avait une transparence stéarineuse. Il portait un paletot noir, au col de velours, et une casquette à visière vernie. Ses mains étaient gainées de gants jaunes. Ses pieds, chaussés de souliers marron clair, étaient tournés les pointes en dedans. Deux soldats l'accompagnaient, et cette circonstance confirma la première impression de Michel : « Un supplément à la liste. Ils vont me fusiller ce matin. » Une faiblesse ignoble se fit dans sa poitrine. Ses genoux fléchirent un peu. Il s'entendit répondre sur un ton faussement paisible :

— Présent!

— Ah! C'est vous, dit le civil.

Et il s'avança en traînant les semelles. Instantanément, les voisins de Michel reculèrent à pas latéraux vers des régions plus sûres. Leurs figures exprimaient une indifférence égoïste qui était pénible à voir. Bientôt, Michel se trouva seul en face du commissaire qui le considérait d'un œil fixe.

— Vous êtes bien Michel Alexandrovitch Danoff? reprit l'homme d'une voix à peine perceptible.

— Oui.

— Domicilié rue Skatertny, au n° 7?

— Oui.

— Prenez vos frusques, et suivez-moi.

— Est-il bien nécessaire que je prenne mes frusques? murmura Michel avec un sourire nerveux.

— C'est préférable.

Ils traversèrent le salon où palpitaient des regards méfiants. Les deux soldats fermaient la marche. De temps en temps, les crosses de leurs fusils heurtaient le parquet avec un bruit sourd. Michel sentait leur chaleur dans son dos. Il avait peur d'avoir peur. Il se raidissait contre le désir de se plaindre. Dans le corridor, il demanda :

— Où me menez-vous?

Le commissaire ne répondit pas et s'engagea dans l'escalier. Sa main, gantée de cuir jaune, glissait sur la rampe d'un mouvement continu. A la dernière marche, il s'arrêta pour allumer une cigarette. Le cœur de Michel battait ses côtes comme un poing. Il s'efforçait de ne pas réfléchir à la mort, mais de s'intéresser aux gants jaunes du commissaire, à son col de velours, à ses souliers.

— Allons, dit le commissaire, en soufflant un jet de fumée par les narines.

Le hall de l'hôtel était bourré de gardes rouges qui

s'empiffraient de pain et de harengs. Non loin de la porte, Michel reconnut le commandant qui était assis devant une table encombrée de revolvers et de cartouches. Il examinait un barillet à travers une loupe.

Le commissaire lui serra la main et se dirigea vers la sortie.

— Laissez passer ! cria le commandant.

Les sentinelles s'écartèrent. Michel et le civil se trouvèrent dans la rue. Les soldats qui les suivaient étaient restés dans le vestibule. Un espoir furtif effleura l'esprit de Michel. Il balbutia :

— Que dois-je comprendre ?

— Vous êtes libre, dit le commissaire.

Frappé de stupeur, incapable de mesurer sa chance, Michel demeurait immobile et dévisageait son interlocuteur comme il eût fait d'un mauvais plaisant.

— Vous dites ?

— Je répète : vous êtes libre.

Une rafale humide les enveloppa. Michel ouvrit la bouche et aspira largement cette odeur de pluie fraîche et de pavé mouillé. Une allégresse forcenée sonnait dans sa poitrine. Il avait envie de pleurer de joie et de fatigue.

— Puis-je savoir à qui je dois l'honneur de cette libération ? demanda-t-il enfin.

— Je me présente, dit l'inconnu. Commissaire Boutourline. Le camarade Arapoff a attiré l'attention des juges sur votre cas.

— Quel Arapoff ?

— Nicolas Constantinovitch. Votre beau-frère.

— J'ignorais que...

— Si. Le camarade Arapoff occupe une situation très importante dans le parti. Grâce à lui, j'ai été chargé de suivre personnellement l'affaire. Tout a été plus facile que nous ne le supposions. A présent, je vais vous conduire au train...

— De quel train me parlez-vous ? Je veux rentrer chez moi, dit Michel.

— Ce ne serait pas prudent. Un nouvel ordre d'arrestation pourrait être lancé dès ce soir. Votre beau-frère insiste pour que vous quittiez immédiatement Moscou à destination de Kharkov.

— De Kharkov ?

— Oui. Les Allemands occupent cette ville. Vous y serez en sécurité.

— Mais je voudrais au moins prendre de l'argent, embrasser ma femme, convenir avec elle de...

— Votre femme est déjà au courant. Elle m'a remis la somme nécessaire. Dans quinze jours, toute votre famille partira pour vous rejoindre à Kharkov. Je serai du voyage. Le camarade Arapoff m'a prié de convoyer sa sœur aussi loin que possible. Ne craignez rien. Les papiers sont en règle. Bientôt, vous serez tous évadés de l'enfer bolchevique.

Il appuya sur ces derniers mots avec une intonation ironique et éclata de rire. Michel hésita une seconde et dit :

— Je n'accepterai de partir que si j'ai un mot du camarade Arapoff me confirmant tout ce que vous m'avez expliqué :

— Le voici, dit le commissaire.

Et il tendit à Michel une enveloppe froissée. Michel décacheta l'enveloppe, en tira une feuille de papier quadrillé et lut : « Mon cher Michel, tu peux avoir confiance en l'homme qui te remettra ce message. Suis ses conseils aveuglément. C'est ta seule chance de salut. Tania est d'accord. Détruis ce billet. — NICOLAS. »

— Êtes-vous convaincu ? demanda le commissaire.

Michel déchira la lettre en lanières, jeta les débris dans le ruisseau et regarda le ciel. Une flottille de nuages gris glissait au-dessus de sa tête. Eux aussi fuyaient vers le sud, dans un désordre de voiles et de cordages vaporeux.

— Eh bien, dit Michel, conduisez-moi à la gare.

La pluie se remit à tomber, drue et froide. Le commissaire Boutourline marchait à petits pas, les pointes des pieds en dedans. Ses chaussures marron clapotaient dans les flaques. Au coin de la rue, se tenait un mendiant, fouetté par l'averse, la barbe liquide, l'œil lavé. Il ânonnait :

« Secourez un pauvre homme chargé de famille, de maladies et de remords. »

A l'horloge de la porte du Sauveur, le carillon, qui jouait autrefois : *Combien Dieu est célèbre à Sion*, égrena les premières notes de *L'Internationale*.

QUATRIÈME PARTIE

I

Lorsque les domestiques se furent retirés dans leurs chambres et que Mlle Fromont et la nounou eurent couché les enfants, Tania se rendit dans la salle à manger et dévissa les poignées de la porte et des fenêtres. Des billets de banque, roulés en tubes, étaient dissimulés à l'intérieur des olives de bronze. Elle les extirpa de leur cachette avec une épingle à cheveux, et les lança, tout chiffonnés, sur la table. Derrière la glace murale, qu'il lui fallut écarter de la cloison à l'aide d'un ciseau, des liasses de roubles-papier dormaient dans la poussière. Des pièces d'or étaient enfouies dans la terre d'un pot de fleurs. D'autres s'entassaient dans le siège d'un vieux fauteuil débonnaire, Tania rejeta le coussin, arracha la toile de couverture, déplaça les sangles, et ses doigts tremblants palpèrent les piles de monnaie entre les spirales froides des ressorts. À ce moment, des pas et des voix retentirent dans l'escalier, et elle défaillit de peur. Une perquisition était possible à toute heure du jour et de la nuit. Il suffisait que des contrôleurs de la Tchéka la surprissent dans sa besogne pour que son projet d'évasion fût compromis sans recours. Mais les pas s'éloignèrent, et Tania poussa un soupir de délivrance.

Le commissaire Boutourline avait fixé au lendemain, 25 septembre 1918, la date du départ pour toute la famille. Tania n'osait croire encore que ce voyage s'accomplirait sans encombre jusqu'à Kharkov. Michel se trouvait déjà dans cette ville. Boutourline en avait donné l'assurance à la jeune femme. Et elle n'avait aucune raison de mettre sa parole en doute. En vérité, elle eût aimé pouvoir renoncer à l'assistance de Nicolas, par souci de dignité personnelle et de revanche. Mais elle devait penser à Michel, aux enfants, dont l'existence était en jeu, et accepter en leur nom le secours d'un homme qu'elle jugeait pourtant détestable. Pourquoi Nicolas était-il revenu sur sa décision ? Quelqu'un de juste et de sensé l'avait-il conseillé après leur dispute ? Avait-il éprouvé du remords au souvenir de son intransigeance ? Ou l'avenir promettait-il d'être si périlleux qu'un bolchevik, fût-il sincère, ne pouvait que souhaiter la fuite de ses proches vers des régions plus calmes ? Même après la visite du commissaire Boutourline, porteur d'une lettre de recommandation du camarade Arapoff, Tania avait refusé de revoir son frère. Elle ne voulait pas se considérer comme son obligée. Elle n'avait pas à le remercier d'un geste qu'il aurait dû faire spontanément et qui venait trop tard pour mériter la reconnaissance. Il lui suffisait d'évoquer cette entrevue, dans la petite pièce claire, tapissée de cartes, et toute sa peau recommençait à flamber. Mais elle n'avait pas de temps à perdre en projets de vengeance. Elle partait demain avec les enfants, Marie Ossipovna, Marfa Antipovna et Mlle Fromont. Il fallait préparer l'argent, le dissimuler dans les vêtements, choisir les effets qu'elle désirait emporter avec elle. Le commissaire Boutourline avait exigé que les voyageurs fussent le moins chargés possible. Une valise à la main et un balluchon par personne. En outre, tout le monde devait être habillé pauvrement, pour ne pas éveiller la malveillance des soldats, en cours de route. La femme de chambre Douniacha s'était procuré, chez un fripier, des frusques suffisamment médiocres pour la famille. On les avait lavées, brossées, désinfectées le mieux qu'on avait pu. Maïs Tania était encore inquiète. Elle décida que ses fils, du moins, porteraient leurs costumes habituels. Nul n'aurait l'idée de la chicaner sur la toilette des enfants.

« Mon Dieu ! Pourvu que tout se passe bien », murmura-t-elle, en empilant les pièces d'or sur la table.

Une anxiété douloureuse se développait dans sa poitrine. Elle ne savait pas au juste si c'était son cœur qui lui faisait mal, ou un muscle quelconque, à hauteur du sein gauche. Subitement, elle pensa à ses bijoux. Où les avait-elle cachés ? Elle interrogeait sa mémoire et ne rencontrait que le vide. Une sueur froide sortit de son front, coula sur ses joues, sur ses tempes :

« Voyons... Ce n'est pas difficile... J'ai mis toutes mes bagues dans..., dans... »

Mais elle avait beau concentrer son attention sur cette question unique, la réponse ne venait pas. Affolée, détruite, l'esprit ballant, elle tournait en rond dans la pièce. Sa main glissait sur le dossier des chaises, sur le bois de la table, comme pour solliciter le conseil des choses :

« C'est trop bête !... Que signifie cet oubli ?... La fatigue, peut-être ?... Je n'ai pas le droit d'être fatiguée... »

Et soudain, elle fut éblouie par l'évidence :

« Les bagues sont dans la grande boîte à poudre, sur une coiffeuse... La rivière de diamants est cousue dans mon oreiller... »

Elle courut dans sa chambre et se mit en devoir de tirer les joyaux hors de leurs cachettes. Ils étaient à leur place. Aucun ne manquait à l'appel. Tania les déposa sur un grand mouchoir et admira cet assemblage de pierres scintillantes, dont chacune lui rappelait un souvenir heureux. Cadeaux de Michel pour les fiançailles, le mariage, les naissances, les anniversaires, ils évoquaient, à leur façon, une existence facile dont elle n'avait pas su profiter. Le passé se levait devant elle, avec les réceptions, les conquêtes, les lustres allumés, les hommes en habit, les toilettes chères, les amitiés futiles, les trahisons et le temps perdu. Jamais encore, elle n'avait mesuré avec cette précision terrifiante la valeur de tout ce dont elle se trouvait privée par la faute des bolcheviks. Timidement, elle glissa une bague à son doigt, la fit miroiter aux lumières. Des restes de poudre blanche encrassaient la monture. Les facettes du solitaire jetaient à chaque mouvement de petits feux pointus et méchants. Tania accrocha encore un collier de perles à son cou, enferma son poignet dans un bracelet de brillants, piqua une broche à son corsage et s'approcha de la glace. Dans le cadre du miroir, une créature pâle, aux cheveux défaits, la contemplait avec reproche. On eût dit que ces parures ne lui appartenaient pas, qu'elle les avait volées à un étalage. Un regret lancinant la traversa de part en part, et toute sa chair devint molle. Le goût des larmes troublait sa bouche. Devant ses yeux vacillants, une inconnue souriait tristement à sa jeunesse, à sa richesse abolies.

« Pitoyable! Pitoyable! » répétait Tania avec un acharnement douloureux.

Elle se jeta en travers du lit et enfouit sa tête dans la couverture de satin rose. Et, soudain, le calme succéda à l'orage. Comme si ce geste l'eût exorcisée de son dernier chagrin. Obscurément encore, elle comprenait qu'elle ne tenait plus à ses bijoux, mais les considérait seulement pour leur valeur marchande. Son avenir était ailleurs que devant une coiffeuse encombrée d'écrins précieux. Les colifichets, les compliments, les verroteries tombaient d'eux-mêmes à ce nouveau tournant de son destin. Prise dans la tourmente, elle se dénudait naturellement de l'accessoire. Quelque chose de grave avait été déposé dans son âme. Elle se dressa à demi sur ses coudes, pensa encore à toutes les robes, à tous les meubles dont elle allait volontairement se séparer, mais cette réflexion ne lui procura qu'une mélancolie de mauvais aloi. Reprenant courage, elle s'accorda le loisir d'admirer son indifférence au confort et à la fortune. Sans doute y avait-il de l'ostentation, et même du cabotinage, dans sa prétendue sérénité. Elle avait toujours été quelque peu comédienne. Aujourd'hui encore, il lui plaisait d'incarner ce personnage d'épouse exemplaire. Mais il fallait cette légère excitation du jeu pour l'aider à supporter les menaces que lui promettait l'avenir. Telle quelle, elle se sentait en règle avec sa conscience. Elle avait presque envie de se complimenter.

Un camion passa dans la rue, ralentit, et Tania porta instinctivement la main à son collier, comme si quelqu'un eût tenté de le lui ravir par surprise. Des voix d'hommes ivres résonnèrent derrière la fenêtre. Puis, le vacarme s'éloigna. La nuit et le silence se refermèrent intégralement sur les murs de la pièce. Tania se signa rapidement et se leva pour réveiller Marfa Antipovna. Elle comptait sur la vieille nounou pour coudre l'argent et les bijoux dans les vêtements de voyage. Elle-même était trop nerveuse et trop lasse pour se charger, seule, de ce travail.

Marfa Antipovna, somnolente, hébétée, vint la rejoindre dans la chambre avec son nécessaire à ouvrage. Les yeux papillotants, la bouche paresseuse, elle grommelait :

— Quel malheur ! Cacher ce dont on devrait être fière ! Est-ce que c'est chrétien ?

— Ne te plains pas, disait Tania. Peut-être ces épreuves seront-elles utiles à notre bonheur futur ?

Elle exagérait à plaisir son renoncement aux biens de ce monde. Aussi, elle songeait à Michel, et, comme elle le savait en sécurité, elle ne pouvait pas être tout à fait malheureuse :

— Quand nous aurons quitté Moscou, tout ira mieux ! J'en ai le pressentiment.

Marfa Antipovna haussait les épaules et tirait sur son aiguille en marmonnant des bribes de prière. De temps en temps, on entendait le bruit sifflant de sa salive, rattrapée au bord des lèvres. Ou bien elle tapotait son dé à coudre contre le siège de la chaise, pour l'enfoncer sur son doigt. Tania, assise à côté d'elle, décousait l'ourlet d'une robe. Une paix honnête les entourait, comme deux bonnes ouvrières nocturnes. Les billets de banque furent glissés à plat dans les doublures des manteaux, sous les rubans des chapeaux. Les habits des enfants, même, reçurent une garniture intérieure de papier-monnaie et de pièces d'or. Tania ôta toutes les baleines de son corset et les remplaça par des roubles-Kérensky roulés en baguettes. Elle rembourra de la même façon un coussin de voyage. Dans les talons des chaussures, décloués et creusés avec un canif, elle déposa quelques bijoux de petite dimension. Mais il en restait beaucoup encore et elle ne savait plus leur assigner de cachette valable. Les deux femmes travaillèrent ainsi jusqu'à quatre heures du matin. Tania avait le dos endolori, et ses yeux s'engluaient de fatigue. La clarté vive de la lampe lui perçait la tête. Quand tout fut fini, Marfa Antipovna retourna dans la chambre de Boris, et Tania, exténuée, se coucha dans son lit avec la certitude qu'elle allait s'endormir dès qu'elle aurait éteint la lumière. Mais, jusqu'au petit jour, une excitation malsaine l'empêcha de goûter le moindre repos. Constamment, il lui semblait qu'elle avait oublié de placer quelque chose d'important dans ses bagages ou qu'elle avait omis de donner certaines instructions à Douniacha. Elle se levait pour inspecter ses tiroirs et vérifier la répartition de l'argent et des bijoux dans les vêtements. Elle se coiffait, se décoiffait, priait devant l'icône, buvait de l'eau pour adoucir la brûlure de sa bouche. Lorsque la maison s'éveilla, elle se sentit plus calme. Les courbatures nocturnes avaient disparu comme après un sommeil profond.

Toute la famille s'était réunie dans la salle à manger pour prendre le petit déjeuner et attendre les instructions de Tania. Boris et Serge étaient particulièrement énervés par la perspective du voyage. Ils riaient et se dandinaient sur leurs chaises. Marfa Antipovna et Mlle Fromont les avaient habillés dans des costumes marins un peu défraîchis et leur avaient coupé les cheveux très court par souci d'hygiène.

— Pourquoi nous a-t-on mis nos vieux costumes marins et pas les neufs? demanda Serge. Avec mon costume neuf, il y avait un sifflet au bout d'un cordon blanc...

— C'est pour que vous soyez comme de petits pauvres, dit Mlle Fromont.

— Alors, c'est un déguisement?

— Oui.

— Et il ne faut pas qu'on nous reconnaisse?

— Non, Serge.

— Mais les petits pauvres peuvent avoir des sifflets.

— Je vous donnerai votre sifflet, mais tenez-vous tranquilles.

— Et avec le sifflet, on pourra vraiment siffler quand le train se mettra en marche? demanda Boris.

— Oui.

— Oh! ce sera amusant! Il y aura sûrement d'autres garçons avec nous. On va partir! On va partir!

Boris sautillait sur son derrière et battait des mains.

— Madame, murmura Mlle Fromont en se penchant vers Tania, que pensez-vous de ma toilette?

Elle avait revêtu une robe d'un noir verdâtre, rapiécée aux coudes et fermée jusqu'au col par des agrafes. Son buste volumineux tendait l'étoffe comme un ballon captif.

— Sur ma tête, dit-elle encore, je poserai un fichu de paysanne.

— C'est inutile, dit Tania en souriant.

— Pourtant, il faut que nous ayons toutes l'air d'être des femmes du peuple. Sinon, les bolcheviks nous feront un mauvais parti. Regardez.

Elle jeta un fichu rouge sur ses cheveux et le noua sous le menton. Serge pouffa de rire :

— Oh! ce que vous êtes drôle, comme ça, mademoiselle!

— C'est très bien, dit Tania avec lassitude. Mais je vous conseille de ne pas trop parler pendant le voyage. Votre accent étranger pourrait éveiller l'attention.

— Je suis sujet helvétique...

— Les bolcheviks ne font pas de distinction entre les sujets helvétiques et les autres. Vous savez bien qu'ils ont arrêté les membres de votre légation.

Mlle Fromont fronça les sourcils et grogna en remuant furieusement ses lèvres moustachues :

— C'est l'Apocalypse!

— Ah! gémit Marfa Antipovna. Quand ce martyre finira-t-il? Quand reviendrons-nous à Moscou?

— Quand les bolcheviks n'y seront plus, dit Tania. Douniacha m'a promis de garder la maison en ordre. C'est une affaire de quelques mois.

— Moi, dit Marie Ossipovna, j'ai décidé de prendre ma cape et mon manchon de zibeline.

Tania tressaillit et tourna vers sa belle-mère un visage indigné :

— Je vous avais priée de vous habiller pauvrement...

— Je m'habillerai pauvrement, dit Marie Ossipovna, mais je prendrai ma cape et mon manchon de zibeline.

— On vous les volera. On nous arrêtera peut-être!...

— Ils n'oseront pas! gronda Marie Ossipovna. Je saurai leur parler, moi. J'ai commandé beaucoup de domestiques.

Tania, exaspérée, se leva de table et proféra d'une voix stricte :

— Je regrette de vous contredire, maman. Mais, durant ce voyage, vous devez tous m'obéir. Or, je ne veux pas augmenter les risques de l'entreprise pour satisfaire votre bon plaisir. Vous laisserez la cape et le manchon à la maison.

La figure beige et flasque de Marie Ossipovna se

convulsa comme sous l'effet d'une décharge électrique.

— Cette cape et ce manchon m'appartiennent ! cria-t-elle. Personne n'a le droit de m'en priver. Si Michel était là, il me donnerait raison contre toi. Mais le mari parti, la femme dresse la tête. C'est connu. Tu veux m'humilier. Tu oublies que je suis une Danoff.

— Moi aussi, je suis une Danoff.

— C'est une erreur de mon fils, dit Marie Ossipovna.

Et elle fit mine de crachoter à droite et à gauche.

— Pourquoi grand-maman fait-elle semblant de cracher ? demanda Boris.

— Parce qu'elle est en colère, chuchota Mlle Fromont. Taisez-vous.

— Renoncez à cette cape et à ce manchon, maman, dit Tania. Sinon, vous ne partirez pas avec nous.

Marie Ossipovna cloua sa bru d'un regard vif comme une lame.

— Tu es la plus forte parce que tu as les billets et l'argent, marmonna-t-elle. Je laisserai le manchon, mais je prendrai la cape.

— Vous laisserez aussi la cape.

— Je peux la mettre à l'envers. On ne verra que la doublure.

— Non.

— Elle est toute neuve.

— Tant pis.

Marie Ossipovna ne répondit rien sur l'instant, m
fit la moue, comme si elle eût avalé un breuvage am
Enfin, elle dit d'une voix sourde :

— C'est un cadeau de Michel.

Tania eut pitié d'elle et murmura :

— Je laisse moi-même beaucoup de ca
Michel à la maison. Il faut savoir renon

— Est-ce qu'on trouvera des jouet les autres villes ? demanda Boris. Je n'emp que mon ours brun...

— Moi, dit Serge, je pre rai ma carabine à fléchettes.

— Je te le défends, dit Tania.

— Alors, des crayons de couleur ?

— Si tu veux.

Marfa Antipovna se mit à pleurnicher dans son mouchoir à carreaux. Des rides se nouaient en pelote à la racine de son nez. Tania, irritée, se tourna vers elle et l'interpella durement :

— Qu'y a-t-il encore ?

— Oh ! Oh ! geignait la nounou, pa-partir ainsi... Comme des misérables... Abandonner la maison... Tous les sou-ouvenirs... Quel crime avons-nous commis pour mériter ce châtiment cé-éleste ?... Sainte-Vierge... Seigneur... Éclaire ma raison par la sainte croix et sauve-moi...

— J'ai mis six tubes d'aspirine dans ma valise, déclara Mlle Fromont par manière de diversion.

— Écoute, maman, dit Boris. Mademoiselle m'a appris une poésie française.

Et il récita d'une traite :

Je vais me mettre en voyage
Pour visiter mes amis.
Je porte en main mon bagage,
Mon billet est bientôt pris...

Une impression d'étouffement, de chaleur intolérable, envahit le corps de Tania. Elle caressa de la main la tête de son fils et dit :

— C'est très gentil. Mais sois calme. Ne parle plus à [illegible]et à travers. Maman est fatiguée.

[illegible]ence pénible s'établit dans la pièce. Tania [illegible]ance, les[illegible]ensément les cinq visages livrés à sa vigi-quois, les fers marqués de guirlandes et de car- de septembre, e[illegible] qu'éclairait une lumière banale cœur. Marfa Antip[illegible] tristesse douce accaparait son [illegible]a se moucha. Mlle Fromont annonça :

— Il va être l'heure...

On sonna à la porte d'entree. C'était le commissaire Boutourline. Il inspecta l'assemblée d'un regard moqueur et conclut :

— On ne peut pas dire que vous ayez l'air de prolétaires authentiques, mais ça ira. Rien que des valises à la main et des balluchons, n'est-ce pas ? J'ai trouvé deux fiacres qui nous conduiront jusqu'à la gare.

Puis il entraîna Tania dans un coin de la chambre et lui dit en penchant vers elle son long visage blafard et rasé :

— Remettez-moi votre pécule. Moi, on ne me fouillera pas...

Bien qu'elle n'eût aucune raison de soupçonner cet homme, Tania ne voulait pas lui confier tout l'argent qu'elle emportait en voyage. Ayant dissimulé les billets de banque, l'or et les bijoux dans les vêtements, elle n'avait laissé que trente mille roubles pour les dépenses courantes. Ce fut cette somme qu'elle tira de son sac et tendit au commissaire Boutourline.

— C'est tout ? demanda Boutourline en palpant la liasse.

— Trente mille roubles, oui.

— Et le reste ?

— Il n'y a pas de reste.

Le commissaire sourit imperceptiblement et grommela :

— A votre guise. Je doute que cela soit suffisant...

Tania eut peur, voulut se dédire, mais domina son émotion et répliqua d'une voix naturelle :

— Il faut que cela suffise. Vous nous accompagnez jusqu'à la frontière bolchevique, n'est ce pas ?

— Oui.

— Les laissez-passer sont en règle ?

— Parfaitement.

— Nous n'avons rien à craindre ?

— Rien. Le voyage de votre mari s'est effectué sans incidents jusqu'à Kharkov. Il en sera de même pour vous. Les bolcheviks ne sont pas des loups assoiffés de sang...

Tania détourna les yeux.

— Vous n'êtes pas d'accord ? demanda Boutourline. Tout cela parce qu'on a arrêté votre mari ? Ce sont des choses qui arrivent. Une révolution s'accompagne toujours d'excès déplorables. On ne fait rien de grand sans marcher sur les pieds du voisin.

Il émanait de cet homme une impression de ruse, de souplesse, de servilité arrogante qui indisposait Tania, comme une mauvaise odeur. Elle détestait ses longues chaussures tournées vers l'intérieur, ses gants jaunes, son col blanc et sale, ses joues translucides comme la cire des bougies.

— Que faisiez-vous avant la révolution ? demanda-t-elle.

— J'étais professeur de calligraphie, dit Boutourline avec un léger salut. Et je traduisais aussi des poètes allemands pour des éditions bon marché. Toute ma vie intérieure est orientée vers la poésie.

— Mais votre vie extérieure est orientée vers la politique.

— Exactement.

— Eh bien, dit Tania, si vous n'y voyez pas d'inconvénient, nous parlerons plutôt de poésie durant ce voyage.

— Maman ! s'écria Boris. C'est drôle ! J'ai quelque chose de lourd dans ma veste !

Tania éprouva une secousse dans la poitrine et répliqua vivement :

— Tu dis des sottises !

— Si. On sent comme du papier à travers la doublure.

Marfa Antipovna tirait Boris par la manche. Il se mit à geindre :

— Laisse-moi, nounou. Je t'assure qu'il y a du poids dans ma veste. Oh ! et dans ma culotte aussi...

Un sourire linéaire plissa les lèvres de Boutourline.

Il hocha la tête, mais ne dit mot. Penchée sur Boris, Marfa Antipovna lui parlait à voix basse. Au bout d'un moment, l'enfant tourna vers le commissaire un visage puni et balbutia :

— Je me suis trompé. Il n'y a rien dans mon costume.

— Dans le mien non plus! s'exclama Serge, sur un ton provocant.

Marfa Antipovna se signa le ventre. Le commissaire éclata de rire, consulta sa montre-bracelet et dit :

— Préparez-vous. Il est temps de partir.

— Vous nous excusez, dit Tania, nous devons nous asseoir d'abord pour la prière.

— Faites donc. C'est une charmante coutume.

Il s'adossa au mur et croisa les bras sur son torse. Marie Ossipovna, Mlle Fromont, la nounou, les enfants inclinèrent la tête pour une action de grâces. Les yeux mi-clos, Tania priait avec ferveur, comme jamais encore elle n'avait su le faire. « Aidez-nous, Seigneur, dans ce voyage dangereux. Écartez de nous les embûches. Conduisez-nous à bon port, comme de fidèles brebis... » Un sentiment de soumission ineffable baignait son cœur. Elle reposait tout entière dans le creux d'une main. Légère comme un caillou, comme une plume, elle attendait la volonté de Dieu. Enfin, elle se leva, se signa, tournée vers l'icône qui décorait un angle de la pièce. Tous l'imitèrent en repoussant leurs chaises :

« A la grâce de Dieu! »

Dans l'encadrement de la porte, apparurent le laquais Igor et la femme de chambre Douniacha. Douniacha reniflait de grosses larmes saines et bredouillait :

— Mon Dieu! Ayez pitié de nous! Qu'allons-nous devenir maintenant que vous partez?

— Nous reviendrons, dit Tania en la baisant sur les deux joues. Ou bien, vous nous rejoindrez ailleurs...

Mais elle n'était plus sûre de rien. Elle observait les meubles, les domestiques, avec la pensée que demain elle ne les verrait plus, et elle était frappée par la puissance d'attraction qui se dégageait de ce décor et de ces visages. Subitement, il lui semblait que ce départ était une folie, qu'elle ne pouvait pas laisser une maison où elle avait si bien vécu. Pour réagir contre sa détresse, elle s'appliqua à faire travailler son esprit sur des détails pratiques. Elle dit :

— Igor, prenez les valises. Portez-les dans le fiacre. Mademoiselle, veuillez habiller les enfants...

Mais elle sentait une idée noire qui voletait autour de sa tête comme un rapace : « Reste... Reste... » Dans le vestibule, elle crut fondre en larmes à la vue de la pendule, dont le balancier oscillait méthodiquement au creux de sa colonne en verre. Ce balancier marquait les pulsations de la vie ancienne, le rythme d'un bonheur depuis longtemps révolu. Violemment, Tania lui tourna le dos, et il lui parut qu'un paquet de nerfs s'arrachait de son corps avec ce geste. Elle haleta :

— Allons-nous-en, vite, vite !... Je n'en peux plus !...

Boris tenait à la main un ours en peluche, dans lequel Marfa Antipovna avait cousu des billets de banque.

— Ce n'est pas celui-là, c'est l'autre, le brun, que je voulais prendre, disait-il.

— En avant ! hurlait Serge, avec enthousiasme. En avant pour l'aventure !

Marie Ossipovna sortit la dernière de sa chambre. Elle s'appuyait sur sa canne à pommeau d'or. Une cape en zibeline couvrait ses épaules.

— Je vous ai dit que je ne voulais pas de cette cape ! s'écria Tania.

Puis, ses forces l'abandonnèrent, et elle murmura :

— Faites comme vous l'entendez.

Les enfants, Mlle Fromont et la nounou montèrent dans un fiacre. Tania, Marie Ossipovna et Boutourline dans l'autre. Debout sur le pas de la porte, Douniacha et Igor agitaient leurs mouchoirs en signe d'adieu. L'air était gris et froid. Une bruine imperceptible descendait du ciel comme une buée.

— A la gare de Koursk-Nijni-Novgorod, dit Boutourline en frappant le dos du cocher.

— Au revoir! A bientôt! Revenez! Revenez! criait Douniacha.

Tania voulut répondre, mais sa gorge était contractée, sa langue remuait à peine. Le cheval s'ébranla en secouant la tête. La façade de la maison glissa en arrière, d'un mouvement lent et régulier. Lorsque le fiacre eut tourné le coin de la rue, Tania prit la main de Maria Ossipovna et dit :

— C'est fini, maman.

Sur le quai de la gare, un assemblage lamentable de balluchons et de visages, de fichus et de bonnets de peau, de mains nues et de mouchoirs, ondulait sur place comme un tas de torchons sordides remués par les dents d'une fourche. De brusques tiraillements exhaussaient une tête, une valise brandie à bout de bras. Des sillages sinueux coupaient en deux des familles bosselées de bagages. Un grondement continu montait de la masse des corps et devenait soudain le sifflement aigu d'une locomotive. Au portillon d'entrée, des factionnaires vérifiaient une dernière fois les billets et les sauf-conduits. Ayant fait contrôler les papiers de Tania, des enfants, de la gouvernante, de la nounou et de Marie Ossipovna, Boutourline fonça dans la mêlée. Tania le suivait, tenant Serge et Boris par la main. Mlle Fromont et Marfa Antipovna surveillaient le porteur, harnaché de mallettes et de sacs. Marie Ossipovna fermait le cortège, digne et lente, sa cape de zibeline sur le dos. Autour d'eux, se pressaient des faces d'hommes et de femmes figées dans la même expression passive. Des moujiks barbus, de jeunes soldats en guenilles, des paysannes aux joues rondes, stagnaient là dans une odeur de vie pauvre. Ils semblaient désintéressés de tout et d'abord de leur propre destin. Une apathie totale les clouait au sol, comme des sacrifiés. Tania éprouva la sensation horrible de traverser un peuple de cadavres. Elle luttait énergiquement contre la peur et le dégoût qui pointaient en elle. Cependant, à mesure qu'elle avançait, la foule s'animait peu à peu, et, comme elle approchait du train, un tumulte furieux lui fit perdre l'équilibre. Une longue file de wagons à bestiaux s'étirait jusqu'à l'horizon de fumée. Les voyageurs les prenaient d'assaut, jouant des coudes, frappant les voisins avec leurs ballots, avec leurs poings. Un mouvement de succion aspirait des caillots humains à l'intérieur des voitures. Des cris rauques retentissaient sous la verrière :

— Par ici, Mitka! J'ai une place!

— Eh! donnez-moi un coup de main pour hisser le grand-père!

— Ma valise! Veux-tu prendre ma valise, Caïn?

— On est complet, je vous dis! Y a plus moyen de loger une aiguille!

Aveuglée par la poussière que soulevait ce piétinement de troupeau, assourdie par les sifflements stridents de la locomotive et par les glapissements des passagers, terrifiée par ces visages en sueur qui frôlaient le sien avec des regards de fous, Tania serrait la main de ses enfants et répétait d'une voix faible :

— Ce n'est rien, mes petits. Suivez-moi. N'ayez pas peur.

Il fallut remonter jusqu'à la tête du convoi pour trouver un wagon qui ne fût pas plein à craquer. Des figures hostiles se montraient à la portière. Derrière elles, dans un rectangle de ténèbres, on distinguait un tohu-bohu de fantômes ronchonnants :

— Vous êtes trop nombreux!

— On va étouffer!

— Et des gosses encore!...

— Nous n'allons pas monter là-dedans! s'exclama Mlle Fromont, épouvantée.

Mais Boutourline sauta à l'intérieur du wagon, inspecta les lieux et cria :

— Venez. On pourra caser tout le monde!

Il y avait bien vingt personnes déjà dans la voiture. Des masques hargneux, cousus bord à bord, emplissaient la pénombre. Après la lumière du jour, Tania discernait mal le dessin de ces figures étranges. Mais elle voyait luire leurs yeux qui oscillaient comme des flotteurs à la surface de l'eau. Des murmures désobligeants sortaient du groupe :

— Manquait plus que ça!

— Des bourgeois qui déménagent!

— Ça les change un peu des wagons-lits!

— Ils connaissaient le « mou », ils connaîtront le « dur ».

— Poussez-vous, bandes de veaux! hurla Boutourline. Ce sont des malades!

Un tas de caisses vides encombrait le centre du wagon. Boutourline les disposa de manière à former une cloison, derrière laquelle il accumula les bagages. Cette barricade fragile isolait Tania et sa famille du reste des voyageurs. Le plancher était recouvert de paille. Tania déroula un grand plaid sur lequel les enfants pourraient dormir, la nuit. Mlle Fromont humait l'air avec répulsion et grommelait :

— Ça sent la maladie! Je suis sûre que cet endroit est infesté de microbes. Nous devrions tous prendre de l'aspirine.

La nounou voulait absolument accrocher une petite icône portative à la paroi. Mais elle ne savait plus où elle avait enfermé les clous et le marteau.

— Ma tête, ma pauvre tête! geignait-elle, en fouillant dans un balluchon.

— Est-ce que le train va bientôt partir ? demanda Serge.

Assise sur sa mallette de toilette, le menton haut, les mains crispées au pommeau d'or de sa canne, Marie Ossipovna, solennelle et glacée, parlait toute seule en circassien.

— Eh bien, dit Boutourline, félicitons-nous d'avoir pu trouver un coin pour nous installer confortablement. Je n'espérais pas une telle réussite.

Il avait repoussé sa casquette sur la nuque et s'épongeait le front avec un mouchoir.

— Je vous remercie, murmura Tania. Je ne sais ce que nous serions devenus sans vous.

Elle chavirait sous la fatigue et le chagrin. Un effort lui était nécessaire pour croire qu'elle était encore éveillée et que ce décor hideux, ces personnages grimaçants, n'étaient pas taillés dans l'étoffe des songes.

— Dans combien de temps arriverons-nous à Kharkov ? demanda-t-elle.

— On ne sait pas, dit Boutourline. Il n'y a plus d'horaires. Deux jours, trois jours. Les trains avancent au petit bonheur. Vous devriez lire. Cela fait passer le temps.

Il tira un petit livre de sa poche, en frappa la couverture du plat de la main et récita :

L'épreuve est toujours nouvelle ;
Le cœur est toujours inquiet ;
Les douleurs sont l'aliment de la jeunesse ;
Les larmes, l'hymne du bonheur.

— C'est de Goethe, reprit-il. La traduction est l'œuvre de votre serviteur : Boutourline. Qu'en pensez-vous ?

— Je n'ai rien entendu, dit Tania.

A ce moment, une cloche tinta. La locomotive lança un appel désolé, sinistre. Les tampons des wagons se heurtèrent. Des corps, jetés l'un contre l'autre, dans l'ombre, explosèrent en jurons.

— Salauds!

— Ils nous prennent pour du bétail!

Une mince colonne en fonte, qu'on voyait par la baie latérale, glissa sur la gauche. Les roues tournaient sous le plancher vibrant. Le train quittait la gare à petite vitesse. Un relent de fumée et de suie s'engouffra dans la voiture. Boris cria :

Je vais me mettre en voyage
Pour visiter mes amis...

Il s'interrompit pour imiter le bruit de la machine :

— Tcheu-tchi, tcheu-tchi...

— Tais-toi, dit Serge. Tu embêtes maman.

— Adieu, Moscou! soupira Marfa Antipovna.

La porte à coulisse étant restée ouverte, un courant d'air violent traversait le fourgon. Tania frissonna et dit :

— Les enfants vont prendre froid.

— Eh! camarades, hurla Boutourline, fermez la portière! Sinon, nous allons tous crever...

— De quoi se plaignent-ils? dit une voix rude. Le vent chasse le choléra. Ils sont installés comme des princes, dans le meilleur coin. Et ils veulent commander encore...

Boutourline se pencha vers Tania et lui chuchota à l'oreille :

— Évitez d'irriter ces gens. On ne sait jamais de quoi ils sont capables...

Marfa Antipovna et Mlle Fromont s'agitaient autour des enfants, nouaient des écharpes à leur cou, leur enfilaient des gants de laine. Le vacarme des roues sur les rails emplissait la tête de Tania d'une stupeur tragique.

— Tu vois que j'ai eu raison de prendre ma cape

de zibeline, dit Marie Ossipovna. Je les connais, ces chiens...

— Parlez plus bas, maman, dit Tania. Ils pourraient vous entendre.

— Eh! qu'ils m'entendent, cela ne leur fera pas de mal.

Et elle répéta fortement :

— Chiens! chiens!

Venant du wagon voisin, retentirent les sons faibles d'un accordéon.

— Ils sont gais, à côté! dit quelqu'un. Des gars qui rentrent chez eux, sans doute...

Les yeux de Tania, s'habituant à la pénombre, distinguaient mieux les traits de ses compagnons. Elle identifia un moujik barbu, au nez énorme, qui lui sortait de la figure comme un poing, un soldat aux joues puériles, quelques femmes mornes en fichus, un petit juif vêtu d'un manteau trop long et coiffé d'un bonnet de fourrure. Au milieu du wagon, reposait un homme malade, qui gémissait inlassablement dans son délire :

— Olga, j'arrive!... Olga, j'arrive!...

— Il est sur le point de passer, le frère, dit le moujik barbu.

Il s'était assis sur une caisse et retirait ses bottes. Des bandes d'étoffe entouraient ses pieds. Tania frémit de répugnance. Il lui sembla que des insectes couraient sur sa peau. Elle voulut se gratter jusqu'au sang, respirer de l'eau de Cologne. Un vertige brouilla son regard. Elle s'approcha de la portière. L'odeur du charbon la frappa violemment à la face. Le train roulait à faible allure. Par la baie rectangulaire, défilaient des paysages gris et plats, des flaques d'eau, des toits, des clôtures, des clochers et des routes désertes. Une détresse indicible émanait de cet univers furtif, mêlé de fumée et de pluie. Au bord de la voie, des gamins en haillons, la tête rasée, le visage tapissé de crasse, agitaient la main et criaient :

— Des journaux! Donnez-nous des journaux!

— Ce n'est pas pour lire les nouvelles qu'ils demandent des journaux, dit Boutourline, mais pour rouler des cigarettes.

Le convoi ralentit, s'arrêta en pleine campagne. Tania entendit chanter un coq, hennir un cheval dans une ferme sans nom. Une sensation de paix éternelle envahit son cœur. La locomotive siffla. Les wagons s'ébranlèrent dans un fracas de fer et de bois froissés. A la station suivante, quelques passagers sortirent avec des théières pour se procurer de l'eau chaude. Ils faisaient la queue, au bout du quai de planches, devant la bicoque du réservoir, qui était un vieux fourgon descendu de ses roues.

— J'ai faim, maman, dit Boris.

Marfa Antipovna déballa le panier à provisions. Un parfum de saucisson flotta dans l'air. Tania serra les dents sur une nausée aigre. Elle ne pouvait pas manger. Tandis que les autres se restauraient dans un désordre de papiers, de timbales et de canifs, elle restait à la portière, le visage baigné par le vent.

Le train se remit en marche. Des nuées sombres chargèrent l'horizon. Le soir tombait, libérant toutes choses de leur contour habituel. Une exhalaison amère de feuilles mortes et de rouille venait de la terre. Un pont résonna sourdement sous le poids des wagons, et quelqu'un dit :

— On traverse l'Oka. Il fait bon y pêcher, l'été.

Personne ne répondit. Le rythme des cahots endormait cette cargaison d'hommes et de femmes disparates, empaquetés dans une même caisse, et dont chacun se croyait seul au monde. Le moribond psalmodiait toujours, de plus en plus faiblement :

— Olga, j'arrive... Olga..., j'arrive...

Une femme invisible toussait d'une manière déchirante en se frappant la poitrine. Le moujik barbu reclouait ses bottes avec un caillou. Encore un arrêt. Des voix mécontentes jaillirent des wagons :

— Qu'est-ce que ça signifie ?
— Pourquoi cette halte, fils de démon ?
— On n'arrivera jamais avec un chauffeur pareil !...
— Paraît qu'il n'a plus de charbon !...
— Mais non, il s'est disputé avec son aide !...
Quelques hommes profitèrent du répit pour sauter sur le ballast et soulager leur vessie. Une longue file de voyageurs aux jambes écartées s'établit le long de la voie. Des femmes descendirent aussi et s'assirent à croupetons, çà et là, dans les fourrés.
— Les petits ont besoin, murmura Marfa Antipovna.
— Allez-y, dit Tania, mais ne vous éloignez pas du train.
— Moi aussi, j'ai besoin, dit Marie Ossipovna d'un air furieux et respectable.
— J'irai avec vous, dit Tania.
— Comme ça..., devant tout le monde ?...
Elle était hérissée d'indignation, les yeux saillants, la bouche ouverte.
— Il le faut bien, maman ! soupira Tania.
Boutourline sortit du wagon, disposa une caisse comme marchepied devant la portière et tendit les mains à Marie Ossipovna pour l'aider à franchir le pas.
— Ne me touche pas, bolchevik ! cria Marie Ossipovna.
Et elle lui tapa sur les doigts avec sa canne. Boutourline fit un bond de côté et se contraignit à rire. Ce fut Tania qui soutint la vieille femme pendant qu'elle posait ses pieds sur la caisse, l'un après l'autre, en geignant. Puis, elle l'accompagna vers un bouquet de bouleaux rachitiques, à quelque distance du train. Marie Ossipovna marchait en se dandinant, le dos rond, le regard mauvais. De temps en temps, elle grommelait :
— Quelle honte ! Une Danoff ! Et je dois faire comme les autres !...
— Vous auriez pu, au moins, retirer votre cape de

zibeline, dit Tania, tandis que sa belle-mère cherchait à s'accroupir commodément sur l'herbe.

— Jamais de la vie! s'écria-t-elle. C'est tout ce qui me reste pour ne pas leur ressembler.

Lorsqu'elles remontèrent dans le wagon, Mlle Fromont leur raconta que des soldats avaient voulu l'accoster pendant qu'elle reboutonnait la culotte de Boris :

— Ils tournaient autour de moi comme des bêtes avides. Ils m'adressaient des plaisanteries que la décence m'interdit de vous répéter. Je les ai traités d'ivrognes, en russe. Et puis, je leur ai dit que j'étais une Suissesse. Alors, seulement, ils ont battu en retraite.

Marfa Antipovna pleurait parce qu'elle s'était tordu la cheville dans un fossé :

— A mon âge, ce n'est pas possible de faire une gymnastique pareille chaque fois qu'on a envie. Le diable même ne le voudrait pas!

— Tu sais, maman, criait Serge, il y a d'autres garçons, dans le train! Beaucoup! A la prochaine station, nous ferons connaissance. Et j'ai vu le chauffeur, je lui ai parlé...

— Il est tout noir comme un sauvage, dit Boris, et ses yeux sont blancs. Il s'est mouché dans ses doigts...

Une secousse brutale lui coupa la parole. Le train repartait, chuintant et grinçant, à travers la campagne assoupie. Boutourline manœuvra une lampe de poche et ouvrit un livre sous le faisceau lumineux. La tache blanche de la page s'imposait avec netteté dans les ténèbres. Autour, grouillait un univers de monstres aux figures inachevées, aux mains rosâtres et palmées, aux corps tassés comme des balles de foin. Les uns ronflaient. D'autres discutaient à voix basse.

— Il est temps de coucher les enfants, dit Tania.

Elle-même n'avait pas envie de dormir. Cependant,

lorsqu'elle se fut assise, le dos appuyé à une caisse, les jambes allongées sur la paille, une torpeur morbide immobilisa ses idées. Bien que ses paupières fussent ouvertes, elle subissait un état hypnotique tout à fait singulier et reposant. Elle pensait à Ekaterinodar, à son père, à sa mère. Elle tentait de les imaginer dans la grande maison, entourée de tilleuls, où la vie était raisonnable. Ils se préparaient au sommeil sans doute, après avoir prié Dieu de protéger leurs enfants et leurs petits-enfants. Mais Dieu n'entendait pas leurs paroles et accumulait sur Tania les menaces des hommes et des éléments. Cependant, là-bas, dans une chambre quiète, deux vieillards, bercés de mensonges, souriaient au murmure du vent, éteignaient leur lampe de chevet et rêvaient à des lendemains pacifiques.

Comme le train s'arrêtait en gare de Toula, une clameur énorme tira la jeune femme de sa léthargie. Dressée d'un bond, elle se précipita vers la portière. Boutourline l'avait devancée. Le quai débordait d'une foule furieuse qui montait à l'escalade des wagons. Ceux qui se trouvaient à l'intérieur criaient :

— Laissez-nous, frères!

— Vous voyez bien qu'on est serrés comme des harengs dans une barrique!

— Attendez un autre train!

— Soyez raisonnables!

Dans la lumière terne des lampes, la marée des figures bouillonnait comme un liquide aux bulles jaunes et brunes. Des poings giclaient hors de cette masse en fusion. Des grappes sombres s'accrochaient aux portes. Les assaillants forçaient l'entrée à coups de têtes, à coups d'épaules. Devant le wagon où se tenait Tania, un groupe d'une quinzaine de soldats menait le tapage. Boutourline, les bras en croix, leur barrait la route et hurlait :

— Il n'y a pas de place! Allez ailleurs!

— Comment, pas de place? glapit un soldat très maigre, au visage velu. Nous sommes les représentants du peuple! Nous avons donné notre sueur et notre sang pour la cause des travailleurs! Et on veut nous empêcher de rentrer chez nous?

— Le wagon est plein de bourgeois! cria un autre. Regarde la petite dame qui se cache derrière le civil!

— Flanquons les bourgeois à la porte!

— Mort aux profiteurs et aux capitalistes!

— Descendez tous, ou nous tirons dans le tas!

— Vous ne savez pas à qui vous parlez! aboya Boutourline. Je vais...

— Ta gueule! En avant, camarades! Appuyez ferme!

Frappé d'un coup de crosse au ventre, Boutourline recula de deux pas en chancelant.

Aussitôt, les soldats se mirent à escalader la voiture. Les uns se hissaient en glissant leur poitrine sur le plancher, d'autres se faisaient pousser au derrière par leurs camarades. Une dizaine de passagers supplémentaires s'établirent ainsi dans le wagon. Le rempart de caisses et de valises, qui abritait la famille de Tania, fut disloqué et refoulé vers le mur.

— Que signifient ces arrangements luxueux? grondait le soldat au visage velu. Debout, tout le monde! Et serrez-vous les coudes!

— Permettez... Il y a des enfants, balbutia Tania en attirant Serge et Boris contre sa jupe.

— Ils n'apprendront jamais assez tôt à être des hommes.

— Ils sont fatigués.

— Je suis moi-même fatigué.

Les lumières du quai éclairaient l'intérieur du wagon d'une réverbération jaunâtre. Mal réveillés, Serge et Boris vacillaient sur leurs jambes gourdes et considéraient la foule d'un air incompréhensif.

— Qu'est-ce qu'ils nous veulent, maman? demanda Serge. Pourquoi nous ont-ils bousculés?

Marfa Antipovna se signait et rognonnait humblement :

— Sauve-nous, Seigneur ! Prends-nous par la manche et sauve-nous !

Mlle Fromont rajustait d'une main nerveuse son foulard de paysanne russe sur ses cheveux grisonnants. Toussotant et reniflant, Boutourline traînait les bagages et les disposait de façon à constituer un nouveau recoin exigu, mais confortable, pour Marie Ossipovna et les deux garçons.

— La nichée bourgeoise est au complet, grogna un soldat trapu, qui portait une besace sur l'épaule. Ils en prennent de la place ! Et la vieille avec sa fourrure sur le dos ! Tu penses qu'elle se dérangerait ? Elle se croit une princesse, au moins !

Il fit un pas vers Marie Ossipovna, qui était restée assise sur sa mallette, contre le mur.

— Ne la touchez pas ! s'écria Tania. Elle est malade.

— Je ne suis pas malade. Mais je te défends tout de même de me toucher, chien enragé, vermine ! dit Marie Ossipovna d'une voix tremblante.

Et elle leva sa canne.

Ses yeux étaient bordés d'une lumière blanche. Ses lèvres se retroussaient sur ses canines.

— Je vous en supplie, monsieur Boutourline, intervenez ! dit Tania.

— Calmez-vous, dit le commissaire. Ce ne sont pas de méchants bougres. Si vous ne les excitez pas, il ne se passera rien d'anormal.

Le soldat se dandinait devant Marie Ossipovna, les mains sur les hanches, la lippe mauvaise.

— Laisse-la, Stiopka ! cria quelqu'un. On lui réglera son compte quand le moment sera venu.

— Je crache sur toi, dit Marie Ossipovna.

Stiopka la menaça du poing, la traita d'épouvantail puant et s'éloigna en bousculant les voisins.

Grâce aux efforts de Boutourline, Serge et Boris purent de nouveau s'étendre sur un matelas de valises et de balluchons. Marie Ossipovna demeura assise sur sa mallette, comme sur un trône. Elle paraissait ne rien voir, ne rien entendre, isolée dans un rêve de royauté totale. Subitement, un râle s'éleva dans le fond du wagon :

— Olga... Olga..., j'arrive...

— Eh, mais il est en train de crever! dit l'un des soldats. Sortez-le, les gars. Nous ne sommes pas un fourgon mortuaire...

Dans une confusion de bras et de jambes, le corps fut tiré de son refuge et descendu sur le quai. Puis, un soldat poussa la porte à glissières, et une nuit opaque remplaça la pénombre. Quelqu'un frotta un briquet, alluma deux chandelles suiffeuses et les fixa sur une traverse. Des clartés fauves dansèrent sur cette flore sous-marine qui remuait mollement. Horrifiée, harassée, Tania s'appuya au mur du wagon et dit en se tournant vers Boutourline :

— Je regrette d'être partie. Je me demande si nous ne ferions pas mieux de revenir à Moscou.

— Pourquoi?

— Il me paraît impossible que ce voyage s'achève sans incidents. Je croyais que vous alliez nous défendre contre ces hommes, et vous n'avez pas ouvert la bouche pour protester. Si vous vous nommiez, si vous disiez que vous êtes un commissaire, peut-être nous laisseraient-ils en paix?

Boutourline se mit à rire :

— La mission que j'accomplis en vous accompagnant n'est pas tellement régulière que je tienne à me faire remarquer. Il suffirait d'une maladresse pour tout compromettre. Je dois penser à ma place. Et à ma peau. Vous avez vu comment ils m'ont tapé dans le ventre!...

— Si vous leur aviez annoncé, à ce moment-là, que...

— J'ai préféré encaisser. C'est plus sage. Et je vous conseille d'en faire autant.

Tania ferma les paupières et crut qu'elle tombait

dans un puits sans fond. La voix de Boutourline résonna, obséquieuse et lente, à ses oreilles :

— Reprenez-vous! Les bolcheviks ne vous mangeront pas! Il faut les comprendre! Voyez, je suis des leurs et j'aime la poésie : « O vous, dieux, grands dieux, habitants du vaste ciel, donnez-nous sur la terre un bon courage et une ferme raison, et nous vous laisserons, bons dieux, votre vaste ciel. » C'est encore de Gœthe. Bon courage et ferme raison, vous entendez ?

Le choc des tampons fit choir les deux chandelles, et le wagon plongea dans une nuit subite. De nouveau, quelqu'un battit le briquet. Un soldat grommela en rallumant les mèches :

— Nous sommes encore bien bons de faire profiter les bourgeois de notre lumière.

Le train démarra dans un long crissement fatigué. Une voix de ténor, forte mais enrouée, domina le tintamarre des roues :

Donnons aux poissons
La chair des volontaires,
Nous ferons une pilée
Des bourgeois en fuite ;
Au pied du Caucase,
Nous réquisitionnerons
Les chaussures mordorées,
Les cuirs et les satins...

— C'est intolérable, gémit Tania.

Le soldat trapu, qui portait une besace, pivota sur ses hanches et tendit vers la jeune femme une figure hargneuse :

— De quoi te plains-tu, scorpion capitaliste ?

— Je ne vous parle pas, dit Tania dans un souffle.

— Et moi, je te parle! cria l'homme. Tu devrais me cirer les bottes et tu oses protester ? Un mot de plus et je te flanquerai par la portière, toi, tes bâtards et ta suite de vieilles guenons.

— Ne me tutoyez pas, puisque je ne vous tutoie pas.
— Je te tutoierai si ça me plaît.
— C'est lâche d'insulter une femme.
— Les bourgeoises ne sont pas des femmes. Toutes, vous avez bu notre sang en abondance. Et maintenant que le peuple triomphe, vous fuyez vers le sud, comme des rats. J'ai fait la guerre, moi! J'ai des poux sur tout le corps!

Des lueurs grimaçantes glissaient sur les méplats de son visage. Son haleine fétide frappait la bouche de Tania. Anéantie de peur, elle détourna la tête.

— As-tu fini de râler, Stiopka? dit un autre soldat. Toujours, quand on voyage avec toi, il arrive des histoires! Chante plutôt, ça fait passer le temps.

Stiopka, docile, se mit à chanter avec ses compagnons :

Soldat russe,
Botte anglaise,
Robe japonaise,
Régent d'Omsk.
Le char à bancs est à moi!
Il vient d'Amérique.
Si l'argent me manque,
Je vendrai mes armes;
Voilà les filles qui passent,
En relevant leurs jupes.
Derrière elles, des Tchèques
Croquent des noisettes!...

Les voix résonnaient fortement entre les parois de planches. Les faces des chanteurs se dandinaient en cadence dans l'éclairage avare des chandelles. Tous les voyageurs, ou presque, se tenaient debout, encaqués dans une odeur de bottes, de sueur et de charbon. Au-dessus de sa tête, Tania entendit un martèlement étrange. Sans doute y avait-il des gens installés là-haut, à l'air libre. Boutourline lui dit qu'en effet de nombreux passagers, n'ayant pu trouver de place dans les wagons, s'étaient hissés sur les toits.

Habillé d'une croûte humaine, le convoi roulait avec un grondement régulier dans la nuit. Le vent froid de la course rasait en sifflant ce dépôt de corps crispés et de balluchons ventrus. Des escarbilles volaient dans le gouffre noir du ciel. La locomotive mugissait plaintivement.

Dans les petites maisons blanches, au bord de la voie, des femmes s'éveillaient en sursaut, écoutaient passer le train et se recouchaient, apaisées.

II

Le lendemain, à plusieurs reprises, les voyageurs durent quitter leur wagon pour la vérification des papiers. Certaines stations étaient dirigées par des Soviets locaux qui ne reconnaissaient pas le Soviet de Moscou et contestaient l'authenticité des sauf-conduits présentés par Boutourline. Les discussions du commissaire et des contrôleurs renseignaient Tania sur la désorganisation effroyable qui régnait en territoire bolchevik. Des rivalités de villages, des querelles de comités décomposaient l'administration nouvelle. Il n'y avait pas de signatures ni de cachets valables d'une collectivité à l'autre. Chaque lambeau de province vivait à sa façon. Souvent, des chefs de bandes imposaient leur loi à toute une circonscription. Cependant, grâce à l'éloquence de Boutourline, grâce également aux pourboires qu'il distribuait sans compter, les palabres avec les contrôleurs s'achevaient toujours à l'avantage de Tania et de sa famille. Par une faveur insigne, les bagages des réfugiés ne furent visités que deux fois et d'une manière toute superficielle. A mesure que les heures passaient, Tania reprenait espoir. Les soldats qui encombraient son wagon descendirent à Orel et furent remplacés par des paysans aussi nombreux mais plus pacifiques. Et le voyage se poursuivit, monotone, épuisant, coupé de haltes en rase campagne, de disputes et de batailles entre ceux qui occupaient les voitures et ceux qui voulaient y pénétrer de force. Peu avant d'arriver à Koursk, Boutourline annonça qu'il ne lui restait plus un kopeck sur l'argent que Tania lui avait confié au départ. Tania hésita longtemps et finit par lui remettre encore dix mille roubles, en affirmant que c'était là sa dernière réserve. A la station suivante, Boutourline sortit avec une théière pour chercher de l'eau chaude. Quand le train s'ébranla, Tania s'aperçut que le commissaire n'était pas remonté dans le wagon. Aussitôt, elle se précipita à la portière, voulut sauter en marche, puis songea à ses enfants qu'elle ne pouvait pas laisser et s'immobilisa, dévorée de rage impuissante.

— Boutourline nous a quittés, s'écria-t-elle en revenant dans le coin où se trouvaient les bagages.

— Eh bien, tant mieux, dit Marie Ossipovna. C'était un vaurien. Sa figure m'empêchait de dormir. Je suis de taille à me passer de lui.

Tania baissa la tête et retourna vers la portière. Outre les dix mille roubles, Boutourline emportait dans ses poches les laissez-passer de toute la famille. Le dépit que Tania éprouvait à s'être fait manœuvrer de la sorte se mêlait à une terreur panique devant les conséquences probables de son dépouillement. Quels documents exhiberait-elle à la frontière bolchevique ? La croirait-on si elle expliquait qu'elle avait perdu ses papiers ? Ne la refoulerait-on pas vers Moscou, tandis que Michel l'attendait à Kharkov ? A moins qu'on ne l'emprisonnât pour avoir tenté de voyager en fraude ? Elle s'essoufflait à réfléchir vainement. Une sueur glacée collait son linge à sa peau. Son imagination surexcitée lui montrait avec précision les scènes d'un interrogatoire brutal auquel elle ne savait que répondre. Pour la première fois, depuis le début de cet exode, elle eut vraiment l'impression qu'elle était au-dessous de sa tâche, que les événements l'accablaient et que Dieu même s'opposait à ce qu'elle rejoignît Michel.

Jamais encore elle ne s'était sentie aussi faible, aussi seule, aussi malheureuse. Mais peut-être Boutourline, pressé par le temps, était-il monté dans un autre wagon ? Peut-être le reverrait-elle au prochain arrêt ? Tania se cramponnait à cette chance improbable. « Je suis sotte de m'affoler. Il ne peut pas nous avoir trahis. S'il avait voulu nous abandonner, il aurait eu l'occasion de le faire plus tôt, dès notre départ. Mais sans doute comptait-il obtenir plus d'argent en restant auprès de nous jusqu'à la dernière minute ? Et les sauf-conduits ? Pourquoi les aurait-il volés ? Espère-t-il s'en resservir pour d'autres réfugiés, en grattant les noms sur la feuille ? » Jadis, elle attendait avec impatience le moment de franchir la ligne de démarcation. A présent, chaque tour de roue qui la rapprochait des postes-frontière augmentait son angoisse. Elle eût souhaité pouvoir ralentir la marche du train et retarder ainsi l'instant de la catastrophe finale. Or, contrairement à son désir, la locomotive paraissait accélérer son allure de minute en minute. Effrayée par cette vitesse croissante, Tania voulut confier son désarroi à quelqu'un, demander conseil. Mais elle se dit qu'il était inutile d'alarmer Marie Ossipovna ou Mlle Fromont, puisqu'elles étaient, de toute façon, incapables de la secourir.

Les enfants, assis sur une valise, jouaient avec leur ours en peluche et leurs crayons de couleur. Mlle Fromont expliquait à Marfa Antipovna la recette d'une galette délicieuse qu'on fabriquait en Suisse. Marie Ossipovna trônait sur sa mallette, telle une statue vivante de la réprobation. Autour d'eux, s'accumulaient des faces rudes, tendues par la fatigue et l'anxiété. Le convoi tressaillait au passage des joints et des aiguillages. Le martèlement des roues obsédait l'esprit comme la répétition d'une phrase fatidique : « Tout est perdu... » Tania eut envie de se boucher les oreilles et de hurler dans le vent pour se libérer de la peur.

Aux ultimes lueurs du jour, le train s'arrêta en rase

campagne. Des cris impératifs retentirent à l'extérieur :

— Poste-frontière ! Tout le monde descend !

— Mon Dieu, aidez-moi ! murmura Tania en soulevant sa valise.

Marfa Antipovna et Mlle Fromont gesticulaient autour des enfants :

— Boutonnez votre manteau, Serge, il fait frais.

— Et Boris qui est tout décoiffé !

— Où est le nécessaire de toilette ?

— Comptez bien les bagages, dit Tania. Je peux prendre encore une valise. Vous vous chargerez des balluchons.

Un à un, les voyageurs quittaient le wagon et se rangeaient en file au bord de la voie. Le soleil déclinait derrière une forêt aux arbres nus. Les ombres s'allongeaient démesurément en travers de la route. Une dernière fois, Tania espéra voir Boutourline accourant vers elle, tout essoufflé, sa théière à la main. Elle interrogeait avidement la foule indifférente. Mais Boutourline demeurait introuvable. Tania comprit qu'elle ne pouvait compter que sur elle-même pour se tirer de ce mauvais pas. Des soldats déambulaient autour du rassemblement :

— Un par un, volailles endormies ! Et vos papiers à la main ! En avant !...

Le cortège se mit en branle. Les pieds traînaient sur la boue sèche du chemin. Les coins des valises meurtrissaient les cuisses. Une gravité peureuse unifiait l'expression des figures. On eût dit que chacun de ces hommes, de ces femmes, avait quelque chose à se reprocher. Rapidement, Tania résolut de présenter au commissaire un certificat médical qu'elle avait fait établir, le mois dernier, et qui lui prescrivait de se rendre en Crimée, avec ses enfants, pour raisons de santé. Peut-être arriverait-elle à fléchir l'intransigeance du fonctionnaire bolchevique en lui expliquant que ses fils et elle-même avaient besoin de soleil et de bonne nourriture ? Son sort dépendait de l'humeur dans laquelle se trouverait cet inconnu redoutable. Certes, elle ne se faisait pas d'illusion sur la valeur de ses arguments. Mais il lui semblait encore, contre toute raison, que Dieu ne pouvait pas l'abandonner à une si faible distance du but.

— Grouille-toi, la vieille! hurla le soldat de garde en s'adressant à Marie Ossipovna. C'est ta fourrure qui te gêne? Passe-la-moi et ça ira mieux.

Tania se retourna et vit sa belle-mère qui brandissait sa canne et criait des injures en circassien. Mlle Fromont baissait le front, comme un taureau, et haletait :

— S'il ose me toucher, je lui montre mon passeport.

Le ruban sombre des têtes rampait en suivant les détours du chemin. Une réverbération orange enveloppait ce troupeau de suppliants en marche vers le temple d'un dieu irrité. Devant Tania, trottait le vieux petit juif au bonnet d'astrakan, qui avait pris le train en même temps qu'elle, à Moscou. Il portait un sac de voyage en cuir, très lourd, et geignait à chaque pas. Il finit par s'arrêter pour essuyer son visage ruisselant de sueur.

— Avance! Avance! On n'est pas ici pour faire sa toilette! glapit un soldat.

Le poids des valises tirait douloureusement les épaules de Tania. Ses mains cuisaient. Ses talons hauts butaient dans les ornières. Enfin, elle aperçut un réseau de fils de fer barbelés qui coupait la chaussée et les champs. C'était la frontière bolchevique. Des sentinelles en armes gardaient la chicane. Les premiers réfugiés pénétraient déjà dans une baraque en bois, située au bord de la route. C'était là, vraisemblablement, que se tenait le commissaire chargé de vérifier les laissez-passer. Comme Tania approchait de la porte, elle sentit qu'une violence froide la soulevait, telle une lame de fond. Décidée à jouer le tout pour le tout, elle devenait courageuse avec facilité. Ses poumons respiraient à l'aise. Son menton se dressait dans un réflexe de fierté tranquille. Elle entra avec le vieux juif dans la bicoque bourrée de soldats. Un jeune homme chevelu, aux moustaches en accolade, siégeait derrière une table couverte d'un buvard rose tendre. Le vieux juif s'avança vers lui et tendit ses papiers avec une courbette. Le commissaire les examina longuement, en fronçant les sourcils, apposa un cachet au bas de la page et dit :

— La valise.

Un soldat ouvrit le sac de voyage, fouilla à pleins doigts dans un mélange de linge sale et de quignons de pain, et finit par extraire du tas une grande boîte de cigarettes.

— Eh bien, oui, gémit le vieux juif avec un sourire menu, je l'avoue, je suis un affreux fumeur! Si vous trouvez qu'il y en a trop, prenez-en quelques-unes.

Le commissaire ramassa une poignée de cigarettes à bout de carton, les fourra dans sa poche et rendit la boîte au juif qui se confondit en remerciements.

— Tu peux aller.

Le vieillard disparut en traînant son sac de voyage aux mâchoires entrouvertes. Le tour de Tania était venu. Elle fit un pas et sentit que son cœur s'arrêtait de battre, que les idées fuyaient sa tête comme des oiseaux dispersés par un coup de feu. Ses dents étaient soudées par la peur. Le certificat médical tremblait au bout des doigts inertes.

— Attendez, dit le commissaire.

Il glissa une cigarette dans sa bouche et battit son briquet. Mais, au lieu de se consumer normalement, le papier, à peine allumé, poussa une flamme vive comme une torche. Aussitôt, le commissaire arracha la cigarette de ses lèvres et la déchira d'un coup d'ongle. Elle ne contenait pas de tabac mais des roubles Kérensky roulés en tube. Une lueur de haine élargit les yeux de l'homme, et sa moustache se tordit au-dessus de ses dents jaunes et mal plantées.

— Le salaud! glapit-il en appliquant un coup de poing sur la table. Je vais lui régler son compte! Camarade, tu t'occuperas de vérifier les documents pendant que je liquide ce spéculateur...

Et il sortit en courant. Un vieux soldat barbu et débonnaire prit sa place. Levant les regards sur Tania, il demanda d'une voix enchifrenée :

— Vos papiers ?

Tania déposa le certificat médical sur le buvard rose de la table, et il lui sembla que la foule s'éloignait d'elle et la laissait seule sur un rocher. Des tiraillements désagréables secouaient l'extrémité de ses nerfs. Elle ne trouvait plus les mots qu'elle avait préparés. Le soldat plissait son front strié de lignes grises et tournait le feuillet entre ses doigts d'un air indécis. Visiblement, il ne savait pas lire.

— C'est quoi, ça ? finit-il par dire en bâillant.

— Un certificat médical, murmura Tania.

— C'est-à-dire que vous êtes malade ?

— Gravement malade...

Elle ajouta, payant d'audace :

— Comme vous pouvez le voir, ce papier a été contresigné par les autorités bolcheviques de Moscou.

— Oui, oui, et les autres documents ?

Enhardie par l'amabilité et l'ignorance de son interlocuteur, Tania tira de son sac la carte d'une société de bienfaisance dont elle avait fait partie avant la guerre. Cette carte, imprimée sur du papier rouge, portait de nombreux cachets et quelques signatures. La couleur rouge, les cachets et les signatures parurent impressionner le soldat.

— Je comprends, dit-il. C'est un sauf-conduit spécial.

— Exactement, dit Tania.

Et, du coin de l'œil, elle surveillait l'entrée de la baraque, dans la crainte que le commissaire ne revînt à temps pour la démasquer. Sa tension d'esprit était telle qu'elle estimait ne pas pouvoir supporter plus longtemps cet interrogatoire : « Vite ! vite, pourvu qu'on ne remarque rien, qu'on nous laisse aller! » Le soldat approchait son nez de la carte, la palpait entre ses gros doigts fendillés et crasseux. Puis, il la rendit à Tania et se gratta la nuque.

— Je n'en ai jamais vu de comme ça, dit-il. Il faudrait patienter jusqu'au retour du commissaire.

Un désespoir subit brisa la résistance de Tania. Se penchant au-dessus de la table, elle gémit :

— Oh! ayez pitié!... Ne nous faites pas attendre!... Mes enfants sont si fatigués!...

— Où se trouvent-ils, vos enfants?

Tania se tourna et montra Serge et Boris qui se tenaient debout derrière elle.

La face tannée du soldat s'arrondit dans un sourire triste :

— Ils sont gentils.

— N'est-ce pas?

— Maman, est-ce qu'on va rester longtemps ici? dit Boris. Ce n'est pas drôle!

L'homme se mit à rire et se caressa la barbe du bout des doigts. Son petit œil bleu devint rêveur.

— Comme il gazouille! murmura-t-il enfin. Vous n'avez pas d'argent, pas d'or, pas de denrées interdites dans vos bagages?

— Non, dit Tania en regardant l'homme droit au visage, d'une manière affectueuse et suppliante.

— Et vous êtes seule avec vos enfants?

— Ces trois personnes m'accompagnent. Ce sont des membres de ma famille. Tout cela est... est marqué sur la carte... Si vous voulez vérifier...

— C'est inutile. Vous pouvez partir.

Elle ne sut que plus tard avec quelle précision l'image du soldat barbu s'inscrivait dans sa mémoire. Épuisée de joie, le cœur en loques, les jambes désaccordées, elle s'éloigna de la table, suivie de Serge et de Boris qui babillaient à perdre haleine sans se douter de rien. Marfa Antipovna se signait en répétant :

— Le brave homme! Le saint homme! Je brûlerai

un cierge pour lui! Cela lui rendra service dans l'autre monde, et, peut-être, dans celui-ci.

Derrière la chicane, des paysans attendaient avec des voitures. Une zone neutre de quelques kilomètres s'étendait entre la frontière bolchevique et la frontière de l'Ukraine gardée par les Allemands. Tania loua deux tarantass pour transporter la famille et les bagages. Lorsque les chevaux s'ébranlèrent, elle vit, non loin de la route, à la lisière d'un bois, le vieux juif affalé, les bras en croix, la face contre terre. Son sac de voyage ouvert gisait à ses côtés. Le commissaire se tenait à proximité du cadavre et discutait avec deux soldats aux silhouettes solides. La nuit venait. Une étoile trembla au ciel. Les roues des tarantass grinçaient comme des violes.

Chemin faisant, le cocher expliqua à Tania la situation politique de l'Ukraine. A l'entendre, les Allemands affamaient la campagne par des réquisitions continuelles de blé et de bétail. Le gouvernement russe de l'hetman Skoropadsky perdait sa popularité, chaque jour davantage, parce qu'il était ouvertement soutenu par les occupants. Les séparatistes ukrainiens lui reprochaient, en outre, d'être favorable à l'ancien régime et de préparer en secret le retour de cette province à la Russie. Enfin, beaucoup d'officiers, qui servaient dans les troupes de Skoropadsky, préféraient le quitter pour rejoindre l'armée du général Dénikine, établie dans le Sud, avec l'approbation, non plus des Allemands, mais des Alliés. A travers les paroles du cocher, la conjoncture paraissait plus embrouillée encore qu'elle ne l'était en réalité. Russes blancs, forces de police allemandes, Ukrainiens séparatistes et soldats de l'hetman formaient un mélange inextricable de races et d'opinions qui s'opposait au bloc bolchevique. Fatiguée par ses émotions, Tania prit le parti de ne plus écouter l'homme qui bavardait toujours en se dandinant sur son siège.

Une ombre opaque régnait à présent de part et

d'autre de la route. L'étoile avait disparu. Les grelots des chevaux tintaient petitement dans l'obscurité. Boris s'était assoupi contre la hanche de Tania. Elle le sentait tout chaud et palpitant, collé à son flanc dans une confiance parfaite. Serge, lui, le dos droit, la tête levée, interrogeait l'espace, humait le vent. Assises dans le second tarantass, Marie Ossipovna, Mlle Fromont et la nounou devaient commenter les événements de la frontière. Tout était en ordre. Échappée au dernier péril, Tania reprenait goût à la vie. En vérité, elle était fière d'avoir su conduire sa famille à bon port, malgré toutes les embûches du chemin. Plus tard, à Kharkov, Michel la féliciterait pour son initiative et sa ténacité. Et cette performance servirait encore à racheter sa faute. Subitement, le cocher tira sur ses guides et cria :

— Allons, bon! Voilà une patrouille de uhlans!

— Où?

— Là-bas... Devant nous... On voit luire leurs casques. Nous ferions mieux de couper à travers champs.

Il fouetta son cheval, et le tarantass, avec un sursaut gémissant, quitta la route et s'engagea dans la terre meuble.

— Pourquoi devons-nous éviter les Allemands? demanda Tania. Ils ne nous feront rien. Ce ne sont pas des bolcheviks...

— Non, bien sûr, dit le cocher. Seulement, depuis une semaine, ils arrêtent tous les réfugiés et les mettent en quarantaine, rapport à la maladie.

— Quelle maladie?

— La grippe espagnole, parbleu! Les gens crèvent comme des mouches dans la région.

Le second tarantass avait suivi l'itinéraire du premier. Cahotant et craquant, les deux voitures progressaient à petits pas dans un univers d'encre noire. Un moment, Tania craignit que le cocher ne l'eût trompée et ne s'écartât du chemin pour mieux pouvoir la dévaliser. Elle regretta de n'avoir pas une arme pour se défendre. Ses mains faibles se crispaient sur le fermoir de son sac :

— Retournez vers la route, immédiatement.

— C'est plus la peine de bouger, dit l'homme. Ils nous ont repérés, les loups !

Un galop amorti résonna dans les ténèbres. La patrouille allemande arrivait droit sur les tarantass. Tania vit luire les lances et les casques en forme de chapskas. Une voix essoufflée glapit :

— *Halt !*

Et, presque aussitôt, la clarté d'une lampe de poche frappa Tania au visage. Éblouie, elle rejeta la tête en arrière. Boris se mit à pleurer. Serge s'écria :

— Oh ! des uhlans ! Des vrais ! Regarde leurs casques !

Rassemblant des souvenirs d'allemand, qui dataient de ses études au gymnase, Tania balbutia :

— *Wir sind nicht krank* [1]...

Un uhlan répondit quelques mots rapides qu'elle ne comprit pas et, se tournant vers le cocher, hurla sur un ton de commandement :

— *Los! Los!*

Escortés de six cavaliers, les tarantass se remirent en marche. Bientôt, les roues retrouvèrent la semelle sèche de la route. Des branches d'arbres éraflaient le bord de la voiture. On traversait une forêt. L'un des uhlans avait allumé une cigarette, et ce point incandescent sautait en zigzag dans la nuit. Les selles grinçaient. Les étriers tintaient. Un vent froid se leva, secouant une odeur de feuilles mortes et de fumée. Le convoi longea un village endormi où brillaient de faibles lumières carrées.

— Mais où nous mène-t-on ? dit Tania, à bout de patience.

— Aux baraquements de la quarantaine, dit le

1. Nous ne sommes pas malades...

cocher. Nous sommes presque arrivés. Dieu vous garde, ma petite dame, ce n'est pas beau.

L'un après l'autre, les tarantass franchirent un passage étroit, entre des réseaux de fils de fer barbelés. Des sentinelles allemandes surgirent de l'ombre, échangèrent des paroles gutturales avec des uhlans et disparurent, effacées de la surface du monde. Les voitures s'immobilisèrent enfin sur un terre-plein, entouré de longues cabanes en bois. Quelques fenêtres étaient éclairées. Le drapeau allemand flottait au sommet d'une perche, devant le bâtiment central. Tania avait de la peine à croire qu'elle se trouvait encore en Russie. Toute sa peau tremblait d'indignation.

— Ils vont vous mener au commandant du camp, dit le cocher. Vous vous expliquerez avec lui. Il y a un interprète au bureau.

Le commandant accueillit Tania avec courtoisie, mais refusa de la laisser repartir. Les ordres qu'il avait reçus étaient formels. Trop de réfugiés, avertis à temps, s'arrangeaient pour éviter les patrouilles allemandes. Quand les services sanitaires pouvaient arrêter quelques voyageurs venant de la zone bolchevique où se propageait l'épidémie, ils ne les lâchaient qu'après un séjour de deux semaines dans le camp. Cette mesure de précaution était prise dans l'intérêt de la population, et il était inadmissible que des citoyens russes prétendissent violer les lois de la quarantaine au risque de contaminer leurs compatriotes. Tania eut beau montrer les certificats de vaccination dont elle avait eu soin de se munir et une lettre de recommandation délivrée par les bureaux consulaires allemands de Moscou, le commandant demeura inébranlable. Ayant fait inscrire toute la famille dans un registre, il enjoignit au planton de conduire les nouveaux venus à la baraque numéro B. 5.

En pénétrant dans la cabane, Tania, fut saisie à la gorge par une odeur douceâtre de chair morte et de résine. L'obscurité était trop profonde pour qu'il fût possible de distinguer les dimensions et l'ameublement de la pièce. Serge et Boris, serrés contre leur mère, ne disaient mot, épouvantés par la nuit. Marie Ossipovna bougonnait à son habitude en tapant le plancher avec sa canne :

— Sales bolcheviks ! Je leur montrerai...

— Ce ne sont pas des bolcheviks, mais des Allemands, murmura Tania.

— S'ils le disent, ne les crois pas. Moi, je sais.

— *Schneller!* hurla le planton, en poussant Mlle Fromont et la nounou dans la pièce noire.

Lorsque tout le monde fut entré dans la maison, il rabattit la porte. Boris jeta un cri de peur, parce que son pied avait heurté un corps mou. Quelque chose remuait et ronflait au ras du sol.

— Il y a des bougies dans le nécessaire de toilette, nounou, dit Tania. Tâchez de les trouver et d'en allumer une.

Elle était si lasse qu'elle n'avait plus le désir de se révolter contre rien. Qu'étaient les inconvénients secondaires de la quarantaine auprès des dangers qu'elle avait courus dans le train et au poste-frontière ? Ce retard de quinze jours était déplorable, certes, mais elle devait s'estimer heureuse de se tirer à si bon compte d'un voyage qui aurait pu se terminer tragiquement. L'allumette craqua, et une jolie flamme, en forme d'amande, s'accrocha à la mèche de la bougie. Les ténèbres refluèrent en désordre vers les quatre murs. Tania fit deux pas en arrière et un gémissement d'horreur s'échappa de ses lèvres. Par terre, sur des litières de paille rare, ou à même les planches, gisaient des corps humains aux profils ravagés. Ces mannequins sinistres, raides, lustrés de sueur, regardaient le plafond avec des yeux brillants comme des billes d'agate. Leurs mâchoires happaient l'air en claquant. Une respiration saccadée levait et abaissait leurs poitrines, selon le rythme mécanique d'un piston.

— Mon Dieu! piailla la nounou. Mais c'est l'enfer! Il faut sortir de là...

Elle se précipita sur la porte, la secoua de toutes ses forces. La porte était fermée à clef.

— Au secours! au secours! criait-elle en tapant le battant de son poing osseux.

Puis, elle s'assit sur une valise et se mit à pleurer.

Dominant sa répulsion, Tania se pencha sur l'un des malades qui paraissait moins inconscient que les autres et demanda :

— Que faites-vous ici?

L'homme jeune encore, avec un visage banal envahi de barbe, se haussa péniblement sur un coude et dirigea vers Tania un regard hébété.

— Vous êtes Russe? reprit Tania.

Il acquiesça de la tête.

— Réfugié?

— Oui, dit-il d'une voix grelottante. Ils m'ont mis en quarantaine. Mais c'est en quarantaine qu'on l'attrape, la grippe espagnole. Tout le camp est infesté. La plupart entrent ici bien portants et crèvent au bout de quelques jours. Moi... moi, je vais crever... Et vous... Et tous... tous...

— Y a-t-il au moins un docteur dans le camp?

— Oui..., il passe le matin pour constater les décès...

— Et les médicaments?

— Quels médicaments?... Pas de médicaments... Pas de nourriture... Rien...

L'homme retomba, épuisé, les babines retroussées sur des dents de squelette. Une vibration horizontale agita son corps long et plat. Ses pieds paraissaient énormes, comme des maillets.

Tania se tourna vers ses enfants. Ils se tenaient par la main et considéraient la scène avec stupeur. Marie Ossipovna, engoncée dans sa cape de zibeline, tel un vieil oiseau dans son plumage, alluma une deuxième bougie et dit :

— Il faut jeter tous ces gens dehors et balayer après!

— C'est inadmissible! s'écria Mlle Fromont. Cela dépasse Goya. Nous devons faire quelque chose. Que décidez-vous, madame?...

— Nous coucherons ici, dit Tania. Et, demain matin, j'essayerai d'obtenir qu'on nous transfère dans une autre baraque. Mais je crains fort que les conditions de logement ne soient les mêmes partout.

— Coucher ici? rétorqua Mlle Fromont en écarquillant les prunelles. C'est le meilleur moyen pour contracter leur sale maladie!

— Proposez-moi une autre solution.

Mlle Fromont inclina la tête sans répondre.

— Je dirai des paroles magiques en circassien et en russe, et tout le monde sera sauvé, déclara Marie Ossipovna avec une assurance auguste.

— Par ici, il y a de la place, dit Tania.

Elle désignait un mur, à l'autre bout de la pièce, devant lequel s'étalait une large surface de plancher nu. Sans doute avait-on débarrassé ce lieu des cadavres qui, naguère encore, s'y alignaient côte à côte? Tania frissonna à cette pensée et serra les lèvres avec écœurement. Mais, cette fois encore, le sentiment de sa responsabilité lui rendit un peu de courage. Comptable envers Dieu de ces cinq existences, elle ne voulait pas se laisser abattre. Vaillamment, elle donna des ordres :

— Nous allons balayer ce coin avec un tampon de papier, déplier nos plaids. Les enfants coucheront entre nous. Vous prendrez tous de l'aspirine avant de vous endormir...

Rassurées par le ton catégorique de Tania, Mlle Fromont et la nounou se mirent à l'ouvrage. Bientôt, les litières furent prêtes. La gouvernante distribua à toute la famille des mouchoirs aspergés d'eau de Cologne pour les placer devant le nez, pendant le sommeil.

— C'est un désinfectant comme un autre, disait-elle. Les microbes, quels qu'ils soient, redoutent l'eau de Cologne.

Boris refusait d'avaler sa dose d'aspirine. Il fallut délayer le demi-cachet dans un gobelet de thé froid. L'enfant geignait :

— Je n'aime pas ça... Laissez-moi... Je vais vomir...

— Je suis sûre qu'il a déjà la fièvre, chuchota Mlle Fromont.

Tania glissa deux doigts dans le col de Boris. La peau du cou était chaude et moite.

— Donnez-lui encore un demi-cachet, dit Tania.

Boris se jeta sur le sol et hoqueta de colère en tapant des pieds dans le vide.

— J'en prendrai aussi, dit Serge en adressant à Tania un regard complice.

Cette promesse calma Boris qui se laissa soigner en reniflant des larmes.

— Et rien ne sera, et il n'y aura rien. Et rien ne sera, et il n'y aura rien, répétait Marie Ossipovna en tournant sur elle-même d'un air important et secret. Elle frappait le plancher avec sa canne et crachotait dans tous les sens :

— Tfou! Tfou! Tfou! Tfou! Au Nord et à l'Est, au Sud et à l'Ouest! Tfou!

Puis, elle s'approcha de Tania et dit sur un ton satisfait :

— Tu peux dormir tranquille.

Les bougies étaient aux trois quarts consumées. Dans la cour, des charrettes arrivaient encore en grinçant. Et toujours sonnaient les mêmes cris rauques, comme des appels de corbeaux :

— *Schnell! Los! Los!*

Sans doute amenait-on de nouveaux réfugiés qui n'avaient pu échapper aux patrouilles.

Agenouillés côte à côte, les enfants disaient leur prière :

« Notre Père qui êtes aux cieux, que Votre nom soit sanctifié, que Votre règne arrive... »

Enfin, les voyageurs, grands et petits, s'allongèrent, sans se déshabiller, sur les plaids et les couvertures.

Une seule bougie brûlait encore. Elle s'éteignit tout à coup. Engloutie par l'ombre, Tania se rapprocha de Serge et lui prit la main.

— N'aie pas peur, maman, dit Serge.

A l'autre bout de la pièce, les fiévreux invisibles luttaient contre la mort. Un halètement chaud venait des ténèbres, comme si un énorme poumon engorgé eût fait entendre, là-bas, son lent travail de soufflerie. On eût dit que l'atmosphère tenait en suspens une poussière impalpable de parcelles putrides. La maladie poussait au visage de Tania son relent d'intestins avariés et de chairs défaites. Elle lui tapissait les narines, la bouche, d'un goût à la fois aigre et sucré. Elle la baignait de l'intérieur et de l'extérieur, telle une eau trouble. Chaque aspiration enfonçait plus avant, dans les entrailles, cette contagion fourmillante. Recroquevillée sur elle-même, comme pour donner moins de prise aux forces ennemies. Tania tentait de raisonner sa peur : « Ce ne sera rien. Une mauvaise nuit à passer. Et, demain matin, j'exigerai qu'on nous change de local. Surtout, ne pas perdre l'espoir. Tenir, tenir... » Une rumeur de trottinements lestes la tira de ses réflexions. Il y avait des rats dans la chambre. Ils couraient entre les corps, s'appelaient à petits cris aigus. Tania craqua une allumette, et un dos velu, une longue queue souple, détalèrent vers la droite.

— Pourquoi avez-vous allumé, madame ? demanda Mlle Fromont.

— Je voulais voir si les enfants étaient bien couverts, dit Tania.

De toute la nuit, elle ne put dormir, à cause du remue-ménage des rats et de la plainte monotone des agonisants. Au petit jour, des soldats vinrent ouvrir la porte et un médecin militaire entra dans la baraque, en criant :

— *Guten Tag!*

Il y avait deux morts parmi les malades de la veille.

Les soldats les enroulèrent dans leurs couvertures et les sortirent pour les charger sur un tombereau. Ayant noté quelques mots dans son calepin, le docteur s'approcha de Tania, claqua des talons devant elle et prononça d'une voix engageante :

— *Wie geht's ?*

Des lunettes cerclées d'or chevauchaient son nez tranchant comme une étrave. Il parlait un peu le français, et Tania, aidée de Mlle Fromont, put lui expliquer son inquiétude et le prier d'insister auprès du commandant pour qu'il les exemptât de la quarantaine.

— Absolument impossible, dit le docteur. Notre réglement est en opposition avec votre désir.

— Mais, dit Mlle Fromont, nous ne sommes pas malades et vous nous placez parmi les contagieux ! C'est absurde ! C'est criminel ! Voudriez-vous notre mort que vous n'agiriez pas autrement ! Comment osez-vous imposer une quarantaine dans un camp qui ne réunit aucune des conditions d'hygiène nécessaires ? Il y a des rats, des poux, dans vos baraques ! Les gens les mieux portants ne résisteraient pas à un pareil voisinage ! La Croix-Rouge de Genève sera avisée !

— Je reconnais votre justesse de protestation, dit le docteur en souriant avec une courtoisie glaciale. Mais il n'est pas en ma puissance de changer les ordres de la Kommandantur. Vous devez être comme tous et vous serez ainsi. Avec mon regret professionnel, je vous prie de le croire.

— Mais avez-vous des médicaments au moins ? demanda Tania.

— Malheureusement, aucun.

— Que faut-il donc faire ?

— Attendre.

— Placez-nous dans une autre baraque.

— Celle-ci est la meilleure.

Il réfléchit un moment et ajouta :

— A cause des enfants, je vais signaler qu'on ne mette pas des nouveaux ici. C'est tout ce que je puis faire pour votre plaisir. *Gnädige Frau. Bis Morgen.* Au revoir.

Il claqua encore des talons et s'avança vers la porte.

Aussitôt après, des soldats en armes vinrent chercher les personnes valides pour les corvées du camp. Marie Ossipovna demeura seule auprès des enfants. Tania, la nounou et la gouvernante furent dirigées avec un groupe d'autres femmes pour tirer de l'eau du puits et la transporter aux cuisines. Elles travaillaient sous la garde d'une sentinelle goguenarde qui gueulait : « *Schnell! Schnell!* » en jouant avec la culasse de son fusil. La distance du puits aux cuisines était de cent pas environ. Les récipients étaient tous plus ou moins percés. Pataugeant dans la boue, le corps déjeté par l'effort, la face convulsée de colère, Tania cheminait devant Marfa Antipovna et Mlle Fromont. L'eau giclait sur ses pieds. L'anse du seau lui sciait la main. Dans son dos, elle entendait les imprécations de la gouvernante :

— Je refuse... Je porte encore ce seau et je refuse... Je suis neutre... Je n'ai rien à voir dans vos histoires de Russes et d'Allemands, de blancs et de rouges...

— Taisez-vous, dit Tania par-dessus son épaule. Il ne sert à rien de protester. Cette nuit, nous tâcherons de nous enfuir, et voilà tout.

Suffoquée par cette décision, Mlle Fromont trébucha et une vague glacée lui aspergea les genoux.

— *Sie Kamel!* hurla la sentinelle en la menaçant de la crosse de son fusil.

— *Ich bin Schweizerin! Nicht Russin*[1]*!* dit Mlle Fromont avec hauteur.

Et elle poursuivit sa route en se dandinant comme une oie.

A l'autre bout du camp, quelques hommes sciaient des bûches. D'autres, attelés dans les brancards d'une charrette, tiraient des blocs de pierre hors d'une car-

1. Je suis une Suissesse! non une Russe!

rière poudreuse. Des soldats vêtus d'uniformes verdâtres commandaient cette meute d'esclaves aux membres secs. La fosse d'aisances, toute proche, développait dans l'air une exhalaison d'ammoniaque. Cette odeur pénétrait jusque dans les cuisines surchauffées et sales. Le plafond était noir de mouches. Des cuistots allemands s'agitaient comme des âmes infernales dans la fumée opaque des fourneaux. Tania profita d'une courte pause pour lier conversation avec une femme de charge qui récurait le plancher. La femme de charge habitait le village voisin. Elle était vieille, édentée, et ne paraissait plus avoir toute sa raison.

— Ne pourrais-tu nous procurer un peu de nourriture, grand-mère? demanda Tania. Je payerai ce qu'il faudra.

— Quelle nourriture, mon oiselet? geignit la vieille. Nous n'avons rien. C'est tout juste si on ne se mange pas les uns les autres, depuis que ces diables ont occupé le pays. Des pommes de terre, peut-être...

— Mais oui.

— Je t'apporterai ça. Au village, tu sais, il ne reste plus grand monde. Tous meurent à cause de l' « espagnole [1] ». On enterre vite, sans cercueil. Oh! c'est le feu divin qui frappe la Russie. Moi, je résiste à la maladie en buvant de la vodka. C'est le seul remède.

— Tu m'en donneras aussi.

— Elle coûte cher.

— Ne t'inquiète pas du prix.

— Quatre pleines tasses par jour, et tu te porteras bien. Je passerai après la soupe, dans ta baraque.

— Merci, dit Tania, en glissant quelques roubles froissés dans la main de la femme de charge. Tu es bonne. Tu vas m'aider, je le sens.

Puis, elle se baissa et chuchota à l'oreille de la paysanne :

1. La grippe espagnole.

— Aide-moi à sortir du camp, grand-mère.

— Tu voudrais t'enfuir ?

— Oui.

La figure moussue de la vieille se craquela dans une grimace de peur. Branlant la tête, roulant des prunelles vitreuses, elle bafouilla :

— Ne fais pas ça, mon ange ! S'ils vous voient, ils vous tirent dessus. D'autres ont essayé, dont le souvenir seul se promène aujourd'hui parmi nous. Ne fais pas ça !... Que le Christ te préserve !...

A midi, les cuistots distribuèrent aux travailleuses un brouet d'herbes et des fragments de pain noir mêlé de paille.

Lorsque Tania, la nounou et la gouvernante revinrent à la baraque avec le ravitaillement, elles trouvèrent Marie Ossipovna qui les attendait sur le seuil, les épaules couvertes de sa cape en zibeline, la canne à la main, le visage funèbre. Boris délirait et se plaignait de vertiges. Tania prit sa température. Le thermomètre accusa quarante degrés de fièvre. Il n'était plus question de quitter le camp.

III

Un tonnerre d'applaudissements jaillit de la foule, et les acteurs s'avancèrent jusqu'au proscenium pour saluer. Derrière eux, tremblait un vague fond champêtre aux arbres de carton vert. Le rideau de velours grenat descendit enfin avec majesté pour permettre de changer le décor entre deux tableaux. Des lampes roses s'allumèrent, çà et là, dans le caveau de *La Sauterelle*. Nicolas se tourna vers Zagouliaïeff et murmura en souriant :

— Comme c'est bien !

En disant ces mots, il ne pensait pas au spectacle, mais aux spectateurs. Durant toute la représentation, il s'était davantage intéressé à la salle qu'à la scène. Étrange salle, en effet, bourrée de soldats débraillés, de matelots chahuteurs et de civils aux mines pauvres. Ce local, qui avait enfermé jadis une société de messieurs en habits et de dames aux épaules nues, se trouvait livré tout soudain à la horde des prolétaires. L'odeur mâle des bottes, de la sueur et du mauvais tabac avait remplacé le parfum de la poudre de riz et des pommades précieuses. Les gars se vautraient sur les bancs, fumaient, rotaient, riaient tout haut, mâchaient des graines de tournesol et crachaient les écales sur le parquet. Ces personnages frustes et et puants n'en étaient pas moins admirables. Préservés de toute culture, ils accueillaient avec un émerveillement enfantin les délices de la comédie. Jamais sans la révolution d'octobre, ils n'auraient pu accéder à cette distraction coûteuse. Des voix franches sonnaient d'une travée à l'autre :

— T'as vu le gros avec sa barbe? Ah! ce qu'il m'a fait rire quand il a dansé le « Kasatchok »!

— Et la fille... Hein, la fille! Quels nichons! Quel derrière!

Il s'agissait de Lioubov, et Nicolas se sentit rougir.

— Le programme est inepte, dit Zagouliaïeff. Mais les gars aiment ça. Ils rigolent. C'est l'essentiel.

— Oh! oui, c'est l'essentiel, dit Nicolas.

— Pourtant, reprit Zagouliaïeff, il ne faut pas que le théâtre devienne un simple moyen de délassement. Toute activité qui n'est pas destinée à renforcer la mentalité communiste des masses mérite d'être considérée comme nuisible.

— Ton idée est juste, dit Nicolas, à condition de ne pas la transformer en système. Le peuple répugne à une propagande trop visible.

— C'est ce qui te trompe. Les demi-mesures valent pour les intellectuels frelatés. Mais ces gaillards-là, on peut leur appliquer des doses de cheval. Regarde-moi ces gueules, ces coffres...

Il se mit à rire et se frotta les mains :

— Quand nous les aurons disciplinés, le monde entier tremblera devant notre force.

Le rideau se leva sur l'intérieur d'une isba enfumée, délabrée, au sol jonché de chiffons. Une femme pleurait son fils tué par les soldats blancs. A demi tournée vers le public, elle faisait le procès du régime tsariste et de ses défenseurs. Son monologue, écrit dans un style grandiloquent, jurait avec les haillons qui revêtaient son corps. Tout son visage, maquillé de rides grosses comme des ficelles, se tordait de douleur :

« O mon fils, ta mort ne sera pas inutile, car l'héroïsme de ta conduite a galvanisé le village. Tous les gars qui hésitaient encore ont pris les armes pour te venger. Comme un vol de faucons, ils se sont abattus sur les bandes exécrables de l'adversaire. Ils taillent, ils piquent, ils font couler le sang impur et fumant, dont la bonne glèbe s'abreuve... »

De temps en temps, les paroles de l'actrice étaient coupées par une rumeur d'ovations. Des soldats battaient des mains, hurlaient :

— Bravo!

— Bien dit, la petite mère!

— A mort, la vermine blanche!

L'actrice s'arrêtait un instant, saluait et reprenait d'une voix vibrante :

— Entends-tu, mon fils, les coups de fusil dans la plaine?

Et on entendait, en effet, les coups de fusil tirés derrière le décor.

— Vois-tu passer l'armée rouge vengeresse?...

Un tumulte de pas résonnait dans les coulisses. Des silhouettes de soldats défilaient en ombres chinoises sur les vitres de la chaumière. Une lointaine chanson de route bourdonnait, s'éteignait sur une plainte traînante et douce comme le soupir de la terre meurtrie.

— L'armée rouge est en marche. L'armée rouge vaincra...

— Hourra! Vive l'armée rouge! Vive Lénine! Vive Trotsky! gueulaient les spectateurs surexcités.

D'autres acteurs, habillés en moujiks, pénétraient dans l'isba en secouant leurs bottes. Ils apportaient des nouvelles de la bataille. La pièce sombre s'emplissait d'hommes et de femmes qui parlaient tous à la fois. Nicolas ne les écoutait plus guère, mais songeait aux véritables combats dont cette illustration ne donnait qu'une idée imparfaite. En Russie méridionale, les troupes d'Alexéïeff et de Dénikine étaient revenues à la charge et s'étaient emparées d'Ekaterinodar. Sur le front de la Volga, en revanche, Kazan, puis Samara, étaient tombés au pouvoir des bolcheviks, et les régiments de volontaires et de Tchèques reculaient en désordre. Mais des bandes de partisans, à la solde des blancs, attaquaient les colonnes révolutionnaires dans le dos et ralentissaient ainsi leur avance. Devant la recrudescence des hostilités, Nicolas avait résigné ses fonctions à l'État-Major pour reprendre sa place dans l'armée. On lui avait offert le commandement d'un train blindé. Après tant de journées passées au bureau, parmi les dossiers et les cartes, la perspective de recommencer la lutte, les armes à la main, enchantait Nicolas comme une promesse de fête. Il se trouvait trop à l'aise dans la besogne administrative pour être à même de la supporter plus longtemps. Cette impression était sans rapport avec les services qu'il pouvait rendre. Il s'agissait plutôt d'une répulsion physique devant la sécurité et le confort. Contre toute raison, tant qu'il n'était pas en danger, il ne se croyait pas utile à la cause. C'était dans la contrainte morale, dans le heurt des sentiments, dans le dépassement de la vie quotidienne, qu'il goûtait un bonheur sans mélange. De nombreux généraux du régime tsariste, acculés à l'indigence, sollicitaient des emplois dans les bureaux bolcheviques. Cependant, l'armée manquait de chefs jeunes et actifs pour travailler à l'avant. Il serait l'un de ces chefs, hier encore inconnu, et voué, demain, à la vénération des foules. Une bouffée d'orgueil lui gonfla le cœur. Il allongea les jambes et aspira goulûment l'air de la salle, qui sentait le suint et la fumée. Sur la scène, les moujiks aux barbes d'étoupe criaient :

« Victoire! Victoire! Les troupes blanches sont décimées! Nous ramenons cent dix-sept prisonniers! »

Des drapeaux rouges montaient haut, comme des flammes. Une expression d'allégresse folle bouleversait les faces barbouillées de fard et de vaseline. Enfin, tous les acteurs s'avancèrent sur un seul rang jusqu'à la rampe et entonnèrent *L'Internationale*. Nicolas reconnut Lioubov, vêtue en paysanne, avec un fichu écarlate sur la tête. Elle chantait avec les autres. Son joli visage ovale, aux traits fins, aux lèvres sensuelles, s'ouvrait violemment pour livrer passage aux strophes vengeresses :

Debout, les damnés de la terre,
Debout, les forçats de la faim...

A son côté, Prychkine, affublé d'une fausse barbe, fronçait les sourcils d'un air redoutable. Sa bouche pondait les mots comme des œufs. Il tenait un fusil à la main. Un pansement crasseux entourait son front. Des traînées sanglantes étaient dessinées sur ses joues. Nicolas éprouvait une sensation bizarre à voir sa sœur et son beau-frère clamant *L'Internationale* devant une assemblée de soldats. Il y avait dans ce spectacle quelque chose de faux et de vil, qui le blessait dans son amour de la vérité. Lioubov s'était trop rapidement soumise aux circonstances pour être sincère. Avec une hâte femelle, elle avait rallié le parti du plus fort. Maintenant, elle célébrait le triomphe du peuple, de même qu'elle eût célébré la victoire de ses ennemis, si Moscou avait été occupé par les blancs. Et les braves gars qui l'écoutaient ne comprenaient pas la supercherie. Ils applaudissaient cette belle menteuse, comme si elle eût été une héroïne authentique de la révolution. Nicolas songea qu'il préférait l'attitude hautaine de Tania aux simagrées banales de Lioubov. Le crachat de Tania ne l'avait pas humilié. Même il avait admiré cette haine totale. Comment se faisait-il que Boutourline ne fût pas venu lui rendre compte de sa mission ? Tania devait se trouver à Kharkov, déjà, auprès de Michel. En somme, Nicolas ne regrettait pas d'avoir facilité leur départ à tous deux. Certes, en les favorisant de la sorte, il avait gravement péché contre son idéal. Mais Zagouliaïeff lui-même l'avait encouragé à le faire. Au point de vue de la pratique révolutionnaire, il valait mieux, en effet, débarrasser la zone bolchevique des éléments inadaptables à l'ordre nouveau. Or, il y avait deux moyens de supprimer les bourgeois : la mort et l'expulsion. L'affection que Nicolas portait à Michel et à Tania l'avait incité à choisir la seconde méthode. Puisque le résultat, de l'une à l'autre, était le même, il n'avait rien à se reprocher.

Sur la scène de *La sauterelle*, le chœur entonna une dernière fois le refrain de *L'internationale* :

C'est la lutte finale,
Groupons-nous et demain
L'Internationale
Sera le genre humain...

Toute la salle, debout, chantait avec les acteurs. Il y eut douze rappels. Lioubov envoyait, du bout des doigts, une pluie de baisers au public. Ses yeux brillaient comme des petits miroirs.

— Excuse-moi, dit Zagouliaïeff, je trouve que ta sœur est une fameuse putain.

— Je le trouve aussi, dit Nicolas en riant.

Ils se dirigèrent ensemble vers la sortie. Mais, dans le hall, ils se séparèrent, car Zagouliaïeff était pressé de rentrer chez lui, et Nicolas voulait rendre visite à Lioubov, dans les coulisses.

La loge de l'actrice était pleine de monde. Émergeant d'un groupe d'adorateurs aux faces confites dans l'extase, Lioubov bondit vers son frère et lui colla sur la joue un baiser gras et violent. Un parfum de fard, de glycérine et de douce sueur enveloppa Nicolas, tel un voile. La figure de Lioubov, enduite d'une pâte ocrée, avec de grands traits de charbon sous les yeux, lui parut vulgaire comme un dessin d'affiche. Elle le serrait dans ses bras, le frôlait de sa longue chevelure et criait d'une voix perçante :

— Je vous présente mon frère, Nicolas. Un héros de la révolution, devant lequel nous devons tous nous incliner bien bas!

— Je t'en prie, Lioubov, ton amour de la réclame t'égare, dit Nicolas en souriant d'un air gêné.

— Nullement. Je pèse mes mots. Pourquoi n'es-tu pas venu me voir plus tôt!

— J'ignorais ton adresse. Et puis, j'avais beaucoup de travail, beaucoup de soucis.

— Ce n'est pas moi qui te blâmerais d'être si consciencieux. Sais-tu que Tania est partie?

— Oui.

— C'est toi qui l'as aidée à fuir?

Nicolas hésita une seconde et dit :

— Non.

— Et Michel? Comment est-il sorti de prison?

— Je l'ignore...

— Tu aurais pu, si tu avais voulu...

— Laissons cela...

— Ils ont décampé sans même me dire au revoir, reprit Lioubov avec une lueur méchante dans les yeux. Tout cela pour une petite dispute de rien du tout que j'aie eue avec Tania, sur un sujet politique. Figure-toi qu'elle critiquait mon désir de jouer devant le peuple! A l'entendre, je n'avais pas le droit de me produire en spectacle devant les ennemis de la bourgeoisie! Je te prie de croire que je l'ai bien remise à sa place!

— Tania a un caractère très entier, dit Nicolas. Elle ne sait pas, comme toi, se plier aux exigences du moment.

— En tout cas, dit Lioubov, je ne regrette pas d'être remontée sur les planches. Quelle ivresse de travailler pour ces bons soldats aux faces rudes et aux mains calleuses! Comme leur enthousiasme m'a réchauffé le cœur! Ah! je te jure que je donnerais dix salles de l'ancien régime pour une salle bolchevique! As-tu entendu comme ils applaudissaient, comme ils riaient? De vrais enfants! J'en avais les larmes aux yeux! Que penses-tu du spectacle?

— Il m'a paru charmant, dit Nicolas avec effort.

— Merci, au nom de tous mes camarades, balbutia Lioubov en baissant la tête, comme ployée sous un excès de bonheur.

Sur ces entrefaites, Prychkine, sans barbe, sans pansements et sans fusil, entra dans la loge.

— Sacha, mon frère est ici! cria Lioubov, et il aime notre programme!

— Nous avons dû répéter hâtivement et dans des conditions bien fâcheuses, dit Prychkine en serrant la main de Nicolas. Mais la foi nous soutenait. Nous avions conscience du rôle magnifique que nous assumions en acceptant de distraire le peuple.

Il parlait d'une voix grasseyante. Son visage huileux était figé dans une expression de soldat à l'honneur. Comme Nicolas ne répondait pas, il ajouta :

— Aujourd'hui même, durant toute la représentation, je n'ai pu, personnellement, me départir de l'idée que j'étais et resterais toujours l'obligé des combattants anonymes venus pour m'applaudir.

— Ce qu'il y a de désagréable, dit Lioubov, c'est qu'on ne trouve plus de fards pour les acteurs. Ne pourrais-tu nous en procurer, Nicolas?

— Ne compte pas sur moi pour ce genre de faveurs, dit Nicolas.

— Et pour les tissus non plus?

— Non plus.

Lioubov l'éblouit d'un regard suppliant. Ses lèvres très maquillées mûrirent dans une moue boudeuse :

— Tu n'es pas gentil avec moi. Moi qui t'aime tant! Tu es le seul membre de la famille avec qui je puisse m'entendre! Et voilà!...

— Ces questions ne sont pas du ressort de ton frère, Lioubov, dit Prychkine avec empressement. Laisse-le...

— Bon, bon, dit Lioubov.

Elle retirait les épingles de ses cheveux en fredonnant :

C'est la lutte finale,
Ta-ta-ta, et demain...

A ce moment, Nicolas reconnut, parmi les personnes présentes, un bonhomme à la barbiche rare et aux yeux tristes qu'il avait rencontré autrefois chez Tania.

— N'êtes-vous pas M. Malinoff? demanda-t-il en s'approchant de lui.

Le bonhomme tressaillit, rougit violemment et bredouilla :

— Si fait, si fait... Je n'osais pas vous déranger pendant que vous bavardiez avec votre sœur...

— C'est un vilain, dit Lioubov en le menaçant du doigt. Il n'a rien voulu écrire pour notre spectacle. Ses opinions lui interdisent, paraît-il, de rechercher l'approbation du prolétariat.

Malinoff jeta un regard épouvanté sur Lioubov, puis sur Nicolas, mordit ses lèvres et dit rapidement :

— Ce n'est pas exact... Je n'ai jamais prétendu cela... Simplement, je n'avais rien de prêt... Mais il est probable que..., hum..., pour un spectacle ultérieur...

Sa figure exprimait une crainte si évidente que Nicolas eut pitié de lui et prit le parti de rire :

— Ne vous excusez pas.

— Je ne m'excuse pas..., j'explique...

Il portait un vêtement élimé, un faux col sale. Toute sa personne donnait l'impression d'avoir séjourné longtemps dans un placard.

— Préparez-vous quelque chose, en ce moment? demanda Nicolas.

De nouveau, Malinoff se troubla, comme si on l'eût interrogé sur des pratiques inavouables. Rentrant la tête dans les épaules, il répondit dans un souffle :

— Non..., presque rien... Je manque d'idées...

— Comment peut-on manquer d'idées à une époque pareille? s'exclama Prychkine. Vraiment, je ne vous comprends pas! Il me semble que, si j'étais à votre place, je serais soulevé par un envol épique...

— Le processus de la création est tellement bizarre! dit Malinoff.

Et il peignait sa barbiche roussâtre avec ses doigts. Puis, comme Nicolas s'apprêtait à prendre congé de Lioubov, il se glissa vers la porte et disparut dans le corridor.

Une fois dans la rue, Malinoff respira profondément et se mit à marcher d'un pas rapide, comme pour fuir un lieu détesté. Le spectacle de *La Sauterelle*, la visite à la loge de Lioubov, les paroles de Nicolas Arapoff avaient semé le désordre dans son esprit. A tort ou à raison, il lui semblait que cette soirée avait consacré sa défaite, achevé sa condamnation. Le public pour lequel il avait toujours travaillé n'existait plus. Les formes de l'art auxquelles il avait voué toute sa vie étaient périmées. La nécessité d'être compris par les masses obligeait chaque auteur à reviser sa façon de penser et de dire. Mais ce n'était pas cela qui lui paraissait le plus grave. Il se savait de taille à renouveler sa manière. A condition, toutefois, qu'on lui laissât le loisir de choisir ses sujets et de les développer selon son inspiration secrète. Cependant, Prychkine lui avait enjoint de n'écrire que des saynètes exaltant les thèmes révolutionnaires. Or, Malinoff n'approuvait pas cette révolution sanglante et mensongère. Il condamnait l'extermination méthodique des bourgeois, les massacres d'otages, les pillages, la contrainte policière organisée. Il était contre la dictature du prolétariat, comme il avait été contre la dictature du tsar. L'amour de la liberté, le respect de la personne humaine, tels étaient à son sens les principes sacrés, hors desquels un gouvernement devenait haïssable. D'ailleurs, si quelqu'un lui avait démontré l'excellence des solutions bolcheviques, il n'eût pas été plus à l'aise pour exécuter la commande de Prychkine.

Le seul fait qu'il s'agît d'une entreprise de propagande l'empêchait d'y réfléchir avec sérénité. Se faisait-il une trop haute idée de l'art? Jusqu'à ce jour, il s'était imaginé que la fonction essentielle de l'écrivain était de raconter ses rêves, avec une indépendance totale à l'égard du public et des autorités. Il avait cru que plus une œuvre était individuelle, plus sa valeur esthétique était remarquable. Il s'était nourri de l'illusion que le romancier, le poète étaient des êtres dégagés de toute responsabilité politique. Et voici que la révolution lui administrait la preuve du contraire. Voici qu'on le sortait de sa coquille pour le jeter tout cru dans le mouvement du siècle. Voici qu'on lui ordonnait de participer à la bataille collective, sous peine de crever de faim en cas de refus. Son labeur ne devait plus correspondre à une exigence intime, mais au désir du plus grand nombre. Peut-être ces gens-là avaient-ils raison? Peut-être la littérature n'avait-elle pas d'importance en soi? Elle n'était qu'une production comme une autre de l'esprit humain. Une chose, non plus éternelle, mais circonstancielle, périssable, consomptible par le premier usage.

La tristesse et la peur brouillaient l'entendement de Malinoff. Il trottinait dans la nuit, et le bruit de ses pas se répercutait dans la ville endormie. Il se rappelait ses succès d'antan. Des bribes de poèmes chantaient dans sa mémoire. Des visages de femmes pâmées s'orientaient vers lui comme des tournesols. Des confrères jaloux froissaient des papiers aux frontières de sa renommée. Il était considérable, honorable, aimé, redouté, avec une barbe parfumée et des manchettes propres. L'avenir courait devant lui tel un tapis qui se déroule. On disait : « Malinoff a écrit ceci, publié cela... L'opinion de Malinoff... Le dernier roman de Malinoff... » A présent, il n'y avait plus dans sa vie que de la boue, du froid et du silence. Sa vieille servante était partie, parce qu'il ne pouvait plus la payer. Il devait faire ses courses lui-même, préparer ses repas, rafistoler ses vêtements, laver son linge, nettoyer sa chambre. Eugénie avait quitté Moscou, à cause de la disette, pour se rendre dans la propriété de sa mère, aux environs de la ville. De là, elle lui envoyait, de temps en temps, un peu de lard, quelques pommes de terre et des lettres d'amour semées de fautes d'orthographe. Et il avait faim. Et il était las. Et il ne comprenait plus pourquoi il existait encore.

Lorsqu'il entra dans son bureau, il se sentit plus misérable même que dans la rue. Du haut d'un rayon, ses propres livres, rangés côte à côte, le contemplaient avec indifférence. Sur le dos des reliures, son nom se répétait, d'un ouvrage à l'autre : « Malinoff, Malinoff... », comme une formule télégraphique. Il caressa l'un des volumes, du bout des doigts, machinalement. Mais il n'avait pas envie de l'ouvrir. Tout ce qu'il avait écrit se révélait subitement menu, superficiel, inefficace. Il avait honte du temps qu'il avait perdu à enfiler des mots comme des perles de verre. Son estomac creux lui donnait des vertiges. Dès demain, il vendrait ses boutons de manchettes au marché de la place Soukhareff, où tous les bourgeois s'assemblaient pour liquider leur avoir. Avec cet argent, il pourrait acheter de la viande de cheval et du sucre. De quoi tenir une semaine, quinze jours. Après ? S'il acceptait l'offre de Prychkine... « Non, non, pas ça... Plutôt mourir... » Tout son corps tremblait. L'abat-jour vert de la lampe blêmissait la chair fripée de ses doigts. L'index et le médius étaient un peu déformés par l'usage du porte-plume. Sur le fauteuil, reposait un coussinet en cuir marron, affaissé vers le centre. Le buvard du sous-main était constellé de taches d'encre rouge et noire. Une feuille de papier portait ces mots : « Projet d'article. »

« A quoi bon ? » soupira Malinoff.

Il se jugea sale et vieux, retira ses chaussures,

examina ses chaussettes trouées au talon. Un fumet aigre lui chatouilla les narines. Étendant la main, il prit sur la table un volume de Pouchkine, l'ouvrit au hasard et lut :

Dépendre d'un monarque ou de la populace,
L'un vaut l'autre pour moi. Je veux vivre à ma guise,
Ne servir que moi-même et qu'à moi-même plaire,
Ne courber mon esprit, mon honneur, mon échine
Devant aucun pouvoir et aucune livrée...

Il referma le livre. Un silence épais enserrait la maison comme l'eût fait un bloc de glace. Les hommes étaient morts de froid. Le temps coulait à l'envers.

Dépendre d'un monarque ou de la populace,
L'un vaut l'autre pour moi...

Malinoff répéta ces vers à mi-voix et baissa la tête. Des larmes piquaient ses yeux, dérangeaient sa vision. Au bout d'un moment, il se sentit mieux et passa dans le cabinet de toilette pour laver le linge de la semaine. Penché sur la cuvette, il frottait patiemment la jambe d'un caleçon, avec un fragment de savon dur et plat comme un galet. L'eau froide coulait en vrille du robinet sur les mains faibles de Malinoff. L'étoffe blanchissait peu à peu, par traînées. Enfin, Malinoff poussa un soupir de satisfaction, rinça le caleçon, le tordit en tresse dans ses doigts engourdis. Il marmonnait machinalement :

Dépendre d'un monarque ou de la populace...

Mais il ne prêtait plus attention au sens de ces paroles. Ayant étendu le caleçon sur le bord de la baignoire, il prit une chemise et s'appliqua à la savonner de la même manière.

IV

Ayant nettoyé les cuvettes, battu les couvertures, balayé le plancher, Tania sortit de la baraque et s'appuya au mur pour respirer le grand air. Trois jours après son arrivée au camp, toute la famille, suivant l'exemple de Boris, avait dû s'aliter. Serge, Marie Ossipovna, Mlle Fromont, la nounou, étaient couchés, brûlants de fièvre, à l'intérieur de la maison. Tania seule, grâce probablement à la vodka que lui procurait la femme de charge, avait pu résister à la grippe espagnole. Par mesure de faveur, le commandant l'avait exemptée des corvées habituelles pour lui permettre de veiller à la santé de ses enfants. Elle avait également obtenu, à force de prières, que tout son groupe fût transféré dans une cabane plus petite, où on ne placerait pas d'étrangers. Le docteur venait chaque matin, disait : « *Wie geht's ?* », tapotait la joue des garçons, tâtait le pouls des femmes, hochait la tête et s'en allait en faisant sonner ses bottes. Ne disposant d'aucun médicament, il n'ordonnait pas de traitement précis et se bornait à recommander l'hygiène et le repos. Tania en était réduite à soigner son monde avec de l'aspirine. Mais la provision d'aspirine diminuait rapidement et la température demeurait stationnaire.

Après une semaine de lutte contre l'épidémie, Tania

ne trouvait plus assez de force même pour se désoler. Constamment, il fallait assister les malades, leur éponger le visage, leur donner de la nourriture, les aider à faire leurs besoins, les découvrir parce qu'ils avaient trop chaud, les recouvrir parce qu'ils avaient trop froid, répondre à leurs questions et paraître vaillante. Il était rare qu'elle eût l'occasion de s'échapper hors de cette pièce obscure, qui sentait la vermine, pour prendre un peu de répit et regarder le ciel.

Devant elle, d'autres baraques, en planches disjointes, étaient posées comme des boîtes sur la terre galeuse. Grandes ou petites, toiturées de chaume ou de tôle, elles se serraient autour de la haute perche où flottait le drapeau allemand. Du côté des cuisines, on entendait brimbaler des seaux, grincer la poulie du puits. Des sentinelles criaient d'une voix de chien contre le troupeau invisible des prisonniers. Deux soldats sortirent d'un hangar, portant un corps sur une civière. Il mourait beaucoup de monde dans le camp. Peut-être demain, après-demain, serait-ce le tour de Marie Ossipovna, ou de Mlle Fromont, ou de Boris ? Tania ne voulait pas réfléchir à cette menace. Les bornes de l'horreur et de la fatigue se trouvant reculées, elle évoluait dans un demi-songe permanent. A peine consciente du danger, elle s'appliquait à travailler pour quatre, sans chercher à savoir si son dévouement était nécessaire et si cette torture s'achèverait avant qu'il fût trop tard. En vérité, elle goûtait même un contentement bizarre à se sacrifier de la sorte. Collée au mur de la maison, face à ces bicoques grises, à ce ciel pluvieux, elle avait l'impression de découvrir enfin la signification de l'existence humaine et de son existence en particulier. Son passé, lorsqu'elle tentait de l'évoquer encore, lui paraissait fondé sur un malentendu. Pendant des années, elle avait bu à toutes les sources, sauf à la bonne. Elle s'était abreuvée de petits plaisirs, de petites fâcheries, de petites ambitions disparates. Elle avait gaspillé son énergie dans des entreprises sans lendemain. Elle avait cru qu'elle était une femme comblée, alors que l'essentiel manquait à son destin. C'était maintenant, sale, échevelée, excédée par les larmes, qu'elle prenait pied enfin dans le monde réel. Il lui semblait qu'elle vivait plus profondément, plus intensément que jadis. Son être qui, autrefois, effleurait à peine la terre, s'y enfonçait à présent comme un soc. Débarrassée de toutes sortes d'élégances, elle n'était plus commandée que par des passions primitives et fortes : gagner la nourriture, vaincre la maladie, arranger un gîte, protéger une nichée faible contre la mort. Elle songeait avec orgueil qu'elle remplissait un devoir aussi vieux que le monde, qu'elle était une mère comme celles des anciens temps ; que, s'il lui arrivait d'être abandonnée dans une contrée déserte, elle saurait, sans nul doute, bâtir un asile, allumer le feu, moudre le grain, cuire le pain, tuer une bête, la dépecer et la faire cuire. Au plus profond de sa souffrance, de son inquiétude, cette pensée était étrangement consolante. Elle regarda ses mains, grises, gercées, aux ongles courts, et un regain de fierté se mêla à son désespoir. Les larges doses de vodka, qu'elle absorbait quotidiennement pour lutter contre la contagion, lui brûlaient l'estomac. Sa tête était lourde. Des papillons d'argent dansaient devant ses yeux. Elle releva avec le poignet une mèche de cheveux qui pendait sur son front moite. Une voix plaintive venait de la baraque:

— Maman..., maman...

Tania poussa un soupir et retourna auprès de ses malades. Serge avait rejeté ses couvertures et toussait, haletait, la face cramoisie, les doigts à la gorge, comme si un incendie l'eût attaqué de toutes parts :

— De l'eau...

Sans répondre, Tania épongea la figure et le cou de l'enfant, changea sa chemise, prit une bouilloire que lui avait prêtée la femme de charge et versa un filet d'eau dans le gobelet. Puis, elle soutint les épaules de

Serge, tandis qu'il buvait avidement, avec de grandes aspirations rauques qui lui déchiraient la poitrine. A son côté, Boris dormait, les genoux soudés au ventre, le visage verni de sueur. De temps en temps, il lançait un gémissement, toujours le même, long et flûté, comme le chant d'un crapaud. Mais il allait mieux. Sa température avait baissé. Il serait le premier à se remettre. Marfa Antipovna, en revanche, claquait des dents et dardait vers le plafond un regard émaillé de cadavre. Parfois, ses lèvres cerclées d'écume laissaient échapper un lambeau de prière ou une citation biblique. Tania voyait sa langue blanchâtre qui remuait dans le trou de la bouche :

« Et j'aperçus les sept anges qui... qui sont devant la face de Dieu..., et on leur donna sept... sept trompettes... »

Couchée sur la paille, près de la nounou, Marie Ossipovna avait ramené sa cape de zibeline sur sa tête et ronflait fortement. Le bas de sa jupe noire était taché de crotte. Ses bottines à boutons tressaillaient, décochaient des ruades. Mais elle ne se réveillait pas pour si peu.

Salut glaciers subli-imes,
Vous qui montez aux cieux,

chantait Mlle Fromont d'une voix chevrotante.

Sa figure congestionnée oscillait en cadence. Le délire donnait une expression inquiétante à ses yeux ronds et pâles. Des gouttes de sueur étaient prises dans sa moustache. Tania voulut la faire taire, mais la gouvernante se mit à crier :

— Laissez-moi!... Je suis neutre!... J'habite quai du Mont-Blanc, à Genève!...

Elle sanglotait :

— Genève! Genève! comme si elle eût appelé sa mère.

Une toux sèche, saccadée, ébranla ses gros seins. Elle cracha dans un mouchoir et reprit sa chanson :

Nous gravissons vos ci-imes
Avec un cœur joyeux...

— Maman, dit Serge, est-ce que tu crois que je vais mourir ?

— Mais non, mon chéri, quelle idée! Le docteur affirme que tu vas mieux.

— Alors, partons... Je ne veux plus rester ici... C'est sale... Il y a des bêtes partout...

Il se gratta le torse avec ses doigts crispés comme des griffes.

Tania elle-même se sentait dévorée par les poux. Sa peau cuisait par plaques sur le dos, sur les bras, sur le ventre. Des itinéraires grouillants ficelaient son corps. Elle frémit et se dirigea vers la porte.

— Ne t'en va pas, maman... Tiens-moi la main...

Elle revint auprès de Serge, s'assit sur une valise et caressa le front de l'enfant en chuchotant :

— Sois courageux, Serge. Tu es un homme. Cela passera...

— Tu as de la chance de n'être pas malade.

— Qui vous aurait soignés ?

— Est-ce que c'est moi qui tremble comme ça, maman, ou est-ce que c'est la chambre ?... Je t'assure que je vais mourir...

— Couche-toi et ne dis plus de sottises, ou je me fâche.

Serge pâlit, se coucha, joignit les mains sur sa poitrine et ressembla, subitement, à un cadavre puéril. Une lueur d'effroi zébra l'esprit de la jeune femme, comme un éclair. Elle s'entendit murmurer :

— Non... non...

Penchée au-dessus de Serge, elle lui jetait son amour, sa force, sa vie au visage, comme pour un échange, comme pour un don. Elle s'anéantissait en lui afin qu'il pût respirer encore. Peu à peu, un sang rose éclaira la petite figure creusée par la souffrance. Un souffle régulier souleva le ventre de l'enfant. Ses lèvres sourirent imperceptiblement. Il dit :

— Cela va mieux, maman... Laisse-moi... Je t'appellerai...

Les montagnards, les montagnards sont là !

fredonnait Mlle Fromont en claquant ses mains l'une contre l'autre.

Tania sortit en titubant et s'accota au chambranle de la porte. Il devait être midi. Un pâle soleil usait le brouillard. Des tintements de casseroles venaient de la cuisine. La femme de charge apporta quelques pommes de terre bouillies dans une cuvette, un morceau de pain noir et un flacon de vodka. Elles burent un peu de vodka, l'une et l'autre, dans des tasses. Puis, la vieille demanda :

— Comment se portent-ils ?

— Ni mieux, ni plus mal.

— Et toi, ma colombe ?

— Je n'ai pas le temps d'y penser, dit Tania.

La vieille hocha sa tête brune et fendillée comme la terre, clappa de la langue et s'éloigna en gémissant :

— Que de soucis pour une seule âme !

— Maman... Viens... Il y a un rat dans la chambre ! cria Serge.

Tania rentra dans la baraque. Le rat avait disparu. Mais Mlle Fromont s'était levée et déambulait, en gesticulant, d'un coin à l'autre de la pièce. Tania dut la recoucher de force.

— Sept trompettes..., sept trompettes, répétait la nounou, en regardant le plafond sans ciller.

Boris pleurnichait parce qu'il avait faim.

— C'est bon signe, dit Tania. J'ai des pommes de terre chaudes pour toi.

Et elle se forçait à sourire en lui montrant le contenu de la cuvette.

Mayoroff versa le cognac dans les verres, reboucha la bouteille et annonça, en plissant les paupières :

— Vous m'en direz des nouvelles. Celui-ci n'abîme pas l'estomac.

Lui-même n'en but qu'une gorgée, car il avait le foie délicat. Mais il le fit très lentement et sans quitter des yeux le visage de son invité. Le docteur Léontieff goûta l'alcool et dit :

— Fameux!

Mayoroff était content. Le repas, des hors-d'œuvre au dessert, s'était déroulé selon les règles de la gastronomie et de la biensèance. Or, Mayoroff tenait beaucoup à ce qu'on appréciât l'organisation de sa vie familiale et de son intérieur. Depuis l'entrée des blancs à Ekaterinodar, au mois d'août dernier, il conviait souvent des médecins militaires à sa table. Tout en refusant de s'engager dans l'armée, il espérait gagner la sympathie des autorités par son extrême courtoisie à l'égard des officiers volontaires. Le docteur Léontieff était une manière de héros, assez remarquable. Il avait accompli la seconde campagne de libération du Kouban et s'était installé dans la ville avec les troupes victorieuses. Il regorgeait d'anecdotes et d'observations cliniques sur le comportement des blessés. C'était la deuxième fois qu'il venait chez les Mayoroff. Nina elle-même, habituellement si distraite, paraissait prendre du plaisir à sa compagnie. Certes, elle ne participait pas directement à la conversation, mais sa figure manifestait un intérêt tout à fait suffisant pour l'épouse d'un praticien. Et Mayoroff appréciait cette attitude modeste et attentive.

— Savez-vous, dit Léontieff en reposant son verre, que beaucoup de nos hommes se sont guéris de maladies contagieuses en absorbant de fortes doses d'alcool? On m'a signalé que, dans certaines régions, les paysans combattent l'effet de la grippe espagnole en buvant de la vulgaire vodka. Il y aurait une étude curieuse à faire sur les découvertes médicales inspirées par les horreurs de la guerre.

— Si cela vous intéresse, dit Mayoroff, je vous montrerai un carnet où j'ai noté quelques cas bizarres et instructifs, constatés par moi ou par mes collègues au cours de ces dernières années. En ce qui concerne notamment les lésions de la colonne vertébrale, je puis vous affirmer que...

Nina se fatiguait à suivre la discussion. Mais ses pensées étaient ailleurs. Elle eût aimé dîner avec ses parents, ce soir-là, car Akim logeait chez eux depuis quelques jours, et, travaillant à l'hôpital, elle n'avait guère l'occasion de le voir qu'aux heures des repas. Cependant, Mayoroff n'eût pas toléré de sa part un pareil manquement aux devoirs d'une maîtresse de maison. Pour lui complaire, il fallait donc qu'elle restât sur sa chaise, muette et souriante, tandis que les deux médecins échangeaient des souvenirs d'opérations miraculeuses. A ses oreilles, bourdonnaient les expressions familières de suture, d'antisepsie, de lésion gangreneuse, de défécations. Elle s'ennuyait sans révolte. Elle avait envie d'étendre les bras et les jambes et de bâiller en fermant les yeux.

— Si nous passions au salon, dit Mayoroff.

Le salon, exigu, encombré de bibelots de bronze, de miniatures sur ivoire et de coussins à surtouts de dentelles, sentait le désinfectant et la cire. Une lumière pauvre tombait du lustre aux pendeloques ébréchées. Les malades, qui s'étaient succédé dans ce décor, y avaient laissé un peu de leur tristesse médiocre et de leur angoisse. Nina s'assit dans un fauteuil, croisa les mains sur ses genoux et songea qu'elle était absente.

— Oui, mon cher, disait Mayoroff, de tous côtés, on me rapporte que le corps médical, aussi bien dans la guerre nationale que dans la guerre civile, s'est montré à la hauteur de sa réputation.

— C'est possible, murmura Léontieff en souriant. Mais je crains fort que nos conversations professionnelles ne lassent votre épouse. Vous avez servi comme infirmière au front, si je ne m'abuse, Nina Constantinovna? Vous devriez donc avoir aussi des souvenirs à nous raconter.

— Elle en a trop, dit Mayoroff rapidement. C'est ce qui la rend inapte à une vie paisible.

— Que voulez-vous dire?

— Rien qui ne soit évident, estimé collègue. La guerre a cruellement secoué les organismes féminins. Ce que le système nerveux d'un homme supporte sans broncher, le système nerveux d'une femme le refuse...

Nina rougit et dressa la tête pour sortir de son rêve. Dans une buée irréelle, elle aperçut le visage dodu de Mayoroff et, tout à coté, la face compacte et basanée de son hôte, aux sourcils grisonnants, au regard bleu tendre. Subitement, elle eut pitié de son mari, à cause de l'existence incomplète qu'il menait par sa faute. Elle chuchota :

— Je fais de mon mieux pour oublier.

— Comme je vous comprends, madame! dit Léontieff. Ceux qui ont vécu les scènes affreuses d'un poste de secours en restent marqués pour de longues années. Je me souviens d'une opération que j'ai dû effectuer pendant un bombardement aérien... C'était en novembre 1915, dans un village de Pologne...

Ces simples mots refoulaient Nina vers un passé si exact qu'elle perdit le contrôle du temps. De nouveau, la silhouette de Siféroff s'imposa devant ses yeux, non point tel qu'elle l'avait vu sur son lit de mort, mais actif, rieur, commandant à des infirmières roucoulantes. Elle étouffait de ne pouvoir confier à ces hommes le nom de l'être exceptionnel qui lui avait révélé le monde. Elle eût souhaité leur expliquer par le menu les opérations qu'il avait faites, les périls qu'il avait acceptés et obtenir pour lui l'hommage de leur admiration. Une impatience soudaine, un curieux besoin de consécration et d'éloge s'emparaient d'elle à son insu. Sans réfléchir aux conséquences de ses paroles, elle s'écria :

— Ce que vous me dites là, docteur, me rappelle un cas très spécial survenu dans notre hôpital, à Nasielsk. On nous avait apporté un petit soldat blessé au ventre. La plaie était infectée. Nous manquions de drains. Le médecin n'a pas hésité. Il a pompé le pus avec sa bouche...

— Diable! C'est bien imprudent! dit Léontieff.

— Et bien spectaculaire! ajouta Mayoroff avec un sourire narquois.

Nina lui jeta un vif regard de mépris et prononça distinctement :

— L'homme a été sauvé.

Ses yeux luisants reflétaient et éparpillaient la lumière du lustre. Une respiration saccadée faisait battre ses narines.

— Et le docteur? demanda Léontieff.

— Par la grâce de Dieu, il a pu échapper à la contagion, dit Nina.

— C'est un conte de fées! s'exclama Léontieff.

— De toute façon, grommela Mayoroff, j'estime que l'initiative de ce major était répréhensible. On ne risque pas sa vie pour un blessé, alors que des dizaines d'autres attendent votre secours.

— Mais le devoir d'un médecin est de tenter l'impossible pour sauver les malades confiés à ses soins! s'écria Nina, dont la figure s'empourprait de colère.

— A condition de ne pas porter préjudice à plusieurs patients par souci d'en guérir un seul, dit Mayoroff. Que serait-il arrivé si cet honorable praticien avait succombé à sa tâche?

— Un autre l'aurait remplacé.

— Le personnel médical n'est pas si nombreux en temps de guerre qu'il faille le charger d'un surcroît de travail pour le plaisir de jouer au héros.

— Qui parle de jouer au héros? dit Nina, sur un ton violent et enroué. Ce que cet homme a fait, vous

vous auriez été incapable de le faire. Et maintenant, vous le dénigrez. Mais vous n'avez pas le droit, je vous défends!...

Mayoroff, ahuri, congestionné, joignait les mains et marmonnait en bougeant ses grasses petites lèvres roses :

— Ninouche! Voyons! Tu es folle! Tes expressions dépassent ta pensée!

Craignant que la scène ne dégénérât en querelle, Léontieff lui coupa la parole :

— J'admire comme vous, Nina Constantinovna, le geste désintéressé de ce médecin. Où se trouve-t-il à présent?

— Il est mort, dit Nina d'une voix brisée.

A ces mots, un poids douloureux recouvrit ses épaules. Elle eut conscience brusquement de sa solitude et de sa folie. Mayoroff la regardait avec terreur, avec reproche. Elle ne lui avait jamais confié le secret de son indifférence. Sans doute, à présent, était-il renseigné au-delà même de son désir.

— Comment s'appelait-il? demanda Léontieff.

Nina remua la langue péniblement, et le nom tant aimé tomba de sa bouche :

— Siféroff.

— Martin Ignatiévitch Siféroff?

— Oui. Vous le connaissiez?

La figure de Léontieff devint attentive :

— Voyons... Voyons... Mais oui... Je l'ai rencontré à un congrès médical, à Moscou, en 1913...

Une lueur d'espoir étincela dans l'esprit de Nina. Elle allait apprendre quelque chose de nouveau sur le compte de son idole. Par la vertu d'une seule phrase, Léontieff devenait un personnage remarquable. Il entrait de plain-pied dans sa vie profonde. Il s'installait à ses côtés comme un adepte, comme un initié. Avec une hâte cupide, elle questionna cet étranger qui avait tant de chance :

— Vous vous souvenez de lui?

— Vaguement, dit Léontieff. C'était un petit gros, je crois, avec une moustache blonde... Un homme effacé.

— Oui... Un homme effacé, dit Nina.

Et de lentes larmes coulèrent sur ses joues. Léontieff se troubla, toussota, tira sa montre du gousset :

— Il est bien tard...

Visiblement, il ne tenait guère à prolonger cet entretien embarrassant. Mayoroff, qui avait repris de l'assurance, murmurait :

— Vous n'allez pas nous quitter déjà ?

— Si... Il le faut... Je dois me lever très tôt, demain...

Il baisa la main de Nina, et, comme il se redressait, leurs yeux se rencontrèrent. Nina eut envie de le retenir par la manche. Quelqu'un avait foulé le sol de son désert. Une voix avait visité son silence. Pour dire quoi ? « Un petit gros... Avec une moustache blonde. » C'était donc là tout ce que Léontieff avait gardé de son entrevue avec le docteur Siféroff. Comment était-ce possible ? Parlaient-ils du même homme ? Les mots avaient-ils un sens différent selon ceux qui les employaient ?

Mayoroff, ayant accompagné son hôte jusqu'à la porte, revint dans le salon et se planta devant Nina, les bras croisés sur la poitrine, l'œil fixe, le visage gonflé de venin.

— Eh bien, dit-il, je te remercie. Tu m'as couvert de ridicule devant mon invité. Que pense-t-il de nous, maintenant ?

— Je l'ignore... Laisse-moi... Je voudrais rester seule...

— Tu t'es conduite comme une gamine mal élevée et non comme une épouse consciente de sa dignité. Demain, si Léontieff parle, tout le corps médical saura que notre vie conjugale est en enfer.

— Nul ne se soucie de notre vie conjugale.

— C'est ce qui te trompe. Je suis un personnage en vue. Je tiens à ma réputation. Je veux pouvoir paraître le front haut devant mes collègues !

— Qui t'en empêche ?
— Toi... tu brises ma carrière... Tu compromets ma réussite médicale et mondaine !...
— Alors, séparons-nous.
Feignant de n'avoir pas entendu, Mayoroff porta les deux mains à ses tempes et gémit :
— Une soirée qui avait si bien commencé ! Tu as tout gâché ! Tout ! Tout !
— Ne crie pas, dit Nina. Tu es stupide d'attacher de l'importance à cet incident.
— Et à quoi donc devrais-je attacher de l'importance ? Aux exploits du docteur Siféroff ?
Nina pâlit et détourna la tête. Mayoroff ravala une gorgée de salive et demanda d'une voix plus basse :
— C'est à cause de lui, n'est-ce pas ?
— Quoi ?
— Eh bien, mais que... que tu me négliges ?
— Oui, dit Nina.
— Tu l'aimais ?
— Je l'aime.
— Mais il est mort !
— Qu'est-ce que cela change ?
Il marchait d'un bout à l'autre de la pièce, la face tendue, les yeux en boule, comme un obsédé. Soudain, il s'arrêta, ouvrit deux fois la bouche sans rien dire et reprit sa promenade en traînant les pieds.
— Je vais me coucher, dit Nina.
— Ah ! non, hurla-t-il, la figure fendue par l'effort. Pas si vite ! Ce serait trop commode !
— Que pourrais-je encore te dire ?
— Comment ? Mais tu me dois des excuses !
A ces mots, une envie de rire, irrésistible, tragique, découvrit les dents de Nina. Elle balbutia :
— Des excuses ? Pourquoi ?
— Ta question te juge, Nina, dit Mayoroff, en pointant vers elle un index accusateur. Tu es d'une amoralité qui frise l'inconscience. Ainsi, tu m'as trompé, tu as failli au serment sacré du mariage, tu

as profité de mon absence pour coucher salement avec le premier venu...

— Je n'ai pas couché avec lui.

— Ah! non?

— Je te le jure.

Il demeura un instant éberlué, les bras ballants, devant elle :

— Alors, ce n'est pas grave?

— Mais si.

— Puisqu'il est mort et que tu n'as pas couché avec lui...

De nouveau, Nina fut sur le point de perdre contenance. Elle ne se sentait pas tenue de fournir des explications à son mari. En même temps, elle le plaignait, de loin, de haut, pour sa sottise et son affliction.

— En somme, reprit Mayoroff, si j'ai bien compris, tu n'as péché qu'en esprit...

Il s'octroyait cet espoir. Son visage revêtait une expression quémandeuse, mendiante. Sa bouche haletait à petits coups, comme celle d'un assoiffé. Après un long silence, il proféra d'une voix incertaine :

— Dans ce cas, je peux te pardonner.

— Je te remercie, murmura Nina.

Mayoroff écarta les bras dans un geste théâtral. Deux larmes brillaient au coin de ses yeux. Sa magnanimité l'attendrissait lui-même. :

— Viens sur mon cœur, Ninouche. Personne ne saura rien. Je te le promets.

— Il ne suffit pas que tu m'ouvres les bras pour que nous soyons heureux, dit Nina avec tristesse.

— Que faut-il donc encore?

— Que j'oublie. Tu ne penses qu'à toi. J'existe, moi aussi. Et l'autre existe, bien qu'il ne soit plus vivant.

— Je te trouve bien outrecuidante pour une femme coupable.

— Il n'y a pas de coupable. Il n'y a pas de juge. Personne n'a de droits sur personne.

Mayoroff tapa du pied :

— Je suis ton mari et j'exige que tu me respectes.

— Je te respecterai donc. Mais ne m'en demande pas plus.

Il prit sa tête dans ses mains, appuya ses coudes sur son ventre, comme pour se garer d'un choc. Elle l'entendit qui bredouillait à travers l'écran de ses doigts :

— Oh ! tu me tortures, tu me fatigues, tu m'uses. Il est inique de désespérer un homme comme tu le fais, Nina ! Qu'allons-nous devenir ?

— Nous continuerons à vivre, dit-elle.

— Tu appelles cela vivre ?

Elle ne répondit pas et se dirigea vers la porte de sa chambre. Découvrant son visage, Mayoroff jeta un cri :

— Reste ! Reste encore ! Que dois-je faire ?...

— Attendre, dit Nina.

Il donna un coup de poing sur la tablette d'un guéridon, et une statuette en bronze, représentant une baigneuse, vacilla et tomba sur le parquet avec un bruit sourd :

— Ne me mets pas au défi ! Ne me pousse pas à bout ! Je pourrais..., je pourrais me suicider..., ou... ou prendre une maîtresse...

Il ramassa la statuette et la replaça sur le guéridon.

— Tu ne me mérites pas, dit-il encore. Mais, je saurai te convaincre.

— De quoi ?

— De mon existence ! De ma présence ! Je vis, moi ! J'ai une situation ! Un nom ! Un avenir !

— C'est peut-être ce que je te reproche, dit-elle.

Elle entra dans sa chambre et ferma la porte à clef. Mayoroff, sans bouger, glapit plusieurs fois :

— Ouvre ! Ouvre !

Puis, il s'assit dans un fauteuil et déboutonna son faux col qui lui serrait le cou. Une rémission soudaine s'opérait en lui, sans le moindre effort de volonté. Son chagrin, violent et informe, se logeait dans un cadre, trouvait sa place, s'endormait parmi d'autres ennuis secondaires. Rien n'était perdu puisque Nina n'avait pas consommé la faute. Son honneur étant sauf, il se jugeait mieux armé pour combattre le souvenir du mort. A la longue, Nina se lasserait d'aduler un fantôme grassouillet, à la moustache blonde. Au besoin, il hâterait la guérison de la malheureuse par des remèdes appropriés. La santé morale et physique d'une femme ne dépendaient-elles pas essentiellement d'un bon équilibre glandulaire? Cette frigidité, ces répugnances, ces rêveries stériles, ces vapeurs, n'étaient que les conséquences d'une perturbation des organes génitaux. C'était de ce côté-là qu'il fallait orienter les recherches. Il soupira profondément, fit quelques pas dans la chambre et frappa d'un doigt sec à la porte de Nina.

— Je suppose que tu ne dors pas encore, Nina, dit-il. Écoute-moi bien. J'ai réfléchi. Tout cela n'est pas terrible. A présent que je sais la raison de ta froideur à mon égard, je reprends confiance. Nous finirons par être heureux, coûte que coûte.

Il colla son oreille au battant et attendit. Une voix lointaine lui parvint à travers l'épaisseur du bois :

— Pardonne-moi, mon ami. Je ne voudrais pas te faire souffrir. Mais il ne faut pas me demander l'impossible.

— Est-ce que tu prendras les gouttes que je te prescrirai?

— Quelles gouttes?

— Des gouttes..., des gouttes pour ta santé...

— Mais je ne suis pas malade...

— Si, Nina. C'est ta seule excuse.

— Fais comme tu veux, dit-elle.

Il se redressa, le visage pacifié, le sourire aux lèvres, et se dirigea vers son cabinet de travail, en marchant sur la pointe des pieds. Depuis quelque temps, il dormait sur le canapé en cuir du bureau, parmi ses papiers et ses livres. Cette solitude n'était pas désagréable. Avant de sortir du salon, il éteignit la lumière et cria :

— Bonne nuit, ma chérie.

Mais personne ne lui répondit.

Après quinze jours de quarantaine, Tania et sa famille étaient hors de danger. Bien que Mlle Fromont tînt à peine sur ses jambes et que Serge fût encore fiévreux, le docteur leur donna l'autorisation de quitter le camp. Une carriole de paysan trimbala les convalescents et leurs bagages jusqu'à la gare de Bielgorod. Là, il fallut prendre de nouveaux billets, télégraphier à Kharkov, poste restante, pour annoncer à Michel l'heure probable de l'arrivée, obtenir un visa de transit de l'agent consulaire allemand.

Cette fois-ci, ce fut sans la moindre appréhension que Tania monta dans un fourgon à bestiaux, en queue de convoi. Après ce qu'elle avait subi, tout autre moyen de transport lui eût paru irrégulier et suspect. Le train de marchandises était, comme celui de Moscou, farci d'une viande épaisse et triste de réfugiés. Dans le wagon où Tania s'était installée avec sa famille, une trentaine de passagers croupissaient déjà dans ce relent caractéristique de charbon et de chaussettes russes. Au premier abord, Tania eut l'impression qu'elle connaissait tous ces gens par cœur. Ils ressemblaient trait pour trait à ses premiers compagnons de voyage. A croire qu'ils l'avaient attendue pendant quinze jours pour reprendre le trajet avec elle. Moujiks hérissés de barbe, femmes dolentes aux cheveux couverts d'un fichu, ils étaient comme des graines tirées d'un même sac. Ils grognèrent un peu, par tradition, lorsque Tania prétendit arranger une couche pour les enfants et Marie Ossipovna.

— Elle en prend de la place, la petite dame!

— Faut plus se gêner!

— Et nous, alors, on est des chevaux ? On peut dormir debout, sans doute ?

Puis, ils se turent et le train s'ébranla.

De nouveau, le martèlement des roues sur les rails emplit les oreilles de Tania comme une chanson uniforme. De nouveau, dans le cadre de la portière glissèrent les plaines mornes du tchernoziom, des nuages, des toits et des arbres à la dérive. De nouveau, un massif de gueules indifférentes se balança au gré des cahots, telle une grosse botte d'oignons. Pourtant, c'était la dernière épreuve. Dans quelques heures, le convoi entrerait en gare de Kharkov. Et Michel attendrait sa famille sur le quai. Sans doute passait-il plusieurs fois par jour à la poste, dans l'espoir toujours déçu de recevoir une lettre ? Sans doute imaginait-il que des contretemps diaboliques avaient empêché Tania de fuir Moscou avec ses enfants ? Et, soudain, un télégramme : *Prépare tout. Nous arrivons.* Visage de Michel ! Sourire, larmes de Michel ! A cette pensée, une flambée de joie embrasait Tania jusqu'à la racine des cheveux. Elle se consumait dans une impatience fébrile. Elle avait trop chaud. Elle tremblait.

Subitement, elle se dit qu'elle était sale, fripée, avec des vêtements de pauvresse. Michel ne serait-il pas désabusé de la voir si maigre et si laide ? Elle prit un peigne dans son sac et le planta dans ses cheveux d'un geste machinal. Aussitôt, ce mouvement de coquetterie lui parut absurde. Existait-il un monde où la beauté, l'élégance, avaient encore leur prix ? N'était-elle pas vouée, jusqu'à sa mort, aux wagons de marchandises, aux baraques disloquées, à la pouillerie et au travail manuel ? Elle songea à une baignoire très propre, très blanche, remplie d'eau chaude, à un savon parfumé aux amandes, à des serviettes fraîches, et son cœur fondit de tendresse :

— Bientôt, bientôt...

— Crois-tu vraiment que nous dormirons dans des lits, à Kharkov ? demanda Boris.

— J'en suis sûre, dit Tania.
— Et il n'y aura plus de poux?
— Non.
— Et on pourra manger de bonnes choses?
— Tout ce que tu voudras!

La locomotive poussa un ululement lugubre et le train ralentit dans un tournant. L'un des paysans, qui se tenait à la portière, dit :

— Les essieux chauffent. Regarde les étincelles qui sautent!

— Toujours la même histoire, dit un autre. Ils n'ont pas de quoi graisser leur matériel!

— Dans combien de temps serons-nous à Kharkov, madame? demanda Mlle Fromont.

— Dans quatre ou cinq heures, je pense.

— Ma montre suisse est arrêtée, soupira Mlle Fromont. Ils sont arrivés à la détraquer, les diables!

— Maman, j'ai chaud, je voudrais boire, gémit Serge en s'agitant dans les plis de son plaid.

Marie Ossipovna, assise sur son séant, nettoyait ses chaussures avec un vieux journal. Marfa Antipovna avait pris Boris sur ses genoux et chantonnait d'une voix enrouée :

Autrefois, vivait chez maman
Une petite chèvre grise,
Ainsi, ainsi une chèvre grise...

Le soir tombait. A l'horizon, estompé par la brume, un soleil rouge et rond s'enfonçait dans le flot de la terre. Ses derniers rayons pénétraient dans la voiture et aspergeaient de poudre d'or un assemblage de planches rudes, de profils mal taillés et de toiles d'araignée.

— Eh! les gars, mais ça sent le roussi, chez vous! hurla l'un des moujiks.

— C'est ta tête qui a pris feu, farceur!

Le soleil disparut. Le ciel devint opaque, vert, strié

de nuages horizontaux, comme des barques amarrées dans une lagune. Des corneilles volaient en criant. La fumée de la locomotive isola le train dans un rideau gris et malodorant, qui se dispersa bientôt et s'en alla danser, par lambeaux translucides, au-dessus de la campagne. Tania huma l'air du fourgon et murmura, inquiète :

— C'est exact... Il y a quelque chose qui brûle...

A ce moment, une femme glapit en levant les bras comme une démente :

— La paille! La paille!

Tania bondit vers la portière et se pencha légèrement à l'extérieur. Une barbe de paille passait sous les parois du wagon. Des étincelles, provenant des essieux mal graissés, avaient mis le feu aux brindilles. Le vent de la course activait cette flamme qui se développait, ronflait, léchait les cloisons de planches rouges.

— Ramenez la paille à l'intérieur! cria Tania. Piétinez-la! Vite! Vite!...

Un ouragan de bruit lui fauchait la face. Derrière elle, des hommes, des femmes tiraient la paille grésillante et l'écrasaient à coups de talons. Des clameurs épouvantées montaient de la cohue :

— On va cuire tout vifs!...

— On est perdus!...

— Y a-t-il au moins un signal d'alarme? demanda Tania en s'agrippant au bras d'un paysan bossu et barbu.

— Quel signal d'alarme? répondit l'autre avec hargne. Ces wagons sont faits pour les bestiaux. Les bestiaux n'ont pas besoin de signal d'alarme!

— Mais c'est affreux!...

— Eh! oui, c'est affreux, petite mère!

De longues lueurs jaunes dansaient dans le cadre de la portière. La chaleur augmentait de seconde en seconde. Tania se jeta vers ses enfants. Pétrifiés de peur, ils regardaient cette houle de gens fouettés de clartés irréelles. Mlle Fromont ouvrait un visage baigné de larmes et piaulait :

— Au secours! Sauvez-nous, madame! Sautons en marche!

— Vous êtes folle, dit Tania. Le train roule trop vite.

— C'est votre faute! Ma mère me disait bien de ne pas aller dans ce pays de sauvages. Sauvages! Sauvages!

— Taisez-vous! cria Tania.

Et, dans son emportement, elle lui donna une gifle. Puis, une idée insensée traversa son cerveau. S'agenouillant devant Serge elle décrocha le sifflet argenté qu'il portait en sautoir sur son costume marin. Ses doigts tremblaient, glissaient autour du cordon qui était cousu au col par de petites brides. Marfa Antipovna geignait :

— C'est inutile, barinia! La volonté de Dieu est sur nous!

Mais Tania ne l'écoutait pas. Revenue à son poste, près de la portière, elle colla le sifflet à ses lèvres et souffla, souffla comme une folle, les yeux exorbités, les joues gonflées, les tempes douloureuses. Le son aigu et faible du sifflet se perdait dans le tintamarre des roues. Une tornade d'air et de fer battu emportait cet appel négligeable. Tania se sentait ridicule avec ce jouet planté dans la bouche, comme une sucette. Mais elle ne pouvait plus s'arrêter.

Elle se tut, cependant, lorsque les flammes commencèrent à pénétrer dans le wagon. Alors, elle saisit la théière que son voisin tenait à la main et en jeta le contenu sur le plancher. Puis, elle demanda :

— Quelqu'un a-t-il encore de l'eau?

Successivement quatre théières, dont celle de Marfa Antipovna furent vidées en direction du brasier.

— Et à quoi ça sert? disaient des voix mécontentes parmi les voyageurs.

De toute évidence, cela ne servait à rien. Convaincue de son impuissance, Tania recula vers le fond du wagon et se laissa tomber sur une valise. A la limite extrême de l'effort, sa volonté cédait d'un seul bloc. Ses nerfs, ses muscles étaient à bout. Sa conscience même l'abandonnait, comme l'eau attirée par la lune. « Nous allons mourir carbonisés... Tous... Les enfants... Et Michel qui attend à la gare... Bêtement... » La vibration des roues scandait cette plainte. Une mécanique de précision prenait la mort à son compte. Ce n'étaient plus des hommes qu'il fallait implorer, mais des pièces d'acier, de la paille, le vent, une flamme.

Marfa Antipovna s'était agenouillée et priait, la tête basse, les mains jointes sous le menton. Marie Ossipovna grommelait :

— Au Nord et à l'Est, au Sud et à l'Ouest ! Tfou !

— Madame, je veux descendre ! Madame, je veux descendre ! répétait Mlle Fromont en ravalant ses larmes.

Sa figure se décomposait, s'en allait en petits morceaux comme une gélatine. Serge serrait Boris dans ses bras. Ni l'un ni l'autre ne disaient mot. Une expression de terreur faisait un seul visage de leurs deux visages rapprochés.

Subitement, Mlle Fromont s'arracha de sa place, courut vers la portière comme pour sauter en marche. Un paysan la retint par le bras :

— Tu vas te casser les reins, commère !

— Ça m'est égal ! Je ne veux pas brûler vive !

— Qui te parle de brûler vive ? Tu as bien le temps. Avec un peu de chance, nous arriverons dans une gare avant que le feu nous ait rôti la couenne. Tant que les murs ne flambent pas, il vaut mieux rester dans la caisse.

L'homme parlait avec une assurance tranquille. Ses propos calmèrent Mlle Fromont, qui alla se recoucher dans son coin, en hoquetant de toute la poitrine.

Cependant, devant la progression rapide du feu, les voyageurs avaient évacué les abords de la portière et s'étaient accumulés en dépôt compact le long des murs. Une chaleur de four s'installait entre les parois du wagon. Des clartés méchantes, de souples serpents de fumée rasaient le plancher en sifflant. Les hommes les assommaient avec leurs sacs, avec leurs bottes. Mais les flammèches renaissaient instantanément et agitaient à l'air leurs crêtes lumineuses en dents de scie.

— Ah! les salopes! Là, fous-lui sur la gueule...

— Tiens, ça reprend à gauche...

— Non, à droite, à droite, amène-toi par ici...

La nuit était venue. Dans l'éclairage spasmodique de l'incendie, les faces des moujiks, mouillées de transpiration, miroitaient comme des masques de cuivre. Des lueurs de couteaux brillaient dans leurs regards. Derrière leurs dos courbés, s'ébattaient d'immenses oiseaux d'ombre, dont les ailes se cassaient au cadre du plafond. Gesticulant, sautillant sur place, dans une pulsation de ténèbres et de rayons, ces inconnus avaient l'air de célébrer un rite, de danser la danse du feu. Des femmes gloussaient comme des volailles prises au col :

— Si le train ne s'arrête pas dans un quart d'heure, nous grillerons comme des cancrelats!

— Seigneur, ayez pitié de nous!

— Il n'y a donc pas de gare sur le parcours?

— Prions, frères, dit une voix grave.

Quelques personnes s'agenouillèrent. Un bourdonnement funèbre domina un instant le halètement de la fournaise et le grondement saccadé des roues. Marfa Antipovna chantait avec le chœur :

Je vois ton palais paré, mon Sauveur...
Et je n'ai pas d'habits pour y entrer...

Privée de raison, Tania écoutait ce très vieux cantique de son enfance. Les uns priaient. Les autres juraient, crachaient, luttaient contre les flammes. Chacun, à sa manière, défendait sa peau. Le wagon à la chevelure de feu, chargé de chairs et d'âmes en péril, roulait en vrombissant à travers la nuit.

— Et rien ne sera, et il n'y aura rien! grondait Marie Ossipovna en frappant le plancher avec sa canne.

Elle se tenait très droite. Son vieux visage poreux, comme taillé dans la pierre ponce, était posé en équilibre sur la cape de zibeline, où les reflets de l'incendie allumaient des moires roussâtres. De tout son poids, de toute son ignorance, elle niait l'approche de la mort. Mlle Fromont s'était évanouie de peur. Son gros corps gisait, les jupes retroussées, les mains pendantes, parmi les balluchons.

— Charogne! gueulait un paysan. Voilà que ça passe sur le toit!

— Y a rien à faire! On est foutu!

— Si le train ralentit, je saute!

— Attends un peu, acrobate, la terre est dure...

— Tape, mais tape donc!

Et le chœur, imperturbable, reprenait :

Éclaire la vêture de mon âme,
Source de lumière...

— Maman, allons-nous-en, dit Boris.

Et il se mit à sangloter sur l'épaule de son frère. Serge aussi, pleurait, mais d'une manière plus calme. Les larmes coulaient sur ses joues sans qu'un seul muscle de sa figure tressaillît. Tania regardait ses fils et se découvrait incapable de les plaindre. Anéantie, extraite de l'espace et du temps, elle croyait participer à une réunion de chrétiens hurleurs dans des catacombes éclairées de torches. La sueur ruisselait de son menton sur sa poitrine. Elle ne pouvait plus ni bouger ni parler. Il lui fallut dominer cette espèce d'extase pour se pencher vers ses enfants, les attirer, les coller à son flanc dans un mouvement de protection maternelle. Quand elle sentit leur volume contre sa chair, un spasme subit la secoua :

— Mes chéris... Serrez-vous contre moi... Tous ensemble... Dieu nous prendra tous ensemble...

La locomotive siffla longuement, comme pour exhaler un trop-plein de souffrance. Des squelettes d'arbres passèrent derrière le mascaret fauve des flammes. La fumée piquait les yeux de Tania, emplissait sa bouche d'un tampon âcre. Elle suffoquait. Ses jambes se dérobaient sous son corps. Elle vacilla, pensa qu'elle tombait et se raccrocha des deux mains à une traverse. Soudain, dominant le tumulte, une voix forte retentit dans la caisse :

— Là-bas!... Des lumières!... Une station!...

A la station, des cheminots décrochèrent la voiture en flammes et aidèrent les voyageurs à sauter sur la voie. Tania et sa famille furent installés dans un autre wagon à bestiaux, dont les occupants se serrèrent un peu, en maugréant contre les intrus. Et le convoi se remit en marche, fascinant la nuit de ses lanternes rondes.

Tirée du feu, évadée de la mort, Tania était impuissante encore à mesurer sa chance. Son émotion avait été trop forte pour qu'une joie raisonnable lui succédât. Une stupeur totale éteignait son esprit. Son corps, excédé de fatigue, ne réagissait plus aux secousses du train. Elle voyait sans comprendre les signes d'un univers auquel elle avait déjà renoncé. Et ses proches semblaient partager cette torpeur. Boris, Serge, la nounou, la gouvernante, Marie Ossipovna, évitaient de parler, de bouger, comme s'ils eussent craint de rompre l'équilibre instable de leur bonheur. Leur aventure commune les avait engourdis dans l'horreur. Ils dormaient debout, les yeux grands ouverts, la tête vide. Ils attendaient passivement les nouvelles preuves de l'existence de Dieu.

Il était onze heures du soir, lorsque le train entra en gare de Kharkov. Penchée à la portière, Tania scrutait avidement la foule qui noyait les quais. Il lui paraissait impossible de distinguer le visage de Michel dans cette énorme tapisserie de points roses et noirs, qui se déroulait, toujours plus lentement, devant elle. Une fumée épaisse voilait la lueur faible des lampadaires. Des sifflets stridents se répercutaient entre les murs. Enfin, les tampons se heurtèrent avec un bruit de métal rompu. En même temps, un pressentiment atroce pénétra le cœur de Tania. « Il n'est pas venu. Il n'a pas reçu mon télégramme. » Elle tenait Serge et Boris par la main et ne se décidait pas à descendre.

— Alors ? Tu sautes ou tu ne sautes pas, ange céleste ? cria un paysan.

Refoulant ses larmes, Tania s'assit sur le plancher du wagon et se laissa glisser à terre. Puis, elle tendit les bras à Serge, qui était resté dans l'embrasure de la portière. Mais Serge ne la regardait pas. Il dressait très haut son visage aminci par la maladie. Ses yeux brillants interrogeaient l'espace. Et, subitement, il cria :

— Je le vois !... Il est venu, maman !... Il nous appelle !...

V

Le train blindé roulait avec une lenteur puissante à travers la nuit. Étendu, tout habillé, sur la couchette de son compartiment, Nicolas regardait danser le niveau du pétrole dans la grosse lampe au pied de fonte qui éclairait sa table de travail. La lueur jaune grimpait et descendait le long du mur, où se trouvait placardée une carte de Sibérie. Le terrain n'était pas sûr. En quatre endroits, des volontaires antibolcheviques avaient déboulonné les rails et attaqué le convoi par surprise. Chaque fois, il avait fallu disperser les partisans à la mitrailleuse et remettre la voie en état, rapidement, tandis que des patrouilles battaient les alentours. Ce matin, deux hommes avaient été blessés au cours d'une échauffourée. Nicolas s'attendait à un nouvel assaut au passage du pont. Aussi avait-il donné l'ordre de n'avancer qu'avec une extrême circonspection. Les guetteurs se relayaient à leurs postes, dans les embrasures. Le mécanicien ne quittait pas de l'œil la ligne des rails éclairée par la lueur blanche et rouge des lanternes. Dans les wagons, plaqués d'acier gris, tout le personnel combattant était sur le qui-vive.

Nicolas aurait voulu inspecter une dernière fois les voitures, mais, depuis quelques heures, un malaise étrange le retenait dans sa turne. Jamais encore il ne s'était senti aussi fatigué. Sa bouche était sèche, liée comme s'il eût mâché de la farine. Un capuchon de brouillard enfermait sa tête jusqu'aux yeux. Deux pouces de fer pesaient sur ses tempes. Il tendit la main et prit un verre à demi plein d'eau, sur la table. Le liquide tiède glissa sur sa langue sans le désaltérer. De sa gorge à sa bouche, montait une odeur écœurante de poulailler. Il avait chaud. Il étouffait. Sans doute, un accès de fièvre... Son second, Kounine, entra dans le compartiment et claqua la porte. Ce bruit net fendit Nicolas du crâne aux talons, et il tourna vers l'intrus un regard furieux.

— Comment ça va, camarade ? demanda Kounine en s'asseyant sur la banquette d'en face.

Dans son visage rond, rose et lisse, deux yeux très noirs et très petits étaient plantés comme des pépins de pastèque. La partie gauche de sa moustache était effilée en pointe, l'autre, dérangée par le vent, s'ouvrait en éventail. Ce détail irrita Nicolas au plus haut degré, mais il fut incapable de s'expliquer les raisons exactes de son mécontentement. Il se savait injuste envers Kounine. Et il lui était agréable d'être injuste. Il eut envie de lui dire quelque chose de grossier, mais se contraignit au calme et murmura faiblement :

— On approche du pont ?

— On approche.

— Combien ?

— Quinze verstes encore.

— Nous passerons ?

— Mais oui, nous passerons. Tu n'as besoin de rien ?

— Non. Je vais me lever.

— C'est une mauvaise fièvre.

— Oui.

Kounine alluma une cigarette, et la fumée du tabac piqua les yeux de Nicolas telle une eau savonneuse. Derrière cette brume, la silhouette de Kounine oscillait, prenait de la hauteur. Des effilochures laineuses déformaient les contours de sa figure. Une barbe grise entoura ses joues, puis se résorba soudain. Comme dans un songe, Nicolas entendait le balbutiement d'une voix noyée, des claquements de portes, des coups de sifflet. Il lui parut évident que Kounine était seul responsable de son indisposition et que tout irait mieux dès que cet homme aurait quitté le compartiment. Mais Kounine ne partait pas. Il parlait avec volubilité d'un certain télégramme. Et Nicolas, lâchement, répondait :

— Oui... oui...

— Ces salauds de blancs... Les crever tous... Ils ont ramassé des Khirguizes, des Tatars, des Bachkirs, des Kalmouks, des Tchouvaches..., les ont armés... Pour les coups durs, tu comprends ?

— Oui...

— Tant qu'on n'aura pas exterminé cette racaille monarchiste... Les repousser... Jusqu'à Vladivostok... Et les Japonais ?... Tu ne crois pas qu'ils vont nous barrer la route ?... Eh ! tu m'écoutes ?

Oui.

Enfin, Kounine se leva, s'étira et sortit, en se dandinant, dans le couloir.

« Ouf ! murmura Nicolas, maintenant, ce sera facile de vivre. »

Et il essaya de s'allonger commodément sur la couchette. Mais il ne savait plus remuer ses jambes. Elles avaient doublé de volume. Un courant d'air coulait comme un ruban d'eau glacée entre ses omoplates. Toute sa chair se hérissait de petites épingles. Les roues du train tressautaient juste sous son corps. Les traverses battaient ses flancs comme des verges de fer. Le hurlement de la locomotive jaillit de sa bouche. Il changea de position, tenta de respirer méthodiquement. Mais le coupé puait le charbon, le vernis, l'huile rance. Nicolas ne pouvait pas supporter cette odeur. Elle lui donnait la nausée. Il allait vomir. Sûrement. Il avait tellement espéré se distinguer au cours de cette mission délicate ! Et voici que, comme un fait exprès, il se trouvait privé de ses moyens d'action, rivé au matelas, la tête délirante. Ce n'était plus un chef, mais une loque sans autorité, que transportait ce train bourré de mitrailleuses. Au lieu de diriger ses hommes, il devenait pour eux un poids mort, une charge. Il méprisa ce corps détestable qui le trahissait. Il voulut, de force, le ramener à l'obéissance. Il dit :

« Debout. »

Mais le corps ne bougea pas.

« Qu'est-ce que c'est ? Qu'est-ce que j'ai ? » chuchota Nicolas.

Il tendit le cou, entrouvrit ses lèvres pâteuses. L'air passait difficilement dans sa gorge, obstruait, engluait ses poumons. Quelqu'un jetait sur lui des couvertures épaisses, l'une après l'autre, inlassablement. « Assez ! Assez ! J'ai trop chaud ! » Il suffoquait, enseveli sous cette carapace duveteuse. Sa chair suait, flambait. Une soif inextinguible dévorait sa bouche. Les cahots du wagon soulevaient des paquets d'entrailles qui exigeaient de sortir par le haut, par le bas. Un début de diarrhée mouilla sa culotte, sans qu'il eût le pouvoir de se retenir. Le vacarme était assourdissant. De grandes tôles plates grondaient, secouées d'un bout à l'autre du convoi. Les canons grinçaient sur leurs trucs. Les mitrailleuses fouillaient le vent de leur museau noir. Des étincelles volaient du foyer vers les forêts nocturnes. « Le pont. On approche. Et moi, je suis couché, inutile. Kounine ne saura pas. C'est un blanc-bec. Moi seul. Je suis venu pour ça. Le pont, le pont. Ma culotte est salie. Je sens mauvais. »

Il s'arc-bouta tout entier, lutta contre sa torpeur, émergea à mi-corps d'une mer de brouillard nauséeux. Un choc brutal le lança contre la cloison. La locomotive freinait en pleine course. Les tampons se heurtaient. Les roues patinaient avec des râles de souffrance. Enfin, le train s'arrêta. Un coup de sonnette retentit dans le compartiment. C'était le mécanicien qui appelait Nicolas. Kounine ouvrit la porte, cria :

— Ne bouge pas, j'y vais.

— Qu'y a-t-il ? demanda Nicolas.

— L'embuscade. Les rails sont déboulonnés. On s'en est aperçu à temps. Rien de grave.

— Comment..., comment rien de grave ? balbutia Nicolas.

Et, presque sans effort, il se mit debout. Son ventre douloureux bourdonnait, clapotait, d'une façon répugnante. Ses jambes étaient molles, tels des tuyaux de caoutchouc. Sortant du compartiment, il avança en titubant à travers les voitures, comme dans le labyrinthe d'un cauchemar. Il lui semblait que le train était construit en zigzag, avec un plancher oblique et des murs diversement inclinés. Dans ce décor dévié, régnait une bousculade d'enfer. Kounine courait en tout sens et hurlait :

— Feu ! Feu !

Les visages des soldats palpitaient comme de gros lampions dans la fumée âcre de la poudre.

— Ne ménagez pas les munitions !

— Arrosez-les de plomb, camarades !

Les mitrailleuses hoquetaient. Des rubans de balles dorées glissaient vers les boîtes noires. Par les embrasures, on voyait des broussailles de deuil, à contrejour sur un ciel étoilé. De cette fourrure végétale jaillissaient, en réponse, des languettes de flammes jaunes. Les projectiles ennemis claquaient contre les parois blindées des wagons. On eût dit qu'un géant enfonçait des rivets dans les plaques d'acier sonores. Tout le convoi vibrait, comme saisi de fièvre. Là-bas, dans l'ombre, des dos courbés fuyaient, se perdaient parmi les buissons hirsutes. Des gens bondissaient, retombaient. Les mitrailleuses avalaient d'interminables bandes de munitions, s'en gavaient, s'en échauffaient, devenaient trépidantes, hurlantes. On trimbalait des bidons d'eau, on se cognait, on s'injuriait dans une foire de fer brûlant, de cambouis et de gueules.

Roulant d'un coin à l'autre, assourdi, aveuglé,

Nicolas marchait vers la locomotive. Des grenades éclatèrent, et le plancher cuirassé du wagon se souleva un peu, au moment de la déflagration. Kounine rattrapa Nicolas et l'agrippa par la manche :

— Où vas-tu ?

— Voir... là-bas... le mécanicien...

— Reste ici. Dans quelques minutes, nous allons tenter une sortie.

Dans la figure de Kounine, les petits yeux noirs, en forme de pépins de pastèque, vacillèrent soudain, disparurent. Tout son visage se nivelait comme si on avait passé un bas de femme sur sa tête. Une voix étrangère, étouffée par l'épaisseur du tissu, cria :

— Qu'as-tu, eh ! camarade ?

Un liquide chaud gicla des narines de Nicolas et coula sur ses lèvres. Le goût du sang imbiba sa langue. Il porta les doigts à son nez pour arrêter l'hémorragie.

— Va te foutre au lit, imbécile ! glapit Kounine.

Et ses mains s'envolèrent vers le plafond, tels de lourds poissons frétillants qui remontent à la surface. Nicolas voulut suivre des yeux ce mouvement ascensionnel et leva la tête. Mais une brusque douleur lui brisa la nuque. Il sentit qu'il se cassait comme du verre, tombait en miettes, n'existait plus.

Quand il reprit conscience, le convoi roulait à une vitesse vertigineuse. La locomotive arrachait les rails en hurlant. Elle traînait le corps de Nicolas sur une claie. Il pensa protester, se débattre. Mais ses membres étaient comme des serpents crevés. Une couverture l'enfermait des pieds aux épaules. Étendu à plat sur sa couchette, il voyait, très haut, la face rose et bouffie de Kounine, avec sa moustache mi-pointue, mi-bouffante, et les yeux en pépins de pastèque.

— L'embuscade ? demanda Nicolas d'une voix aphone.

— On les a dispersés. Quinze tués chez eux. Deux blessés chez nous. Nous avons pu faire un prisonnier. Il nous renseignera.

— Le pont ?
— On a passé le pont.
— Bien, dit Nicolas.
Et un sourire glissa sur ses lèvres. Puis, il souffla :
— J'ai soif.
De nouveau, il lui sembla qu'un foyer rouge ronflait dans son ventre. Des charbons incandescents poussaient leur chaleur de l'intérieur vers la peau. Une odeur de rôti lui souleva le cœur. Il prit le verre que lui tendait Kounine, et ses doigts sans force le laissèrent échapper. Le verre se brisa. Il chuchota :
— Oh! S'il te plaît..., un autre...
Kounine le regarda sévèrement.
— Ne m'en veuille pas, camarade, dit-il. Mais j'ai donné ordre de te faire descendre à la prochaine station. Nous viendrons te reprendre dans quelques jours, les opérations terminées.
Une angoisse horrible ébranla la tête de Nicolas. Inondé de sueur, les joues en feu, il se dressa sur ses coudes et murmura :
— Que veux-tu dire ?
— C'est ainsi.
A travers un clignotement d'images confuses, Nicolas entrevit l'atroce vérité. Kounine cherchait à se débarrasser de lui. Pourquoi ? Parce qu'il était malade ? Parce qu'il ne pouvait plus commander le train ?
— Demain, ça ira mieux, bredouilla Nicolas d'une manière coupable.
— Non! camarade, dit Kounine. Ça n'ira pas mieux demain. Ni après-demain. Tu risques de nous contaminer tous en restant parmi nous.
— Qu'est-ce que j'ai donc ? gémit Nicolas.
— Un genre de fièvre... Il y a des épidémies comme ça... Ma sœur est morte de la typhoïde, à Moscou...
— Eh bien ?
— Je sais comment ça débute, cette saleté.
— Et tu crois ?...
Kounine baissa le front.

— Ce n'est pas vrai! s'écria Nicolas. Tu veux me débarquer pour... pour être seul maître à bord... Je ne me laisserai pas faire... J'aviserai...

A mesure qu'il parlait, le compartiment s'emplissait d'une vapeur de plus en plus opaque. Cette fumée sortait de sa bouche avec les mots. Bientôt, il fut noyé dans un bain de nuées laiteuses. Il ne voyait plus rien. Simplement, il sentait sous ses reins le martèlement féroce des roues. Puis, il eut l'impression que le train s'arrêtait. Des doigts rudes palpaient ses épaules, ses hanches. Quelqu'un dit :

— Ensemble, les gars. Comme ça. Attention à la tête.

Son corps s'en allait sur une barque au roulis très doux. Un air frais le baignait de toutes parts. Des branches craquaient dans le vent. Une porte s'ouvrit en grinçant. Des voix inconnues frappèrent ses oreilles :

— Par ici... par ici...

— Eh! pauvre homme!

— Vous reviendrez?

— Là, couchez-le...

— Il n'est pas contagieux, au moins?

— Pensez-vous! Une petite fièvre...

Nicolas luttait contre ce refus du monde à comparaître devant lui. Une main forte lui tenait la tête sous l'eau. Il suffoquait dans ce néant liquide. Il se tendait vers la surface, vers la vie. Et, peu à peu, la vie revint et les objets se nommèrent.

Il était couché sur un lit de sangles, dans une chambre crasseuse, au plâtre écaillé, aux recoins bourrés de caisses et de sacs. Son oreiller était trempé de sueur. Sa peau visqueuse flambait. Une odeur aigre émanait de ses draps, à cause de la diarrhée. Par moments, il croyait encore percevoir le roulement du wagon dans ses os. Derrière la fenêtre, il apercevait l'auvent de la gare, une branche d'arbre et un pan de ciel.

Les idées se succédaient dans son esprit à un rythme de cavalcade : « Le train blindé est reparti. Ils m'ont laissé seul. Dans une petite gare. La fièvre typhoïde? Qu'est-ce qu'il en sait, Kounine? Mais peut-être a-t-il raison? Alors, je vais mourir. On ne meurt pas toujours de la fièvre typhoïde. Tiens, il y a du soleil. C'est le matin. Aurais-je dormi? » Le temps courait avec la rapidité d'une locomotive emballée. Le convoi des heures brûlait les étapes. Quelques battements de paupières, quelques pulsations du cœur, et le jour remplaçait la nuit. Un soupir, une nausée, et c'était de nouveau le soir. A travers la chambre, s'étirait un cortège ininterrompu de visages. Chaque fois que la porte s'ouvrait, un peu de plâtre tombait du mur. Il y avait le chef de gare, un vieux, avec sa casquette galonnée et ses petites moustaches légères et transparentes, comme des ailes de sauterelle ; son épouse grasse et blanche, qui avait l'air d'une lotte : elle sentait vraiment le poisson. Un télégraphiste. Des paysans. Et une araignée velue qui tissait sa toile dans un angle. Les gens entraient, sortaient, parlaient, gesticulaient, bousculaient des colis et soulevaient de la poussière. Parfois, des faces de géants se penchaient au-dessus de son lit. Une femme monumentale lui donnait à boire du *koumiss* [1] ou du thé de carottes. Un homme, qui était comme une longue route sèche crevée d'ornières, lui prenait la main, lui tâtait le pouls. Une pluie de propos fades arrosait Nicolas :

— Eh bien?...

— Oui.

— Non.

— Ça va?

— Au revoir.

Il ne se disait pas autre chose dans le monde. Et Nicolas rêvait à des paroles délicieuses qu'il aurait voulu entendre, telles que : ruisselet, jubilé, cristal, ou

1. Lait de jument, légèrement gazéifié.

même Terpsichore. Un désir immodéré, douloureux, lui venait à la seule évocation de ces mots. Parfois, il articulait péniblement :

— Terpsichore, cristal...

Et quelqu'un répliquait rudement :

— Il délire.

Un matin, en s'éveillant, Nicolas eut l'impression qu'il se portait mieux. Il souhaita crier, appeler le chef de gare, mais les voyelles et les consonnes se collaient à sa langue comme des lambeaux de papier. La pièce était vide. Il haletait de soif. Il pensa sérieusement qu'il lui suffirait de boire un verre d'eau pour que ce malaise disparût. Il imagina ce verre d'eau froide, limpide, avec un morceau de glace flottant au milieu. Et, subitement, il eut envie de pleurer. Il se rappelait le verre brisé dans le wagon, sa mission compromise, les camarades qui l'avaient abandonné. les coups de feu, l'excitation du combat. « C'est trop bête! Kounine me paiera ça. Au retour... » Ses dents claquaient. Tout le lit se mit à trembler. Derrière les vitres dépolies par la poussière, défilèrent quelques silhouettes en ombres chinoises. Où donc avait-il déjà contemplé ce même intérieur gris et bas, encombré de caisses et de sacs, ces fenêtres troubles, ces formes humaines passant à contre-jour, derrière les carreaux?

Répondant à la tension violente de ses nerfs, un souvenir ressuscitait, bribe par bribe, dans sa mémoire. Il revoyait avec précision la scène de *La Sauterelle*, dont le décor représentait une chambrette enfumée. Une femme, au visage fendu de rides, pleurait son fils tué par les soldats blancs : « Oh mon fils, ta mort ne sera pas inutile, car l'héroïsme de ta conduite a galvanisé le village... » Et les profils de soldats glissaient comme des fantômes d'un bord à l'autre de la croisée. C'était le peuple en marche. L'armée de la révolution. Un chant cadencé résonnait dans les coulisses. Comment Nicolas avait-il pu médire de ce spectacle, en nier la vérité profonde? Il ne savait plus maintenant s'il se trouvait dans un théâtre moscovite ou dans la campagne sibérienne, s'il assistait à un jeu ou s'il vivait son propre destin. Que la révolution était belle dans sa jeune colère! Non, les excès ne la déparaient pas. Ses erreurs, ses crimes, ses imperfections, prouvaient même à quel point elle était humaine. D'ailleurs, il était trop tôt encore pour faire le départ entre l'excellent et le détestable, entre le juste et l'injuste d'une pareille entreprise. Sans doute les débuts en étaient-ils sanglants et hideux au regard des esthètes et des amateurs de la petite Histoire. Mais il y avait tant de gestes magnifiques, tant de conceptions généreuses, à côté des laideurs obligatoires dont les ennemis de la cause tentaient de tirer argument! Plus tard, quand les passions se seraient calmées, des hommes intègres établiraient le décompte. Ils additionneraient le bon. Ils additionneraient le mauvais. Et chacun comprendrait que le premier total dépassait de beaucoup le second. Est-ce que les chrétiens doutaient de l'Église parce qu'il y avait eu de faux prêtres, des fous mystiques, des prophètes pervers? La révolution, comme la foi chrétienne, était un bloc. Il fallait l'accepter telle quelle, avec les pailles et les raisins, avec la boue et le sucre, l'avaler, l'absorber, en vivre. « Faites, mon Dieu, que je vive assez longtemps pour voir s'apaiser les remous et émerger les pics dans une aube nouvelle, pour saluer le bonheur d'un peuple immense dégagé de l'obscurité et de l'esclavage, pour contempler, du haut d'une tour, cette vaste Russie, couverte de blés, de fleuves et d'usines, seul pays de la maîtrise populaire. Russie, Russie, tu seras si grande et si forte, avec tes fils et tes filles aux cous ronds, aux jambes solides, avec tes espaces sans fin, balayés de soleil et de vent, avec tes épis d'or, tes forêts profondes, tes cascades sauvages, tes mines de fer, tes troupeaux antiques, tes vignes et tes pêcheries, avec tes villes cerclées de pierre et tes villages parés de tournesols, avec tes routes pensives et tes hauts fourneaux, avec tes drapeaux rouges, tes chants, tes soldats, tes poètes, tu seras si grande et si forte, Russie, que l'Univers entier prospérera selon ta volonté et ton enseignement. Et tous ceux qui m'auront blâmé reconnaîtront leur faute, Tania effacera d'un baiser la trace du crachat sur ma joue. Akim, baissant les paupières, tombera sur mon épaule. Michel sourira comme un frère en me broyant la main. Et là-bas, dans la vieille maison d'Ekaterinodar, mes parents m'attendront, les bras ouverts, les larmes aux yeux, pour me congratuler. Comme nous nous aimerons alors, dans la résurrection étonnante de notre patrie. Comme nous serons fiers d'être nés sur cette terre, de parler cette langue et d'avoir ce passé! »

« Ne pas mourir, ne pas mourir... »

Nicolas serra les mâchoires pour empêcher ses dents de claquer. Il voulut aussi nier le frisson qui agitait son corps. La maladie n'existait pas. La maladie ne pouvait pas vaincre la révolution. Ce n'était pas lui qui tremblait, mais la chambre. Un train approchait. Le train blindé. Kounine.

« Camarades! » cria Nicolas, sans qu'aucun son s'échappât de sa bouche.

Des boîtes d'acier gris glissaient à la queue leu leu, dans un paysage de toundra. Elles passaient sur Nicolas comme sur une traverse, le couvraient de leur nuit brûlante, l'assourdissaient de leur hiement mécanique et laissaient gicler sur son front des pissées d'huile verdâtre et des jets de vapeur. Subitement, Nicolas se retrouva au caveau de *La Sauterelle*. Sur la scène, des gens chantaient *L'Internationale* et brandissaient les drapeaux rouges. Mais ce n'étaient plus des acteurs soucieux de gagner leur vie qui prêtaient leur corps et leur voix à cette manifestation. C'étaient de vrais paysans, de vrais soldats, les combattants de Pétrograd, de Moscou, du train blindé, des héros... Devant eux, Nicolas étouffait d'enthousiasme :

« Regardez, regardez!... »

Il poussait du coude un voisin endormi, et ce voisin était lui-même :

« Regardez... Regardez... »

Quelqu'un le bousculait, le retournait. Une voix dit :

— Il est sans connaissance...

Deux mains rampaient sur son corps comme des bêtes agiles, reniflaient, soulevaient la chemise qui collait à la peau.

— Tu vois les taches roses ? Là, là. Y a pas de doute, c'est la typhoïde. Les salauds nous l'ont amené comme ça...

C'était une femme qui parlait. Grosse et blanche comme une lotte. Elle sentait le poisson. L'homme, avec une sauterelle sous le nez, répondit d'une voix grave :

— Faut se débarrasser de lui... et vite... Il nous foutrait sa maladie... De toute façon, il va crever, le frère... Je veux pas de ça chez moi...

— Et les gars du train blindé, qu'est-ce qu'ils vont dire ? Sont pas commodes. C'est leur chef, paraît...

— Y a qu'à ne pas le faire nous-mêmes, mémère.

— Comment alors ?

— Les autres sont pas loin.

— Tu veux les prévenir ?

— Tais-toi, buse. Il remue...

Deux ombres se penchèrent sur Nicolas, puis s'écartèrent lentement, s'en allèrent vers des régions incontrôlables. La porte claqua. Un peu de plâtre tomba du mur. Nicolas voulut crier :

« Kounine ! »

Et de la bile coula de ses lèvres. Rien à faire. Il était seul. Privé d'amis et de secours. Un chien malade que ses maîtres parlent d'abattre. Sans force. Sans pensée. Avait-il rêvé ce colloque, ou l'avait-il entendu vraiment ? Peut-être s'agissait-il d'une hallucination, d'un cauchemar ? Le train reviendrait à temps, le beau train blindé, tout neuf, grondant et redoutable. Il courait, il courait, refoulant l'espace avec son poitrail d'acier. Le chauffeur noir enfournait des pelletées de charbon dans la chaudière rugissante, étalait la braise avec son ringard. Les conduites bouillonnaient. La pression montait vers la ligne rouge d'alerte. Dans l'abri, le volant, les manomètres, les robinets, les manivelles, les tuyaux, tressautaient de fureur. Des aiguilles folles dansaient dans des cadrans livides. Les chiffres claquaient des dents. Des jets de vapeur fusaient par les soupapes. Le vent hurlait de douleur, fendu par le milieu, comme une étoffe. Un sifflement aigu, prolongé, blessait le ciel, tuait les oiseaux en plein vol. « Vite, vite! Cylindres, coulisses, bielles, biellettes, roues, roues, secourez-moi!... » Un nuage de charbon recouvrit Nicolas, et il devint aveugle, de corps et d'âme.

Quand la vue lui revint, le crépuscule commençait à envahir la pièce. Un bruit de pas et de voix retentissait sur le perron. La porte s'ouvrit violemment. Un peu de plâtre tomba du mur. Une odeur de suint et de pluie s'avança, pas à pas, dans la chambre. Derrière cette odeur, se tenaient des hommes. Leurs visages étaient méchants. L'un d'eux portait une veste allemande avec des épaulettes russes dédorées. Une croix de Saint-Georges brillait sur sa poitrine. Son ceinturon tout neuf était en cuir verni. Sa lourde figure, rouge brique, était prise dans un lacis de rides, comme dans les mailles d'un filet. Une cicatrice divisait sa joue gauche, du coin de l'œil à la commissure des lèvres. Nicolas comprit qu'il allait mourir, et un grand calme se fit dans ses idées.

— Ton nom, ordure? cria l'homme.

Nicolas ne répondit pas.

— Ça n'a pas d'importance. Il crèvera aussi bien sans nom, dit quelqu'un.

— Fouillez ses vêtements.

— Dans la veste, les papiers...

— Ça peut servir...

— Tu commandais le train blindé? reprit l'officier aux épaulettes dédorées.

A ces mots, une expression de fierté raffermit les traits de Nicolas. Il remua la langue pour prononcer des paroles nobles, mais seule une plainte inarticulée, animale, flua de sa bouche. Il en fut chagriné, car il eût aimé confondre ces hommes par la dignité de son attitude.

— Peut même plus parler, gronda l'officier. Faudra le descendre comme ça. Sortez-le du lit. Enfilez-lui ses pantalons.

Tiré hors des draps, poussé, pincé, martelé par des mains coléreuses, Nicolas luttait de toute son énergie contre un vertige menaçant. « Surtout, ne pas faiblir. Les étonner par ma force d'âme. Leur montrer qu'un bolchevik sait mourir en héros. » En vérité il n'éprouvait aucune révolte contre ses ennemis, ni aucun regret de s'être laissé prendre. Une fatalité mystérieuse régissait les moindres déplacements de son corps. A bien réfléchir, il lui semblait que sa vie ne pouvait pas s'achever autrement, qu'il n'avait travaillé, bataillé pendant des années, que pour aboutir, malade, à cette petite gare sibérienne où ses bourreaux lui avaient donné rendez-vous. Ils étaient exacts. Ils jouaient leur rôle. A lui de jouer le sien.

« Debout, marche. »

L'air vif le frappa au visage. Ses pantalons trop larges glissaient sur ses hanches. Ses chevilles molles se tordaient. Il avançait, soutenu, à gauche et à droite, par deux soldats aux profils de destin. Devant une cabane proche de la gare, une femme cherchait des poux sur la tête de son enfant. Malgré l'heure tardive, une truie grognait au bord de la route.

Le chemin serpentait entre des massifs de buissons frileux. Une odeur de mort venait de la terre. Le soir tombait. Dans le ciel gris, des nuages s'accoudaient à la balustrade, groupaient leurs faces attentives pour assister au supplice d'une fourmi. Nicolas était une fourmi. Il avait aboli son moi dans les millions, son singulier dans un pluriel innombrable. Son nom,

Nicolas Arapoff, ne signifiait plus rien. « Je n'existe pas. Zéro. Je n'ai même jamais existé. L'homme n'a jamais existé. L'humanité seule existe. » Butant contre une motte de terre, il chancela, faillit tomber.

— Regarde où tu poses tes pieds, crapule rouge!

Il avait l'impression qu'il marchait depuis des heures, sans progresser d'un pas. Ses poumons haletaient. La sueur brouillait son regard. Le sort de tout révolutionnaire n'était-il pas de mourir pour un bonheur qu'il ne verrait jamais? Moïse non plus n'avait pu pénétrer sur la Terre promise, et tous ignoraient le lieu de son tombeau. Mais la Terre promise n'était pas une légende. Nicolas le savait. Il était plus riche, plus fort que ces hommes qui allaient l'abattre.

Une pluie fine se mit à tomber. Le sol parlait avec le ciel. Nicolas était pris dans le chuchotement infini de leurs confidences. Ruisselant, lavé, renouvelé, il ne sentait plus mauvais. Il n'était plus malade. Il avait quitté la condition humaine. Derrière lui, palpitaient des lambeaux de souvenirs inutiles. Zagouliaïeff lui souriait en clignant des yeux. Tania crachait dans le vide. Akim tirait des coups de feu contre un épouvantail à moineaux. Au fond d'un salon provincial qu'embaumait l'encaustique, deux vieillards causaient à voix basse d'un fils qu'ils ne reverraient plus. Et la pluie tombait, courbant les branches, usant les traces.

— Placez-le contre l'arbre, dit l'officier.

Nicolas ferma les paupières, et son cœur devint trop gros, trop lourd pour son corps débile. Une écorce dure étayait ses épaules. Ses larmes se mêlaient à l'eau tiède du ciel. Il était sur une plate-forme haute, et toute la Russie s'étendait à ses pieds. Il murmura :

— Russie... Russie...

L'officier au visage ficelé de rides s'approcha de lui et hurla :

— Tu n'as pas le droit!... Ce mot sonne faux dans ta bouche, vermine bolchevique!...

L'homme tenait un revolver à la main. D'une

seconde à l'autre, entre ce revolver et Nicolas devait se passer quelque chose d'impossible et de réconfortant. Nicolas regarda le revolver, la croix de Saint-Georges, l'herbe jaune piétinée. Il essayait brièvement d'imaginer la mort. Puis, il songea qu'il avait oublié de prier. Fallait-il prier ? Avait-il le temps de prier ? Un choc sourd lui fracassa la tête. Trop tard. Nicolas s'attendait à cette commotion. Avec délices, il sentit qu'il tombait, que son rôle était fini, que sa présence n'était plus nécessaire dans le monde. Son corps descendait dans la nuit avec une lenteur énorme. L'odeur de la glèbe entrait en lui, noire, humide, éternelle. La terre aveuglait sa bouche. La terre nourrissait ses yeux. Il s'était arrêté sur un palier plat, au bord de l'abîme. Un second coup l'atteignit à la tempe et le délogea de sa place. Au troisième coup, un mugissement gonfla ses oreilles. Et il roula plus bas encore, léger et inutile, comme un caillou au flanc d'une haute montagne.

VI

Après un bref séjour à Kharkov, Michel et sa famille se rendirent à Yalta, en Crimée, où le climat et la bonne nourriture devaient hâter la guérison des enfants. A l'instar de l'Ukraine et du Don, la Crimée s'était organisée en État indépendant. Son gouvernement, composé en majorité de Tatars, était également hostile aux bolcheviks et aux monarchistes. Quant à l'occupation germanique, elle était moins sensible dans la péninsule que partout ailleurs. A Yalta, quarante-huit soldats allemands traversaient la ville, deux fois par jour, en faisant sonner leurs bottes sur la chaussée. Aussitôt après la signature de l'armistice du 29 octobre-11 novembre 1918, qui consacrait la défaite de l'Allemagne devant les Alliés, les quarante-huit soldats vendirent leurs armes à un groupe d'officiers blancs et s'embarquèrent pour ne plus revenir. Sans autre forme de procès, la ville passait au pouvoir des partisans du général Dénikine.

A travers tout le pays, le départ des troupes allemandes modifiait la situation des forces russes en présence. En Ukraine, l'hetman Skoropadsky, intronisé par les Allemands, les suivait honteusement dans leur retraite. En revanche, sur le Don, le général Krasnoff, ayant berné les officiers prussiens, traitait directement avec les Alliés. Dénikine groupait une armée nombreuse dans le Kouban. L'amiral Koltchak recevait l'appui des Anglais et des Français pour combattre les rouges en Sibérie. Le général Youdénitch cherchait à concentrer de nouveaux effectifs dans les territoires de la Baltique. Malgré des revers partiels, il semblait que la victoire des blancs fût désormais possible sur presque tous les fronts. Aussi, les réfugiés de Yalta, reprenant espoir, dépensaient-ils leur dernier argent avec l'assurance de pouvoir rentrer bientôt en possession de leurs biens. Un curieux instinct grégaire les avait poussés à élire comme position de repli les lieux mêmes qu'ils adoptaient naguère pour leurs distractions. Les hôtels étaient combles. Des dames en robes blanches et des messieurs en panamas se prélassaient dans les maisons de thé et sur les bancs du parc municipal. Les courts de tennis étaient envahis de joueurs aux voix d'hirondelles. Des violons sanglotaient d'amour sous les lambris vénérables du casino. Et, dans la rue, des guides tatars, calamistrés, proposaient leurs petits chevaux pour des excursions galantes en montagne.

Michel avait loué, à l'hôtel de Russie, tout un appartement luxueux, avec vue sur la mer. Après la saleté, la fatigue et les périls de l'exode, Tania osait à peine concevoir les dimensions de son nouveau bonheur. Chaque matin, dès son réveil, elle courait à la fenêtre de sa chambre pour regarder l'azur immuable du ciel. Un lointain soleil de novembre chauffait l'air parfumé de sel. Les vagues bruissaient en léchant les galets de la plage. Dans les roches étagées en amphithéâtre, les villas blanches brillaient comme des cubes de sucre fin. Tania respirait à pleins poumons ce paysage souriant et propre. Cette lumière et ces couleurs méridionales entraient en elle violemment, lavaient des souvenirs de grisaille, d'odeurs louches et de désespoir. Le départ de Moscou, les wagons à bestiaux, les baraques de la quarantaine lui paraissaient être les images d'un rêve très ancien et à peine croyable. Il était difficile de penser que, plus au nord, sur d'immenses espaces où régnaient la boue et le froid, des hommes s'entre-tuaient par milliers dans une lutte fratricide, que les épidémies ravageaient les villages, que la faim poussait sur les routes des mères éplorées et des mioches aux regards voleurs. Tout cela se passait dans un autre pays, abandonné de Dieu.

Évadée de l'enfer, Tania était bien près d'en nier déjà l'existence. Les enfants se rétablissaient promptement. Chaque jour, Mlle Fromont et la nounou se promenaient avec eux dans le parc municipal et sur la jetée. Marie Ossipovna, elle-même, ne se plaignait plus d'avoir quitté Moscou. Depuis le voyage, ses sentiments à l'égard de Tania s'étaient visiblement améliorés. Sans l'avouer ouvertement, elle commençait à respecter sa bru. Elle disait : « Tu nous as portés jusqu'ici comme une pile d'assiettes, sans rien casser. C'est bien. » D'ailleurs, la présence de son fils eût suffi à la rendre plus humaine. Elle était fière de lui et évitait de le contrarier.

Michel, ayant obtenu un très large crédit dans les banques locales, avait commandé pour sa femme des toilettes claires, des chapeaux de paille souple, une ombrelle et des souliers blancs. Et Tania, qui se croyait pourtant à l'abri de la coquetterie, s'était passionnée, comme une fillette, pour ces achats de première nécessité. Tout ce que son mari lui offrait était trop beau et trop coûteux pour elle. Elle était une ravissante pauvresse qu'un prince généreux habillait de pied en cap avant de la sortir dans le monde. Constamment, elle se sentait l'obligée de Michel. Chaque parole qu'il prononçait à son intention, chaque sourire qu'il lui adressait la comblaient d'une joie servile. Elle aimait son assurance paisible, son honnêteté totale, sa dureté de jugement. Livrée pendant quatre ans à sa seule initiative de femme, elle découvrait le plaisir d'être enfin dominée par un homme fort.

Pas une fois, depuis leur rencontre, Michel n'avait fait allusion au passé. Tania devinait qu'il avait volontairement exclu Volodia de son souvenir. La vie commune reprenait sur des données nouvelles. Cette villégiature à Yalta était leur second voyage de noces. Un jour, elle dit à Michel :

— J'ai la sensation d'être une jeune mariée qui apprend à connaître l'amour.

— Tu vas finir par me faire croire que cette révolution était nécessaire, Tania, murmura-t-il en riant.

Et son regard brun et chaud pénétrait en elle, profondément jusqu'au cœur, jusqu'au ventre où battait le sang.

Le 16 novembre, à midi, le bateau *Saratoff*, venant de Novorossiisk et transportant des troupes de volontaires pour la défense de la Crimée, entrait majestueusement en rade de Yalta. La jetée était pavoisée de drapeaux aux couleurs nationales Une foule hurlante déformait la ligne du quai. Un orchestre d'étudiants sonnait de tous ses cuivres. Et des prêtres caparaçonnés d'or bénissaient les nouveaux venus. Mais, au fur et à mesure du débarquement, l'enthousiasme du public cédait à une pitié grave. Les gardes blancs étaient déguenillés, hâves et armés comme des partisans. Les bretelles des fusils étaient de simples cordes. Des galoches, des savates informes remplaçaient les bottes. Certains chevaux ne portaient qu'un sac en guise de selle, et leurs brides étaient faites de ficelles ou de fil de fer. Parmi les formations qui prenaient pied en Crimée, se trouvait un escadron de hussards d'Alexandra, qui s'était récemment constitué à Stavropol avec des débris de l'ancienne unité. Averti de cette circonstance, Michel était venu sur le môle, dans l'espoir de rencontrer quelques camarades de régiment. Le premier visage qu'il reconnut dans la file des passagers qui descendaient l'échelle de coupée fut celui de son beau-frère Akim.

Le soir même, Akim dînait à l'hôtel de Russie, avec Michel et Tania. Tout au long du repas, Akim dut raconter ses derniers combats, l'échec devant Ekaterinodar au mois de mars, puis la prise de cette ville, au mois d'août, et la libération progressive du Kouban par les troupes de Dénikine. A Ekaterinodar, il avait passé quelques jours auprès de ses parents. Ils étaient en bonne santé. Mais Constantin Kirillovitch, affaibli, ne travaillait plus à l'hôpital et se contentait de suivre sa clientèle privée. Nina n'était pas heureuse avec son mari. Leur différend inquiétait beaucoup Zénaïde Vassilievna, qui maigrissait et pleurait pour un rien.

— Si Nina avait un enfant de lui, cela arrangerait tout, murmura Tania.

— Un enfant, à cette époque, ce serait une folie! dit Akim. Dieu sait ce qui nous attend encore!

Il n'avait pas prononcé ces paroles avec la tristesse qu'elles eussent méritée, mais avec une espèce d'impatience haineuse. Tania observa son frère à la dérobée. Une cicatrice luisante lui barrait le sommet du front. Tout son visage enduit d'un hâle beige, tirant sur le vert, s'était desséché et plissé autour d'une ossature pointue. Des rides amères plaçaient sa bouche entre parenthèses. Contrastant avec le teint foncé de la peau, les yeux très clairs scintillaient de hardiesse. Il avait moins l'air d'un soldat que d'un chef de bande. Lavé par les pluies, rôti par le soleil, noueux, nerveux, infatigable, Tania l'imaginait dormant sur la terre nue, traversant des rivières nocturnes à la nage, hurlant à pleine gorge au moment de sabrer l'ennemi, fusillant des prisonniers aux jambes faibles et mangeant à cheval. Sans nul doute, il avait pris goût à cette existence aventureuse. Tout en feignant de déplorer la guerre, il eût été navré qu'elle se terminât. Aux côtés d'Akim, Michel, malgré ses états de service, paraissait un civil aux mœurs pacifiques. Pour l'un, l'action militaire était un métier, pour l'autre une nécessité temporaire. Cependant, le lieutenant-colonel

Arapoff semblait estimer le courage et l'expérience de son beau-frère. Très vite, sans s'être concertés, ils en arrivèrent, tous deux, à évoquer des souvenirs du front. Michel s'animait, devenait rouge et loquace :

— As-tu des nouvelles du maréchal des logis Stépendieff ?

— Tué en 17. Bêtement.

— Et Ignatieff ?

— Aussi. Les gaz.

— Eh! misère. Les braves gars! Je me souviens d'une soirée, au bivouac, avec Ignatieff. On avait pu se procurer un poulet. Et, figure-toi...

L'anecdote du poulet n'était ni drôle ni originale, mais Michel prenait un vif plaisir à la raconter. Tania le devinait requis par un passé violent, auquel elle était étrangère. Il se retrempait avec une volupté inexplicable dans ces histoires d'hommes. Il revenait naturellement à cette boue, à ce sang, à ces gestes rudes. Pourtant, il avait souffert de la guerre, il condamnait la guerre. Une brusque solitude encercla Tania. Elle se heurtait à un mystère masculin, impénétrable dans sa simplicité.

— Eh! Michel, te rappelles-tu l'attaque de Boutchany? dit Akim en se versant un verre de vin. J'ai eu chaud pour toi.

Tania comprit qu'il faisait allusion à un exploit de son mari, et une bouffée d'orgueil lui monta au visage.

— Ne parle plus de cette vieille affaire, murmura Michel. Explique-moi plutôt quelles sont vos intentions.

— Nous équiper d'abord. Nous sommes vêtus comme des mendiants.

— Avez-vous des crédits ?

— Pratiquement pas.

Michel tira un carnet de sa poche et y nota quelques mots au crayon.

— Je vais me charger de cela, dit-il. Tu me donneras les détails. L'Union des Zemstvos possède un dépôt d'habillement à Yalta.

— Mais l'Union des Zemstvos dépend du gouvernement de la Crimée, et ce gouvernement, sans nous être officiellement hostile, ne veut pas nous aider.

— Laisse-moi faire. Quant à l'argent, tout le littoral est bourré de millionnaires oisifs. C'est bien le diable si nous n'obtenons pas d'eux une contribution importante. Tania, de son côté, pourra créer un comité de dames qui préparera des fêtes de bienfaisance, des spectacles.

— Oh! oui, dit Tania, flattée de la confiance que lui témoignait son mari.

Akim se mit à rire :

— Tu as une âme d'organisateur, Michel. Rejoindras-tu notre escadron ?

Une inquiétude jalouse traversa la chair de Tania. Elle n'avait pas envisagé que Michel pût la quitter de nouveau pour aller se battre. Ces hommes, en quelques mots, la privaient d'un amour auquel elle avait droit. Elle ne voulait pas qu'on réglât son destin sans la consulter. Comme s'il eût décelé le trouble de sa femme, Michel lui décocha un regard malicieux et dit en se renversant sur le dossier de sa chaise :

— J'ai déjà réfléchi à la question. Tant que vous vous équiperez, vous entraînerez et ferez la police dans la péninsule, je ne serai pas des vôtres. J'estime pouvoir mieux vous aider ici que sur le terrain. Mais, si les bolcheviks approchent de la Crimée, tu sais très bien que vous me reverrez parmi vous.

— C'est ainsi que je l'entendais, dit Akim. Je te remercie.

Tania poussa un soupir de soulagement. Michel lui accordait un sursis, lui indiquait une chance. Elle admirait la rapidité de décision dont son mari faisait preuve en toute circonstance. Ses réactions devant les moindres problèmes étaient saines et catégoriques. Quand il disait : « Voici mon opinion... », « Voici ce que je vais faire... », son visage devenait robuste, sérieux, comme s'il eût assumé par avance tous les risques de son projet. Ainsi, avare de paroles, actif, résolu, courageux, il donnait la sensation de ne pouvoir jamais être pris au dépourvu par les événements. Délivrée, grâce à lui, de toute responsabilité, Tania s'abandonnait à une mollesse orientale. Il lui plaisait d'être une femme.

Sur la table, brûlait une petite lampe coiffée d'un abat-jour orange. Dans toute la salle du restaurant, de petites lampes identiques groupaient, comme des feux de bivouac, les visages fardés et précieux. Des profils de porcelaine flottaient entre les palmiers en pots. Les garçons, privés d'épaisseur, de pesanteur et de voix, voltigeaient parmi les convives. Le tintement des couverts ponctuait le murmure discret des conversations. Au parfum des dames s'ajoutait le fumet de la pâte sucrée, des viandes rissolées et du caviar frais. Pour le dessert, Michel commanda du champagne, et Tania, un peu ivre, leva son verre et dit :

— A notre bonheur!

Akim la regarda droit au front d'une manière méchante et se mit à rire.

— Pourquoi ris-tu, Akim ? demanda Tania.

— Je ris toujours quand on me parle de bonheur, dit Akim.

Et il vida sa coupe en basculant la tête.

Puis, les deux hommes allumèrent des cigares et, de nouveau, il ne fut plus question entre eux que de colonnes, de cornettes, de batteries, d'attaques en lave et de juments blessées. Leur mémoire paraissait inépuisable. Ils se souvenaient des dates et des noms. Ils se corrigeaient l'un l'autre, avec intolérance :

— C'était le 17 janvier 1915.

— Mais non, mon vieux, le 17 janvier 1915, nous étions au repos.

Tania s'ennuyait un peu, mais d'une manière délectable. Elle avait l'impression de baigner dans une liqueur amère. Elle marinait dans l'odeur mâle du jus de tabac et du cuir. Tout devenait rauque, rugueux, bronzé et poilu autour d'elle. Par contraste, la peau de ses bras lui sembla extraordinairement pâle et lisse. Elle évoqua le poids de ses seins, leur forme, rougit imperceptiblement. Sans doute avait-elle trop bu. De toutes ses forces, elle veillait à garder ses paupières ouvertes.

— Il faut absolument que Krasnoff et Dénikine s'entendent. Cette dualité de commandement est ridicule.

— Oui, mais Krasnoff ne veut pas se soumettre à Dénikine.

— Pourquoi ? C'est de l'orgueil mal placé...

— Le corps d'armée de Kasanovitch...

— Les bolcheviks de Sorokine...

Les cigares fumaient. Des cendres cylindriques tombaient dans les soucoupes. Michel et Akim discutaient toujours avec des voix enrouées et violentes. Enfin, Akim regarda sa montre-bracelet et dit :

— Il est temps que je vous quitte.

Son régiment n'était pas cantonné à Yalta, mais à Livadia, dans les bâtiments de l'ancienne caserne impériale. Lorsqu'il fut parti, Tania et Michel montèrent dans leur chambre. Tania couvrit ses épaules d'un grand châle de laine blanche, poussa la porte-fenêtre et sortit sur le balcon. La nuit était fraîche. Dans le ciel bleu foncé, brillait un fouillis palpitant de petites étoiles. Le phare perçait l'ombre, à intervalles réguliers, d'un long cri de lumière blanche. Les vagues soyeuses, crêtées de poussière de nacre, mouraient sur la plage avec un murmure très doux. Ce langage éternel de mâchouillements, de réticences liquides, de sables froissés, de cailloux bercés, emplissait Tania, comme un coquillage aux parois sonores. Michel s'accouda à la balustrade. Les lampes, allumées dans la chambre, bordaient sa figure d'une marge de rose clarté. La tempe creuse, le dessin sec et pierreux du nez, le renflement volontaire du menton, la fixité loyale du regard, lui conféraient un très haut grade dans l'aristocratie animale. La guerre, la captivité, les souffrances de toutes sortes l'avaient physiquement durci et simplifié. Tania lui sut gré de rester immobile, livré à sa convoitise de femme. Elle aspirait cette présence par tous les pores de sa peau. Elle s'en faisait une nourriture et un enseignement. Il alluma une cigarette. Ses manchettes empesées brillèrent dans la nuit. Sa pomme d'Adam était posée sur le nœud de sa cravate. Une fumée légère s'éleva vers le ciel.

— Quelle paix! dit Tania en couchant le front sur l'épaule de son mari.

Et elle ajouta, un ton plus bas, hâtivement :

— Ne t'en va plus jamais, Michel. Ne me laisse plus seule.

Le bras de Michel entoura la taille de Tania, l'attira dans un geste de possession sereine.

— De quoi as-tu peur ? dit-il.

— Ta conversation avec Akim... Je t'ai senti brusquement si étranger... Tu étais un autre... Tu songeais à partir...

— Si les bolcheviks approchent, je partirai.

— Mais ils n'approcheront pas. Ils seront battus.

— Je l'espère, Tania.

Elle voulut apprivoiser cet homme en état de sauvagerie. Collée contre lui, renversant la tête, appelant du regard toutes sortes de sévices et de caresses, elle dit en remuant à peine les lèvres :

— Je ne peux pas me passer de toi, Michel. Depuis que tu es là, je ne songe même plus aux enfants. Je deviens monstrueuse à force d'égoïsme. Est-ce que c'est très mal ?

Il ne répondit pas, mais la serra davantage contre sa poitrine. Étouffée, meurtrie, elle versait des mots dans la nuit, comme un fruit pressé donne son suc :

— Tu es à nous... Pas à eux... Nous commençons seulement de vivre... Reste... Oublie-les... Pense à moi...

— Je pense à toi.

— Ne pense qu'à moi.
— C'est impossible.
— Pourquoi ?
— Il y a la guerre civile, toutes sortes d'obligations, mes affaires...
— Et moi ?
— Et toi que j'aime.
— Tu confonds tout.
— Non, j'essaie de donner à chaque chose, à chaque être la place qu'il mérite.
— Et quelle place mérité-je dans ta classification ?
— La première, dit Michel.

Et il pencha sa bouche vers le visage de Tania. Elle reçut son baiser avec vigilance et humilité. Un goût de fruit entamé gonflait ses lèvres. Ses côtes flexibles s'écrasaient contre le torse de Michel. Ses genoux tremblaient comme dans la fatigue. Elle balbutia :

— Il fait frais, rentrons.

Il la suivit dans la chambre, et elle ferma la fenêtre, tira les rideaux. Les ruses et les concessions d'un grand amour l'occupaient tout entière. Mais son espoir ne dépassait pas la fin de la nuit. C'est ainsi qu'il fallait vivre à cette époque troublée.

Elle s'assit devant la glace pour se décoiffer et sourit à son reflet, qui révélait tant de faiblesse et tant de désir sur une même figure. Sur la table, au fond d'une cassette fermée à clef, reposaient les bijoux qu'elle avait ramenés de Moscou dans les doublures de ses vêtements et les talons de ses souliers. Le pas de Michel faisait craquer le parquet, près du lit. Du rez-de-chaussée de l'hôtel, montait un bruit lointain d'assiettes remuées et les accords limpides d'un piano. Une voix de ténor chantait la romance à la mode :

Madame Lulu,
Je vous aime,
Murmurent des voix
Chaudes et passionnées...

Le châle de Tania avait glissé de ses épaules. Elle frémit, se tourna vers Michel comme pour lui poser une question. Mais, au moment de parler, elle ne sut plus ce qu'elle voulait dire. Elle considérait son mari avec curiosité. Subitement, elle le trouvait plus grand, plus sombre, plus redoutable qu'autrefois. Un ravisseur vindicatif se dressait devant elle, la face close, le souffle court. Une sensation d'arrestation arbitraire, de séquestration équivoque, embrasa la peau de Tania. Une peur délicieuse vibrait dans ses veines. Elle jouait à être petite, désarmée. Était-ce bien elle qui avait guidé la famille à travers tant d'embûches, tenu tête à des soldats, passé la frontière, veillé sur des enfants malades ? Non, non, elle ne savait rien de la vie. Elle n'avait couru aucun danger. Elle était neuve.

— Comme tu es jolie, Tania ! dit Michel d'une voix sourde.

Il avança d'un pas vers elle. Et Tania ferma les yeux, les mains froides, la poitrine battante, attentive à cette célébration de l'angoisse qui se faisait au centre de son corps.

Dès le lendemain, conformément à sa promesse, Tania s'occupa d'organiser un comité de dames pour l'équipement des volontaires de Crimée. Elle s'adressait exclusivement aux femmes de banquiers, d'industriels et de gros commerçants, leur rendait visite à domicile, plaidait la cause des officiers blancs avec éloquence, citait des chiffres, inscrivait des noms dans un calepin, et son enthousiasme agissait sur les personnes les plus réticentes. Après une semaine de démarches, le comité était constitué, et un premier capital était mis à la disposition du régiment pour l'achat du linge et de la buffleterie. Cette somme préliminaire étant insuffisante, Tania et ses collaboratrices s'ingénièrent à préparer une série de spectacles au bénéfice de l'armée.

Michel, de son côté, intervenait auprès du gouvernement provisoire de la Crimée pour obtenir la livraison des effets d'habillement détenus par l'Union des Zemstvos. D'autre part, il menait une correspondance suivie avec les succursales des Comptoirs Danoff, qui se trouvaient sur les territoires contrôlés par les blancs. Il regroupait ses avoirs. Il rapatriait son argent. Il étudiait une refonte de l'affaire. Cette double activité absorbait tous ses loisirs.

Cependant, l'existence des réfugiés à Yalta devenait, de semaine en semaine, moins insouciante. Les rouges approchaient de la péninsule. Des comités bolcheviques se formaient secrètement à Sébastopol, à Simféropol, à Théodosie. A Yalta, des révolutionnaires armés attaquaient les officiers, la nuit, en pleine rue. Dans les montagnes, des bandes de pillards, ne dépendant d'aucun parti, rançonnaient les villages.

Vers la fin du mois de décembre, au cours d'une réunion du comité de bienfaisance, à l'hôtel de Russie, un laquais vint avertir Tania qu'un certain M. Malinoff demandait à lui parler d'urgence. Tania s'excusa auprès des dames et sortit de la pièce en se retenant de courir. Malinoff l'attendait dans le hall, assis sur une banquette, les genoux unis, la tête basse. Une expression de faiblesse et d'égarement vieillissait son visage pâle. Son vêtement froissé, usé, pendait autour de lui comme un sac. En apercevant Tania, il se dressa d'un bond et lui baisa les mains en pliant l'échine. Il bredouillait :

— Quelle joie! J'ai appris par des amis que vous habitiez à l'hôtel de Russie... Je n'ai pas su résister... Oui, j'ai fui Moscou... Il y a dix jours... Affreux... affreux... Ce qui se passe là-bas...

Il ne put achever et se moucha violemment dans un mouchoir grisâtre.

— Mais comment êtes-vous venu? demanda Tania.

Elle s'assit sur un canapé et lui désigna une place auprès d'elle.

— Comment ? Comme vous sans doute, comme tout le monde, répondit Malinoff. En fraude. Avec de faux papiers. Je loge aux environs de Théodosie, chez un ami, Ivan Fédorovitch Istambouloff. Un professeur d'histoire. Il a une villa. Il est veuf. Nous vivons ensemble. Tous les deux. Seuls. Ah ! ce n'est pas drôle...

— Et Eugénie ?

La figure de Malinoff eut un tressaillement nerveux et il cligna les paupières.

— C'est pour vous entretenir d'elle que je suis ici, dit-il. Elle vous aimait tant...

— Pourquoi parlez-vous d'elle au passé ?

— Elle est morte, murmura Malinoff.

Il leva sur Tania un regard dépoli, bordé de grosses larmes tremblantes.

— Ce... ce n'est pas possible ! dit Tania en serrant ses deux mains contre sa poitrine.

— Si.

— Malade ?

— Tuée, dit Malinoff. Dans la propriété de sa mère. Des moujiks et des soldats ivres sont venus perquisitionner. Elle n'a pas voulu leur laisser emporter l'argenterie. Alors, ils l'ont...

Il fit avec son poing le geste de cogner le vide :

— A coups de baïonnette... A coups de couteau... Vous comprenez ?...

Il haletait. Une grimace d'essoufflement sénile convulsait sa bouche :

— Des brutes sanguinaires... Ils l'avaient mise nue... Clouée sur la table de la cuisine... Un couteau planté dans chaque main... Ma petite Eugénie... Le sang tout autour... Ils ont pillé la maison... Sa mère n'était pas là... En rentrant, elle a vu...

Des sanglots ébranlaient ses épaules. Il renversa le menton, aspira l'air profondément et chuchota encore :

— Excusez-moi, chaque fois que je raconte... C'est plus fort que moi... Cela va passer...

Tania considérait le tapis avec une attention stupide. Frappée de chagrin, de dégoût, elle ne trouvait pas de mots pour réconforter Malinoff ni pour exprimer son propre désarroi. Au bout d'un moment, Malinoff reprit d'une voix blanche :

— Après cette mort, j'ai senti que je ne pouvais plus rester à Moscou. J'avais envie de sauter à la gorge des soldats dans la rue, de cracher à la face des commissaires, de déchirer les affiches. J'ai vendu ce que j'avais de plus précieux, mes livres, mes bibelots. J'ai filé vers le sud. Mais, ici comme là-bas, son souvenir ne me laisse pas en repos. Elle est partout et nulle part. Elle me hante. Avec elle, mon goût de vivre est parti... Regardez...

Il tira de son portefeuille une photographie jaunâtre, déchiquetée sur les bords. Tania jeta un coup d'œil sur le carton, et une amertume se fit dans sa bouche. Elle détourna la tête.

— Ces petites mains! gémit Malinoff. Des couteaux dans ces petites mains! Et nue, nue!... Oh! les monstres, les bêtes fauves!...

— Puis-je vous aider en quoi que ce soit? demanda Tania.

— Non... non... Je n'ai besoin de rien...

Soudain, il se dressa sur ses jambes et dit :

— Je vais partir.

— Pourquoi?

— Il vaut mieux... Pardonnez-moi, mais cela me fait mal de vous voir... Vous étiez toujours ensemble... Malgré moi, je cherche son visage à côté du vôtre, et je trouve le vide, le vide, le vide...

Il répéta ce mot avec acharnement. Une lueur démente arrondissait ses yeux. Sa barbiche roussâtre vibrait au-dessus de son plastron sale. Il rangea la photographie, baisa la main de Tania et se dirigea vers la porte en traînant les pieds.

Tania demeura un long moment assise sur le canapé, médusée, inconsciente. Puis, elle tamponna ses paupières avec un mouchoir et retourna dans la salle où se tenait la réunion du comité. Dès le seuil, le pépiement de ces voix féminines lui fut insupportable. De vastes chapeaux à fleurs oscillaient au-dessus d'un cercle de visages fardés.

— Et moi je vous dis que le prince refusera de patronner notre fête...

— Allons donc, estimée Daria Nicolaévna, il ne peut pas...

— Il le peut si vous ne demandez pas à la petite Démidova de chanter. Vous savez bien qu'il la protège, comme on dit dans les milieux de théâtre.

— Mais si Démidova chante, Sarafanova ne voudra pas réciter de vers. Elles sont à couteaux tirés...

Tania se laissa tomber sur sa chaise, la tête pesante, le corps fléchi. Ces jacassements, ces effets de chapeaux et ces jeux de prunelles exaspéraient encore son désir de repos et de solitude. Cependant, elle resta jusqu'à la fin de la séance. Elle prit même la parole, plusieurs fois, d'une façon autoritaire et sensée. Elle plaisanta un peu avec ses voisines, tandis que des laquais en gants blancs servaient le thé sur des tables roulantes. Mais, lorsque Michel revint à l'hôtel de Russie, tard dans la soirée, il trouva Tania étendue sur son lit et pleurant.

Le 25 janvier 1919, le régiment des volontaires, ayant complété son équipement, quittait Livadia en direction de Simféropol. Après avoir fait ses adieux à sa sœur et à son beau-frère, venus spécialement de Yalta pour le voir partir, Akim s'était mis en route à la tête de son escadron. Il faisait un temps morne et pluvieux. Un vent froid soufflait des montagnes. Appuyés l'un à l'autre, Michel et Tania regardaient s'éloigner cette cavalcade grise. Les silhouettes des hommes et des chevaux se diluaient dans la bruine gluante. Un chant mâle se perdait dans le claquement des sabots. Le long du parcours, des badauds agitaient leurs mouchoirs, criaient, jetaient des cigarettes. Michel avait un visage songeur. Il dit à Tania :

— Bientôt, ce sera mon tour.

VII

Le vent du nord faisait craquer les ais de la petite maison, emportait les tuiles et jetait aux vitres des poignées de sable dur. Réfugié dans la cuisine, le ventre ceint d'un torchon, les manches retroussées, Malinoff délayait un peu de farine dans un bouillon de légumes maigres. Tout en tournant la cuillère dans la casserole, il regardait, par la fenêtre, le crépuscule descendre sur un paysage d'arbrisseaux naufragés et de nuages aux barbes furibondes. Le professeur Istambouloff était sorti depuis deux heures, pour tâcher de trouver du pétrole à la coopérative. Malinoff n'aimait pas rester seul dans cette villa délabrée et proche de la mer. Quand personne n'était là pour lui tenir compagnie, il s'énervait, réfléchissait au passé et souhaitait mourir. Le dépaysement n'avait pas calmé les désordres de son esprit. En dépit des conseils que lui prodiguait son ami, il revenait toujours, en pensée, à la torture d'Eugénie Smirnoff et s'efforçait d'en comprendre le sens. Mais cette fin était si cruelle, si injuste, si laide, que Malinoff ne pouvait pas l'accepter telle quelle. Il y avait sans doute un élément du tableau qui lui échappait encore, et dont la présence eût suffi à tout expliquer. Et pour tous les meurtres, pour toutes les absurdités bolcheviques, il en était de même. Un détail manquait. Un chiffre. Une idée directrice. Une clef. Il était impossible que, du jour au lendemain, des paysans débonnaires, des ouvriers pacifiques, fussent devenus des voleurs et des assassins. Ou bien alors, il fallait admettre qu'un monstre assoiffé de sang se cachait à l'intérieur de chaque individu et n'attendait que le moment propice pour faire sauter le masque du sourire.

Machinalement, Malinoff examinait sa main parcheminée qui tenait la cuillère. Cette main lui rappelait d'autres mains. Des mains roses, faibles, pures, aux ongles carminés et polis. Il les imaginait clouées à la table par des lames de couteau, écrasées, inondées de purée rouge, avec les plis qui partaient en étoile, du centre de la paume vers les doigts crispés en équerre. Un cadavre blanc et mou, crucifié, souillé, la poitrine nue, les jambes ouvertes, s'installait de tout son poids dans sa mémoire. Derrière les os de son crâne se balançait une femme froide et flasque comme une méduse : Eugénie. Sa chair se contractait devant cette vision précise. Ses oreilles bougeaient toutes seules. Il avait envie de vomir, de hurler. Le fourneau dégageait une chaleur atroce. Une goutte de sueur tomba de son front dans la soupe. Un léger parfum de brûlé flotta dans l'air. Malinoff retira la casserole du feu et s'approcha, les épaules vaincues, de la fenêtre. Le vent de mars sifflait avec colère. Le grondement de la mer se mêlait au grondement du ciel. La lumière baissait dans la pièce. Malinoff frissonna de peur et alluma une veilleuse. Comme il n'y avait pas de pétrole, les deux amis s'éclairaient avec une mèche, flottant sur un bouchon, dans un verre à thé rempli d'huile. Istamboulofff ne pouvait plus tarder à venir. Dès qu'il entrerait dans la chambre l'affreuse solitude serait rompue, les fantômes s'évanouiraient, les objets deviendraient utiles. De toutes ses forces, Malinoff implora le retour de son hôte. Pourtant, il n'éprouvait pas une sympathie sans nuance à l'égard du professeur. Chaque soir, des discussions politiques très vives les opposaient l'un à l'autre. Sans être bolchevik, Istambouloff se montrait favorable aux théories de Lénine. Il avait fait de la prison, au début de la guerre, pour avoir publié des manifestes antimilitaristes. Peu avant la révolution, la direction du lycée l'avait renvoyé, sous prétexte qu'il développait les théories de Karl Marx durant ses cours d'histoire contemporaine. Depuis, il avait dû se contenter, pour vivre, de donner des leçons particulières à des fils de bourgeois. Toutes ces circonstances le rendaient impitoyable envers les défenseurs de l'ancien régime. Les libéraux, de l'espèce de Malinoff, lui paraissaient également suspects. Mais il avait connu Malinoff à la Faculté de Moscou, lorsqu'ils étaient tous deux des étudiants sans ressources, et, aujourd'hui encore, une espèce d'amitié bourrue, capricieuse, quinteuse, les unissait. Fuyant les bolcheviks c'était à ce partisan des bolcheviks que Malinoff était venu, tout naturellement, demander asile. Et le partisan des bolcheviks avait trouvé normal d'héberger et de nourrir cet adversaire malchanceux. « Je n'ai plus que lui au monde », songea Malinoff. Et un picotement salé attaqua son arrière-gorge. Luttant contre cet afflux de tendresse, il versa de l'eau dans une carafe, tira une boule de pain de l'armoire, nettoya les verres avec le torchon qui lui servait de tablier. Puis, tenant le lumignon à la main, il passa dans la pièce voisine et se mit à dresser la table. A ce moment, des pas retentirent sur le plancher vermoulu de la terrasse, et Istambouloff poussa la porte en criant :

— Quel temps de chien !

Il était gros, essoufflé, avec des moustaches de phoque et des jambes torses.

— As-tu trouvé du pétrole ? demanda Malinoff.

— Penses-tu ! Pas de pétrole. Pas d'allumettes. Pas de fécule. Et pas de pommes de terre. Rien.

Il jeta son sac vide sur le plancher, accrocha son pardessus à la patère et s'assit sur une chaise pour retirer ses galoches crottées. Des veines se gonflaient sur son front incliné. Il grommela :

— Et la soupe ?

— Elle est prête.

— Comme plat de résistance ?

— Des pommes de terre.

— Gelées ?

— Bien sûr.

Istambouloff enleva des petits glaçons collés à ses moustaches et se frotta le nez du revers de la main :

— Soyons des spartiates et mettons-nous à table.

Les deux amis s'installèrent l'un en face de l'autre et commencèrent à manger. Le professeur lapait sa soupe à cuillerées débordantes. Ses lèvres clapotaient, sifflaient sous la moustache hirsute. Il avait grand-faim, et sa voracité était déplaisante à voir. Malinoff, l'estomac serré, ne le quittait pas du regard. Il demanda enfin :

— As-tu des nouvelles ?

— Oui.

— Bonnes ?

— Ça dépend pour qui.

— Les rouges approchent ?

— Dans quelques jours, ils auront atteint Pérékop et déferleront sur la Crimée, dit Istambouloff avec satisfaction. Le gouvernement de la péninsule avait ordonné la mobilisation. Mais personne ne s'est présenté. Les jeunes gens ont fui dans les montagnes. Pas si bêtes ! Déjà, un peu partout, des comités rouges s'organisent en prévision de la victoire soviétique. Le postier m'a dit que les équipages des bateaux de Théodosie sont en grève. A Sébastopol, les ouvriers du port refusent de décharger les munitions de l'armée volontaire. Ils ont voté un ordre du jour en faveur des bolcheviks.

— Mais on disait que les troupes alliées devaient débarquer à Théodosie !

— Elles ont débarqué à Constantinople.

— Et les douze mille Français d'Odessa?

— Ils se préparent à évacuer la ville, après avoir pris une pilée à Nicolaeff et à Kherson.

Istambouloff cueillit quelques pommes de terre grises sur le plat et les écrasa dans le fond de sa soupe avec une fourchette.

— On ne peut donc plus compter que sur les volontaires! proféra Malinoff d'une voix altérée.

— C'est-à-dire sur rien, grogna le professeur, la bouche pleine, les yeux en boule. Les volontaires sont peu nombreux, mal équipés, mal ravitaillés, privés de munitions. Le peuple les déteste parce qu'il voit en eux les mercenaires de la bourgeoisie, qui se battent pour donner le pouvoir aux généraux et aux seigneurs... Ces pommes de terre sont brûlantes...

— D'accord, dit Malinoff. Mais si les volontaires s'installent sur l'isthme de Pérékop, ils ne se laisseront pas facilement déloger. En cet endroit, un régiment peut tenir une armée en échec. Le Pérékop, c'est nos modernes Thermopyles. Pendant ce temps, le général Dénikine constituera un second corps de débarquement, enverra des renforts...

— Il est bien trop occupé à pacifier le Kouban.

— Bref, demanda Malinoff, tu estimes que la défaite des blancs est inévitable?

— Inévitable.

— Et cela te réjouit?

— Prodigieusement.

— Mais pourquoi? glapit Malinoff, en donnant sur la table un coup de poing qui fit sursauter les couverts.

— Ne hurle pas, dit Istambouloff, et apporte le thé.

Malinoff se leva docilement, passa dans la cuisine et revint avec une théière en métal bosselé. Ayant versé une infusion d'églantines dans les tasses, il se rassit et demanda encore :

— Je veux savoir pourquoi la défaite des blancs te réjouit à ce point?

— Parce que les blancs me dégoûtent.

— Et les rouges?

— Aussi. Seulement, ils ont des excuses.

— Lesquelles?

— C'est qu'ils travaillent avec des mains noires pour une œuvre propre.

— Tu en as de bonnes! s'exclama Malinoff. La Tchéka, les exécutions d'otages, le déchaînement de tous les bas instincts, voilà l'œuvre propre dont tu célèbres l'excellence. Autrefois, j'étais contre le régime tsariste. Je réclamais une constitution, l'avènement du peuple au pouvoir, la fin de la misère dans les campagnes et dans les ateliers. Je rêvais d'une révolution intelligente et pacifique. Mais on a craché sur la révolution. Elle est devenue une source de butin pour les brigands, un moyen de jouissance pour les sadiques. J'ai assisté à des scènes de pillage dans les maisons voisines de celle où vivait Eugénie. Chacun prenait ce qui lui plaisait. Les uns emportaient les bouteilles, et les autres les porcs, la vaisselle ou les vêtements. Toi-même, tu n'aurais pas su distinguer les bolcheviks des voleurs.

Istambouloff avala une gorgée d'infusion et fit la grimace :

— Il n'y a plus de saccharine?

— Non, gronda Malinoff.

— Ne me regarde pas de travers, mon pigeon. Tu ne peux pas comprendre. En tant qu'écrivain, tu vis d'une façon myope, tu t'hypnotises sur le détail. Et, dans ces conditions, il est normal que les excès du bolchevisme te répugnent. Mais moi, en tant qu'historien, j'ai une vue haute des événements. Je néglige l'accessoire pour ne m'intéresser qu'aux lignes générales.

— Et ces lignes générales te plaisent?

— Ma foi, oui. Chaque moment historique exige des méthodes particulières...

— Attends un peu! dit Malinoff en posant ses coudes sur la table. Sous Kérensky, les bolcheviks étaient contre la peine de mort. Et maintenant, ils fusillent des otages. Que penses-tu de cela sur le plan de la dialectique ?

Istambouloff poussa un soupir excédé :

— Bougre d'âne, du temps de Kérensky, il s'agissait de la peine de mort pour des soldats qui refusaient de participer à une guerre impérialiste. Aujourd'hui, il s'agit de la peine de mort pour des bourgeois hostiles à la révolution. Cela fait une sacrée différence !

— Je ne vois pas pourquoi. De part et d'autre, nous sommes en présence d'êtres humains, dont l'opinion et la vie méritent le respect. Karl Marx lui-même n'a jamais préconisé l'extermination des capitalistes. Il a demandé la suppression des conditions qui rendent la bourgeoisie possible, mais non des bourgeois eux-mêmes, en tant qu'individus.

— Ne t'empêtre donc pas dans les théories ! dit Istambouloff. Le prolétariat sécrète sa propre morale, à mesure que les faits se déroulent. La vérité et le bien d'hier deviennent le mensonge et le mal d'aujourd'hui. Songe à l'histoire de la Révolution française. Eh bien ? Les sans-culottes ne barbotaient pas dans un bain d'eau de roses. Mais après mille erreurs, mille crapuleries et mille lâchetés, le résultat final a étonné le monde. Il en sera de même pour nous. Et sur une échelle plus vaste encore. Tu aurais été fier d'être Français en 1805, par exemple. Tu seras fier d'être Russe en 1925 ou 1930.

— Je ne peux pas attendre si longtemps, dit Malinoff en baissant la tête.

Le professeur se versa une seconde tasse d'infusion et l'avala d'un trait. Dehors, le vent sanglotait en rasant les murs. Des bûches craquaient dans le poêle en fonte. Une douce chaleur engourdissait la pièce. La flamme de la veilleuse éclairait à peine la table. Derrière les deux convives, palpitaient des rideaux de ténèbres rousses.

— Reste assis. Je vais ranger les assiettes, dit Istambouloff. C'est bien mon tour de faire la servante.

Il se dressa en geignant sur ses petites jambes courbes. Sa lourde tête cuivrée était posée sur ses épaules comme un chaudron. Son ventre pointait sous le pantalon à rayures grises et noires.

— J'ai beau jeûner, reprit-il, je ne maigris pas. Quelle misère! Ferons-nous une partie d'échecs après ce plantureux repas?

— Si tu veux, soupira Malinoff.

Et il bâilla sans se cacher la bouche.

Des coups frappés au battant de l'entrée arrêtèrent sa grimace, et il demeura un moment, les lèvres ouvertes, les yeux ronds.

— Qui est-ce? demanda-t-il enfin.

— Ce doit être Piavkine, dit le professeur en se dirigeant vers la porte. Je l'avais prié de nous vendre un peu de lait, s'il lui en restait après sa livraison à la coopérative.

C'était Piavkine, en effet, un gars jeune et rustaud, au front bas, à la mâchoire massive, piquée de virgules bleuâtres. Il habitait la ferme voisine, avec ses parents.

— Bien le bonjour, cria-t-il en raclant ses bottes sur le parquet. Je vous apporte le lait.

Et il posa une petite cruche en grès sur le coin de la table.

— Il est mince, votre lait, dit Malinoff en jetant un coup d'œil dans le récipient. Vous l'avez encore dilué d'eau?

— Ne vous plaignez pas, dit Piavkine en riant. Bientôt, il n'y en aura plus du tout. Déjà comme ça, le vieux m'a recommandé d'augmenter le prix. C'est trois roubles le quart, maintenant.

— Mais pourquoi? s'écria Malinoff. Vous passez du simple au double...

— C'est notre affaire. A l'heure qu'il est, le paysan a compris. Il ne veut plus travailler pour rien.

— Nous en serons quittes pour nous priver de lait, dit Malinoff.

Cependant, Istambouloff avançait une chaise pour

le visiteur et plaçait une troisième tasse sur la table.

— Assieds-toi, camarade. Parle-nous un peu. Que dit-on du succès des rouges, au village?

— On se prépare.

— A quoi?

— A les aider, bien sûr.

— Vous êtes donc tous bolcheviks? demanda Malinoff.

— Comment ne pas l'être?

Piavkine souriait d'une façon innocente et tranquille. Ses petits yeux scintillants se fermaient à demi.

— Mais qu'est-ce donc que le bolchevisme, à ton avis? reprit Malinoff.

Le gars réfléchit un moment et répondit d'une voix égale :

— C'est piller les villas.

— Quoi? rugit Malinoff en bondissant de sa chaise.

Istambouloff éclata de rire.

— Oui, c'est piller les villas, répéta Piavkine d'un air circonspect.

— La nôtre aussi? demanda Istambouloff.

— On ne sait pas encore, marmonna Piavkine. Les copains sont en train de s'entendre. On se partage le travail...

Il tira un sucre de sa poche, le mit dans sa bouche et but une gorgée d'infusion.

— Et pourquoi pillerait-on seulement les villas et pas les fermes, par exemple? dit Malinoff en s'appuyant des deux poings sur la table.

— Parce que les villas sont les maisons des riches.

— Tu trouves que la maison du professeur est une maison de riche? Ton père est plus riche que nous. Ses vignes lui rapportent. Il a des cochons, de la volaille, deux douzaines de moutons, trois vaches. Son voisin...

— Les moujiks ne peuvent pas être considérés comme des riches, dit Piavkine, avec un regard de bouc têtu. Ce sont des travailleurs. Ils suent pour labourer la terre. Les bourgeois, eux, lisent des livres et fument des cigarettes.

— J'ignorais cette définition du bourgeois, dit Malinoff. Elle est catégorique.

Et, se tournant vers le professeur, il ajouta :

— Résigne-toi donc à n'être qu'un bourgeois, mon cher.

Piavkine s'était levé et se dandinait sur place, les mains dans les poches, le nez haut.

— Emporte ton lait, dit Malinoff. Il est trop cher pour nous. Vous le boirez vous-même.

Le gars prit la cruche et se dirigea vers la porte, en sifflotant.

— Au revoir, camarade, dit Istambouloff.

— Au revoir, la compagnie, répliqua Piavkine, avec un gai sourire.

Et il disparut dans la nuit venteuse.

Malinoff marchait de long en large, dans la pièce. Des tics rapides picoraient son visage. Enfin, il se planta devant Istambouloff et proféra d'une voix rauque:

— Eh bien? Que penses-tu de cela?

— Que veux-tu que j'en pense? dit Istambouloff. Je te l'ai déjà expliqué : la révolution n'est pas une miniature qu'il faut examiner à la loupe, mais un vaste tableau qu'on doit admirer de loin.

— Tu es vraiment un homme extraordinaire ! soupira Malinoff. Je t'ai raconté comment les rouges ont assassiné Eugénie. Tu viens de voir toi-même, à l'instant, un échantillon de leur cynisme et de leur bêtise. Et tu leur trouves encore des excuses!

Istambouloff tira de sa poche une blague à tabac ornée de perles de verre et s'absorba tout entier dans la confection d'une cigarette.

— Tes amis les bolcheviks, continua Malinoff, se sont arrangés de telle façon que seules les crapules peuvent approuver leurs exactions quotidiennes. Ils ont attisé les passions cupides des paysans au lieu de lutter contre elles. Ils ont encouragé la bestialité de la foule au lieu de la refréner.

— On construit avec ce qu'on a sous la main, dit Istambouloff en allumant sa cigarette. Ne te figure pas que les bolcheviks soient fiers de leurs troupes. Leurs masses de manœuvre sont composées de gens corrompus par la guerre impérialiste. Ces déclassés ont perdu le goût du travail. Ils se sont habitués au meurtre et au pillage. Mais Lénine ne peut pas les rééduquer d'un seul coup. Il ne le fera que lentement, graduellement, en restant avec eux, toujours, quoi qu'il arrive. En attendant, il tire parti de tout ce qui est mal, dans l'intérêt de ce qui sera bien. Par moments, il me fait penser à un artiste de génie qui ne disposerait, pour peindre son tableau, que de suie, d'excréments, de sang coagulé et de légumes pourris. Les délicats sont épouvantés par l'odeur qui se dégage de son atelier. Mais, une fois l'œuvre terminée, chacun oublie dans quelles ordures ont été puisées les couleurs de l'image. Et une foule de connaisseurs admire cette toile miraculeusement belle qui représente simplement la Russie de demain.

— On aurait pu peindre la même toile avec des couleurs propres, dit Malinoff.

— Crois-tu ? Il y a une chose que tu ne comprends pas. La phase préparatoire de la révolution et la révolution elle-même ne se ressemblent pas, ne peuvent pas se ressembler. La période initiale, celle qui te séduit encore, était vouée à l'idéalisme et au sacrifice. Quelques milliers d'individus bâtissaient une république de rêve sur le papier. Mais voici que des milliers d'individus se trouvent, du jour au lendemain, face à face avec un peuple qui se chiffre par millions. Les masses s'engouffrent dans les cadres de la théorie et les font craquer sous la poussée énorme de leur instinct. Les intellectuels sont submergés, balayés par une vague d'êtres ignorants, sauvages, furieux. Ces nouveaux venus ne sont pas inspirés par l'amour de l'humanité, mais par leur intérêt personnel. Ils ne songent qu'à se venger, qu'à tuer, qu'à emplir leurs poches. Cependant, ils ont droit au respect, car ils sont le nombre. Étant le nombre, ils s'ajoutent aux partisans de la première heure, qui sont la qualité. La qualité, sous peine de disparaître, doit composer avec le nombre. Je dirai plus : en pleine lutte de classes, la vieille mentalité des révolutionnaires en chambre devient non seulement périmée, mais nuisible. Ceux qui n'ont pas su prendre le virage, s'adapter aux nécessités du moment, n'ont plus qu'à retomber dans l'ombre.

Malinoff regarda ses mains et haussa les épaules.

— Oui, mon cher, poursuivit Istambouloff d'une voix vibrante. Tu me parles de Piavkine qui vend son lait trois roubles le quart et qui envisage de piller ma villa, tu me parles d'Eugénie que des brutes ont clouée sur la table de la cuisine. Et moi, je te réponds que ces incidents sont secondaires et ne peuvent pas endommager ma foi. Tout est changé. Les anciens rapports entre les hommes n'existent plus. L'âme elle-même doit trouver d'autres assises. Il faut vivre de la vie immense et inconsciente de la collectivité. Aujourd'hui, c'est moi qui tue. Demain, c'est moi qui serai tué. Et rien de tout cela ne tire à conséquence. L'important, c'est que la terre tremble, que la pourriture s'effondre, que les forces souterraines explosent à l'air libre. Cette éruption projette aux alentours de la boue, des cendres et des immondices, mais elle produit aussi une flamme pure, une lave incandescente. S'il est vrai que Dieu a créé le monde, son travail devrait être effroyable à voir. Mais quand les roches en fusion se sont figées, quand les racines ont choisi leur sol nourricier, quand les bêtes ont appris à se connaître, quand l'ordre s'est installé sur la planète récemment modelée, alors Dieu a dit : « C'est bien. » Nous aussi, nous dirons : « C'est bien », au terme de notre expérience.

Le papier de sa cigarette s'étant décollé, Istambouloff lui donna un second coup de langue. Malinoff s'était adossé au mur, et, le front plissé, l'œil humide, repassait en esprit les arguments de son camarade. Certes, il ne se sentait pas convaincu par le plaidoyer qu'il venait d'entendre. Mais, déjà, son indignation était moins intégrale qu'au début de leur entretien. Sans approuver Istambouloff, il admettait que ses raisons étaient considérables. Il finit par dire :

— Nous reparlerons de tout cela lorsqu'ils auront pillé la maison.

— Si tu veux, marmonna Istambouloff en faisant craquer les jointures de ses doigts.

Subitement, la porte mal fermée s'ouvrit sous la poussée de l'ouragan et alla battre contre le mur. Malinoff tressaillit et tendit le cou vers ce rectangle noir et profond. Un souffle froid pénétra dans la chambre, et la flamme de la veilleuse se coucha, s'allongea pour mourir.

— Nous devrions vraiment installer un verrou sur cette porte, dit Malinoff. Ce serait plus prudent...

— Si tu crois qu'un verrou protège qui que ce soit, à l'heure actuelle, dit Istambouloff.

Il se leva, referma la porte, ralluma la mèche.

— Je pense à Mithridate, dit-il soudain. Il est enterré en Crimée, selon la tradition. C'était un tyran redoutable. Mais il parlait vingt-deux langues et aimait les lettres et les arts. Sur les ruines de son tombeau, le vent pleure...

— Et alors ?

— Rien. C'est drôle. Le vent. La guerre. Mithridate... Peut-être Ovide a-t-il visité la Crimée ?

Toussant et maugréant, Malinoff ouvrit le tiroir d'une commode, en sortit un jeu d'échecs et le plaça sur la table, près du lumignon. Les deux amis commencèrent à disposer les figures de bois sculpté sur les cases.

— Je me demande pourquoi tu ne travailles pas

ostensiblement avec les bolcheviks, reprit Malinoff, puisque toutes leurs initiatives, fussent-elles iniques, te séduisent.

— C'est très simple, dit Istambouloff. Je désire rester hors de la mêlée pour mieux la voir et la juger. Je suis un historien, ne l'oublie pas. La tempête passée, il est probable que j'écrirai un livre sur la révolution.

— Te le laissera-t-on publier ?

— J'ai déjà pris beaucoup de notes. Je te les montrerai. Tu me conseilleras pour le style... A toi de jouer.

Malinoff avança un pion sur le damier noir et blanc. Il se sentait plus calme, détendu, nourri, tel un jardin après l'orage. Une triste résignation avait fait place à la haine dans son cœur fatigué. Tout en examinant la position des pièces sur l'échiquier, il réfléchissait encore à Eugénie. Mais l'image de sa maîtresse lui paraissait maintenant très lointaine. Était-elle morte ? Avait-elle existé ? Existait-il lui-même ?

Le vent hurlait avec une voix humaine dans la nuit. La flamme de la veilleuse réduisait le monde aux proportions d'une petite sphère de clarté jaunâtre, où Malinoff et son ami se trouvaient enfermés comme des mouches à l'intérieur d'un bocal. Dans cet éclairage, la grosse face du professeur prenait un relief saisissant. Une respiration haletante soulevait les poils irréguliers de sa moustache. Sans qu'il bougeât, on entendait craquer la chaise sous le poids de son corps. Ayant déplacé un fou, en diagonale, il clappa de la langue et dit :

— Fais attention. Ta dame est en danger.

Malinoff sursauta. Il avait failli s'endormir.

VIII

Le printemps s'annonçait chargé de langueurs humides. Des nuages, purs et bombés comme des cygnes, voguaient dans le ciel bleu, fraîchement nettoyé par le vent. Les acacias et les tilleuls se hérissaient de bourgeons aigus. Les fleurs blanches des amandiers tombaient en neige sur la première herbe, courte et faible. Des bandes d'étourneaux tenaient conseil sur les isolateurs des poteaux télégraphiques. Et les hommes étaient inquiets. D'un bord à l'autre de la péninsule, une seule préoccupation obsédait l'esprit de chacun. « Les bolcheviks franchiront-ils le Pérékop ? Les volontaires résisteront-ils jusqu'à l'arrivée des renforts ? » Dans les villes comme dans les villages, sur la côte comme à l'intérieur, régnait une impression d'équilibre instable et d'extrême tension. Quelque chose approchait, venant de loin, apportant aux uns l'espoir, aux autres la terreur. Quelque chose allait surgir, craquer, éclater en morceaux. Cela se sentait dans l'air. Les bêtes mêmes étaient nerveuses.

Obligés de se ravitailler et de s'équiper sur le territoire, les volontaires prenaient aux paysans leur fourrage, leurs chevaux, leurs chariots, leurs bottes. Aux réquisitions officielles s'ajoutaient les vols commis par les soldats pour leur propre compte. Les ordres des supérieurs, les menaces, les exécutions exemplaires demeuraient sans effet sur les troupes surexcitées par l'appât du butin. De jour en jour, il devenait plus difficile d'imposer une discipline à cette petite armée, composée d'éléments disparates et habituée à vivre d'expédients. Un peu partout, s'organisaient des bandes de déserteurs, qui ne reconnaissaient l'autorité ni des rouges ni des blancs, et profitaient de la guerre civile pour piller les convois et les cantonnements. De combat en combat, les volontaires avaient dû plier sous les efforts combinés des bolcheviks et des brigands locaux, et s'étaient retranchés devant la ville même de Pérékop, barrant ainsi l'entrée de l'isthme qui unissait au continent la péninsule de Crimée.

Dès le 16 mars, l'artillerie soviétique commença le bombardement méthodique de la cité. Après cinq jours de pilonnage, une colonne bolchevique attaqua Pérékop de front, tandis qu'une autre colonne traversait la lagune de Sivach, dans l'eau jusqu'à mi-corps, et tentait de prendre les positions à revers. Épuisés, débordés, à court de munitions, les volontaires durent lâcher pied et battre en retraite vers le sud. Ce fut le début de la débâcle. Les secours promis par les Alliés ne venaient pas. Les Français évacuaient Odessa. Des comités rouges travaillaient à l'arrière. Malgré la résistance opiniâtre des blancs qui s'accrochaient à chaque aspérité du terrain, leurs adversaires, plus nombreux, enfonçaient l'une après l'autre toutes les lignes de défense.

Un soir, tandis que Malinoff fendait du bois dans la remise, un jeune lieutenant, conduisant un convoi de chariots, s'arrêta devant la maison pour demander son chemin. Son visage était rétréci par le grand air. Vêtu de guenilles, armé d'un vieux mousqueton, les pieds chaussés de chaussures boueuses, il se tenait assis sur un cheval arabe aux flancs dentelés d'écume. Le soleil couchant l'entourait d'une frange d'or. Sa monture fumait. Ayant renseigné l'officier, Malinoff lui demanda s'il ne voulait pas une infusion d'églantines pour se désaltérer.

— Non, merci, dit l'homme, je suis pressé.

— Pourriez-vous au moins me donner quelques renseignements sur ce qui se passe? reprit Malinoff. On raconte des choses terribles au village. On dit que vous reculez.

— Nous reculons, c'est exact. Mais ce n'est pas notre faute. Nous sommes trois mille blancs contre vingt mille rouges. Les Alliés nous ont bernés. Nos capotes sont en lambeaux. Nous tirons avec des munitions prises sur l'ennemi. Nous volons dans les fermes de quoi nous nourrir. Les bandits nous harcèlent de flanc et les bolcheviks de face. Et, à l'arrière, ceux pour qui nous nous battons sablent le champagne et jettent les millions par la fenêtre.

— Les combats sont-ils aussi meurtriers qu'on le prétend?

— Il n'y a pas de pardon. Nous fusillons les prisonniers. Et les bolcheviks font de même. La haine est entre nous. Elle ne s'éteindra plus. Adieu, monsieur.

Il fouetta son cheval et le convoi se remit en marche.

Cela se passait le premier jour de Pâques. La saison des tulipes était venue. Des fleurs rouges comme des cœurs sanglants se balançaient au corsage des filles et aux casquettes des ouvriers et des paysans. Un soleil doux chauffait la route. Des insectes bourdonnaient dans les pruniers en fleur. De l'horizon, soufflait une odeur fraîche de marée. Et ce calme et cette beauté faisaient mal comme un mensonge de Dieu.

Dans toute la Crimée, bondée de réfugiés, la chute de Pérékop et la retraite des blancs provoquaient une angoisse qui se transformait peu à peu en panique ouverte. A Yalta, la population bourgeoise, ayant perdu tout espoir, ne songeait plus qu'à fuir cette région menacée. Mais les rares bateaux en partance étaient réservés par priorité aux transports militaires.

Malgré les supplications de Tania, Michel avait abandonné sa famille, dès le début du mois d'avril, pour rejoindre les hussards d'Alexandra, cantonnés au village d'Argémok-Éli, dans la presqu'île de Kertch.

A son arrivée, il apprit par Akim que les deux escadrons de hussards et une compagnie de mitrailleurs devaient incessamment quitter le front de Crimée pour être envoyés au Caucase et mis à la disposition du général Erdeli. Cette perspective déplaisait fort à Michel, qui eût souhaité se battre sur la terre même où se trouvaient sa femme et ses enfants. Mais il n'eut pas le loisir de s'attarder longtemps à ces réflexions déprimantes. Après deux journées de repos, les hussards d'Alexandra reçurent l'ordre de se préparer à exécuter une mission sur les arrières de l'ennemi, pour le lendemain, 14 avril, à trois heures et demie du matin.

La nuit précédant le départ, Michel ne put dormir et resta étendu sur une paillasse à fumer des cigarettes dans le noir. Il partageait avec Akim la chambre principale d'une petite maison de paysans. Le sol de terre nue sentait l'urine des veaux et des chèvres. Du four, tout chaud encore, venait l'odeur des pains cuits sur les feuilles de vigne. Les dernières braises rougeoyaient dans le foyer ouvert. Près de l'âtre, étaient couchés deux agneaux, une chèvre et un jeune chien. Le cadre argenté d'une icône scintillait dans un coin, au-dessus des bêtes. De temps en temps, les agneaux grinçaient des dents, ou ruaient faiblement de leurs pattes engourdies. Le chien claqua des mâchoires, comme s'il eût attrapé une mouche, s'étira, frétilla de la queue, fit un bond et s'assit à côté de Michel. Ses yeux d'or brillaient dans l'ombre. Michel tirailla les longues oreilles velues, joua avec la gueule ardente, qui mordillait ses doigts. Au bout d'un moment, l'animal s'écarta de lui et pissa contre le mur. Puis, il revint et lui lécha la main, d'une langue lente et tiède, avec application. Subitement, cette tendresse fut désagréable à Michel. Elle lui paraissait débilitante à la veille du combat. Il repoussa le chien en lui donnant une chiquenaude sur le museau. De nouveau, la pensée de la guerre civile occupa intégralement sa conscience.

Il ne s'était jamais battu contre les bolcheviks. Pourtant il savait que cette lutte fratricide était sans rapports avec celle qu'il avait soutenue contre les Allemands. Dans ce conflit entre hommes d'une même race, la pitié était inconcevable. Ce qu'un Russe pardonnait à un étranger, il ne le pardonnait pas à un autre Russe. Les captifs qui avaient de la chance étaient fusillés séance tenante. Mais, souvent, les rouges torturaient les officiers blancs faits prisonniers en leur taillant des épaulettes dans la chair, ou en leur arrachant la peau des mains comme des gants. Les blancs, en revanche, découpaient des étoiles à cinq branches sur la poitrine des commissaires, ou leur crevaient les yeux avant de les exécuter. Il ne s'agissait plus pour Michel de protéger des symboles abstraits, mais les visages vivants de Tania, de Serge, de Boris, de Marie Ossipovna, de tant d'autres. L'enjeu de la bataille prenait une forme concrète, comme aux époques médiévales, où l'homme sortait de la cité, non seulement pour défendre un drapeau, une idée, mais l'existence de ses proches. Si les volontaires ne parvenaient pas à endiguer la marée soviétique, Tania subirait peut-être le sort d'Eugénie Smirnoff. Cette crainte fondait la détermination de Michel. Il se sentait à la fois terrifié et cruel, courageux et tremblant devant le danger de demain. En même temps, il éprouvait envers les bolcheviks une insatiable curiosité. Akim lui avait raconté que, deux semaines plus tôt, une chanteuse de Yalta était venue donner un concert dans les tranchées. Les positions ennemies étaient si proches, qu'après la première chanson, les rouges avaient applaudi et crié : « Bravo ! » Et ces mêmes rouges, une heure plus tard, attaquaient à la baïonnette. Michel se retourna sur sa paillasse, en proie à une petite fièvre qui lui rappelait les veilles d'examen. Il pensait à son sabre neuf, à son revolver Nagan, que Serge avait admiré en connaisseur, à son cheval qui n'était pas fameux, à ses bottes dont les tiges trop courtes bâillaient autour du mollet. Il envia les bottes d'Akim et se jugea ridicule. Akim ronflait à quelques pas de lui. Une lueur rose, irradiant du foyer, éclairait son corps horizontal. Le chien éternua. Un agneau bêla doucement. Sous la porte, filtrait une vague pâleur annonciatrice de l'aube. Un coq chanta, seul, face à la lune déclinante. Michel se leva, boucla son ceinturon, vérifia la place de ses papiers, de ses carnets, de son portefeuille, dans les poches de l'uniforme. Cinq minutes plus tard, l'ordonnance d'Akim se présentait pour éveiller son maître.

A trois heures et demie du matin, l'escadron se mettait en marche. L'air était froid et gris. Traversant les fils de fer barbelés, la colonne se porta vers le flanc gauche du front, le long de la mer Noire. A quelque distance du rivage, des bateaux de guerre russes et alliés dormaient sur l'eau sombre, comme des sauriens repus. Une vapeur louche traînait au-dessus des vagues. Un clapotis lugubre se balançait entre les coques d'acier. Grâce à la présence de l'artillerie marine, cette bande de terrain n'avait pas été occupée par les rouges et constituait un passage bien abrité pour déboucher en vue de l'ennemi. Des formations du régiment de Novorossiisk et de la garde s'étaient jointes aux hussards, en cours de route.

Lorsque la cavalerie blanche atteignit les positions qui lui avaient été fixées, au sommet d'une colline, un premier assaut, effectué par deux *sotnias* de cosaques, avait déjà bousculé l'infanterie bolchevique, disposée en rideau devant le village de Dalnié Kamychy. Dans la clarté cuivrée du petit jour, Michel distingua une foule de cinq ou six cents soldats qui refluaient vers les maisonnettes. Aussitôt, Akim cria un ordre, qui fut répété par d'autres voix gutturales, et les chevaux se lancèrent à la poursuite des fuyards.

Un gros nuage blanc couvrit le soleil, et une ombre aux contours sinueux glissa sur la pente du coteau. Michel éprouva un sentiment fugitif de deuil et de frayeur. Il lui sembla que la présence de ce nuage était un mauvais signe. Mais le vent chassa le nuage. Michel serra la poignée de son sabre. La tête de sa monture brillait de nouveau, rousse et luisante, dans la lumière du matin. Les poils des oreilles étaient des brindilles d'or fin. Le fracas de la charge bosselait la terre. L'espace de boue et d'herbe qui séparait les deux masses se rétrécissait, dévoré par les sabots des chevaux. Les silhouettes des bolcheviks grandissaient à vue d'œil. Michel ne discernait que des dos en fuite, des nuques, des fesses, des talons. Quelques cavaliers le dépassèrent en trombe et s'enfoncèrent violemment dans la cohue des fantassins. Les sabres nus et sifflants se levaient, s'abaissaient par saccades. Des corps gris et mous basculaient, çà et là, avec des gestes d'équilibristes malchanceux. De nombreux soldats rouges se jetaient sur le sol, avant même d'avoir été touchés. Michel aperçut Akim, qui avait immobilisé sa monture devant un homme étendu à plat ventre.

— Debout! Debout! hurlait Akim.

L'homme se dressa sur ses jambes. Akim brandit son revolver, fit feu, à bout portant et repartit au galop sans se retourner. Au même instant, Michel se trouva face à face avec un bolchevik, aux moustaches blondes comme le blé mûr. Sans réfléchir, il le frappa de biais avec son sabre. La tête fendue en diagonale, l'inconnu tomba sans crier. Un autre avait saisi la bride de Michel et se cachait derrière l'encolure du cheval en glapissant :

— Épargne-moi! Laisse-moi vivre, frérot!

Un hussard, qui s'apprêtait à devancer le groupe,

ralentit son allure, et sa lame étincelante faucha les reins du soldat. Un râle jaillit du sol comme une fontaine. Le cheval de Michel se cabra. Les doigts gris se détachèrent un à un de la bride. Soulagée de ce poids, la monture reprit sa course en avant. Une marmelade confuse de bêtes et d'hommes, de sabres et de fusils, roulait vers le village. De tous côtés, des cavaliers massacraient des piétons. Et les gestes étaient si rapides, le passage de la vie au néant s'opérait si facilement, que Michel n'avait conscience ni de sa violence ni de sa responsabilité. Il sabra encore deux fuyards, aux mufles troués d'épouvante. Des fragments de paysage sautaient devant ses yeux, pêle-mêle avec des crânes rasés, des bouches béantes et des regards fous. La mort lui respirait au visage. Fourbu, horrifié, imbibé d'une odeur de sang et de sueur, il cognait sans colère, comme un boucher sur de la viande inerte. De temps en temps, pour reprendre force, il songeait à Eugénie, torturée par les révolutionnaires, ou aux otages de Moscou, dont il avait partagé les derniers instants. Une barbe en forme de lyre traversait sa vision cahoteuse :

— Salauds ! Salauds !

Rengainant son sabre, il dégagea son revolver de l'étui. Devant lui, naquit subitement un soldat sans casquette, vêtu d'une capote kaki. Il avait une figure de Chinois, aux yeux obliques, aux pommettes saillantes. Terrifié par l'approche de Michel, il avait jeté son fusil et levé les bras. Michel arrêta sa monture, et, clignant des paupières, haletant, haussa l'arme qui tremblait un peu dans son poing. Mais, au moment de faire feu, il remarqua que la main gauche du Chinois se terminait par six doigts crochus. Cette anomalie le frappa de stupeur. Au lieu de presser sur la détente, il considérait la main jaune, bizarrement palmée, et une répulsion misérable lui serrait le cœur. Renonçant à tirer, sans trop savoir pourquoi, il talonna son cheval et s'élança plus loin. En se retournant sur sa selle, il vit que le Chinois avait ramassé son fusil et le visait. Furieux, il voulut revenir en arrière. La détonation claqua sèchement. Une douleur brutale traversa l'épaule droite de Michel. Lâchant son revolver, il s'effondra sur l'encolure de la bête. Le galop dur sonnait dans ses mâchoires. Son bras ballait contre le flanc chaud. Du sang filtrait à travers le tissu de sa veste. Il eut un éblouissement, mais se raidit, se dressa, prit les rênes dans la main gauche. Les soldats s'étaient reformés à l'orée du village. Une mitrailleuse bégaya, face à l'escadron. Des cavaliers boulèrent hors de leurs selles.

— Dis-per-sez-vous ! cria la voix d'Akim.

Tournant bride, les volontaires refluaient vers le mamelon. Michel, sans rien comprendre, fit volter son cheval et suivit le mouvement. Les balles sifflaient dans l'air, telles de grosses mouches rapides. Un hussard passa par-dessus la tête de sa monture, comme emporté par un coup de vent. Un autre, tout près de Michel, penchait vers le sol son visage sans âme, barbouillé de jus rouge. Les cavaliers mirent pied à terre au sommet du coteau. Des hommes de corvée conduisirent les chevaux vers un creux abrité. Tous les autres se couchèrent sur la crête, couverte de buissons bas. Les culasses claquèrent :

— Feu !

Michel voulut tirer avec ses camarades. Mais son bras droit refusait de bouger. Les brumes de la fièvre venaient à lui. Ses oreilles s'emplissaient de tintements de cloches et de pépiements d'oiseaux. Il se souleva sur le coude gauche. Autour de lui, il vit une rangée de jambes écartées et de dos trempés de sueur. Les bolcheviks avançaient en ligne clairsemée. Ils couraient, se jetaient à plat ventre, creusaient de petits retranchements avec leurs pelles. Des paquets de glaise poussaient devant leur nez comme devant les terriers de marmottes. Une salve maigre retentit. Puis une autre. Le combat semblait devoir se prolonger. L'infanterie blanche s'établit en hâte à la droite de la cavalerie. De part et d'autre, des mitrailleuses entrèrent en action. Les rouges recevaient du renfort. Bientôt, le son du canon, épais et rond comme une boule, pénétra dans le paysage. Michel perdit connaissance et revint à lui, presque instantanément. La peau rugueuse de la terre collait à la paume de ses mains. Une *sotnia* de cosaques apparut sur le flanc de l'ennemi et fut refoulée par le feu des armes automatiques. Ayant reculé, les cosaques se déployèrent de nouveau en éventail et retournèrent à la charge. Mais la fusillade les fauchait inexorablement. Ils rebroussèrent chemin, telles des feuilles mortes balayées par le vent. Sur la gauche, le pilonnage très précis des batteries bolcheviques avait dû causer de fortes pertes parmi les fantassins blancs. Leurs munitions étaient presque épuisées. Ils répondaient mal au tir intense de l'adversaire. Peu à peu, par petits groupes, ils quittaient leurs positions. Les rouges, manquant de cavalerie, ne les poursuivaient pas. Le bruit diminua. On entendit chanter un coq. Une risée glissa sur l'herbe souple. Michel comprit que l'opération était terminée. Il n'en concevait pas l'utilité. L'odeur douce amère des racines se mêlait à l'odeur de la poudre. De nombreux cadavres jonchaient la plaine. Les cavaliers ressanglaient leurs chevaux. Le soleil était haut dans le ciel. Une mésange au plastron jaune sautait de branche en branche. Michel se mit debout et s'adossa au tronc d'un pommier sauvage. Une souffrance profonde fouillait tout le côté droit de son corps. Il devait concentrer son énergie pour ne pas crier. En même temps, il était follement heureux de vivre : « Comme c'est bien! Je ne suis que blessé! Je vois encore le monde! » Il sentit que quelqu'un lui retirait sa veste, enroulait un pansement rêche autour de son épaule. Son bras devint lourd comme un bloc de pierre. Akim dit :

— On verra ça au cantonnement.

— Oui, murmura Michel. Ce ne sera rien.

Il se hissa sur son cheval, et la cavalcade prit le chemin du retour. Des cadavres étaient couchés dans une télègue. D'autres avaient été ficelés sur le dos de leurs montures. Un silence de fatigue et de défaite pesait sur la petite troupe. Les visages luisaient, rouges et noirs, huilés de sueur, souillés de terre. On traversa un hameau, où s'était repliée une batterie de volontaires. Autour du puits, quelques officiers fumaient des cigarettes et parlaient nerveusement :

— C'est toujours la même histoire! Pas de munitions...

— On compte sur le courage personnel!

— Est-il vrai que Dénikine va nous envoyer des renforts?

— Ce ne sont pas tellement des renforts qui seraient nécessaires, mais des canons, des obus, des chevaux...

Des cosaques dormaient à l'ombre des caissons, aux abords des remises. Les chevaux, rangés le long des clôtures, finissaient de manger l'orge de leur sac. Leur poil humide brillait sous les harnais de cuir noir. La présence de ces hommes, de ces bêtes, de ces canons, dans un décor champêtre, paraissait insolite et inefficace. Près d'une petite chapelle en plâtre jaune, un major s'affairait autour des blessés vautrés dans la poussière et le soleil. Nul paysan ne se montrait sur le seuil de sa porte. Plus loin, la route rejoignait le bord de la mer. Des mouettes bleutées rasaient les flots en criant. La cohorte des volontaires cheminait au pas, lasse, déguenillée. Quelques cavaliers somnolaient sur leurs selles. Michel écarquillait les yeux, crispait les muscles, pour ne pas tomber. Devant lui, moutonnait une procession de têtes coiffées de casquettes et de bonnets de peau. Les chevaux donnaient des coups de queue contre leurs croupes soyeuses. Une femme s'avança jusqu'à la lisière d'un boqueteau, aperçut les militaires et s'enfuit en piaillant :

— Les cadets [1]! Les cadets reviennent!

1. On nommait ainsi les volontaires.

L'air de la mer était vif, parfumé d'iode et de sel. La voix des vagues répétait une histoire éternelle. Les vaisseaux de guerre, à l'ancre, scintillaient comme des bibelots d'argent. Sur la berge, des matelots anglais, roses et rieurs, jouaient au football.

La blessure de Michel était plus grave qu'il ne le supposait. La balle avait fracturé l'humérus dans sa partie supérieure. Malgré ses protestations, il fut évacué sur l'hôpital militaire de Yalta. Là, il subit une intervention chirurgicale qui révéla qu'un fragment de l'os, détaché par le choc, avait atteint le nerf radial et provoqué la paralysie. Il fallut extraire les esquilles et placer le membre malade dans un appareil, le bras étant à demi fléchi, la main inerte. Les médecins les plus optimistes estimaient que Michel ne pourrait probablement pas guérir avant deux ou trois mois de traitement. Sans l'avouer, Tania était heureuse de cette circonstance qui lui rendait son mari, endommagé, mais vivant. Pendant les quelques jours qu'avait duré son absence, elle avait cent fois imaginé le pire et douté de Dieu. A présent, une gratitude accrue la penchait sur ce corps meurtri. Elle soignait Michel avec une abnégation maternelle. Lorsqu'il put se lever et sortir dans le jardin, elle eut l'impression d'avoir remporté une victoire définitive sur les forces du mal.

Cependant, l'armée bolchevique, brisant toutes les résistances, déferlait vers le littoral. Le soir, dans les montagnes sombres, s'allumaient les feux de signalisation. On entendait des détonations sourdes, venant du nord. Les uns prétendaient que c'étaient les rouges qui bombardaient un village, les autres que c'étaient les blancs qui faisaient sauter des magasins de munitions. Les hussards d'Alexandra avaient quitté la Crimée, dès le 21 avril, pour être transportés sur le front du Caucase.

Apprenant l'évacuation méthodique des volontaires, de nombreux bourgeois s'étaient déjà embarqués pour sauver leur peau et leurs biens. Des groupes d'agitateurs se formaient parmi le personnel des hôtels de Yalta. Le service était devenu lent et défectueux. Les valets de chambre écoutaient les revendications des clients avec des mines ironiques. Le bruit courait qu'un Revkom (comité révolutionnaire) s'était constitué en prévision de la dictature bolchevique, et que les chefs avaient donné l'ordre de ne pas se livrer au pillage, parce que tous les avoirs des capitalistes appartenaient à l'État. Les villas se vidaient une à une de leurs occupants. Les rues étaient désertes. Un calme impressionnant régnait sur la nature et sur les hommes menacés. Le Comité financier de secours aux volontaires établissait des listes de passagers pour les derniers navires en partance. Les places étaient réservées par priorité aux militaires et à leurs familles. En seconde position, venaient les personnalités qui, par leur activité politique ou par leur aide pécuniaire, avaient favorisé l'organisation de la résistance aux bolcheviks. En troisième lieu, tous les ennemis du régime maximaliste. Tania se présenta au bureau et obtint facilement sept laissez-passer pour le charbonnier *Riséye*.

Le *Riséye* devait appareiller pour Novorossiisk dans la deuxième semaine de mai. De Novorossiisk, les Danoff comptaient se rendre à Kislovodsk, dans le Caucase septentrional, où ils possédaient une villa. Le climat et les eaux minérales de Kislovodsk étaient tout indiqués pour la cure que les médecins avaient prescrite à Michel. Hâtivement, Tania, aidée de la nounou, préparait les bagages. Mlle Fromont courait les pharmacies pour tâcher de se procurer un remède contre le mal de mer. Michel se préoccupait de trouver un revolver afin de remplacer celui qu'il avait perdu aux environs de Dalnié Kamychy. Ayant acheté un browning chez un officier de ses amis, il descendit dans la cave de l'hôtel pour s'entraîner à tirer de la main gauche. Mais chaque coup de feu retentissait si douloureusement dans son épaule malade qu'il renonça bientôt à cet exercice.

Le 10 mai 1919, toute la famille quitta l'hôtel de Russie pour l'embarcadère. De nouveau, Tania disait adieu à un asile qu'elle avait cru imprenable. Traînant valises et balluchons dans son sillage, elle s'apprêtait à un voyage aussi périlleux, peut-être, que le précédent. Pourtant, cette fois-ci, elle n'était plus seule à diriger le mouvement de la tribu. Michel, bien que blessé, la déchargeait du soin d'être vaillante. Et cette pensée la rendait heureuse dans son infortune.

Quand les deux fiacres, qui transportaient les voyageurs et les bagages, arrivèrent à proximité du quai, Tania fut effrayée par la densité de la foule. Il était impossible que tous ces gens trouvassent à se loger dans le petit vapeur sale et trapu qui appuyait son ventre sur l'eau diaprée de taches de pétrole. Acculés à la mer par l'avance des rouges, les fuyards se ruaient vers le bateau comme vers leur dernière chance de salut. Secoué, houspillé, assourdi, Michel progressait lentement à travers la pâte épaisse des réfugiés. A plusieurs reprises, des inconnus heurtèrent son bras droit, et il serra les lèvres pour ne pas crier de souffrance. Noyée dans la cohue, traînant ses enfants par la main, Tania défaillait d'angoisse. Le navire lui paraissait amarré au bout du monde, dans une région délicieuse et inaccessible. Un barrage de corps aveugles s'opposait à ce qu'elle rejoignît la passerelle. Cette multitude n'était pas composée de moujiks et de soldats, comme celle du train, mais d'industriels, de commerçants, d'officiers, de banquiers et de femmes du monde. Pourtant, la brutalité et la sauvagerie des bourgeois, dès que leur vie était en jeu, se révélaient comparables à celles du peuple. Des messieurs respectables enfonçaient leurs coudes dans l'estomac des dames, pour gagner une place dans la file. Des créatures au profil aristocratique vomissaient des injures, en brandissant leurs ombrelles à festons contre les contrôleurs. Une petite vieille s'évanouit, et nul ne songea à la ranimer.

A mesure que Tania approchait du *Riséye*, la bousculade devenait plus intense. Des femmes aux cheveux épars, le fard coulant sur la figure, s'accrochaient éperdument au bras de leurs maris. Des enfants sanglotaient avec des voix perçantes. Tania chercha Marie Ossipovna du regard. Encadrée par la nounou et la gouvernante, elle avançait, pas à pas, comme une poupée mécanique. Le vent du large ébouriffait sa cape de zibeline. Boris cria :

— Maman, j'étouffe!... Sur tes bras!... Je veux sur tes bras!...

— Oh! gémit Tania, jamais nous n'arriverons jusqu'au bateau! Ils nous écraseront avant!...

Michel tourna vers elle une face exsangue, aux paupières bridées par l'effort.

— Aie confiance, Tania, dit-il.

Et Tania, rappelée à l'ordre, essaya de sourire.

Aux abords de la passerelle, une grosse matrone, en robe verte, qui n'avait pu obtenir de place sur le *Riséye*, suppliait vainement un contrôleur, se suspendait à ses vêtements, lui soufflait au visage une haleine de panique :

— J'ai des enfants! Ils vont nous tuer si nous restons! Permettez-nous de monter!

Des poings cognaient dans le tas.

— Laissez passer! Laissez passer!

— Vos papiers?

— Les voici!

— Pas en règle.

— Comment, pas en règle?

— Manque le cachet du Comité.

— Assassin! Caïphe!

— Demain, après-demain, ils seront en ville...

— Vite! Vite!

La cheminée du charbonnier se dressait, noire et

seule, au-dessus d'une humanité en détresse. Sur le pont, des hommes d'équipe maniaient les bagages. Les poulies des mâts de charge grinçaient. Des mouettes tournaient autour de la poupe. Une odeur de tempête venait de la mer grise et du ciel nuageux. Par moments, à travers le grondement de la foule, on entendait le bruit mat et lointain du canon. . .

IX

Dès le début de la traversée, une forte tempête contraignit les voyageurs qui s'étaient disséminés sur le pont à regagner la cale déjà bourrée de monde. Dans le ventre d'acier du cargo, fermentait tout un peuple de réfugiés, agglutinés en désordre parmi les îlots de bagages. Par le panneau de chargement, la lumière grise du jour glissait le long de l'échelle et clapotait à petits ressacs sur un fouillis de visages et de mains. Une vie nombreuse, vermiculaire, animait cette sombre surface. Le roulis inclinait dans un sens, puis dans l'autre, une assemblée de damnés gémissants. De temps en temps, les vagues donnaient des coups sonores contre la coque de métal aux membrures apparentes, bordées de gros rivets. La trépidation des machines secouait le plancher de fer. Un relent de vernis, de goudron, de saumure, se mêlait à l'odeur des hommes malades. La poussière de charbon, reste de la dernière cargaison, flottait dans l'air, entrait dans les yeux, dans la bouche.

Michel avait installé sa famille au centre de la cale, espérant que les effets de la houle y seraient moins sensibles que sur les côtés. Mais, déjà, Serge et Boris étaient indisposés et vomissaient dans la cuvette que la nounou leur présentait à tour de rôle.

— Ainsi, mes anges, videz-vous, répétait la nounou.

Tout ce qui sort est du poison. Après vous vous sentirez à l'aise.

Tania n'osait pas les regarder, car de violentes nausées la travaillaient elle-même. Son visage était blême, gluant de sueur. Elle s'était couchée sur un plaid, les genoux hauts, la nuque soutenue par une valise. Ses narines battaient faiblement. Des frissons glacés agitaient ses épaules. Mlle Fromont, étendue à son côté, respirait un flacon de sels en bégayant des imprécations d'une voix pâteuse :

— N'y aura-t-il donc jamais de répit avec ces bolcheviks? Ont-ils juré de nous faire gravir le calvaire jusqu'à la dernière station?

Marie Ossipovna, assise sur une caisse, observait tout et ne comprenait rien.

— N'avez-vous pas le mal de mer, maman? demanda Tania.

— Je ne m'occupe pas de ces sottises, dit Marie Ossipovna. Est-ce que c'est toujours comme ça sur les bateaux?

— Non, dit Michel. J'ai connu de meilleures traversées.

— J'aime mieux le train, dit Marie Ossipovna. Combien de temps resterons-nous dans cette boîte en fer?

— Un jour et demi, deux jours...

— J'ai faim.

— Comment pouvez-vous penser à manger, gémit Tania en portant un mouchoir à ses lèvres.

La nounou déposa la cuvette remplie de bile et sortit quelques sandwiches d'un petit panier en osier :

— Ceux-ci sont au jambon et ceux-ci au fromage.

— Allez immédiatement vider votre cuvette, nounou! s'écria Tania.

— Pourquoi? bredouilla Marfa Antipovna. Elle n'est pas pleine.

— Faites ce qu'on vous demande, dit Michel.

La nounou se leva en maugréant et se dirigea vers le

fond du bateau. Un prélart avait été tendu dans un coin de la cale, pour délimiter le lieu d'aisances commun à tous les voyageurs. Hommes, femmes et enfants se soulageaient derrière ce rideau goudronné. Une puanteur d'excréments frais émanait du réduit. La nounou revint, enjambant des barrières de corps immobiles. Elle titubait selon les mouvements du navire. Au passage, quelqu'un l'arrêta

— Prêtez-moi votre cuvette!

— Je veux bien, dit la nounou. Mais on m'attend.

— Je vous donnerai un pourboire, ma bonne vieille. Vite...

Marfa Antipovna prêta la cuvette.

— Et ici, ici! râla une femme dépoitraillée, aux lèvres gonflées de salive.

— J'arrive, dit la nounou en empochant le pourboire.

Et elle se hâta vers la malade qui l'avait appelée. Cette fois encore, elle reçut un pourboire et des remerciements. De tous côtés, à présent, retentissaient des voix hoquetantes :

— La cuvette! Apportez la cuvette! Par miséricorde!...

La nounou trottinait d'un voyageur à l'autre, présentait le récipient à des bouches béantes, soutenait de la main le front humide des patients, et répétait inlassablement :

— Videz-vous! C'est le poison qui sort. Là, là! Ça va mieux, maintenant. Que la Reine des cieux vous protège!

La monnaie sonnait dans la poche de son tablier. Elle ne savait plus si elle était un ange de charité ou une commerçante habile.

— Voulez-vous revenir, nounou! hurla Michel. Les enfants ont besoin.

— Faut d'abord que je lave la cuvette, dit la nounou. Ah! Seigneur! de quelle besogne as-tu chargé mes mains!

Le bateau grimpa sur une vague, piqua du nez, et la cuvette répandit son contenu sur les habits d'un monsieur aux moustaches blanches, qui se dilata de colère et rugit :

— C'est dégoûtant! Savez-vous à qui vous avez affaire? Je suis conseiller privé actuel!

Mais sa femme l'interrompit :

— Venez, ma bonne, ne vous troublez pas. L'épouse du conseiller privé actuel a besoin de vos soins.

— C'est bien malgré moi, je vous assure, Votre Excellence, bégayait Marfa Antipovna.

Michel, à bout de patience, s'approcha d'elle et la saisit par le bras :

— Vas-tu venir quand on t'appelle, vieille poutre?

— Laissez cette personne tranquille, hurla le haut fonctionnaire.

— Mais elle est à mon service.

— Je suis conseiller privé actuel!

— Et alors?

— Alors, je ne sais quel est votre grade, mais vous me devez le respect!

La femme du conseiller fut ébranlée par un spasme net, et Marfa Antipovna s'écria gaiement :

— Ça va y être, madame Excellence! Ça y est!

Le vieux monsieur ruminait des injures derrière sa moustache et nettoyait avec un mouchoir ses vêtements souillés d'une bouillie glaireuse.

— Viens, Marfa, dit Michel. Quant à vous, monsieur le conseiller privé actuel, je vous signale simplement qu'il est des situations où le rappel d'un grade hiérarchique est une preuve d'incorrection.

Et il s'éloigna, poussant Marfa Antipovna qui pleurnichait à petit bruit :

— Je ne pouvais tout de même pas refuser mon aide à tous ces chrétiens en souffrance! « Ce que je vous demande est de vous aimer les uns les autres », est-il dit dans la Bible. Alors? Me voici, me voici, mes chérubins...

Elle s'accroupit devant Boris et lui essuya le menton avec une serviette. Marie Ossipovna mordait dans son sandwich avec une voracité paisible. Tania, livide, le visage tendu, la bouche scellée, luttait contre son écœurement. Michel lui posa la main sur le front et dit :

— Un peu de courage, Tania. Demain nous toucherons la terre ferme.

Elle tenta de sourire, et deux grosses larmes coulèrent sur ses joues.

— Ne me regarde pas, murmura-t-elle, je suis laide.

— Même sur le lac de Genève, éructa Mlle Fromont, je n'ai pas vu de tempête pareille. C'est la fin du monde.

— Est-ce que les marins aussi ont le mal de mer? demanda Serge d'une voix menue. Je voulais être marin. Et maintenant, je ne sais plus si je peux.

Son profil maigre se dandinait au-dessus d'une valise. Michel observait sa famille malheureuse, banale, exténuée, mêlée à ces milliers d'inconnus geignards et puants. Une pitié féroce attaquait son cœur. Il enrageait d'être impuissant à soulager la souffrance de ses proches. Le sentiment d'une faute ne quittait pas son esprit.

— Mange quelque chose, dit Marie Ossipovna.

Michel secoua la tête :

— Plus tard.

Dans le rectangle du panneau, le ciel s'assombrissait lentement. De minute en minute, les secousses du bateau devenaient plus brutales. Un tangage obstiné soulevait et abaissait en cadence la masse ténébreuse des corps. A chaque oscillation, un gémissement affreux s'échappait de cette purée humaine. Bientôt, les cris alternés se transformèrent en une plainte continue, inarticulée, obsédante. Les craquements de la coque, le heurt sourd des lames, les grincements sinistres du vent, complétaient ce râle unanime. L'odeur aigre de la bile et de l'urine se faisait suffocante. Les passagers, perdant toute retenue, baignaient dans leurs propres déjections. Conseillers privés et industriels, actrices et épouses honorables, s'amalgamaient dans une même ordure. Il n'y avait plus de grades, de fortunes, de préséances, au fond de ce vaisseau ballotté par la mer. Toutes les chairs étaient soumises au dénominateur commun de la misère physique. Michel lui-même sentit que, s'il demeurait plus longtemps dans cette caverne nauséabonde, il ne résisterait pas au malaise dont souffraient ses compagnons. Déjà, le bercement des têtes et des colis, le clignement des reflets verdâtres sur les visages, le mouvement méthodique de l'échelle qui s'inclinait et se redressait devant lui, favorisaient dans son ventre une espèce d'angoisse.

Il posa le poing gauche sur une pile de valises, comme pour se retenir, tandis que le sol cédait mollement sous ses pieds. Tania, Mlle Fromont, les enfants gisaient côte à côte, immobiles comme des cadavres. La nounou, impavide, nettoyait la cuvette avec un papier journal. Marie Ossipovna s'était assoupie, assise sur une caisse, une tartine entamée à la main.

— Je monte sur le pont, nounou, dit Michel. Vous surveillerez nos malades.

Et il s'avança vers l'échelle qui vibrait sur ses crochets, avec un léger cliquetis de ferraille. S'aidant de la main gauche, il gravit les degrés un à un, et surgit enfin à l'air libre.

Un souffle salé et froid lui fendit la bouche. Il lui sembla que des nuées s'envolaient de sa tête. De toutes parts, un univers de vagues grises et luisantes entourait le cargo poussif. Dans cet infini de brume et de vent, d'eau violente et de fumée, le bateau se cabrait et plongeait obstinément. Des lames rugissantes frappaient le bastingage, inondaient le pont et s'écoulaient de tous côtés avec de minces sifflements coléreux. Les palans étaient hérissés de gouttelettes scintillantes. D'énormes flaques clapotaient dans les plis des bâches qui couvraient les canots. Les mâts fouillaient l'air comme des crayons promenés de droite à gauche sur une page blanche. La cheminée crachait une chevelure de tourbillons noirs, que l'ouragan déchiquetait avec rage. Michel marchait laborieusement dans ce décor ruisselant et oblique. Bientôt, il dut s'arrêter. Il demeurait debout, un peu courbé, comme un arbre tordu par la tempête. La saveur pénétrante du sel, une amertume fraîche et forte, figeaient son visage. Ses paupières collantes s'ouvraient avec peine. Un voile de perles dansait devant ses yeux. Dans sa main gauche, il serrait une barre de fer, mouillée et glacée. Son épaule droite lui faisait mal. Des élancements de feu descendaient dans son bras tenu par la gouttière. Cependant, il ne regrettait pas d'avoir quitté la cale. Il prenait même un obscur plaisir à laisser la bourrasque secouer et percer son corps las. Soudain, tout près de lui, il entendit des voix qui criaient, mais le vent happait les paroles. Soulevant difficilement ses paupières lourdes, il aperçut quelques voyageurs, cramponnés en grappe au flanc d'une montagne de caisses. Ils causaient avec animation. Michel lâcha la rambarde et s'avança vers eux, en tâchant de bien écarter ses jambes pour résister à l'effet du roulis.

— Quelle sale traversée! dit-il en s'approchant du groupe. Il fallait s'y attendre. C'est un mauvais mois pour la mer Noire.

Un homme au gros visage convulsé, aux moustaches trempées comme des pinceaux, grommela :

— S'il n'y avait que la tempête!

Son voisin, accroupi sur le surbau d'une écoutille, mâchait un cigare éteint et contemplait l'horizon avec reproche. Deux autres passagers, vêtus de manteaux flasques, se tenaient adossés aux caisses, comme des défroques pendues à un clou.

Je pense, reprit Michel, que nous serons demain soir à Novorossiisk...

— Eh! dit l'homme au cigare éteint, ce n'est pas sûr.

— Pourquoi?

— Je viens de voir le capitaine avec ces messieurs. L'équipage a formé un comité. Ils discutent.

Michel tressaillit et se pencha vers son interlocuteur :

— Que voulez-vous dire?

— C'est pourtant simple, grogna l'autre en sortant son cigare de la bouche. Les marins ne veulent plus de notre cargaison. Ils prétendent que ce n'est pas leur métier de transporter la vermine bourgeoise et les officiers volontaires. Ils menacent de faire demi-tour et de nous débarquer à Sébastopol.

— Mais Sépastopol est aux mains des bolcheviks!

— Justement!

— Que faites-vous donc ici?

— Nous attendons la décision du Comité.

Un paquet de mer frappa le bastingage et explosa en fontaine hurlante. Pataugeant dans l'eau, transi, le cœur en alerte, Michel demanda :

— Et le capitaine?

— Quoi, le capitaine? Il est seul. Il est vieux. Il ne peut pas tenir tête à tout son équipage.

— C'est donc une mutinerie?

— Pas encore.

— Il faut tenter quelque chose! s'écria Michel. Nous défendre! Faire valoir nos droits!

— Comment?

Un rideau de brume enveloppa le bateau. La sirène mugit à deux reprises.

Michel demeurait immobile, terrassé par cette révélation. Il avait de la peine à croire que la dernière chance d'évasion fût compromise, que, malgré tous ses soins, Tania, sa mère, ses enfants et lui-même tomberaient sans doute aux mains des bolcheviks. De nouveau, des images de prison et de mort, de misère et de torture emplirent son cerveau fatigué. Il se sentait annihilé par une coalition de forces contre lesquelles il ne pouvait rien. La proue du bateau monta dans le ciel, hésita, puis s'enfonça dans l'abîme en craquant. L'eau jaillit par les écubiers avec la violence d'un geyser. Michel fut projeté contre les caisses, et une douleur foudroyante lui saisit l'épaule. Il faillit s'évanouir, ferma les yeux. Un ululement lugubre traversait son crâne, d'une oreille à l'autre, comme un cordon.

— Écoutez, dit-il enfin. Rien n'est perdu. Nous pouvons encore...

— Nous ne pouvons rien, dit l'homme au cigare. Rien qu'attendre. Attendons...

— Êtes-vous armés ? demanda Michel.

— Oui.

— Alors, suivez-moi.

— Pour aller où ?

— Voir le capitaine. Lui parler. Tâcher d'obtenir une transaction avec l'équipage. Nous ne devons pas rester inactifs, tandis qu'une bande de voyous statue sur notre sort. Voyons, messieurs, réveillez-vous ! Ce bateau est bondé de femmes, d'enfants, de malades. Il serait lâche de ne pas risquer l'impossible pour les sauver...

Il discourait avec fièvre. Une énergie extraordinaire l'animait soudain.

— A votre guise, dit l'homme au cigare. On peut toujours essayer...

Contrariés par de grands souffles liquides, ils se mirent en marche, longeant les rambardes, vers le château des logements. Le capitaine les reçut dans sa cabine. C'était un vieillard bourru et barbu, dont les petits yeux bleus scintillaient comme des élytres. Il paraissait excédé par les événements insolites qui dérangeaient le cours de son existence. La visite des voyageurs lui était visiblement désagréable.

— Je n'en sais pas plus que vous, dit-il nerveusement. L'affaire se discute en ce moment. Et ce n'est pas moi et le second du bord qui pouvons nous opposer à cette bande d'énergumènes. S'ils décident de mettre bas les feux, ou de changer de direction, je n'aurai qu'à m'incliner. Bien sûr, je protesterai pour la forme. Alors, on m'enfermera dans ma cabine, avec le second. Et le tour sera joué. Vous comprenez? Je pensais bien que l'équipage n'était pas fameux. Mais tout de même! ...Ah! les salauds!... Me faire ça!...

Il tournait son alliance autour de son doigt.

— Qui est le président de leur comité? demanda Michel.

— Un dénommé Vaganenko. Un chauffeur.

— Je voudrais le voir. Faites-le monter.

— Eh! comme vous y allez! dit le capitaine en regardant Michel avec sévérité. Je ne veux pas d'histoires!

— Comment, pas d'histoires? s'écria Michel. Vous avez deux mille réfugiés à bord. Vos matelots menacent de les refouler vers Sébastopol, où les malheureux tomberont aux mains des bolcheviks. Et, pour préserver votre tranquillité personnelle, vous osez nous interdire de nous défendre? Mais savez-vous, monsieur le capitaine, que votre attitude est d'une inconséquence qui frise la lâcheté? Si vous ne convoquez pas immédiatement les meneurs, nous descendrons à la chaufferie, aux machines, partout où ils se trouvent...

La figure du capitaine se crispa dans une grimace de colère apoplectique.

— Je suis le seul maître à bord! hurla-t-il d'une voix enrouée. Je n'ai pas d'ordres à recevoir de vous...

Les lèvres de Michel devinrent pâles et se mirent à trembler. Une lueur de haine se planta dans ses yeux. Il dit :

— Puisque vous n'êtes plus capable de commander votre équipage, vous n'avez qu'à le laisser commander par nous. Nous sommes armés, monsieur le capitaine. Ne l'oubliez pas.

Le capitaine écarquilla ses grosses paupières sèches, souffla une injure et s'écroula dans son fauteuil en gémissant :

— Oh! je sais bien que vous avez raison!

— Appelez Vaganenko et ses acolytes, reprit Michel.

Sans répondre, le capitaine décrocha un ciré et sortit sur la passerelle. Lorsqu'il revint, sa figure, écarlate et cubique, exprimait la consternation.

— C'est bien ce que je pensais, dit-il. Il refuse de monter. Il déclare que les bourgeois n'ont qu'à descendre à la chaufferie s'ils ont des propositions à lui faire.

— Eh bien, dit Michel, conduisez-nous.

— Que j'aille avec vous? balbutia le capitaine.

Les compagnons de Michel, ranimés par sa décision, s'étaient groupés autour de lui et parlaient tous à la fois :

— Mais oui...

— C'est la moindre des choses...

— Vous n'avez pas le droit de vous désister...

Le capitaine tripotait son alliance et fronçait les sourcils d'un air mécontent. Au mur de la cabine, était épinglée la photographie d'une femme. Il la regarda, comme pour lui demander conseil, lâcha un soupir et grommela :

— Vous l'aurez voulu.

On ne savait pas s'il s'adressait aux passagers ou à la photographie. En file indienne, les six hommes quittèrent la cabine et s'engagèrent dans une coursive étroite et humide. Un escalier en fer noir piquait du nez vers le fond du navire. Michel le descendit avec précaution, car les secousses de la houle risquaient de projeter, d'une seconde à l'autre, son épaule blessée contre la paroi. Le capitaine poussa une porte de fer, puissamment boulonnée, et un vacarme de cataracte engourdit les oreilles des arrivants. Les machines étaient accroupies là, captives d'un réseau de tuyauterie tubulaire. Des sonneries grêles tintaient. La vapeur suintait hors des joints. Vers l'arrière, Michel aperçut le début de l'arbre de couche, brillant et argenté, et d'énormes bras mécaniques qui plongeaient et remontaient sans heurt, avec un bruit glissant. Le plancher vibrait d'une pulsation spasmodique. L'air sentait l'huile brûlée et la graisse. Quelques mécaniciens s'agitaient autour des volants, des pistons en mouvement. Ils ne levèrent même pas les yeux sur les visiteurs. Le capitaine s'approcha du chef mécanicien, lui parla à l'oreille, et tous deux se dirigèrent vers une porte basse qui donnait sur la chaufferie. Les passagers leur emboîtèrent le pas.

Dès le seuil, la lueur du foyer ouvert éblouit Michel. Des hommes à demi nus gesticulaient devant l'écran des flammes. Un chauffeur plongea son crochet dans la braise qui siffla et jeta des étincelles. Puis, il lança plusieurs pelletées de charbon dans le fourneau rugissant, referma la porte d'un coup de ringard, laissa tomber son outil sur le sol et s'épongea le front avec l'extrémité du foulard qui lui serrait le cou.

— Vaganenko! cria le capitaine. Voici les messieurs qui désirent te parler.

L'homme cracha par terre et s'avança vers les passagers en se dandinant d'une manière menaçante. Trois de ses camarades se joignirent à lui. Un autre demeura en faction devant la chaudière.

— Que voulez-vous? demanda Vaganenko d'une voix rapeuse.

Son torse large et velu était couturé de cicatrices. Un lacis de tatouages bleus habillait ses bras aux muscles bombés. Des manchons de cuir enfermaient ses poignets robustes. Michel regarda durement ce masque souillé de poussière noire, où les yeux paraissaient pâles et globuleux comme ceux d'un aveugle. Vaganenko haletait. Les pointes de ses seins se levaient et s'abaissaient par saccades.

— Tu le sais bien, ce que nous voulons, dit Michel. Nous avons appris que tu te préparais à soulever l'équipage pour dérouter le bateau et nous conduire tous à Sébastopol.

— Et après ? C'est notre affaire, dit Vaganenko. Il ne nous plaît pas de travailler comme des esclaves dans la chaufferie et aux machines pour que des bourgeois puissent échapper au sort qu'ils méritent.

— En signant votre engagement, vous avez fait le serment d'obéir au capitaine, quels que soient ses ordres.

— Il n'y a plus d'engagement et plus de capitaine. Le prolétariat est seul juge de ses intérêts.

— Vous allez donc mettre votre menace à exécution ?

Vaganenko se tourna vers ses camarades :

— Eh, les gars ! De quoi se mêle-t-il ce cadet puant ? Si nous lui réglions son compte pour lui apprendre la politesse.

— Oui !... Oui !... A la chaudière, les cadets ! glapirent des voix discordantes.

Le capitaine, livide, la barbe frémissante, toucha du doigt l'épaule de Michel et bredouilla :

— Allez-vous-en !... C'est absurde !...

Mais Michel avait tiré son browning de la poche et, le tenant de la main gauche, visait Vaganenko au milieu du front.

— Un pas, et je te brûle la cervelle, dit-il précipitamment. Écoutez donc, imbéciles ! Je suis le délégué des passagers. Nous sommes tous armés et résolus à vendre chèrement notre peau. Peut-être, finalement, prendrez-vous le dessus. Mais combien d'entre vous auront payé de leur vie le plaisir de jouer un vilain tour aux bourgeois ? C'est un mauvais calcul. Ma première balle sera pour toi, Vaganenko. Tu le sais. En revanche, si vous vous soumettez aux ordres du capitaine, les passagers s'engagent à se cotiser pour vous offrir une prime importante que vous toucherez dès l'arrivée du bateau à Novorossiisk. Est-ce juste ?

— Nous ne voulons pas travailler pour des vampires capitalistes ! dit Vaganenko.

Les autres chauffeurs s'étaient serrés autour de lui. Torses nus, cravatés de foulards sales, armés de pelles et de ringards, ils gueulaient :

— C'est bien notre tour de goûter aux « seize plaisirs » de la vie !

— Nous ne reconnaissons qu'une aristocratie : celle de la sueur.

— Vous avez bu notre sang par petits verres, nous boirons le vôtre à pleins seaux !

La lumière électrique coulait en cascade sur leurs corps bosselés. Leurs yeux, cernés d'une marge pâle, rayonnaient comme par les trous d'un masque de carton. Leurs lèvres négroïdes entouraient des dents d'une extrême blancheur. Ils semblaient prêts à bondir sur le groupe des passagers. Mais les compagnons de Michel ayant, à son exemple, tiré des revolvers de leur poche, les chauffeurs demeuraient sur place et ne faisaient que grimacer et crier.

— Eh bien ? gronda Michel, allons-nous rester longtemps les uns en face des autres, vous avec vos pelles, nous avec nos revolvers ? Pour ma part, j'ai une grande patience. Mais je trouve ce jeu ridicule. En acceptant ma proposition, vous êtes assurés de gagner une belle somme. En la refusant, vous allez au-devant d'un très grave danger. Pourquoi ne votez-vous pas ?

La porte basse s'ouvrit. Quelques mécaniciens pénétrèrent dans la chaufferie. Michel répéta son offre à l'intention des nouveaux venus. Les hommes gardaient le silence. On entendait le heurt des vagues contre la coque. Le bateau claquait des mâchoires. Au fond de la chambre, un chauffeur enfournait des pelletées de charbon dans le foyer radieux. La chaleur devenait intenable. Tous ruisselaient de sueur. De temps en temps, un souffle glacé, provenant des manches à air, saisissait le dos de Michel. Sous l'effet du tangage, les tas de charbon et de cendres s'éboulaient, changeaient de forme. Michel, en déplaçant ses pieds, glissa sur une escarbille et faillit perdre l'équilibre.

— Eh bien? dit le chef mécanicien. Le voyageur vous a posé une question. Répondez.

Et il se dirigea vers la chaudière pour surveiller le niveau de l'eau. Quelqu'un cria sans entrain :

— Mort aux profiteurs! Mon père n'a jamais possédé d'autres bêtes que les poux.

— Le mien, dit un autre, ne s'est servi de savon qu'une fois dans sa vie : avant de mourir!

— Et, pendant ce temps-là, ces messieurs bouffaient du caviar et se mettaient du parfum sur la tête! aboya Vaganenko.

Michel haussa les épaules. Des fragments de suie craquaient sous ses dents. Le capitaine évitait de regarder son équipage et tournait son alliance autour de son doigt, d'un air embarrassé. Un graisseur dressa la tête et dit enfin :

— Le voyageur a raison. On devrait mettre sa proposition aux voix. C'est la règle.

— Non! hurla Vaganenko. Pas de compromis avec les bourgeois! Ces traîtres ont servi les volontés du tsar contre le peuple. Nous avons liquidé le tsar! Nous liquiderons ses valets!

Mais Michel écoutait à peine ces paroles forcenées. Ses yeux ne quittaient plus la poitrine tatouée de Vaganenko, sur laquelle une inscription était tatouée, d'un sein à l'autre, suivant le tracé sinueux d'un ruban.

— Eh! camarade, dit-il enfin, si tu es un tel ennemi du tsar et de ses serviteurs, comment expliques-tu le tatouage que voici. Je lis, malgré les poils qui cachent un peu le libellé : « Pour Dieu, le tsar et la patrie... »

Un éclat de rire déchira le groupe des chauffeurs :

— C'est vrai!...

— On l'avait oublié!...

— Il a aussi une croix de Saint-Georges tatouée sur chaque cuisse!...

Les prunelles de Vaganenko étincelaient comme celles d'un chacal. Il avait rentré le cou dans les épaules. Il serrait ses poings massifs, mais ne disait mot.

— Et cet homme, tout couvert d'insignes impériaux, prétend aujourd'hui exprimer les vœux du prolétariat, reprit Michel. Vraiment, camarades matelots, vous placez mal votre confiance...

— Eh bien, quoi? grommela Vaganenko, j'ai changé d'avis. Ça arrive...

Mais son insolence était tombée d'un seul coup. Autour de lui, retentissaient des sifflets et des plaisanteries :

— Montre voir ton cul, Vaganenko. Peut-être bien qu'on y trouvera l'étoile à cinq branches?

— Ou l'aigle bicéphale?

— Oh! Vaganenko, ce que c'est que d'être un sujet fidèle!

L'atmosphère s'était subitement détendue. Les chauffeurs avaient baissé leurs pelles et leurs ringards. Leurs figures n'étaient plus redoutables, mais humaines, conciliantes. Le capitaine se crut autorisé à pousser un petit rire aimable qu'il étouffa aussitôt derrière son poing :

— Sacré Vaganenko!

Michel s'étonnait encore de la rapidité avec laquelle la situation avait tourné à son avantage. Il lui sembla qu'une brusque amitié venait de s'établir entre lui et le groupe noir des chauffeurs. Très ostensiblement, il glissa son pistolet dans sa poche. Ses compagnons l'imitèrent. Vaganenko marcha vers le fourneau, en roulant des hanches. Ses camarades s'écartaient de lui, comme d'un pestiféré.

— Quel est ton nom? demanda Michel en s'adressant au graisseur.

— Jivakhine.

— Veux-tu te charger de soumettre ma proposition à tout l'équipage? Je maintiens mes conditions. J'attendrai ta réponse chez le capitaine.

— Oui, oui, que Jivakhine s'en charge! crièrent quelques voix.

— On n'est pas des loups, tout de même!...

— On comprend les choses!...

— C'est cette canaille de Vaganenko qui nous a mis la tête à l'envers!...

— Je vous crois, camarades matelots, dit Michel. Ayez confiance en nous, comme nous avons confiance en vous. Nous ne le regretterons ni les uns ni les autres.

Et il quitta la chaufferie, suivi du capitaine qui marmonnait :

— Dieu soit loué! Vous avez été d'une imprudence!..

Dans la coursive, Michel dut s'appuyer au mur. Après cette tension de l'esprit et du corps, il éprouvait une faiblesse malsaine. La sueur coulait sur son visage. Son cœur battait irrégulièrement. Des fourmis dévoraient son bras, ankylosé par l'appareil métallique.

— Il ne nous reste plus qu'à attendre, dit-il. Mais j'ai bon espoir.

Une demi-heure plus tard, Jivakhine entrait dans la cabine du capitaine pour annoncer que l'équipage acceptait l'offre des réfugiés, à condition que la prime fût de cent mille roubles. Michel promit que ce chiffre serait respecté. Ensuite, il se rendit avec ses compagnons auprès des voyageurs parqués dans les cales pour leur exposer les faits et solliciter leur concours.

La houle s'était apaisée. Trois lampes-tempête se balançaient doucement au-dessus d'un panorama cabossé de têtes et de balluchons. Ce plancton indistinct paraissait soutenu à la surface de l'ombre par des cils vibratiles, des bulles de gaz et des membranes de vêtements. Michel et ses aides se dispersèrent et grimpèrent sur des caisses pour haranguer la cohue. Ils avaient calculé que la contribution devait être de cinquante roubles par passager. Contrairement à leur attente, quelques personnes protestèrent, parlèrent d'abus de confiance et refusèrent de payer.

— Qui vous a chargés de défendre nos intérêts? criait le conseiller privé actuel. Ce n'est pas une question d'argent, mais de principe!

— Il aurait peut être mieux valu laisser faire le capitaine! reprenait un autre.

Une femme à la face hystérique, blafarde, piaula en serrant ses poings sur sa poitrine :

— Par notre faiblesse, nous encourageons les matelots à augmenter leurs exigences! Ils vont nous rançonner!

— J'aurais voulu vous voir à notre place! hurla Michel. Sans nous, vous vous seriez retrouvés demain à Sébastopol.

Il était révolté par l'incompréhension et l'égoïsme de ses semblables.

— S'il en est ainsi, dit-il encore, je vais annoncer à l'équipage que nous revenons sur notre décision.

Le tumulte se tut comme par enchantement. Des listes circulèrent. Des billets froissés tombèrent dans la casquette des quêteurs. Ayant amassé vaille que vaille la somme nécessaire, Michel la porta séance tenante au capitaine, qui l'enferma dans sa cassette. Puis, il retourna auprès de Tania.

Elle était tellement affaiblie par le mal de mer que les événements du monde extérieur n'empiétaient pas sur son indifférence. Très vaguement encore, elle comprenait que les réfugiés avaient couru un réel danger, que son mari leur avait parlé du haut d'une caisse, et que tout était sauvé grâce à lui. Le profil sec de Michel se découpait sur un bric-à-brac de visages étrangers. La clarté oscillante de la lampe-tempête jetait par instants une flamme d'or jaune sur son front et dans ses yeux. A quoi pensait-il? A elle? Aux enfants? Elle se sentit heureuse et ferma les paupières. Serge et Boris dormaient, serrés dans les bras l'un de l'autre. La nounou, assise par terre, comptait l'argent qu'elle avait gagné en prêtant sa cuvette aux malades. Mlle Fromont respirait son flacon de sels, avec des « han! » de gymnaste. Marie Ossipovna mâchait un œuf dur.

— Tu ne veux pas un œuf? demanda-t-elle à son fils.

— Si, dit Michel. Maintenant, j'ai faim.

Ayant mangé, il remonta sur le pont. La mer était lisse, favorable, clapotante. Le bateau taillait sa route à travers la nuit. Au mât se dandinait un fanal blanc, dont le rayonnement mourait dans la brume. Une lumière brillait, vers l'avant, dans la chambre de veille. Les machines tournaient avec un halètement méthodique. De la proue du navire, naissait un sillage triangulaire et phosphorescent. Michel se pencha sur le bastingage et regarda ce foisonnement d'écume verdâtre sur le fond noir et lustré de l'eau. Une paix immense descendait de ses yeux à son cœur. Il se demanda s'il ne préférait pas les gars rudes de la chaufferie aux bourgeois perclus de la cale. « Ils sont plus vrais, plus vivants, songea-t-il. J'aime tout ce qui est vivant. J'aime la vie. » Un vent léger poussa un paquet d'embruns vers son visage qui ardait de fièvre. Il ouvrit la bouche. Il but avidement le salut de l'espace. Quelqu'un lui toucha l'épaule. Il se retourna. C'était Tania. Elle tenait à peine sur ses jambes.

— J'ai vu que tu étais parti, dit-elle. J'ai eu peur. Je suis montée.

Elle s'appuyait mollement contre son épaule valide.

— Je ne suis plus rien sans toi, reprit-elle.

Sa figure très pâle semblait faite avec les couleurs lactescentes et bleutées de la nuit. Dans ses prunelles brillaient deux étoiles rougeâtres. La cloche du quart tinta et Tania frémit, renversa la tête. Michel lui jeta un regard surpris.

— Ce n'est rien. Un frisson, murmura-t-elle en lui serrant la main.

Ils demeurèrent longtemps côte à côte, à contempler

l'ombre mouvante, à respirer le parfum pur et déchirant de la mer.

Le lendemain soir, sans autres incidents, le cargo entrait en rade de Novorossiisk. L'équipage reçut la prime promise par les voyageurs, et les manœuvres d'accostage commencèrent. Tous les passagers étaient montés sur le pont. Du quai, proche déjà, un homme criait dans un porte-voix :

— Quelle cargaison ?

— Réfugiés ! hurla le capitaine en se penchant hors de la passerelle.

— Combien ?

— Deux mille.

L'autre leva les bras au ciel dans un geste désespéré. Depuis plusieurs semaines, l'afflux des réfugiés de Crimée avait submergé la ville. Tous les hôtels, toutes les maisons particulières, tous les hangars étaient bondés à se rompre. Les paysans des environs vendaient très cher des places dans leurs granges et sur leurs meules de foin. Des pêcheurs de la côte louaient au plus offrant les cabanes où ils conservaient leurs filets et leurs barques. Ce fut dans une de ces cabanes que Michel installa sa famille, faute d'avoir trouvé un logement plus convenable.

La mer était proche. Le vent secouait la bicoque en planches disjointes, harnachée de nasses aux larges mailles, de flotteurs et d'hameçons, avec le canot posé au centre, sur des cales, et les rames dressées en faisceaux dans les coins. Tania, Marie Ossipovna et les enfants dormaient dans l'embarcation débarrassée de ses banquettes. Michel, la gouvernante et la nounou couchaient par terre, sur des litières de paille et de plaids. Leur campement dura trois jours, après quoi ils purent emménager dans un hôtel pouilleux de Novorossiisk. Mais il fallut attendre une semaine encore pour obtenir des billets de chemin de fer à destination de Kislovodsk.

A l'heure du départ, lorsque les enfants débouchèrent sur le quai de la gare, un même cri jaillit de leurs lèvres :

— De vrais wagons!

Le train était composé de wagons pour passagers, avec fenêtres limpides, sièges moelleux et appuis-têtes fraîchement blanchis.

— Es-tu sûr que ce soit pour nous, papa ? demanda Serge, les yeux écarquillés d'extase.

— Mais pourquoi pas, mon petit ? murmura Michel.

Et il se sentit ridiculement ému.

X

Peu de temps après l'installation des bolcheviks en Crimée, le professeur Istambouloff avait été nommé commissaire adjoint de l'Instruction publique, à Théodosie. Ses nouvelles fonctions le retenaient très tard au bureau, et Malinoff demeurait seul, des journées entières, vaquant aux soins du ménage et réfléchissant au passé. Parfois, son ami lui offrait de l'accompagner en ville. Mais la ville était plus triste encore que la campagne. Des ouvriers se vautraient dans l'herbe du square. Le long de la plage, gisaient des cadavres de chiens. Personne ne se préoccupait d'enlever les ordures, et une puanteur atroce soufflait par les portes béantes des maisons. Sur les murs, des placards menaçants à l'adresse de la bourgeoisie alternaient avec des affiches de spectacles et de bals. Les miliciens rouges arrêtaient beaucoup de monde, expulsaient des familles entières pour se loger à leur place et imposaient des contributions que les bourgeois étaient incapables de payer, puisque leurs avoirs étaient bloqués dans les banques. À tous ces signes, Malinoff reconnaissait que la Crimée traversait la même crise de misère, d'incohérence et de veulerie que Moscou quelques mois plus tôt. Lorsqu'il faisait part de ses remarques à Istambouloff, celui-ci répondait :

— Un pareil changement de régime ne peut s'opérer sans flottement. Mais cette anarchie est temporaire. Peu à peu, nous mettrons de l'ordre.

Un soir, tandis que Malinoff se trouvait seul à la villa, un groupe de soldats se présenta pour perquisitionner dans les locaux.

— Mais voyons, citoyens, dit Malinoff en leur barrant le passage de la porte, cette maison appartient à un bolchevik, le professeur Istambouloff, commissaire adjoint de l'Instruction publique. Vous n'avez pas le droit...

— On les connaît ces commissaires! dit l'un des gars avec irritation. A vous entendre, vous seriez tous commissaires. Ouste, ôte-toi de là! Nous avons ordre de rechercher des armes, des munitions, des longues-vues, et des bicyclettes...

— Nous ne possédons rien de tout cela.

— C'est ce qu'on va voir.

Les soldats fouillèrent la maison de fond en comble, éventrèrent un matelas, déclouèrent quelques lames de parquet et se retirèrent après avoir confisqué deux bouteilles de vin bulgare, les chaussures vernies du professeur et une petite somme d'argent qui était dissimulée sous des piles de papiers dans le tiroir de la commode. Malinoff les accompagna jusqu'à la terrasse et les vit se diriger en riant vers la villa voisine.

A son retour, Istambouloff entra dans une violente colère et accusa Malinoff de n'avoir pas su protéger l'inviolabilité de son domicile. Il voulut même repartir immédiatement pour Théodosie, afin d'alerter le Comité révolutionnaire.

— De quoi te plains-tu? dit Malinoff. Piavkine t'avait prévenu. Le bolchevisme, c'est piller les villas.

— Je comprends qu'on prenne le superflu aux bourgeois. Mais je ne comprends pas qu'on s'attaque à la demeure d'un commissaire qui a toujours vécu dans l'indigence et l'honnêteté! s'écria Istambouloff.

— Le juste et le coupable périront, dit Malinoff en levant un doigt.

Ce soir-là, les deux amis ne jouèrent pas aux échecs. Istambouloff se promenait vigoureusement dans la pièce et grognait des injures dans sa moustache hirsute. Son regard terrible foudroyait tour à tour la fenêtre, la porte, la table et la figure de Malinoff. Il avait déboutonné le devant de son pantalon pour respirer plus à l'aise. Ses bretelles descendues lui battaient le derrière à chaque pas. Subitement, il s'arrêta et donna un coup de pied à la chaise.

— Il faut être cruel, dit-il.

— Avec qui ?

— Avec ceux qui dénaturent la révolution. Je porterai plainte dès demain. Je menacerai le « Revkom » de ma démission si on ne découvre pas les coupables.

Quelques jours plus tard, effectivement, les coupables furent découverts. Ils avaient agi sans mandat. Sur l'ordre du Comité révolutionnaire, le chef de la petite bande fut aussitôt fusillé et ses complices subirent le supplice des verges avant d'être expédiés sur le front. Par souci de rigueur morale, Istambouloff avait résolu d'assister à l'exécution. Lorsqu'il revint à la villa, son visage, suiffeux et bouffi, exprimait le dégoût, la fatigue.

— Eh bien, dit Malinoff. Es-tu satisfait ?

— Il le fallait, dit le professeur.

— On les a fouettés ?

— Oui.

— Devant toi ?

— Oui.

— Et tu n'as pas éprouvé de honte ?.

Istambouloff souleva ses larges épaules rondes comme pour les décharger d'un fardeau.

— Si, dit-il. Mais la honte passera. Nous ne ferons rien de bien tant que nous aurons honte.

Le lendemain, en l'absence du professeur, le facteur, armé d'un lourd fusil et coiffé d'une casquette à cocarde rouge, apporta à Malinoff l'ordre de se présenter immédiatement au Comité révolutionnaire.

— Pour quoi faire? demanda Malinoff.

— Je ne sais pas, dit le facteur. J'ai distribué le même papier à tous les bourgeois. Ceux qui ne se présenteront pas seront fusillés.

Malinoff ne craignait pas d'être fusillé. Depuis quelques mois, il avait l'impression de n'exister que par erreur. Il y avait longtemps qu'il aurait dû être mort. Dieu l'ayant oublié par mégarde, il n'était plus chez lui dans le monde des hommes. Suivant les injonctions du facteur, il se rendit à la mairie du hameau où s'étaient réunis les habitants des villas. Quelques soldats en armes gardaient un ramassis de messieurs, mal vêtus, décolorés et grelottants de frousse. Dans le tas, se trouvaient deux malades sur des civières et un prêtre. Le soleil brillait dans une vapeur de cuivre, derrière les montagnes. A cinq heures du soir, un secrétaire fit l'appel d'après une liste dactylographiée et ordonna de charger les prisonniers sur des chariots.

Durant tout le trajet du hameau jusqu'à la ville, Malinoff admira les nuances changeantes du ciel. Du haut de la colline que gravissaient les voitures, on voyait la baie bleue, dentelée, brumeuse, les vignes vertes et rousses, les villas blanches, serrées l'une contre l'autre comme de petites tombes. Le vent tiède apportait un parfum de feuillages secs et de poussière. Des nuées de moustiques bourdonnaient autour des chevaux. Les hommes, collés coude à coude, parlaient de leur sort avec une passion inexplicable :

— Croyez-vous qu'ils nous mettront en prison?

— Mais non, c'est pour travailler dans une carrière.

— Et après, nous pourrons rentrer?

— Moi, je vous dis qu'ils nous fusilleront sans jugement. C'est le début de la terreur. Voilà...

Malinoff sourit. Il venait de comprendre que, pour aimer *la* vie, il fallait surtout ne pas aimer *sa* vie. Même s'il était condamné à mourir dans quelques jours, dans quelques heures, ce bref délai valait une existence entière, à condition d'être bien employé. Il suffisait d'ouvrir les yeux et d'oublier son nom, pour que l'univers, qui paraissait banal, devînt miraculeux dans ses moindres parties. Une beauté inconnue, surprenante, rayonnait de toute chose et de toute personne. Mais Dieu n'accordait ces dons qu'aux créatures indifférentes à leur propre destin. Plus l'homme s'acharnait à défendre ses biens, sa santé, sa carrière, son amour, et moins il avait le temps pour goûter le simple délice d'être. C'était en acceptant de tout abandonner qu'il accédait aux véritables richesses. C'était en se niant qu'il s'affirmait. C'était en se réduisant à zéro qu'il se découvrait innombrable. Malinoff eut envie d'inscrire ses pensées, tellement elles lui semblaient justes. Mais il n'avait emporté ni crayon ni papier. Il en demanda à son voisin. L'autre le considéra d'un œil égaré et dit :

— C'est pour écrire vos dernières volontés ?

Il était très tard lorsque les chariots arrivèrent en ville. Les flèches blanches des minarets et les bulbes dorés des églises baignaient dans un crépuscule vineux. Les premières étoiles se piquaient dans le ciel. Aux fenêtres des édifices administratifs, les drapeaux rouges paraissaient noirs. Les charrettes s'arrêtèrent une à une devant la grille d'un hôtel particulier. Des sentinelles repoussaient une foule de femmes, qui se pressaient devant la porte :

— Laissez-moi remettre ce pardessus à mon mari. Il se trouve chez vous depuis deux jours. Il est parti en veston.

— Et ma crosse sur la gueule, hurlait un soldat, ça te plairait, commère ?

— J'ai apporté des provisions...

— Pas de douceurs pour les ennemis du peuple ! Circulez...

Les prisonniers furent conduits dans les caves du bâtiment. Là, un matelot leur annonça qu'ils allaient être employés à des travaux de tranchées.

— Et après ? demanda quelqu'un.
— Après, on vous ramènera ici.
— Pour quoi faire ?
— On ne sait pas.
Et il sortit en claquant la porte.

Il n'y avait pas de paillasse dans la cave. L'eau suintait le long du mur. Par un soupirail, entrait la lumière douce de la nuit. Malinoff s'étendit sur la terre battue, ferma les yeux, et essaya de se rappeler la couleur d'un nuage, au-dessus de la mer bleue, et le bruit que faisaient les essieux du chariot. Il y avait entre cette couleur et ce bruit un rapport merveilleux et indéfinissable.

Deux jours plus tard, sur l'intervention du professeur, Malinoff fut tiré de la cave et interrogé par un commissaire bienveillant. Ayant noté avec satisfaction que Malinoff n'avait appartenu à aucune organisation volontaire durant son séjour en Crimée, le commissaire lui fit signer sa déclaration et le libéra avec des excuses. Comme Malinoff sortait dans la cour, il vit les prisonniers qui se préparaient à partir pour les tranchées. Un général à barbe blanche, en forme de fer à cheval, portait une pelle sur l'épaule. Deux prêtres étaient armés de pioches. Un jeune Karaïm, habillé avec élégance, tenait les montants d'une brouette. Les autres, tête basse, les bras ballants, marquaient le pas, tandis qu'un matelot se promenait devant eux en vociférant :

— Gauche, droite! Chiens galeux! vermines tsaristes! Gauche, droite! Je vous ferai baver du sang!

Le professeur attendait Malinoff à la grille, dans une auto conduite par un soldat.

— C'est grâce à toi qu'on m'a relâché, n'est-ce pas ? demanda Malinoff en s'asseyant à côté de son ami.

— Oui.
— Et les autres ?
— Quoi ?

— On ne les libérera pas ?

— Plus tard.

— Il y a un vieillard qui est mort cette nuit dans la cave.

Istambouloff ne répondit rien.

— Si seulement tout cela servait à quelque chose ! poursuivit Malinoff. Mais il s'agit de simples brimades. Ces malheureux, qui n'ont jamais manié la pelle, seront incapables de creuser des tranchées. Alors, on les battra, on les fera périr sous les coups. Ou bien, on leur imposera de nouvelles contributions qu'ils ne pourront pas payer, et on les transférera à la Tchéka comme ennemis du régime. Ce n'est pas bien.

— Non, ce n'est pas bien, dit Istambouloff. Mais que faire ? Il faut que la crise s'achève d'elle-même. Il faut que le torrent déchaîné trouve enfin ses rivages. L'essentiel est de survivre.

— L'essentiel est de vivre, dit Malinoff.

Et un sourire, à la fois candide et douloureux, flotta sur ses lèvres sales.

— Tu sais, reprit-il avec animation, l'un des prisonniers avait apporté dans sa poche une petite tortue.

— Eh bien ?

— Rien..., rien d'autre... Elle était jolie...

Il ne dit plus un mot jusqu'au moment où le village fut en vue. Alors, il demanda à Istambouloff de lui procurer un cahier de papier quadrillé.

— Il y en a dans le tiroir de la commode, dit Istambouloff. Tu n'as qu'à te servir.

— Merci, dit Malinoff.

— Tu veux écrire ?

Les yeux de Malinoff brillèrent d'un feu jeune et rapide.

— Oui, murmura-t-il avec humilité. Je ne sais pas ce que c'est... Mais, de nouveau, j'ai envie... Je commencerai demain...

— Un roman ?

— Un poème.

— Sur la révolution ?

— Non. Sur... sur la tortue...

Istambouloff se mit à rire et Malinoff s'offensa:

— Tu ne peux pas comprendre... C'est très important...

Le soir même, il inscrivit quelques notes dans son cahier. Et, les jours suivants, il négligea tout à fait le ménage pour se consacrer à son œuvre. Il travaillait avec passion, avec allégresse. Le poème prenait des proportions gigantesques dans son esprit. L'idée générale en était fort riche. Les chéloniens bénéficiant d'une longévité surprenante, il s'agissait d'évoquer l'évolution du monde, pendant près de deux siècles, selon la mentalité d'une simple tortue. Pour cette tortue symbolique, au premier plan venaient les changements de saisons, les insectes comestibles, les herbes, les grains de sable. Le ciel n'existait que par son reflet dans une flaque. Une feuille de salade suffisait parfois à cacher l'horizon. Cependant, derrière ces réalités familières, s'agitaient des géants à deux pattes, dont le comportement ne signifiait rien. Cachée dans l'herbe, la tortue les voyait faire l'amour, se donner des gifles, chanter et labourer les champs. Soudain, ils brandissaient des bâtons qui éclataient avec fracas et projetaient des flammes. Ou bien, ils s'en allaient sur les routes, en hurlant, parce que l'un des leurs était mort. Les guerres, les révolutions, les découvertes scientifiques, les épidémies, les réjouissances populaires étaient suggérées, de la sorte, par les commentaires de la tortue. Cette vue d'ensemble, prise à ras du sol, déplaçait les perspectives originelles. L'humanité se trouvait reléguée à un rang secondaire. Tout l'art de Malinoff consistait à convaincre ses futurs lecteurs qu'ils étaient moins intéressants que la tortue. Finalement, la tortue échouait dans la poche d'un condamné à mort. Et le poème s'achevait sur les réflexions parallèles de la bête et du prisonnier.

Vers le début du mois de juin, un événement capital

vint interrompre le travail de Malinoff. En réfléchissant à son sujet, il se souvint de la légende d'Eschyle et se demanda si elle ne pourrait pas servir de base à un développement supplémentaire. Selon la fable, un oracle ayant prédit à Eschyle qu'il mourrait écrasé, l'écrivain s'était retiré aux champs. Un aigle, qui avait enlevé une tortue, passa au-dessus de lui, lâcha sa proie, et la tortue, en tombant, fracassa le crâne d'Eschyle. Pourquoi ne pas imaginer que la tortue de Malinoff était la tortue d'Eschyle ?

Malinoff, excité par sa découverte, ne put dormir de la nuit. Il tournait et retournait dans son esprit les avantages et les inconvénients de cette nouvelle conception du poème. Il avait oublié la révolution, la guerre civile et jusqu'à la mort d'Eugénie. Un enthousiasme enfantin l'isolait au centre du chaos. Le lendemain matin, à l'heure du petit déjeuner, il exposa son projet à Istambouloff et lui demanda de le conseiller. Mais Istambouloff l'écouta distraitement, tortilla ses moustaches et finit par lui dire qu'il avait trop de soucis pour s'intéresser à la littérature. Comme Malinoff prenait une mine indignée, le professeur éclata :

— Quoi ? Tu es fou ? Les blancs approchent, et toi, tu viens avec ta tortue !...

— Les blancs approchent ? demanda Malinoff d'un air vague.

— Il n'y a que toi pour ne pas le savoir, dit Istambouloff.

Et il sortit de la maison en grognant comme un ours. Demeuré seul, Malinoff tenta de se passionner pour les nouvelles de la guerre civile. Le journal, *Le Prolétaire rouge*, traînait sur la table. Il l'ouvrit, parcourut quelques titres. Dénikine occupait le bassin du Donetz et se préparait à marcher sur Moscou. On redoutait un débarquement de troupes volontaires en Crimée.

« Oui, oui... Quelle affaire ! » marmonnait Malinoff en hochant la tête.

Puis, subitement, il lui sembla qu'il perdait son temps à tripoter cette gazette aux caractères gras. Il était comme un avare au seuil de sa cachette. La promesse d'un plaisir secret, incommunicable et légèrement honteux lui poussait le sang au visage. Lui seul possédait le secret du bonheur :

« La tortue, la tortue... »

Avec de petits sourires impatients, il rangea les tasses, posa l'encrier et la plume sur la table, ouvrit le cahier et relut les vers qu'il avait écrits la veille. Le doute n'était plus possible. Il était tout simplement en train de composer un chef-d'œuvre. Une gaieté fébrile battait dans son cœur. Il s'appliqua une claque sur la joue et cria :

« Bravo, Malinoff ! »

A présent, il comprenait avec certitude que la légende d'Eschyle devait s'insérer dans le corps du poème. La tortue, c'était le destin. Eschyle avait cru fuir le destin et le destin était venu à lui. Chacun de nous passait son temps à préparer, sans le savoir, les circonstances de sa propre mort. Chacun de nous aimait et nourrissait la tortue fatale.

Nous ne sommes venus au monde
Que pour nourrir une tortue...

Malinoff nota ces deux vers sur une page blanche et s'arrêta, émerveillé par sa trouvaille. Des gouttes de sueur perlèrent à son front. Il chuchotait :

« Eh bien... par exemple !... Où suis-je allé chercher ça ?... »

Son émotion était telle qu'il n'écrivit rien d'autre de la journée. Mais, dès le lendemain, un regain d'inspiration le penchait, tout pantelant, sur le cahier.

Cependant, les rumeurs alarmantes se précisaient. Les paysans disaient que, de tous côtés, les blancs recevaient des renforts et que les rouges s'apprêtaient à quitter la Crimée, après deux mois d'occupation.

Sur les murs de la mairie apparurent des affiches menaçant de mort les semeurs de panique. La Tchéka multipliait les perquisitions, les arrestations et les exécutions arbitraires. Les rayons bleus des projecteurs balayaient la mer et la montagne pendant toute la nuit. Le facteur racontait que des torpilleurs, chargés de volontaires, approchaient de la côte. Peu à peu, les fonctionnaires bolcheviques pliaient bagage. Istambouloff, hargneux et muet, n'allait plus qu'un jour sur deux à son bureau. Il avait brûlé des tas de papiers dans la cheminée. Malinoff n'osait plus l'entretenir de son poème. Cependant, le soir, après dîner, il en récitait des passages à haute voix, pour son plaisir personnel. En vérité, il espérait toujours que le professeur lui couperait la parole pour s'écrier : « Comme c'est beau! » Mais l'autre n'entendait rien, ne voyait rien, emmuré dans une terreur haineuse. Malinoff souffrait un peu de cette incompréhension. Il la jugeait inique et vexante. Il eût aimé que l'admiration de son ami l'encourageât dans sa besogne. Pourtant, il reconnaissait qu'il ne fallait pas exiger l'impossible d'un homme qui vivait *sa* vie, au lieu de vivre *la* vie.

Un matin, tandis qu'Istambouloff se rasait dans la cuisine, Piavkine, le voisin, arriva, tout essoufflé, en hurlant :

— Ça y est!

— Quoi? demanda Istambouloff en déposant son rasoir.

— La Tchéka déménage après avoir fusillé tous les otages politiques dans la carrière. Si vous aviez vu les bureaux de la mairie! Plus personne! Partout, des papiers brûlés! Je pars ce soir. Et vous?

— Je n'ai aucune raison de partir, dit Istambouloff. Et il continua de se raser.

Ce jour-là Malinoff termina son poème. Et, le soir même, après le dîner, il prit un cahier neuf pour le recopier. Sur la page de garde, il traça d'une écriture épaisse et bouclée : « *La Tortue*, épopée en neuf chants, par Arkady Grigorievitch Malinoff. » Et, en dessous : « A Eugénie, *in memoriam*. »

Une impression de triomphe solennel, d'achèvement miraculeux, dilatait son corps. Il se sentait grand et pur, nécessaire, récompensé, aimé des hommes pour les siècles des siècles. D'une voix volontairement calme, mais qui tremblait un peu, il dit :

— Tu sais... Je l'ai fini... Je le recopie...

Istambouloff ne répondit pas. Son regard opaque exprimait la mort. La chair de son visage pendait. Des miettes de pain noir étaient prises dans sa moustache. Malinoff déplora de ne pouvoir communiquer à personne les motifs de son exaltation. Puis, il songea qu'il serait agréable de faire dactylographier son œuvre sur du beau papier. Peut-être même y aurait-il moyen d'en tirer trois ou quatre copies ? Une joie subite traversa son cœur. Se penchant vers son ami, il demanda :

— Ne pourrais-tu faire dactylographier mon poème par ta secrétaire ?

Istambouloff tourna vers lui ses gros yeux tristes et ternes, et grommela :

— Tu te moques de moi, imbécile ?

— Mais non.

— Tu sais bien que je n'ai plus de bureau, plus de secrétaire.

— Oh ! pardon, dit Malinoff, j'avais oublié.

Un malaise honteux le saisit. Il se jugea fautif parce qu'il était heureux. Il voulut consoler son ami.

— Ne te tourmente pas : les bolcheviks reviendront, dit-il.

Istambouloff haussa les épaules. Malinoff rougit, trempa sa plume dans l'encre et écrivit en s'appliquant à bien former ses lettres : « Chant premier. Présentation de la tortue. »

Un galop lointain ébranla le silence. Des coups de feu retentirent dans la nuit.

— Ce sont les blancs, dit Istambouloff.

De lentes larmes coulaient le long de son nez. Malinoff feignit de n'avoir rien entendu et continua d'écrire.

Les derniers militants communistes s'étaient enfuis en automobile. L'armée rouge, ayant pu éviter l'encerclement, battait en retraite vers le nord. Les habitants du village hésitaient à sortir de chez eux, passé neuf heures du soir. Déjà, çà et là, les cosaques de l'armée blanche pillaient des appartements et tuaient des Juifs. Les propriétaires de villas couraient de ferme en ferme pour récupérer les meubles qu'on leur avait volés. Des délateurs se pressaient au bureau de contre-espionnage. Et, sur la foi des dénonciations, les volontaires emprisonnaient tous ceux qui avaient collaboré avec les bolcheviks.

Un soir, Piavkine vint trouver Malinoff et le professeur, en cachette, leur expliqua qu'il n'avait pas pu s'esquiver à temps, et les supplia de signer un papier certifiant qu'il ne s'était jamais occupé de politique et n'avait fait de mal à personne. Le document portait déjà la signature de nombreux bourgeois, voisins de Piavkine. Istambouloff refusa de se compromettre. Mais Malinoff apposa son paraphe au bas de la feuille.

— Merci, dit l'homme. Vous me sauvez la vie.

Et il promit d'apporter double ration de lait pour le lendemain.

En ville, cependant, des épaulettes d'or scintillaient de nouveau dans les rues, et les dames arboraient des toilettes élégantes qui avaient échappé à toutes les perquisitions. Les terrasses des hôtels bourdonnaient d'une foule heureuse et fleurie. Des nappes blanches attiraient les bouteilles de champagne, les mains pâles et les rires rouge sang. Des couples s'embrassaient dans les buissons de lilas. Les garçons, impeccables et obséquieux, virevoltaient entre les convives. La récolte était bonne. Du matin au soir, les chariots chargés de gerbes de blé passaient en grinçant sur les routes. Les moujiks, noircis par le soleil, tournaient un regard méprisant vers les baigneurs installés sur la plage, crachaient rapidement et grognaient :

— Les voilà encore couchés sur le sable, et presque nus, les fainéants!

Le 12 juillet, des soldats vinrent arrêter Istambouloff à son domicile. Lorsque son ami eut quitté la villa entre deux cosaques du Kouban, aux lourdes gueules de brutes, Malinoff se sentit perdu. Il n'avait aucune relation en ville. Il ne se savait à qui s'adresser pour obtenir la grâce du professeur. En désespoir de cause, il se rendit au bureau de contre-espionnage où un capitaine de cavalerie le reçut debout, derrière son bureau.

— Non, dit le capitaine. Cet individu ne mérite aucune indulgence. Nous pouvons pardonner à un petit instituteur qui a travaillé chez les bolcheviks pour ne pas crever de faim. Mais le professeur Ivan Fédorovitch Istambouloff a été commissaire adjoint de l'Instruction publique. Il doit payer selon son grade.

— Mais... mais c'est un homme charmant..., si doux..., mon ami..., mon seul ami! bégayait Malinoff.

— Je le regrette pour vous, dit le capitaine.

Et il fit signe à Malinoff de sortir.

Le professeur Ivan Fédorovitch Istambouloff fut pendu dans la cour de la prison. Malinoff le pleura toute la nuit et ajouta son nom à la dédicace du poème : « Pour Eugénie et Ivan, *in memoriam.* » L'accouplement de ces êtres si différents sur une même page lui semblait à la fois illogique et indispensable. L'un avait été tué par les rouges, l'autre par les blancs, et tous deux étaient chers à son cœur.

Après quelques jours de réflexion, Malinoff, qui n'avait plus d'argent, se présenta au bureau du nouveau journal, où il obtint facilement une place de rédacteur. Le directeur, qui le connaissait de réputation, lui proposa même de publier en plaquette son dernier poème : *La Tortue*. Cette offre flatta démesurément la vanité de Malinoff. Mais, pour des raisons qu'il ne discernait pas lui-même, il lui parut impossible de l'accepter. Et *La Tortue* demeura inédite.

XI

Dès son installation à Kislovodsk, Tania avait connu le même dépaysement émerveillé et le même sursaut d'espoir que quelques mois plus tôt, en arrivant à Yalta. Une fois de plus, des distances rassurantes s'établissaient entre les fugitifs et leurs ennemis. Les désordres de la Russie se situaient très loin de cette élégante ville d'eaux caucasienne, cernée de montagnes neigeuses et peuplée d'estivants futiles et fortunés. Tous les hôtels, grands ou petits, regorgeaient de clients aux destinées fameuses. Dans les villas proprettes, dans les chalets à clochetons, enfoncés parmi des touffes de verdure, vivaient d'innombrables familles évadées de l'horreur et avides de s'amuser. Placés dans un paradis de plaisance, aux pelouses imprimées, aux cascades fraîches, aux roches célèbres gravées d'inscriptions amoureuses, les réfugiés de Kislovodsk luttaient de leurs dernières forces contre l'obsession du malheur. Leurs journées étaient dédiées exclusivement à des occupations improfitables et pacifiques : verre d'eau gazeuse et revigorante à l'établissement thermal, promenades dans l'allée des peupliers, propos mondains autour du kiosque à musique, excursions en voitures attelées ou à cheval, vers le château de la Ruse et de l'Amour, vers la grande cataracte, vers la montagne de l'Anneau, déjeuners au restaurant, concerts, dîners fastueux en habits et robes du soir.

Sur les jeunes et sur les vieux, l'air vif et les bains de *Narzan* [1] agissaient comme un aphrodisiaque. Les intrigues sentimentales constituaient les sujets de conversation préférés de la colonie. Des messieurs se battaient en duel pour de fuyantes beautés aux regards de déesses. A l'heure du coucher du soleil, de nombreux couples, aux mains liées, aux lèvres meurtries de baisers, se pressaient sur la plate-forme de la montagne de l'Anneau pour voir l'incendie du ciel derrière la masse étincelante de l'Elbrouz. Cette mort de la lumière, dans une apothéose de rayons violets et verts, de diamants concassés et de brumes languides, emplissait les cœurs d'un voluptueux désespoir. Chacun sentait qu'il fallait, le plus rapidement possible, arracher à l'existence toutes les joies qu'elle pouvait offrir, car, bientôt, peut-être, la douceur de vivre ferait défaut. Dans les salles du Kursaal et des cabarets à la mode, des chanteurs, aux faces d'anges déchus, fredonnaient d'une voix veloutée les mélodies de Vértinsky, où il était question d'amours nostalgiques, de départ pour les îles, de tristesses sans cause, de fleurs vénéneuses et de vin amer. Les violons lançaient vers les étoiles leurs plaintes longues et féminines. Des veuves, gonflées de sève, s'inclinaient de profil vers des rêves de bonheur et de sécurité. Des hommes, bouleversés de hâte, convoitaient des chevelures, des bouches et des doigts délectables. Certains se costumaient en Tcherkess, pour mieux séduire les dames sensibles à l'exotisme oriental. Les coiffeurs inventaient des coiffures nouvelles pour des vierges épuisées de désir. Des couturières s'excitaient aux mensonges des étoffes, soulignaient un sein qui demandait à être vu, étranglaient une taille qui se voulait immatérielle, flattaient une hanche qui se désolait de paraître plate. Et, autour de ce petit monde pourri et parfumé,

1. Eau gazeuse de Kislovodsk.

égoïste et oisif, bourdonnaient les rumeurs d'une guerre civile dont il était l'enjeu.

Les nouvelles, d'ailleurs, étaient plutôt réconfortantes. L'armée de Dénikine, complétée par des cosaques et des soldats mobilisés sur place, avançait en direction de Moscou. La Crimée était libérée des bolcheviks. Successivement, Kharkov, Tsaritsyn, Kiev, Koursk et Voronej tombaient aux mains des blancs. Cependant, en Sibérie, les troupes de Koltchak essuyaient de sanglantes défaites. Les Anglais évacuaient Bakou et Tiflis. On racontait que des bolcheviks avaient réorganisé leurs forces militaires et contre-attaquaient avec acharnement. Michel aurait voulu rejoindre les hussards d'Alexandra qui combattaient des bandes de rebelles circassiens, dans les montagnes. Mais sa blessure s'était rouverte. Son bras droit, qu'il portait encore en écharpe, demeurait paralysé. Et les autorités médicales de Kislovodsk l'avaient reconnu inapte au service militaire. Il dut donc se contenter de travailler dans les bureaux de l'Intendance, à Kislovodsk. Il profita de ce répit pour se rendre plusieurs fois à Armavir, afin de contrôler la gestion des Comptoirs Danoff et assurer des livraisons de drap à l'armée. Il fit aussi un bref séjour à Ekaterinodar, chez ses beaux-parents. Tania s'ennuyait pendant ses absences. Comme si tous les hommes eussent été informés des sentiments qu'elle éprouvait à l'égard de son mari, personne ne s'avisait plus de lui faire la cour. Elle était à la fois très fière ef légèrement peinée de cet isolement tranquille. Sans penser le moins du monde à tromper Michel, elle eût aimé qu'un peu d'animation vînt égayer son séjour dans cette ville où fleurissaient les idylles les plus étranges. Mais, dès le retour de Michel, elle se reprochait d'avoir nourri des idées aussi saugrenues pour une femme de son âge et de son expérience, et ne songeait plus qu'à le rendre heureux.

Les Danoff habitaient une villa qu'ils avaient

achetée quelques années plus tôt, un peu en dehors de Kislovodsk, dans un endroit nommé les Roches Rouges. Sise dans un décor de pierres sanguines, la maison, entourée d'un grand parc, dominait la route où passaient les arabas tcherkess et les calèches des promeneurs. Les enfants jouaient du matin au soir dans le jardin, sous l'œil vigilant de la nounou et de la gouvernante. Marie Ossipovna, ayant assemblé autour d'elle quelques vieilles femmes du pays avec qui elle parlait circassien, estimait que l'existence longtemps absurde de la famille venait enfin de prendre une signification louable. Michel suivait sa cure, fréquentait régulièrement l'hôpital et allait au bureau dans un uniforme neuf. Quant à Tania, une paresse raffinée la rendait étrangère à tout effort continu de l'esprit. Hors de la petite cité, des bergers pieux et sombres conduisaient les troupeaux sur les pentes parfumées des collines. Des torrents minces grelottaient entre des roches légendaires. Les aigles et les chamois visitaient des altitudes où l'air était trop pur et trop froid pour les hommes. Dans des auberges consacrées, de vieux Circassiens aux ongles noirs enfilaient des morceaux de mouton et des quartiers de tomates sur les longues aiguilles à *chachlik*. A la lisière du monde, dans une solitude éternelle de vide bleu et de transparence, l'Elbrouz, le Kazbek et toutes les autres montagnes de la chaîne imposaient le relief de leurs crêtes d'albâtre, de leurs mâchoires de nacre et de leurs précipices anguleux et grondants. Et tout cela, montagnes, précipices, auberges enfumées, troupeaux, aigles, prairies et légendes préservaient ce refuge contre l'invasion de l'ennemi, mieux encore, sans doute, que ne l'eût fait une nombreuse armée. De quoi ces hommes et ces femmes s'inquiétaient-ils entre deux toasts portés à la sainte Russie ? Pourquoi se hâtaient-ils de boire et d'aimer ? Tania ne comprenait pas l'espèce de folie impatiente, de bonheur nerveux, qui animait les autres estivants.

Pourtant, dès la fin de l'automne, elle reconnut qu'ils avaient raison de craindre un revers de fortune. Après la prise d'Orel, la progression des troupes de Dénikine s'était brusquement changée en retraite. Dans leur avance rapide, les volontaires n'avaient rien fait pour organiser le terrain conquis. Obligés de se ravitailler sur place, ils mécontentaient, par des réquisitions et des pillages, une population qui les avait d'abord accueillis en libérateurs. Beaucoup d'officiers et de soldats tiraient prétexte de la guerre pour amasser du butin et le revendre à l'arrière. En outre, les cosaques, qui formaient la majeure partie de l'armée blanche, ne voulaient pas se battre en dehors des frontières de leurs propres provinces. Répugnant à gagner les régions détruites du Nord, où ils n'avaient que faire, ils désertaient en masse et rentraient chez eux. Derrière les lignes, des insurgés, sous les ordres du bandit Makhno, saccageaient les villes, dévalisaient les trains et les dépôts d'intendance. Profitant de ce désarroi, les régiments soviétiques, renforcés par la présence de commissaires dans les rangs des soldats, avaient pris l'offensive avec une rare violence. Coup sur coup, après une série de succès rapides, les blancs étaient contraints d'abandonner Voronej, Koursk, Kharkov... La marée rouge déferlait vers le Kouban, approchait du Caucase. Le territoire sur lequel libéraux et monarchistes pouvaient se croire en sécurité rétrécissait de jour en jour, mordu, mangé par les victoires bolcheviques. A Kislovodsk, se manifestaient déjà les premiers signes de cette panique bourgeoise que Tania avait appris à connaître en Crimée. Le prix des vivres augmentait. Les banques, qui ne recevaient plus de fonds de leur siège social, renonçaient à faire crédit plus longtemps aux réfugiés. Des familles entières quittaient la ville pour se rendre à Novorossiisk, où se trouvaient des bateaux en partance pour l'étranger.

Estimant qu'une ligne de résistance pouvait encore

se constituer dans le Kouban, avec l'aide des cosaques locaux, Michel se refusait à désespérer de l'avenir. A table, il n'était question que de rouges et de blancs, de stratégie, de finance et de politique. Boris et Serge écoutaient passionnement les propos des grandes personnes. Depuis quelque temps, ils avaient lié connaissance avec les enfants qui habitaient dans les villas voisines. Très vite, prenant le commandement du groupe, Serge avait organisé une « armée volontaire », qui s'opposait aux gamins pauvres de Kislovodsk, réunis sous le vocable de « morveux ». Bien entendu, les morveux étaient les bolcheviks. Leur chef, un petit bossu, fils d'une blanchisseuse, avait été surnommé Lénine. Serge, lui, était Dénikine. Et Boris avait reçu, par protection, le sobriquet de général Wrangel.

Chaque jour, après le déjeuner, tandis que les nounous, les nurses et les gouvernantes s'installaient en cercle sur le perron de la maison, les garçons se dirigeaient, avec des mines faussement désinvoltes, vers un angle du parc, planté de sapins, qui surplombait la route. En cet endroit, la balustrade d'enceinte avait été, par les soins de Serge, garnie de vieilles tôles et de planches formant bouclier. Dans un trou, recouvert de branchages, étaient dissimulés les frondes, le drapeau national, blanc, bleu, rouge, et des munitions composées de cailloux. Aussitôt, le pavillon était hissé à une perche, et les guetteurs se plaçaient à leur porte, pour surveiller les alentours. Le plus jeune de la bande, un gamin de quatre ans et demi, avait pour mission de se tenir en arrière-garde, et de prévenir ses compagnons au cas où Mlle Fromont ou Marfa Antipovna s'aventurerait dans les parages. Quant à Boris, il était affecté à l'approvisionnemnt des combattants en pierres et en chocolat. Assis à croupetons dans un coin, il défaillait d'angoisse en attendant le moment de l'assaut. Devant lui, se dressaient une dizaine de volontaires en culottes courtes, aux visages résolus et méchants. Des mains sales se crispaient sur le manche des frondes, tripotaient les élastiques, soupesaient les cailloux. Serge grimpé sur un quartier de roche, inspectait l'horizon à travers un tuyau en carton qui servait de longue-vue. Subitement, il criait :

— Les voilà!

Et vraiment, en collant son œil à une fente du rempart, Boris apercevait la compagnie des morveux qui s'avançait sur la route, drapeau rouge en tête. A courte distance de la maison, les morveux se dispersaient comme une volée de moineaux.

— Feu! hurlait Serge.

Et les frondes entraient en action. L'un après l'autre, les blancs passaient le nez par-dessus la barricade, visaient, tiraient et plongeaient à quatre pattes pour éviter la riposte. Les bolcheviks répondaient coup pour coup. Des projectiles heurtaient les planches et les tôles avec un bruit sourd. Parfois, un gravier, un fragment de silex, frappait les défenseurs au bras, à l'épaule, à la joue.

— Un blessé! Les brancards! piaillaient des voix surexcitées.

Boris crachait sur son mouchoir et essuyait les égratignures. La bataille ne durait pas plus d'une heure. Après ce laps de temps, les morveux se retiraient en chantant *L'Internationale*. Et les volontaires, rangés autour du drapeau, entonnaient *Dieu protège le tsar*. Serge distribuait des rondelles de papier argenté qui constituaient les décorations. Puis, il lisait l'ordre du jour :

— Vaillants soldats, cette fois encore, par votre ténacité et votre courage, vous avez repoussé la horde des envahisseurs bolcheviques. Hourra!

— Hourra! répondaient les volontaires.

A l'issue de cette cérémonie, la cohorte des blancs retournait à la maison pour le goûter.

Un jour, cependant, l'affaire se termina de façon

moins pacifique. Tandis que Lénine et ses acolytes s'approchaient dangereusement de la balustrade, Serge plaça une brique dans la poche médiane de sa fronde et lança le projectile sur la masse des assaillants. La brique atteignit Lénine à la tête. Le petit bossu leva les bras, comme pour s'accrocher au vide, et tomba en travers de la route. Du sang filtrait à travers ses cheveux.

— Je l'ai tué, dit Serge.

Et il devint très pâle.

Uu groupe de morveux en guenilles, aux faces maigres, aux regards haineux, entourait le chef effondré dans la boue. Des voix d'enfants hurlaient :

— Assassins! Bourgeois venimeux! Mort aux profiteurs! Vive le prolétariat!...

Serge essaya de leur répliquer en chantant : *Dieu protège le tsar*, mais le cœur n'y était pas. Ses compagnons, consternés, laissaient pendre leurs frondes. Ils ne jetèrent pas de pierres sur les bolcheviks qui s'éloignaient, en traînant par les bras le corps meurtri de leur commandant. Lorsqu'ils eurent disparu, Serge considéra le chemin désert, la tache rouge au pied du mur, et une contraction chagrine tordit sa figure. Il dit brièvement :

— Pas un mot de cet incident aux parents. Nous avons fait notre devoir. S'il se trouve un rapporteur parmi vous, il sera châtié.

Le soir même, peu avant l'heure du thé, Tania reçut la visite d'une femme éplorée, blanchisseuse de son état, qui était la mère du petit chef bolchevique. Elle raconta que son fils avait été blessé à la tête par les « jeunes messieurs », qu'un docteur avait dû recoudre la plaie et qu'elle n'avait pas d'argent pour payer les soins. La malheureuse sanglotait à gros bouillons. Son visage fripé, ses cheveux gras noués en chignon sur le crâne, ses mains courtes et violacées, tout son aspect, faible, besogneux, vaincu, encourageait la sympathie. Tania était atterrée par l'événement.

— Mais qui a lancé la pierre? demanda-t-elle.

— Mon imbécile de chéri, quand il a repris conscience, m'a dit que c'était votre fils.

— Serge?

— Oh! je ne sais pas.

— Ce ne peut être que Serge, dit Tania avec irritation. Il est déjà bien triste que les hommes s'entretuent pour des questions de politique. Mais si les enfants se mettent à les imiter!...

La sottise et le brutalité de Serge attristaient Tania comme un mauvais présage. Elle avait honte pour son fils et souhaitait réparer sa faute. Mais elle ne savait que proposer à la blanchisseuse pour la dédommager. Il lui semblait indélicat d'offrir une somme d'argent. Elle finit par dire :

— Que puis-je pour vous?

— Ce que vous voudrez, murmura la blanchisseuse. Notre sort n'est pas d'exiger, mais d'accepter et de dire merci.

Tania se troubla, rougit, tira une liasse de billets de son secrétaire et les remit à la femme en chuchotant :

— Pardonnez-nous.

— Mais comment donc, barinia! Dieu vous garde! balbutiait l'autre.

Ces remerciements étaient plus pénibles à Tania que ne l'eussent été des reproches. Demeurée seule, elle appela Serge et lui demanda brusquement :

— Est-ce bien toi qui as blessé un petit garçon avec une brique?

Les yeux de Serge étincelèrent et le sang envahit ses joues.

— Oui, c'est moi, dit-il,

— Et pourquoi as-tu fait cela?

— Parce que c'est un bolchevik.

— Un enfant de ton âge, s'écria Tania, ne comprend rien à ces questions et devient ridicule lorsqu'il se mêle de les débattre! Tu ne sais pas toi-même ce que c'est qu'un bolchevik...

— Si, je le sais, dit Serge en dressant le col. Un bolchevik, c'est un pauvre. Tous les morveux sont bolcheviks. Et tous les enfants de bonne famille sont blancs.

— La misère doit être respectée, dit Tania. En t'attaquant à des garçons moins fortunés que toi, tu fais preuve de lâcheté.

— Ils ont un drapeau rouge.

— Ce n'est pas une raison.

— Alors pourquoi les grandes personnes tapent-elles sur les partisans du drapeau rouge? Pourquoi papa et oncle Akim sont-ils dans l'armée volontaire?

— Je ne te répondrai pas, murmura Tania d'une voix sifflante.

Elle dominait mal sa colère et cherchait en vain un argument susceptible de convaincre ce fils rageur et têtu. Regardant Serge, droit au visage, elle proféra, en détachant chaque syllabe avec sévérité :

— Des gamins de ton espèce ne méritent aucune explication. Mais sache que, désormais, j'interdis ces jeux sauvages. Les frondes seront confisquées. Et je prierai Mlle Fromont de te punir impitoyablement. Va-t'en!

Serge sortit, tête basse. Mais, au bout d'un moment, sa mère l'entendit qui chantait *Dieu protège le tsar* dans le corridor.

Encore mal remise de son émotion, Tania convoqua la nounou et la gouvernante pour blâmer leur négligence. Marfa Antipovna se reconnut coupable de n'avoir pas mieux surveillé les enfants, invoqua plusieurs saints, pleura d'abondance et dit :

— De toute façon, Dieu nous garde, s'il s'agit du petit de la blanchisseuse, c'est un vaurien! Son père est un ivrogne. Sa mère le bat. Et il est vicieux. Il ne va pas à l'église, il crache sur les filles quand elles passent...

Mlle Fromont, pour sa part, refusa d'accepter les les remontrances de Tania.

— Ces enfants sont bien de leur époque et de leur pays, grommelait-elle. L'exemple des grandes personnes est là pour les encourager. Les méthodes d'éducation habituellement employées par les nations civilisées d'Europe ne peuvent donner aucun résultat sur de petits Slaves. Je fais de mon mieux. Mais à l'impossible nul n'est tenu. Si madame le désire, je partirai dès demain pour la Suisse.

Finalement, elle aussi pleura, parla du lac de Genève, de sa destinée étrange et de ses névralgies. Tania excédée, congédia la nounou et la gouvernante, et resta seule dans sa chambre, à écouter le vent qui hurlait en secouant les arbres du jardin.

Un feu de bois brûlait dans la cheminée. Avec les premières ombres de la nuit, une tristesse, une angoisse lentes pénétraient dans la pièce. Michel, en rentrant du bureau, apporta de mauvaises nouvelles. Rostov était investi. Les rouges approchaient de Tikhoretskaïa. De nombreux officiers jugeaient que la situation du Caucase était désespérée et que l'armée blanche n'allait pas tarder à se replier sur Novorossiisk. Le général Wrangel avait, disait-on, conseillé à la grande duchesse Wladimir, qui résidait à Kislovodsk, de quitter la ville, avec sa suite, pendant qu'il en était temps encore. Cette information, à peine connue, avait jeté le désarroi parmi les réfugiés. Depuis ce matin, la gare était assiégée par des groupes de fuyards cossus. Jeltoff et sa femme, arrivés de Pétrovsk, comptaient repartir dès le lendemain et s'embarquer pour la France.

— Et nous, qu'allons-nous faire ? demanda Tania.

— Je ne sais pas, dit Michel.

Et il inclina la tête sur sa poitrine. Mais, presque aussitôt, il releva le visage, et ses yeux brillèrent gaiement :

— Allons souper dans un restaurant !

— En éprouves-tu vraiment le désir ? soupira Tania en observant son mari avec surprise.

— Non. Mais cela nous changera les idées. J'ai besoin de voir du monde, des lumières, d'entendre de la musique.

— C'est donc que la situation est plus grave encore que je ne le supposais, dit Tania.

Michel ne répondit rien et sortit de la chambre en sifflotant.

Il y avait peu de monde dans le restaurant où ils échouèrent aux environs de dix heures du soir. Les convives baignaient dans une lueur rosâtre, qui semblait rayonner de leurs joues et de leurs mains nues. Toutes les figures, jeunes ou fanées, belles ou laides, paraissaient habitées par un même souci. Les uns tentaient de rire, buvaient sec, s'agitaient avec un enthousiame excessif, comme pour nier leur malaise. D'autres, le front lourd, parlaient à peine, mangeaient machinalement, sans songer à dissimuler ou à vaincre la crainte qui leur dévorait le foie. Tout près de Tania, un officier puéril et une dame très parée se tenaient assis, face à face, muets, rêveurs, devant les coupes pleines. Leurs doigts s'étaient joints sur la nappe, au pied d'un petit vase à fleurs. Une détresse indicible approfondissait leurs regards. Plus loin, une femme très décolletée, et certainement ivre, tendait vers son voisin une bouche rouge, vernie, avide, et criait :

— Es-tu un homme ou n'es-tu pas un homme ?

Et l'autre gêné, répétait :

— Elizabeth, voyons, voyons !... Tu le sais bien !...

L'orchestre pleurait en mesure. Un chanteur pâle et blond lançait vers la salle des paroles dont la mièvrerie et l'inutilité déchiraient le cœur :

Ah ! où êtes-vous, mon petit créole,
Mon prince bronzé des Antilles,
Ma petite clochette chinoise...
Élégant comme le parfum... ?

Les cendres bleues tombaient dans des soucoupes de cristal. Des chemins de fumée flottaient entre les montagnes de visages et de bouteilles. Les yeux se cherchaient. La chair devenait douce, énervée, désirait s'ouvrir et mourir. Tout était artificiel, désespérant et fugace dans ce petit univers de luxe où se prélassaient les derniers hommes heureux. On leur avait donné une licence entière, comme à des incurables. On les avait assemblés là pour une fête d'adieu à la vie. Et, à titre de suprême jouissance, ils écoutaient un ténor à la voix suave célébrer l'amour, les jeux d'alcôve, les mains fines des dames et la fourrure des jaguars.

Sur l'assiette de Tania, une tranche de glace, entourée de cerises confites et arrosée d'alcool, exhalait une odeur sucrée qui donnait envie de pleurer. Tania regarda Michel, son pauvre bras en écharpe, ses yeux sombres, sa joue traversée d'une ride. Le maître d'hôtel, penché au-dessus de lui comme une noire conscience, versait du champagne dans sa coupe. Un reflet pétillant dansait au milieu de son front. L'orchestre se tut. Des mains coupées applaudirent le silence. Du fond de la salle, la face de Jeltoff, grasse et rose, roula comme une lourde bille, s'arrêta devant la table et se fendit dans un sourire. Tania ne l'avait pas aperçu en entrant. Sans doute était-il en train de mûrir sous quelque palmier en pot ?

— Ma dernière soirée, dit Jeltoff en s'asseyant à côté de Michel. Il se confirme que nous partons demain. J'ai des places. Ma femme est restée à l'hôtel pour faire les valises. Allez-vous suivre mon conseil ?

— Quel conseil ? demanda Tania.

— J'ai supplié votre mari d'être raisonnable et de fuir. La Russie est pourrie, gâchée. Les volontaires ne peuvent plus tenir. Il faut déguerpir avant que la vague rouge nous ait recouverts et noyés. Le général Wrangel lui-même a perdu confiance. Le général Chkouro, que j'ai vu récemment, n'espère plus que retarder la défaite. Un de ces quatre matins, Dénikine donnera sa démission et s'embarquera pour des régions paisibles. Et nous, par patriotisme ou par sottise, nous allons rester là, en attendant que les bolcheviks nous arrêtent et nous fusillent...

— Je sais, dit Michel, mais peut-on vraiment quitter son pays, vivre ailleurs que dans son pays ?

— Vos réflexions me surprennent, cher Michel Alexandrovitch! s'écria Jeltoff. Un homme comme vous!... Un grand commerçant!... Un réaliste!... Il ne s'agit pas de s'expatrier pour toujours... Les désordres que traverse la Russie seront temporaires... A l'étranger, nous trouverons des appuis... Nous organiserons une force de police capable de balayer cette racaille rouge... Nous reviendrons en force...

— Celui qui s'en va a toujours tort.

— Vous oubliez que vous avez une famille. Votre devoir est de la mettre à l'abri. Ne soyez pas égoïste...

Il parla beaucoup, avec chaleur, avec souffrance, comme si, en cherchant à convaincre Michel, il eût tenté de se justifier lui-même. Michel l'écoutait très attentivement. Tania le devinait ensemble ébranlé par les arguments de Jeltoff et mécontent de ne savoir pas lui répondre. L'orchestre se remit à jouer. Michel dit :

— Je ferai ce que feront les autres volontaires. Je m'en irai quand ils s'en iront.

— Ils commencent déjà. Je peux vous citer de nombreux officiers qui quittent Kislovodsk demain, par le même train que moi.

— Ceux-là ne m'intéressent pas, murmura Michel.

Puis, il jeta à Tania un regard coupable et ajouta :

— Excuse-moi, ma chérie. C'est difficile...

Jeltoff se leva :

— Il est tard. Ma femme m'attend.

Il baisa la main de Tania, tapota l'épaule de Michel, dit encore :

— Réfléchissez, mon cher. Nous nous retrouverons à Paris, ou à Londres. Nous ferons de grandes choses...

Lorsqu'il se fut dilué dans la musique et les couleurs de la salle, Michel fronça les sourcils et porta la coupe de champagne à ses lèvres.

— Il a raison, Michel, dit Tania.

— Je ne prétends pas le contraire.

— Il faut partir.

Michel détourna les yeux et gémit faiblement :

— Je ne peux pas. Attends. Laisse-moi m'habituer à cette idée...

— Il sera trop tard.

Une femme inconnue éclata de rire et lança son verre qui se brisa sur le parquet. Des laquais accoururent en secouant leurs serviettes molles de soigneurs. Les musiciens jouèrent plus fort. Un plaisir épais entrait dans le corps de Tania. Elle était heureuse et désespérée. Son cou se gonflait. Un goût d'acier étayait sa bouche. Subitement, elle tendit la main vers la porte et poussa un cri étouffé :

— Regarde!

Un homme grand et large, compact, barbu, écartait la portière de velours grenat, et, de loin, inspectait la salle.

— Savais-tu qu'il se trouvait à Kislovodsk? demanda Tania.

— Non, dit Michel. Il a dû arriver depuis peu.

— Il va nous voir.

— Probablement.

— Il viendra à notre table.

— Eh bien?

— C'est inutile... Il me répugne... Allons-nous-en...

— Pourquoi?... Je n'ai rien contre lui...

Elle voulut se lever. Mais, déjà, Kisiakoff les avait aperçus et se dirigeait vers eux d'une démarche lente et plate. Il criait :

— Quelle surprise! Dieu soit loué pour les visages amis qu'il sème sur nos routes! Toujours aussi belle, aussi élégante, Tatiana Constantinovna! Permettez à une vieille barbe d'effleurer votre jeune main.

Sans attendre que Michel l'invitât à s'asseoir, il attira une chaise et se posa sur elle, avec la souple pesanteur d'un phoque. Sa face luisait, congestionnée, huileuse, au-dessus d'un plastron très blanc. Ses yeux noirs scintillaient de malice.

— Blessé? demanda-t-il en désignant le bras de Michel.

— Oui.

— C'est un plaisir et un honneur que de verser son sang pour la patrie. Oui, mais voilà, de quel côté est-elle la patrie? A gauche? A droite? Chez les rouges? Chez les blancs? Ou quelque part entre les deux? On ne sait plus! Quand partez-vous?

— Je n'ai pris aucune décision, répondit Michel. J'attends les ordres de mes chefs.

— Je peux vous les donner, leurs ordres, dit Kisiakoff. Sauve-qui-peut. Et chacun pour soi.

Un rire carré, étincelant, entrebâilla sa barbe noire. Tania frémit de répulsion.

— Vous regardez ma barbe? dit Kisiakoff. Figurez-vous que je l'avais rasée pour fuir Pétrograd! Mais elle a repoussé, fidèle, identique.

Il plongea sa main dans les poils et remua les doigts comme s'il eût caressé l'échine d'un animal apprivoisé.

— Oui, reprit-il. Les bolcheviks me poursuivaient de leur haine parce que je travaillais, en secret, contre eux. Il a fallu que j'aille me réfugier à Mikhaïlo. Là, j'ai vécu en ermite. J'ai réfléchi. J'ai pleuré. Dans chaque larme luit un reflet de Dieu. Un tout petit reflet. Un tout petit Dieu.

— Et à présent, que faites-vous? demanda Michel.

— Je me prépare à quitter la Russie.

— Vous aussi?

— Moi aussi. Je ne suis venu à Kislovodsk que pour récupérer un peu d'argent. Mais la banque ne paie pas. Je repartirai donc dès demain pour Mikhaïlo. De là, je filerai sur Novorossiisk. Et adieu, patrie de nos aïeux! Plus rien ne me retient sur cette terre marâtre. C'est vrai... Vous ignorez peut-être...

Il se tut, aspira l'air profondément, et une expression de gravité et de mystère se déposa sur son visage. Enfin, il prononça d'une voix caverneuse :

— Volodia est mort.

Un choc rapide étonna le cœur de Tania. Elle murmura :

— Quand?

— Pendant les troubles d'octobre, à Pétrograd, dit Kisiakoff. Arrêté, fusillé, par les rouges. Une erreur, bien sûr. Je suis intervenu, je me suis dépensé. Dévouement et larmes de sang. Prières, menaces et ruses. J'ai déchiré ma chemise sur mon ventre. J'ai frappé ma poitrine avec ces deux poings. Les genoux que voici se sont traînés sur les parquets poudreux d'une salle d'attente. En vain. Vous savez qu'il était devenu mon fils adoptif? Je n'ai plus de fils. A la place de mon fils, il n'y a qu'un prénom, un souvenir abominable de douceur...

Des gouttes perlaient au bord de ses paupières sautillantes.

— Mon fils, mon fils, mon soutien! balbutia-t-il encore sur un ton monotone et mouillé. Qu'ont-ils fait de toi? Qu'ont-ils fait de moi? Pourquoi suis-je encore vivant, avec une chaîne de montre, des caleçons chauds et du caviar dans l'estomac?...

Michel avait baissé les yeux, comme pour mieux accueillir et juger la mort de son ami d'enfance.

— C'était un pauvre homme, dit-il.

— Je sais que vous étiez brouillé avec lui, que vous le détestiez! s'exclama Kisiakoff.

— Détrompez-vous, dit Michel. Je le méprisais trop pour le haïr. Bien avant sa fin, il avait cessé de vivre pour moi.

— Et pour vous, Tatiana Constantinovna? demanda Kisiakoff en se tournant brusquement vers Tania.

Raidie dans la honte et le courroux, malheureuse, victorieuse, Tania dit :

— Pour moi aussi. Que Dieu ait son âme.

— Paf! cria Kisiakoff. Mon pauvre Volodia, tu viens d'être fusillé pour la seconde fois.

Il frottait ses mains l'une contre l'autre. Cela faisait un petit bruit sec et sifflant. Tania songeait à toutes les images que Volodia entraînait dans sa chute. La beauté et la laideur, l'amitié et l'amour, l'enfance, la jeunesse, la joie de vivre basculaient avec lui dans le néant. Pourtant, ce dépouillement pathétique la troublait moins qu'elle ne l'eût supposé. Tant d'événements s'étaient interposés entre elle-même et sa faute qu'elle ne se sentait plus solidaire de la femme qu'elle avait été. Doutant de son passé comme d'un rêve lointain, elle ne pouvait plus ni le regretter ni le maudire. La mort de Volodia devenait la conclusion naturelle d'un très long cauchemar. Soulagée, souriante, Tania se pencha vers Michel qui ne disait mot :

— A quoi penses-tu, Michel?

— A lui.

— Tu le plains?

— J'essaie.

— Pourquoi?

— Parce qu'il le mérite. Dieu lui avait donné les meilleures cartes. Et il a voulu tout de même tricher. C'est triste.

— Versez-moi du champagne, grommela Kisiakoff. J'ai la gorge sèche. Le vin est innocent, l'ivrognerie est coupable. Après avoir bu, je vous laisserai, j'irai m'asseoir à une autre table. Seul. Toujours seul. Vous n'avez décidément aucune sympathie pour moi?

— Non, dit Michel.

— Je le sens. Nous grignotons les deux bouts d'un même os. Un jour ou l'autre, nos museaux se heurteront.

— Je ne vous comprends pas.

— N'essayez pas de me comprendre. Vous êtes blanc, clair, généreux. Vous vivez sous des étiquettes : Dieu, l'honneur, la patrie, la famille, le travail. Chez moi, les étiquettes sont les mêmes. Seulement, elles sont placées à l'envers. Qui de nous a raison?

Il eut un hoquet et porta la main devant sa bouche. Son haleine puait le rhum. Sans doute avait-il bu avant de venir au restaurant.

— Au fond, cette révolution n'a aucune importance, dit-il. Les rapports des hommes entre eux sont d'un intérêt secondaire. Mais les rapports des hommes avec Dieu doivent retenir l'attention des penseurs. Depuis des siècles, les chrétiens végètent sur un mensonge. Ils imaginent Dieu sous les espèces d'un vieillard barbu. Or, moi qui vous parle, j'ai découvert, après mille expériences, que Dieu n'était pas du sexe masculin, mais du sexe féminin.

Il s'arrêta une seconde, comme pour jouir de l'effet produit par sa déclaration, clappa de la langue et poursuivit :

— Je vois que vous ne saisissez pas toute l'ampleur de mon idée. Elle est énorme. Elle est capable de faire sauter le monde. Les caprices de Dieu, ses bouderies, ses brusques colères, ses trahisons, ses maladies saisonnières, durant lesquelles il devient nerveux, irascible, injuste, tout me prouve que Dieu est femelle. Ce n'est donc pas par la logique, la constance et le respect que nous obtiendrons ses faveurs. Les femmes n'aimaient pas ça. Dieu n'aime pas ça. Il veut des amants canailles, qui le flattent, le menacent, le trompent, reviennent à lui, le rossent, le jettent à la porte, le repêchent dans la rue et le soumettent en le couvrant de baisers. Ceux qui ignorent ce code de la séduction sont perdus d'avance. Ceux qui en suivent les règles sont sûrs d'être sauvés.

— Bien entendu, vous en suivez les règles, dit Michel.

— Oui.

— Et vous êtes heureux?

— La question n'est pas là. Je vis intensément. Il n'est pas une parcelle de ma chair, une ramille de mes veines, une extrémité de mes nerfs, un recoin de mon âme qui soit en repos. Toute l'usine travaille, chauffe et tonne!

Il se donna une claque sur la poitrine.

— Par moments, je crois entendre ce remue-ménage en moi-même, reprit-il. Alors, je suis fier comme un chef d'entreprise dont l'affaire tourne à plein rendement. Des idées se déplacent, des gaz montent et baissent, des odeurs naissent hors des tissus, des humeurs louches se marient, des acides divisent les aliments, l'électricité circule, et le sang chuchote, et les cheveux poussent, et les ongles grandissent. Je salive, je crache, je rote, et tout cela est vénérable, admirable, adorable, comme autant de cadeaux que je dédie à Dieu pour le remercier de m'avoir fait homme.

Sur l'estrade de l'orchestre, un chanteur massif, à la voix de basse, profonde, sépulcrale, avait remplacé le ténor. Accompagné par le bourdonnement métallique d'une guitare, il entonna la complainte de Koudéyar :

Il y avait une fois douze brigands,
Et leur chef, Koudéyar, l'ataman.
Ces forbans répandirent l'épouvante,
Le sang des chrétiens coula à flots...

Kisiakoff soupira de tout le ventre. Un regard ivre vacillait dans ses yeux. Il dit encore :

— La vie est une longue scène de ménage entre Dieu et ses créatures. Me prêteriez-vous de l'argent si je vous en demandais?

— Non, répondit Michel.

— J'en ai grand besoin.

— Je le regrette pour vous.

— Et si je vous vendais une bague, une montre...
— N'insistez pas.
— Un médaillon?
— Non.
— Avare! gronda Kisiakoff en le menaçant du doigt. Et, de nouveau, il se mit à rire.
— Je suis fatiguée, je voudrais rentrer, dit Tania.
Kisiakoff se leva de sa chaise et chancela un peu sur ses jambes écartées.
— Quand vous reverrai-je, où vous reverrai-je? balbutia-t-il. Sur les bords de la Tamise, au pied de la Tour Eiffel, dans un gratte-ciel de New York, ou au fond d'une brasserie berlinoise? Graines au vent! Semences! Parcelles!...
Lorsque Michel et Tania eurent quitté le restaurant, Kisiakoff demeura debout, les bras pendants, la tête tournée vers la porte.
— Voulez-vous une table, monsieur? demanda un garçon en s'approchant de lui.
— Non, dit Kisiakoff. Garde ta table. Garde ta musique. Je vais contempler les montagnes.
— Il fait nuit, monsieur.
— Et alors, crois-tu que les montagnes cessent d'exister, la nuit? Crois-tu que je cesse d'exister lorsque tu ne me vois pas?
— Certainement non, monsieur.
— Bravo! Tu comprends les choses, valet.
D'un coup d'œil circulaire, il embrassa la salle où nageaient des visages et des assiettes. Auprès de chaque femme, il imaginait le fantôme de Volodia. Une créature frisottée, pomponnée, dînait seule à une petite table. Elle paraissait aussi comestible que le poulet qu'on venait de lui servir sur un plat d'argent.
— Qui est-ce? demanda Kisiakoff en la désignant d'un mouvement de barbe.
— Une charmante personne, dit le garçon. Elle est seule. Elle s'ennuie...

— On peut donc...
— Mais bien sûr !
— Tant pis pour les montagnes.
Kisiakoff tira les pans de son gilet sur sa bedaine dure, s'avança vers l'inconnue et dit posément :
— Me permettez-vous, mon enfant, de rompre votre solitude ?
— Mais comment donc ! minauda la petite dame en battant des paupières. D'ailleurs, nous nous connaissons. Ne nous sommes-nous pas déjà rencontrés chez quelqu'un ?
— Si, dit Kisiakoff.
Il s'assit en face d'elle, plaça ses coudes sur la table et joignit ses mains sous sa barbe. Il examinait de tout près cette femme potelée, aux yeux de faïence et aux cheveux d'or.
— Vous êtes jolie, reprit-il. Figurez-vous que je suis chargé de vous faire la cour !
— Par qui ?
— Par un mort, dit Kisiakoff.

XII

Entre la mer d'Azov et la mer Caspienne, le front présentait un aspect discontinu et flottant. La 11e armée soviétique avançait sur le Caucase, en direction de Divnoé, Kizlar et Sviatoï Krest. Le général Erdeli, commandant les troupes volontaires dans ce secteur, concentrait en hâte toutes les unités disponibles aux environs de la rivière Kouma. Les hussards d'Alexandra, qui combattaient précédemment dans le Daghestan, reçurent l'ordre de se porter vers le nord-ouest, pour renforcer les régiments chargés de défendre l'accès des montagnes et des villes d'eaux circassiennes. Mais la région de Sviatoï Krest se trouvait être particulièrement mal choisie pour une opération de ce genre, car la majorité des hussards, récemment mobilisés, étaient originaires de cette contrée : ramenés à proximité de leurs foyers, ils ne songeaient plus qu'à rentrer chez eux. A peine installés sur leurs positions, le 8 janvier 1920, ils sollicitèrent des permissions d'un jour, voire de quelques heures, pour aller saluer leurs parents. En dépit du refus que leur opposaient les officiers, la plupart d'entre eux quittaient leur poste. à la tombée de la nuit, pour se rendre au village natal. Quelques-uns revenaient à l'aube. D'autres disparaissaient sans laisser de traces. Parmi les hommes, il était souvent question des bolcheviks, qui, aux dires de certains, étaient devenus disciplinés, affables, portaient des vêtements neufs, des armes modernes, et ne pratiquaient guère le système des réquisitions. Cette propagande démoralisait les jeunes recrues, dont beaucoup n'envisageaient plus qu'avec répugnance la nécessité de se battre, à quelques pas de leurs maisons, contre des gens auxquels on ne pouvait reprocher que des opinions politiques discutables.

Le 12 janvier, à six heures du matin, Akim, cantonné avec son escadron dans la ville même de Sviatoï Krest, fut éveillé en sursaut par le bruit d'une fusillade intense. Dans la rue, des fantassins cosaques refluaient en désordre. Certains n'avaient plus de fusil. Sur toutes les figures se lisaient la peur et l'indécision. Un cheval passa au galop sans son cavalier. Des téléphonistes enroulaient des fils noirs et luisants sur une bobine. Une mitrailleuse attelée tressautait sur les ornières dures. Les petites roues ne tournaient pas. Des servants hurlaient. Un Circassien en *bourka* sombre se penchait sur le pommeau de sa selle et parlait en dialecte tcherkess à un montagnard au visage sanglant. Ayant interrogé quelques fuyards, Akim apprit que la cavalerie bolchevique avait bousculé les unités blanches dans la région de Pokoïnoié et déferlait sur la ville. Peu après, arriva l'ordre de l'État-Major enjoignant à tous les escadrons de se réunir devant le bâtiment de la gare.

Entre la ligne des rails, qui se dirigeait vers le sud, et les bords de la rivière Kouma, s'étendait un couloir propice à l'évacuation des troupes. Mais, dès qu'Akim parvint sur les lieux du rassemblement, il comprit que cette retraite même risquait d'être compromise. En effet, tout un régiment de Khabardiens, qui protégeait le flanc gauche de la station et avait pour mission de retarder l'approche de l'adversaire, reculait déjà, par groupes disloqués, sans faire usage de ses armes. Les abords de la voie ferrée se trouvant subitement dégarnis, la cavalerie soviétique fonça dans la brèche, contourna la gare par la gauche, franchit le ballast et atteignit le cours d'eau. Akim voyait nettement la frange dansante des cavaliers qui barrait tout l'espace entre la Kouma et le chemin de fer. Ils étaient nombreux et se tenaient bien en selle. Devant eux, flottaient des drapeaux rouges.

— Regardez! criaient quelques hussards assemblés sur le terre-plein de la station. Les commissaires politiques sont à cheval, devant les hommes!

— Ils n'ont pas peur!

— Ils sont joliment montés!...

Un air transparent et glacé tremblait au-dessus du sol brun, hérissé de givre. La température était de quinze degrés au-dessous de zéro, mais la neige ne tombait pas. Le vent froid jouait avec les crinières. Au nord, tonnait l'artillerie puissante et régulière de l'ennemi, dont l'infanterie avançait sur Sviatoï Krest. Menacés d'encerclement, les hussards pouvaient encore se sauver en attaquant de front la cavalerie bolchevique, qui obstruait le passage, prévu, au sud, pour les opérations de repli. Le colonel Vinokouroff donna ordre aux trois escadrons, assemblés à la gare, de se déployer en formation de combat. Une batterie hippomobile devait suivre la charge et traverser coûte que coûte les rangs de l'adversaire. Les hussards grommelaient en dégainant leurs sabres :

— On va se faire étriper!

— Ils sont plus forts que nous!

Akim se plaça à la tête de ses hommes. Mais il n'éprouvait plus derrière sa nuque cette adhésion unanime dont il avait coutume de s'enorgueillir. Au lieu de se sentir appuyé, admiré, respecté, il avait l'impression qu'une solitude lugubre l'entourait soudain. Des liens avaient cédé. Des consciences s'en allaient à la dérive. Une mollesse louche, une sourde désertion, s'accomplissaient peu à peu dans son dos.

— Marche!

Les escadrons s'ébranlèrent dans un fracas de terre

craquante et de hennissements. Akim galopait avec ivresse vers le mirage gris et rose de l'ennemi. Des balles sifflaient devant lui, lointaines, inutiles. Le vent de la course fouettait son visage, comme un mouchoir glacé. Subitement, il lui sembla que la battue des chevaux faiblissait, s'éloignait par saccades. Saisi d'angoisse, il pivota à demi sur sa selle. Un à un, les hussards tournaient bride et fuyaient vers l'arrière. Des épaules peureuses, des faces blanchâtres, se détachaient de l'escadron, telles des écailles. Une force aspirante tirait hors de la masse, en sens inverse, tous ces débris disqualifiés. Ils s'éparpillaient dans les roseaux, se mussaient dans les jardins de la ville, cessaient d'exister, comme dissous dans l'air. Un capitaine cramoisi faisait cabrer son cheval, brandissait son sabre, hurlait :

— Revenez, fils de chiennes! Fossiles! Pouilleux!

La colère et l'anxiété crispèrent la poitrine d'Akim. Il arrêta sa monture et se mit à crier, lui aussi :

— Revenez!... Je vous donne l'ordre!... Je vais tirer!...

Mais personne ne l'écoutait. La débandade devenait générale. Seul, le 2e escadron, qui longeait la voie ferrée, avec les pièces d'artillerie, n'avait pas rebroussé chemin. Akim songea à le rejoindre avec les quelques volontaires qui l'entouraient encore, lorsqu'il vit que certains hussards de ce détachement avaient arboré des chiffons blancs à la pointe de leurs lances. Des voix suppliantes glapissaient :

— Ne tirez pas, camarades!

— On est des vôtres!

— On se rend!

Et tout le 2e escadron, dépassant ses officiers qui gesticulaient et pleuraient de rage, accéléra son allure. Immobile, les yeux écarquillés, le ventre vide, Akim regardait cette cohorte de cavaliers, portant les casquettes noires et les insignes de son régiment, qui s'avançait au galop pour fraterniser avec les bolcheviks.

Défilant devant les drapeaux rouges, les hussards pénétrèrent dans les rangs de la cavalerie ennemie. Un remuement de chevaux et d'uniformes signala seul leur fusion avec l'armée du prolétariat.

Le serpent gris et rose qui barrait l'horizon se gonfla, se déforma, comme pour déglutir ce supplément de nourriture vivante. Les oriflammes de sang se haussèrent avec orgueil vers le ciel opaque. Des cris retentirent :

— Hourra ! Vive l'Internationale !

Entre la voie ferrée et la rivière, demeuraient quelques officiers paralysés de haine et d'impuissance, quelques vieux hussards fidèles qui reniflaient leurs larmes, les restes clairsemés d'un régiment en déroute, une trentaine de personnes au plus. Avec le grondement martelé d'une roue à aubes, la cavalerie rouge se mit en marche et s'élança sur ces vestiges désorientés. Anéanti de honte, Akim voyait venir à sa rencontre une vague multicolore d'hommes et de chevaux. Les chanfreins des montures, marqués d'étoiles blanches, oscillaient verticalement sous les têtes des cavaliers. Les lames fines des sabres voltigeaient comme des éclairs. Des bottes boueuses s'écartaient et se plaquaient en cadence contre les flancs des bêtes. Une poussière de diamants montait du sol écorché par les sabots rapides. Mêlés à la charge des bolcheviks, se trouvaient des hussards qui, quelques instants plus tôt, servaient un idéal contraire. Sans le moindre remords, ils allaient massacrer leurs camarades et leurs chefs. Dans la cohue qui se déversait sur lui, Akim reconnaissait, çà et là, les silhouettes familières des traîtres. Les glorieuses casquettes noires, à bandes rouges passepoilées de blanc, se balançaient dans un déferlement de bonnets anonymes. Ce spectacle saugrenu insultait des siècles d'honneur et de tradition. L'existence n'avait plus de signification puisque de pareilles choses étaient possibles. Akim tira son revolver de l'étui. La bise sifflante collait ses paupières.

Son cœur sautait dans sa poitrine comme un poisson mal ferré. « En tuer un grand nombre. Et puis mourir. Je ne pourrais pas survivre à cette ignominie. La dernière balle sera pour moi. Dans la bouche. » Il serra les dents sur une odeur de gel et de salive acide. Quelqu'un lui frappa l'épaule. C'était le capitaine Ivanoff :

— Venez. On peut encore fuir en traversant la rivière.

— Je ne veux pas fuir ! Je veux mourir ! hurla Akim d'une voix hystérique, féminine, qui le surprit lui-même.

— Nous nous reformerons là-bas. Nous tenterons de résister. Vous nous serez utile. Venez.

L'espace d'une seconde, Akim regarda le capitaine droit dans les yeux, comme pour essayer de lire sur son visage les raisons d'une pareille obstination à vivre. Il balbutia :

— Le régiment... Notre régiment...

Les paroles s'étranglaient dans sa gorge.

— Venez ! répéta Ivanoff.

La figure du capitaine était marbrée de taches mauves. Ses prunelles décavées brillaient comme des bouchons de cristal. Il haletait. Akim tourna son cheval et le lança, ventre à terre, vers la berge. Ivanoff galopait à son côté. Derrière eux, la cataracte de la charge devenait innombrable, assourdissante. Les trajectoires des balles vibraient à leurs oreilles et s'enfonçaient dans le vide en sifflant. Un souffle vaste leur chauffait les omoplates. Ils traversèrent en trombe des potagers haillonneux, des palissades poudrées de sel, des boqueteaux aux arbres squelettiques, dont les branches se cassaient avec un bruit net. Enfin, la rivière !

Le bord de la Kouma était planté de roseaux gris et secs comme des ossements. Une mince pellicule de glace drapait le courant. Akim poussa sa monture en avant, et la taie bleuâtre céda en craquant sous le poids. Renâclant de peur et secouant l'encolure, la bête marchait sur un lit de vase. Ses pieds glissaient. Elle pliait fort les genoux. L'eau baignait Akim jusqu'au bas-ventre.

— Plus vite! cria Ivanoff. Ils arrivent!

Le cheval s'était enlisé dans un fond d'herbes et de sables gluants. Akim sauta dans la rivière. Une vague froide lui frappa la poitrine. Il tressaillit. Ses dents claquaient. Saisissant le cheval par la bride, il le traîna, pas à pas, vers la berge opposée. Ivanoff, contraint de l'imiter, se débattait aussi, plongé jusqu'au cou dans une bouillie de glaçons et de moisissures. Enfin, le sol monta sous leurs bottes trempées, et ils émergèrent dans une forêt de tiges gainées de grésil. De l'autre côté de la Kouma, les rouges, ayant mis pied à terre, tiraient sur les fugitifs. Akim et Ivanoff s'enfoncèrent à plein corps dans le rideau des massettes. Écartant les roseaux à deux mains, ils progressaient à travers un hérissement d'épées végétales, qui tintaient et se brisaient comme du verre. Les balles s'écrasaient dans la vase, trouaient l'eau avec un claquement juteux. Des gerbes liquides, des fragments de terre, giclaient au visage d'Akim. Ivanoff eut sa casquette transpercée par un projectile. Il rit nerveusement :

— Manqué! Manqué!

Enfin, ils escaladèrent un talus, tombèrent sur une route, traversèrent un autre bras de la Kouma, moins profond que le premier, et s'arrêtèrent en rase campagne. La fusillade s'était tue. Nul ne songeait à les poursuivre. Un peu plus loin, ils virent des hommes qui sortaient de l'eau, à quatre pattes. Artilleurs ou fantassins, grenadiers ou cosaques, ces rescapés disparates, ruisselants de boue, épuisés, grelottants, terrifiés, se groupaient, s'appelaient avec de longs cris rauques. Akim et Ivanoff remontèrent à cheval et s'avancèrent vers eux pour prendre leur commandement. Après un bref conciliabule, la petite troupe, lente et geignarde, se dirigea sur le village d'Alexandrovskoïé, qui se trouvait encore aux mains des volontaires.

Akim, n'ayant pas de carte, se guidait à la boussole. Le froid avait gelé ses vêtements mouillés sur son corps. Son cheval, au pelage égratigné, sanglant, à l'échine maigre, boitait et soufflait, marchant au pas. Ivanoff, la tête basse, se balançait d'avant en arrière sur sa selle, comme un homme ivre de sommeil. Derrière eux, se développait un cortège d'éclopés haillonneux et muets, aux faces verdies de barbe, aux prunelles figées dans la consternation. Le ciel s'assombrissait. Un soleil rouge et chauve était posé comme une bille sur un nuage oblong.

— A présent, dit Akim, je sais que notre cause est perdue.

— Il ne faut pas tirer un enseignement général d'un cas particulier, murmura Ivanoff, sans même se tourner vers son interlocuteur.

— Si, dit Akim. Notre armée ne vaut rien. Composée à la hâte, mal entraînée, elle manque surtout de discipline et de tradition. Les bolcheviks, eux, se sont ressaisis. Leurs commissaires politiques font du bon travail dans les rangs des soldats. En plaçant des généraux de l'ancien régime à la tête de leurs régiments, ils nous ont ravi notre seul avantage, celui de la science militaire. Du point de vue stratégique, ils bénéficient de routes intérieures, alors que nous opérons isolément sur différents points de la périphérie. Enfin, les richesses naturelles du Sud attirent les rouges, tandis que les blancs répugnent à s'aventurer dans les régions détruites et affamées du Nord.

— Le plus grave, dit Ivanoff, c'est que la population rurale paraît les soutenir.

— Comment en serait-il autrement ? Ils ont fait aux moujiks des promesses tellement séduisantes ! Pille tant qu'il te plaira ! Quel paysan résisterait à un pareil idéal ? Ajoutez à cela la défiance des diverses nationalités qui composaient l'Empire à l'égard des « cadets », qu'elles considèrent comme des ennemis naturels de l'autonomie, les divergences politiques parmi les chefs blancs, dont les uns sont monarchistes, les autres libéraux, la lenteur, l'incertitude, la négligence des Alliés... Nous avons laissé passer le moment où les Soviets n'avaient pas encore affermi leur pouvoir et organisé leurs troupes. Maintenant, il est trop tard...

Il inclina la tête, extirpa de sa poche un mouchoir gris, imbibé par l'odeur du mauvais tabac, se moucha pour masquer son émotion.

— Que comptez-vous faire ? demanda Ivanoff.

— Je resterai sur cette terre jusqu'à la fin, dit Akim. Je me battrai tant qu'il y aura une balle dans mon barillet, une lame à mon sabre. Et quand nous serons définitivement vaincus, c'est-à-dire bientôt, je pense, je fuirai la Russie, je partirai pour l'étranger. Je cirerai des chaussures en Amérique, ou je laverai la vaisselle dans un restaurant français. Peu importe. Je suis prêt à tout. Cet uniforme, cette paire de bottes sont toute ma propriété. Ce n'est pas encombrant...

Un sourire las dénuda ses dents jaunes, serrées :

— Et vous ?

— Moi, dit Ivanoff, je crois que je me ferai sauter la cervelle.

— Je vous donne tout de même rendez-vous à Paris, ou à Constantinople, ou à New York. Nous échangerons des souvenirs...

Sa voix s'étranglait. Il sentit que des larmes gonflaient ses paupières douloureuses. Il soupira :

— Pauvre Russie !

Ces simples mots accrurent son chagrin, au point qu'il pensa perdre le souffle. En même temps, il avait l'impression étrange que quelqu'un était en train de prier pour lui.

La troupe approchait d'un village. Des chiens sortirent sur la route, aboyèrent avec fureur. Malgré le froid, dans un champ de mottes gelées et d'herbages galeux, un poulain suçait le pis noir de sa mère.

Le ventre de la jument, tiraillé par les lèvres du petit cheval doré et grêle, tressaillait par saccades. Au passage des cavaliers, la jument dressa la tête, regarda Akim de ses gros yeux tristes et hennit longuement.

XIII

L'avance des troupes bolcheviques menaçant d'isoler Kislovodsk, le personnel des bureaux militaires et les derniers réfugiés qui demeuraient encore dans la ville plièrent bagage pour se retirer sur Novorossiisk. La faiblesse et la désorganisation de l'armée blanche étaient si manifestes que Michel résolut de se joindre à l'exode de la population civile vers les côtes de la mer Noire. De là, il espérait s'embarquer avec les siens pour Constantinople et la France. Mais, d'abord, il voulait s'arrêter à Ekaterinodar, afin de convaincre ses beaux-parents et Nina de quitter la Russie avant l'arrivée des rouges dans la capitale du Kouban.

Le trajet jusqu'à Ekaterinodar, dans des wagons à bestiaux, dura près d'une semaine. Le convoi stationnait longtemps dans les gares, parce que des bandes de pillards et des troupes irrégulières, qu'on appelait les verts, battaient les campagnes environnantes. Enfin, toute la petite tribu, sale, lasse, atteignit la première étape du voyage et s'installa chez les Arapoff. Michel comptait passer la nuit dans la maison de ses beaux-parents et reprendre le train, dès le lendemain matin, à destination de Novorossiisk. Cependant, il eût consenti à retarder son départ si le docteur et sa femme avaient accepté de suivre son conseil et de l'accompagner dans l'émigration. Après le dîner, lorsque les enfants furent couchés et que la nounou et la gouvernante eurent gagné leurs chambres, il jugea le moment venu d'exposer son projet.

Autour de la grande table ovale, se trouvaient réunis quelques membres de cette famille, jadis nombreuse et animée, aujourd'hui démantelée, résignée, souriante pourtant. Tania était assise près de sa mère et lui tenait les mains, comme de peur de la perdre. Nina et Mayoroff, placés côte à côte, ne se parlaient guère. Marie Ossipovna somnolait sur sa chaise. Le docteur Arapoff fumait une cigarette plate au parfum de miel. Il avait tellement maigri et blanchi, que Michel éprouvait de la peine à le reconnaître. Une partie de sa bouche pendait bizarrement, et sa moustache, de ce côté-là, était humide. Ses yeux bombés et aqueux regardaient d'une manière triste par-dessus la monture de ses lunettes. Sa barbe était grise, avec une auréole roussâtre au-dessous de la lèvre. Toute sa personne avait un aspect décoloré, estompé et frileux. Il marmonnait :

— C'est ainsi, mes enfants. Chacun de nous a vécu, pour son compte, des heures difficiles et qui l'ont marqué. Dieu a plongé ses doigts dans le pétrin. Il nous broie, il nous malaxe. La pâte humaine en sera-t-elle meilleure ?

Dans la pièce flottait une odeur de fin de repas. Les assiettes souillées, les verres à demi pleins, les serviettes, les plats dégarnis, composaient sur la nappe un paysage de succulente défaite.

— Il est temps, dit Michel, de discuter avec vous nos dernières décisions. Tania et moi-même estimons qu'il serait imprudent pour vous d'attendre que les bolcheviks s'installent à Ekaterinodar, ce qui ne saurait tarder.

— Et où veux-tu que nous allions ? demanda Constantin Kirillovitch en levant les sourcils.

— Je vous propose de nous suivre.

— En France?

— Oui.

— Pourquoi as-tu choisi la France?

— Parce que les Comptoirs Danoff ont déposé des fonds importants dans les banques parisiennes.

— Tu espères vivre sur cet argent?

— Et vous faire vivre aussi. Car vous viendrez avec nous!

— Oh! Michel, s'exclama Zénaïde Vassilievna. Tu n'y penses pas?

Son visage épais et rosé, aux bandeaux couleur de ficelle, aux joues blettes, exprimait une extrême frayeur.

— Pourquoi pas? Nous partons bien, nous autres, répondit Michel.

Constantin Kirillovitch se dressa et marcha dans la chambre, les mains nouées dans le dos, les épaules rondes.

— Ne crois pas que j'aie négligé de réfléchir à ce côté du problème, dit-il enfin. Je comprends parfaitement que la seule solution raisonnable, en ce qui vous concerne, toi, Tania, les enfants, soit de vous expatrier au plus tôt. Mais moi, mais nous...

— Quelle différence y a-t-il donc entre vous et nous?

Le docteur Arapoff considéra Michel par-dessus ses lunettes, sourit et murmura timidement :

— L'âge! L'âge, Michel!...

— Le péril est le même à n'importe quel âge!

— Mais pas l'enjeu. Vous avez tant d'années devant vous. Vous pouvez espérer reconstruire un foyer, un bonheur, sur la terre étrangère. Or, ta belle-mère et moi, que devons-nous attendre de l'avenir? Il nous reste si peu de temps à jouir du soleil doré. Toute notre existence s'est écoulée dans cette maison, dans ce pays. Je ne vois même pas comment je saurais vivre ailleurs. Ces pierres, ces arbres, ces parfums, toutes sortes de vieilleries tiennent à ma peau. Et le jardin des roses! Où trouverais-je un autre jardin aux roses?

— Tu m'as avoué toi-même que tu n'y allais plus guère, dit Tania.

— Je n'y vais plus guère, c'est exact. Mais je sais que, demain, si je le veux, je peux y aller. Comment pourrais-je y aller, si j'habite Paris ou Marseille?

— Il y a aussi des jardins en France répliqua Tania en jetant à son père un regard suppliant.

— Mon jardin est en Russie, dit Constantin Kirillovitch avec une espèce de solennité courroucée.

Et il répéta, en serrant ses poings lourds et débiles, marqués de taches beiges :

— En Russie! En Russie!

Dominant mal son émotion, Michel grommela :

— La Russie vous deviendra vite odieuse sous la domination des Soviets. Vous ne reconnaîtrez plus votre pays.

— Ils ne pourront tout de même pas changer la couleur du ciel et l'odeur de la terre.

Michel haussa les épaules :

— Vous avez souffert, pourtant, lors de l'occupation d'Ekaterinodar par les rouges. On vous a arrêté. On a failli vous fusiller...

— Et puis après? Ceux qui m'ont arrêté, ceux qui voulaient me fusiller parlaient russe. Je n'aime pas les bolcheviks. Mais, puisqu'ils sont une production du sol russe, de l'esprit russe, puisqu'ils parlent russe, il faut bien que je m'arrange pour vivre avec eux.

— Vous vous entendriez mieux avec des Français, des Anglais...

— Tu penses à la tête, moi je pense au cœur. Logiquement, je devrais te suivre. Sentimentalement, je ne peux pas. Je préfère des brigands russes à de vertueux étrangers. Quelles que soient mes opinions politiques, je ne saurais abandonner ma patrie, ignorer un régime que tout le peuple accepte, me singulariser dans la négation...

— Des milliers de gens quittent la Russie!

— Des millions restent.

— Vous voulez donc être du côté de la quantité?

— La quantité finit toujours par devenir une qualité.

Tout en s'efforçant de convaincre son beau-père, Michel comprenait et admirait cette obstination sénile. Il songeait même que, s'il avait été seul, il se serait probablement rangé à l'avis de Constantin Kirillovitch. Malgré la menace d'un avenir misérable, il aurait refusé la liberté étrangère en faveur de l'esclavage russe. Mais il y avait Tania, les enfants, Marie Ossipovna, toutes ces âmes, tous ces corps dont il avait la garde. Son devoir était de leur faire une existence douce.

Marie Ossipovna avala une gorgée de thé, écarta sa tasse et dit :

— J'ai sommeil. Mon ventre bourdonne. Il faut que j'aille dormir.

— Vous ne paraissez guère affectée à l'idée de fuir la Russie, dit Constantin Kirillovitch.

— Là où je suis est la Russie, prononça Marie Ossipovna en fronçant ses sourcils pelucheux.

Et elle se leva, s'appuyant sur sa canne à pommeau d'or. Lorsqu'elle fut sortie, Michel se tourna vers son beau-père et dit avec violence :

— Je ne vous approuve pas. Si, personnellement, vous acceptez le risque de rester, il est injuste que vos proches pâtissent de votre entêtement. Nina et son mari...

— Ils n'ont qu'à vous suivre, répliqua le docteur. Je ne les retiens pas. Je leur conseille même de ne pas m'imiter...

— Tu sais bien que je ne vous laisserai pour rien au monde, dit Nina.

— Tu as tort, dit Constantin Kirillovitch. Ton mari pourrait faire une carrière à Paris.

— N'était la question de la langue, dit Mayoroff, je n'hésiterais pas à émigrer. Seulement, voilà, il y a la langue. Et la clientèle. La situation que j'occupe ici...

— Êtes-vous sûr de la conserver avec les bolcheviks ? demanda Michel.

Mayoroff eut un rire médiocre. Ses lèvres étroites s'étirèrent comme des élastiques.

— Les bolcheviks ne sont pas des ogres, dit-il. On raconte qu'ils ont beaucoup changé.

— Qui le raconte ?

— Ma foi... je l'ignore... Leurs amis...

— Je n'ai pas peur pour ce poisson-là, dit Constantin Kirillovitch, en désignant Mayoroff. Il est habile. Il trouvera sa nourriture dans n'importe quelle eau.

— Je prends vos paroles comme un compliment, beau-papa, susurra Mayoroff, et son teint de fleur rosit vivement aux pommettes.

— Je disais bien qu'il s'accommode de tout, grogna Constantin Kirillovitch d'un air subitement irrité.

— Ainsi, dit Michel, vous refusez ? Nous devrons partir seuls ? Réfléchissez encore.

— C'est tout réfléchi, mon cher Michel, murmura Zénaïde Vassilievna. Mon cœur se déchire, mais ton beau-père a raison. Moi aussi, je suis comme un objet trop lourd, trop chargé de souvenirs ; on ne peut pas me bouger. Combien de gens sont passés dans cette maison, depuis quinze jours, pour nous dire adieu et pour nous adjurer de fuir ! Des amis, des relations ! Une débandade ! Un défilé de fantômes ! Kisiakoff lui-même est venu, il y a une semaine. Il partait pour Novorossiisk et comptait s'embarquer, de là, pour l'Italie. C'est Constantin Kirillovitch qui l'a reçu. Moi, je n'ai pas voulu le voir, à cause de ses démêlés avec Lioubov.

— C'est une si vieille histoire, maman ! dit Tania. Comment peux-tu t'en inquiéter encore ?

— Pour moi, le passé est proche, dit Zénaïde Vassilievna. Plus proche que le présent. Tu le comprendras lorsque tu auras mon âge.

— Je t'assure que Lioubov, elle, ne pense guère à son passé, dit Tania avec amertume. Elle a oublié sa famille, ses amis, son éducation, pour se mettre au service des bolcheviks. Elle ne reculerait devant aucune trahison, à condition qu'on lui permît de jouer. Une femme sans cœur et sans dignité. Une opportuniste...

— Tu as tort de parler ainsi de ta sœur. C'est une petite fille qui mérite l'indulgence...

— Ce n'est pas une petite fille! dit Tania.

— Mais si, soupira Zénaïde Vassilievna. C'est une petite fille. Et Nicolas est un petit garçon. Et je continuerai à les aimer, quoi qu'il arrive.

— Tu ne peux pas aimer Nicolas.

— Et pourquoi, s'il te plaît? Tu m'as raconté que c'était grâce à lui que vous avez pu fuir...

— Il avait commencé par refuser. J'ai dû m'humilier devant lui. Je le hais.

— Ne dis pas cela, ma chérie, marmonna Zénaïde Vassilievna en se signant. Espérons que Dieu ne t'a pas entendue. Le juge est toujours coupable, car il prend la place de Dieu.

— Crois-tu que Nicolas ne prenne pas la place de Dieu lorsqu'il marchande la liberté d'un otage?

Constantin Kirillovitch cueillit un fruit sur la table et le fit sauter, comme une balle, dans sa main :

— Nicolas a des excuses, dit-il.

— Pourquoi?

— Parce qu'il ne pense pas à lui-même. C'est un idéaliste.

— Et Akim?

— Akim aussi a des excuses. Pour les mêmes raisons.

— Comment pouvez-vous les approuver l'un et l'autre, puisqu'ils combattent pour des intérêts contraires?

— Nous sommes leurs parents, Tania, dit Zénaïde Vassilievna. Cela explique tout.

— Si l'un de mes fils devait suivre les traces de Nicolas, je le maudirais, je le renierais! s'écria Tania.

— Non, dit Zénaïde Vassilievna, en hochant sa petite figure propre et plissée. Tu le plaindrais.

— Plaindre Nicolas?

— Et plaindre Akim aussi. Et plaindre tous les hommes saisis de folie meurtrière. Dans bien des années, quand nous serons tous morts, la postérité unira Akim et Nicolas dans une même compassion et peut-être dans un même éloge.

Tania voulut répliquer par des paroles blessantes, mais il lui suffit de regarder sa mère et toute sa colère tomba. Une expression de tranquillité insensée relâchait les muscles de cet humble visage. Les yeux faibles débordaient de lumière. De minces rides, en forme d'étoiles, tremblaient aux commissures de ses lèvres.

— Si Nicolas était devant moi, murmura Zénaïde Vassilievna, je le gronderais, et je gronderais Lioubov aussi... Ne va pas croire que je les estime parce qu'ils sont bolcheviks... Les bolcheviks sont de méchantes gens... Nicolas s'est laissé entraîner... Il se figure que le bien viendra après le mal...

— En attendant, il fait le mal, dit Tania.

— Ce n'est pas possible! Ce n'est pas possible! gémit Zénaïde Vassilievna. Oh! je ne sais plus que penser! Tu me mets la tête à l'envers!

Et elle baissa les paupières, comme pour se soustraire aux rayons d'un foyer trop vif.

— Je te demande pardon, maman, dit Tania.

Constantin Kirillovitch s'était approché de la fenêtre et contemplait la nuit. On ne voyait que son dos faible, sa nuque exsangue, aux cheveux fanés. Sans bouger de son poste, il grommela :

— Le vent souffle dans le jardin et casse les branches.

Zénaïde Vassilievna rouvrit les yeux. Elle souriait.

— Regarde ce tableau, Tania, dit-elle.

— Quel tableau ?
— Derrière toi.
Tania pivota sur sa chaise. Une aquarelle ornait le mur, à gauche de la porte vitrée. La peinture, sage et banale, représentait un bouquet de roses dans un vase de verre bleu. Chaque pétale était dessiné avec un soin scolaire. Un trait de crayon noir cernait les tiges vertes, rigides et sans vie. La couleur fraîche avait été posée à plein pinceau, comme par un enfant.
— C'est bien laid, dit Tania.
— Je ne trouve pas, dit Zénaïde Vassilievna.
— J'espère au moins qu'on t'en a fait cadeau !
— Oui.
— De qui est-ce ?
— Devine.
— De toi ? De papa ? De Nina ?
— Non, dit Zénaïde Vassilievna triomphalement. C'est Akim qui a peint ces fleurs.
— Akim ?
— Oui, lorsque les blancs sont entrés pour la seconde fois à Ekaterinodar, il s'est installé chez nous. Un dimanche, comme il s'ennuyait, il a demandé des pinceaux, des couleurs. Et il a travaillé toute une journée devant un bouquet...
Tania avait peine à se persuader que son frère, actif et fruste, impitoyable et précis, eût goûté du plaisir à cette besogne puérile. Elle tenta de l'imaginer dans son uniforme d'officier, un pinceau à la main, le regard dirigé vers les roses. A quel besoin avait-il obéi en essayant de reproduire cette touffe de verdure et de pétales sur le papier blanc ?
— Chaque fois que je veux juger quelqu'un, reprit Zénaïde Vassilievna, je jette d'abord un coup d'œil sur ce tableau. Les hommes ne sont jamais tout d'une pièce. On les croit doux, et ils sont capables de tuer. On les croit durs et ils portent un bouquet de roses dans leur cœur. Peut-être Nicolas eût-il

aimé, lui aussi, peindre un bouquet de roses. Quand Akim dit-il la vérité ? Lorsqu'il monte à l'assaut ou lorsqu'il peint des roses ? Sans doute ne le sait-il pas lui-même. J'ai reçu une lettre de lui, dernièrement. Une lettre triste. Il estime que tout est perdu. Il se désole. Son régiment est cantonné dans la région de la Kouma. Que Dieu le garde ! Et Nicolas, où est-il, que fait-il ?

— Ne vous inquiétez pas pour lui, dit Michel. Il a un bon poste, dans les bureaux de l'État-Major bolchevik. Il ne risque rien.

— Il ne mange peut-être pas à sa faim !

— Les serviteurs de Lénine sont plus généreusement ravitaillés que vous.

— Tant mieux, tant mieux ! dit Zénaïde Vassilievna en se tamponnant les yeux. Mes pauvres enfants, comme vous voici dispersés dans le monde ! Quand je pense qu'autrefois, tous mes fils, toutes mes filles, habitaient avec nous cette vieille maison ! Et maintenant, les chambres sont désertes.

— Mais non, maman, dit Tania en s'efforçant de sourire. Ce soir, tes petits-enfants occupent les pièces que tes enfants occupaient jadis. La vie est revenue dans tous les recoins du logis.

— Oui, s'écria Zénaïde Vassilievna, mais pour une nuit seulement ! Demain, tu me les reprendras. Vous partirez tous. Il ne restera que des coquilles vides. C'est un sort bien cruel, Tania, de ne pouvoir jamais garder ceux que l'on aime ! Par moments, je ne comprends pas que Dieu s'ingénie à nous arracher du cœur, une à une, toutes nos affections. Est-ce la fin d'une manière de vivre ? Ne vous reverrai-je jamais ?

Des larmes coulaient de ses yeux grands ouverts. Son menton oscillait, comme un petit animal nu et frileux :

— Plus jamais. Sens-tu bien ce que cela signifie, Tania ?

— Oh! maman, dit Tania, tu me retires tout mon courage!

— Excuse-moi, chuchota Zénaïde Vassilievna. J'étouffe. J'ai besoin de m'isoler quelques instants.

Elle se leva prestement et passa dans le salon, sans se retourner. Tania regarda son père. Il demeurait debout, près de la fenêtre, les bras ballants, la face défaite par le chagrin. Tant d'impuissance et tant de douleur étaient inscrites sur cette figure d'homme, que Tania faillit éclater en sanglots. Nina, les paupières closes, souffrait en silence. Mayoroff tripotait le remontoir de sa montre. Il finit par dire :

— Nous devrions tous nous coucher. Ces séances d'attendrissement sont malsaines et inutiles. Qu'en penses-tu, Ninouche?

— Tais-toi, gronda Arapoff d'une voix cassée. Tu ne comprends rien. Tu n'es pas vivant.

Michel s'approcha de Constantin Kirillovitch et murmura, en se penchant vers son oreille large et un peu velue :

— Vous voyez vous-même comme cette séparation est pénible. Renoncez-y. Venez avec nous.

— Non, dit le vieillard.

— Je suis sûr qu'à présent Zénaïde Vassilievna serait d'accord pour nous suivre.

— Si je lui obéissais aujourd'hui, elle me le reprocherait demain.

Tania poussa la porte vitrée et pénétra dans le salon. Une lampe était allumée sur un guéridon de laque, fendillé et bancal. Les personnages, découpés en silhouettes dans du papier noir, étaient comme de petits voyageurs, vus de profil, à travers les fenêtres de leurs wagons. Ils s'en allaient, l'un derrière l'autre, portés par un même convoi vers une destination mystérieuse. Le but de leur course ne se situait pas dans l'espace, mais dans le temps. Ils roulaient à grande vitesse, bien qu'apparemment immobiles. Ils se hâtaient vers une conclusion que nul ne pouvait prévoir. Sur la cloison d'en face, le portrait du grand-oncle, ami du poète Joukovsky, recueillait un peu de clarté au bas de son masque plat et craquelé, et sur sa cravate floue. La soie bouton d'or de la bergère rayonnait dans les pénombres, telle la paille d'une crèche. Zénaïde Vassilievna était assise, toute noire, au centre de ce massif radieux. Sa figure, bouffie par l'affliction, s'inclinait vers son ventre. Un tressaillement infime agitait ses épaules. Son mouchoir gisait sur le sol, comme une lettre déchirée. Des tentures moisies, du parquet ancien et trop ciré, émanait un parfum de pommes acides et de miel. Le vent hurlait, rasait les murs, secouait les vitres. On entendait haleter dans la cheminée, comme un travailleur furieux.

— Ah ! dit Zénaïde Vassilievna. Tu es venue ? Il ne fallait pas. Déjà, cela va mieux.

Tania s'accroupit et posa son visage sur les genoux de sa mère. Contre ses lèvres, elle sentait la caresse de l'étoffe un peu rêche. Ce seul contact la refoulait vers un passé lointain et tendre, incroyable et délicieux. Aidée par l'aspect immuable des choses, elle remontait, de corps et d'âme, le courant de ses souvenirs. La permanence des lieux augmentait sa nostalgie et sa fièvre. Rien n'avait changé. Ni la place des meubles, ni l'odeur de la maison, ni le poids de cette main maternelle au niveau de sa nuque. C'était ici qu'elle était née, qu'elle avait grandi. Chaque fragment de ce décor portait un reflet d'elle-même. Des milliers de Tania se tenaient en suspens dans cet endroit consacré, si bien que l'air devenait étouffant, irrespirable, à force de présences. Elle était une fillette aux jupes courtes, aux bottines boutonnées, et le petit Michel Danoff l'avait éborgnée, par mégarde, avec un cordon de store. Sur sa joue, elle gardait encore le baiser frais et humide de la compresse. Dans cette même pièce, Michel l'avait demandée en mariage. Le soleil entrait à flots par les fenêtres ouvertes. Les oiseaux chantaient. Les portes claquaient. Son père et sa mère, jeunes, rieurs, endimanchés, se dressaient devant elle, à la lisière de la vie. Au pied de l'escalier, Akim poussait des cris de guerre en jouant aux osselets. Lioubov, éprise de dix garçons à la fois, leur souriait en pensée dans la glace de l'armoire. Nicolas s'enfermait dans sa chambre pour fumer la pipe et lire des livres sérieux. Volodia s'enfuyait à travers le jardin bourdonnant d'abeilles. Nina, boudeuse et à peine visible, glissait dans le corridor, un chiot malade serré contre son ventre. Toute la demeure était pavoisée d'espoirs puérils. On rêvait, on plaisantait, on pleurait, on existait avec audace. Était-il possible que, de toute cette ardeur, il ne restât qu'une bâtisse aux chambres condamnées, aux couloirs silencieux et déserts ? Était-il possible que cette vieille femme, effondrée parmi les coussins jaunes, fût la même qui, jadis, tiède, parfumée, veloutée, distribuait des tartines à une tablée d'enfants ?

— Maman, dit Tania. Ce n'est pas vrai...

— Qu'est-ce qui n'est pas vrai, ma chérie ?

— Nous... Le temps qui passe...

Son désespoir, comme une boisson trop généreuse, lui donnait le vertige. Elle était à la fois une gamine étincelante de larmes, accrochée au flanc de sa mère, et une femme flétrie, finissante, avec un long passé inscrit sur toute la surface de sa peau. Elle courait d'un bout à l'autre d'elle-même. Elle se cognait alternativement à ces deux butoirs. Soudain, elle se rappela que son père, sa mère, sa sœur, la maison, tous les personnages, tous les paysages de son adolescence, allaient lui être retirés d'un coup. C'était la dernière fois qu'elle avait le droit de les croire vivants. Après son départ pour l'étranger, ils continueraient d'exister comme des constructions et des créatures de songe. Coupée de la source, déracinée, isolée dans un univers qui ne l'aurait pas nourrie et ne l'aimerait pas, elle ne pourrait plus revenir sur place pour contrôler la valeur de ses souvenirs. Elle répéta sourdement :

— Je ne veux pas partir! Je ne veux pas partir!

Zénaïde Vassilievna secoua la tête. Une épingle à cheveux tomba de ses mèches défaites sur le siège de la bergère. Sur sa blouse marron, scintillait un médaillon d'or incrusté de pierres sibériennes. Tania respira avec terreur un parfum morne de vieille femme. La porte s'ouvrit. Constantin Kirillovitch et Michel parurent sur le seuil.

— Avez-vous fini vos cachotteries? dit Arapoff. En voilà des manières!

Une gaieté factice éclairait son visage. Ses lèvres à moitié inertes tentaient de sourire.

— Ne dirait-on pas, reprit-il, que nous allons enterrer quelqu'un? Cette séparation n'est pas définitive. Vous reviendrez...

Tout en parlant, il regardait Michel et Tania, à tour de rôle, d'une façon exigeante, comme pour prendre d'eux rapidement le plus grand nombre possible d'images. Il savait qu'il mourrait sans les avoir revus, que cette soirée arrêtait l'addition, concluait une époque, scellait un destin. Un poids horrible écrasait sa poitrine. Ses coudes, ses genoux vibraient, comme s'il se fût trouvé sur la plate-forme d'un train.

— Pourquoi? Pourquoi? murmura Tania. Nous étions si heureux!...

— Assez, grogna Constantin Kirillovitch sur un ton de reproche. Tu attristes tout le monde. Ce n'est pas bien.

— Pourrons-nous au moins nous écrire? demanda Zénaïde Vassilievna.

— Mais oui, dit Constantin Kirillovitch.

— Je vous laisserai notre adresse à Novorossiisk, dit Michel : hôtel de l'Europe. J'ai retenu des chambres par télégramme. Nous y resterons bien une dizaine de jours avant de pouvoir embarquer. Après...

— Je voudrais, dit Tania, que vous me donniez

des photographies de vous, de la maison... Lorsque nous serons à Paris, nous les regarderons, nous aurons l'impression de...

Elle ne put achever et plongea son visage dans ses mains. Constantin Kirillovitch toussota nerveusement :

— Les femmes sont impossibles, mon cher Michel. De vraies fontaines. On patauge dans les larmes. Je vais chercher du champagne.

Il sortit en trottinant, peut-être pour qu'on ne le vît pas pleurer, lui aussi. Au bout d'un moment, il revint, surexcité, la joue droite souillée de poussière, une bouteille sous chaque bras.

— Nina, apporte les coupes! cria-t-il.

Ses doigts faibles grattaient le goulot, le débarrassaient de son papier doré. Le bouchon jaillit avec un claquement sec et heurta le plafond. D'autres marques avaient déjà écaillé la peinture crème. Elles évoquaient le souvenir des anniversaires, des fiançailles, des mariages, des naissances, toutes sortes de pauvres réussites humaines.

— La fête commence! rugit Constantin Kirillovitch.

La mousse blanche coula en bave sur son poignet. Nina et Mayoroff présentaient les coupes.

— Parfait, marmonnait Constantin Kirillovitch en versant le champagne. (La bouteille tremblait dans sa main et tapotait les verres avec un léger tintement de sonnette.) Il ne s'agit pas de pleurer, mais de boire. La gaieté... N'est-ce pas?... Toujours la gaieté... Toute ma vie...

Sa langue se nouait, devenait incommode.

— A la santé des voyageurs! prononça-t-il avec élan.

— Vous ne devriez pas boire, Constantin Kirillovitch, dit Mayoroff. Le champagne est contre-indiqué dans votre état.

— Rentre sous terre, médicaillon! rétorqua Arapoff. Je sais ce que j'ai à faire. Ce soir, tout m'est permis. Tout, entends-tu?

Il porta le verre à ses lèvres. Ses lunettes avaient glissé sur son nez. Le vin glacé, en coulant dans sa gorge, lui procurait une impression de liberté, de jeunesse et de luxe. Une bouffée pétillante cogna ses narines. Dieu ne tolérerait pas que cette séparation fût éternelle. Les enfants reviendraient. Un jour, la maison se trouverait pleine de nouveau, vivante, remuante, avec des charges de manteaux aux patères, quinze couverts sur la table, et des balançoires grinçantes dans le jardin. Ayant vidé sa coupe, il la jeta contre le mur où elle se brisa en morceaux.

— Constantin! s'exclama Zénaïde Vassilievna. Tu te conduis comme un noceur.

— Mais je suis un noceur, ma chère. Et la noce ne fait que débuter. Mets-toi au piano, Nina. Je me sens en forme pour lancer mon *ut* de poitrine.

Son animation était misérable à voir. Plus il se donnait de peine pour paraître insouciant, et plus Tania avait envie de le plaindre.

— Le célèbre ténor Constantini Arapovicci, de l'Opéra de Milan, dit-il. Faites silence!

Campé devant le piano, la main droite ouverte sur le cœur, la tête haute, Arapoff chanta :

Par habitude, les chevaux connaissent
Le logis de ma bien-aimée,
Ils font sauter la neige épaisse,
Le cocher chante des chansons...

La voix d'Arapoff, usée, enrouée, butait à chaque mot. Il reprenait sa respiration avec de longs râles sifflants et se dépensait en grimaces pour amuser son auditoire. Mais bientôt, comme ensorcelé par la mélodie, il devint sérieux. Tania se rappela son père, chantant la même rengaine, quelque vingt ans plus tôt. Une funèbre angoisse lui serra le cœur. Elle s'approcha de sa sœur qui jouait à grand renfort de pédale.

— Pauvre papa, dit Nina. Il s'en donne du mal! Comme je l'aime!

— Je n'ai jamais été aussi triste, murmura Tania. Je ne peux pas croire que nous partions demain.

— Moi aussi, je suis triste, chérie. Mais je sais que je n'ai pas le droit d'espérer le bonheur. Toute ma vie est tendue vers l'insaisissable. Toi, tu es différente...

Elle s'arrêta de jouer et ses mains demeurèrent posées sur le clavier, immobiles, comme deux étoiles de mer.

— Et voilà! cria Arapoff. Vous pouvez applaudir!

Il essuyait avec un mouchoir son front ruisselant de sueur.

— Te voici tout trempé, Constantin, dit Zénaïde Vassilievna. Tu risques de prendre froid. Que tu es donc imprudent à ton âge.

— Je te défends de parler de mon âge. Je n'ai pas d'âge. Je suis jeune et vaillant comme le jour de nos fiançailles. A présent, Michel va nous danser une danse caucasienne.

— Michel est blessé, dit Tania. Il ne faut pas qu'il s'agite...

— Je ne danse pas avec les bras, dit Michel en riant d'une manière arrogante.

Une exaltation subite donnait de la sauvagerie à son regard. On eût dit qu'il voulait se venger de sa mélancolie.

— Bravo! Michel, dit Constantin Kirillovitch. Montre-leur ce que tu sais faire. Il faut les réveiller, tous ces endormis. Musique, Nina.

Docile, Nina plaqua sur le piano les premiers accords d'une *lesguinka*. Michel dansa, le dos droit, les épaules raides. Ses pieds exécutaient sur les côtés de petits pas rapides et claquants. Une expression hiératique solidifiait son visage. Les spectateurs frappaient leurs mains en mesure. Le rythme s'accélérait. Arapoff hurlait :

— Heï! Heï!

Puis il courut dans la salle à manger et revint avec

des couteaux à fruits, que Michel glissa entre ses dents, sans interrompre son travail de sautillements et de pointes. Un éventail de lames étincelantes transformait sa figure en un masque guerrier. Tout en laissant voltiger ses doigts sur le clavier, Nina observait avidement cet homme à l'uniforme défraîchi, à la face brune, divisée par un faisceau d'éclairs. Elle se rappela qu'elle l'avait aimé autrefois. Mais le rayonnement de Siféroff confinait tous les autres souvenirs dans une ombre défavorable. Que Michel demeurât ou partît, que la Russie fût rouge ou blanche, sa destinée personnelle ne changerait pas de dessin. Elle végétait en marge de ses contemporains, dans le seul espoir de rejoindre un jour, dans la mort, celui pour qui Dieu l'avait faite. Sa longue patience ne demandait pas d'autre prix. Quelle que fût l'insistance de Mayoroff il ne la guérirait pas de son obsession. Elle subissait honnêtement sa présence. Mais elle ne pouvait pas le considérer comme un être vivant. Aujourd'hui même, dans ce petit groupe enthousiaste, il était le seul à ne rien comprendre, à ne rien sentir. Il regardait sa montre, bâillait, disait des paroles nulles.

— Tu dors debout, Mayoroff! glapit Constantin Kirillovitch. Secoue-toi, mon cher.

— J'ai eu une journée fatigante à l'hôpital, dit Mayoroff. Et, demain matin, deux opérations en perspective...

— Ne parle pas de l'hôpital, ou je te casse une bouteille sur la tête. Plus vite, Nina, Heï! Heï! Voilà!

A la dernière note, Michel mit un genou à terre, et malencontreusement, heurta le chambranle de la porte avec son bras blessé. Un juron rauque s'échappa de ses lèvres.

— Michel! cria Tania en se jetant vers lui. Mon Dieu! Il va s'évanouir!

Mais, déjà, Michel se redressait, très pâle, les mâchoires soudées, l'œil mauvais.

— Eh bien quoi? dit-il. Ce n'est rien. Un malaise...

Sur ces mots, Mlle Fromont entra violemment dans la pièce. Son vaste visage, couleur ponceau, était bouleversé d'indignation. Ses prunelles étincelaient. Elle portait un casque de bigoudis.

— Vous faites tant de bruit que les enfants ne peuvent pas dormir, dit-elle. Ils sont énervés. La nounou et moi-même ne savons plus quoi leur dire pour les maintenir en place.

— Tant mieux, répliqua Constantin Kirillovitch. Ainsi, ils se rappelleront cette soirée. Leur dernière soirée de Russie. Toute leur vie, vous entendez ? toute leur vie, il faut qu'ils s'en souviennent !...

Il bafouillait. Les rides se déplaçaient sur sa figure. Il porta la main à son cœur.

— Tu n'es pas bien, Constantin ? demanda Zénaïde Vassilievna.

— Laisse-moi, Zina, souffla Constantin Kirillovitch sur un ton outragé. Et vous, mademoiselle, retournez auprès de Serge et de Boris. Dites-leur qu'ils écoutent toutes les rumeurs de la maison, qu'ils regardent tous les meubles, qu'ils reniflent toutes les odeurs, qu'ils palpent tous les objets, parce que plus jamais, plus jamais, ils ne connaîtront cela. Je veux qu'ils soient émus... Je veux qu'ils comprennent. Que ce soit gravé là...

Il désignait sa propre poitrine d'un doigt frémissant. Sa vieille face désaxée était luisante et livide comme un paquet de terre glaise.

Mlle Fromont sortit du salon en grommelant :

— La folie slave continue !

Constantin Kirillovitch fut ébranlé par un petit rire sec :

— Elle ne peut pas sentir comme nous. Il faut lui pardonner.

Et, sans transition, il se mit à chanter :

Tout ce qui plut,
Tout ce qui fut,

Depuis longtemps a passé,
Depuis longtemps a coulé...

Michel s'était assis sur le canapé. Tania prit place auprès de lui. Le temps s'était arrêté, figé comme une cataracte, l'hiver, au-dessus de l'abîme. Il n'était pas vrai que le départ fût pour demain. Cette nuit n'avait pas eu de commencement et ne finirait qu'avec la mort de tous. Le vent secouait des branches derrière les vitres noires. Zénaïde Vassilievna hochait la tête en cadence. Tout le salon, avec ses rideaux pétrifiés, son parquet dur et luisant, ses meubles impérissables, participait à l'incantation. Lorsque Constantin Kirillovitch eut achevé sa chanson, Tania dit faiblement :

— Chante encore, papa.

— Je veux bien. Mais quoi?

— Il faudrait peut-être que nous montions nous coucher, dit Zénaïde Vassilievna. Si vous prenez le train, demain...

— Comment peux-tu parler de demain? s'écria Tania. Demain ne sera jamais!

Jouait-elle à un jeu auquel elle ne croyait pas? Elle n'aurait su le dire, mais ce simulacre acquérait soudain la force d'une certitude. La voix de Constantin Kirillovitch, éraillée, hésitante, s'éleva dans le silence :

La neige te couvre, Russie...

Zénaïde Vassilievna ravalait ses larmes. Nina penchait sur le clavier un profil pâle et fin comme la cire. Michel posa sa main sur le poignet de Tania. Elle frémit de gratitude, comme un animal qui retrouve son maître. Puis, elle oublia sa présence. Ensevelie dans une torpeur doucereuse, elle avait à peine conscience d'exister. Il lui semblait qu'il n'y avait plus rien de vivant en elle. Elle ne contrôlait pas ses pensées. L'allégresse et la prostration, la désolation et l'espoir alternaient sans dommage dans son esprit. Son regard ne quittait plus les petites silhouettes, découpées dans du papier noir, et qui s'en allaient, de profil, vers l'éternité. Une leçon de quiétude émanait de ce cortège immobile. Elle compta les cadres :

« Un, deux, trois, quatre, cinq... Toute une famille... »

Une à une, des voix s'accordaient à celle d'Arapoff. Entraînés par la musique, Michel, Tania, Nina elle-même, timidement encore, et comme sans le vouloir, soutenaient en chœur le refrain :

La neige te couvre, Russie,
Te saisit dans son manteau blanc.
Sur ton corps, les vents tristes des steppes
Célèbrent la messe des morts...

Subitement, Constantin Kirillovitch s'arrêta de chanter, fit un pas en avant, et son visage exprima une grande souffrance. Sa barbe dépeignée s'ouvrait en deux sur son cou maigre et grenu. Ses yeux brouillés de larmes se fixaient sur Tania comme pour l'envoûter. Il y avait des taches sur son veston. Un clapotement ridicule sortit de sa bouche. Il reprit sa respiration, joignit les mains et cria d'une voix étranglée :

— Je vous en supplie, ne partez pas, mes enfants !

XIV

Un vent de norois soulevait des draperies de neige à travers la ville muette de Novorossiisk. Le port était pris dans la glace. Les bateaux, immobilisés, montraient hors de la nappe blanche leurs flancs sales bordés d'un chapelet de sacs et leurs cheminées de deuil, qui ne fumaient plus. Chaque matin, malgré l'ouragan, Michel se rendait sur le quai, dans l'espoir de constater le début du dégel. Mais les jours passaient sans que la carapace scintillante consentît à se fractionner. Les marins craignaient que la poussée des glaçons n'endommageât la coque des navires.

Enfin, dans la première semaine du mois de février 1920, la température mollit, et une lente débâcle ouvrit des chenaux d'émeraude et des puits d'encre noire dans la couche de cristal qui recouvrait les eaux. Des équipes de matelots et d'ouvriers dégagèrent les bateaux à coups de hache.

Au prix de nombreuses démarches, Michel avait obtenu trois cabines sur un petit paquebot anglais, qui devait le conduire, lui et les siens, jusqu'à Constantinople. Sur cette unité de la marine britannique, les conditions de logement et de nourriture promettaient d'être autrement confortables que sur les cargos russes qui assuraient le même trafic. Ayant examiné les plans du navire et causé avec le capitaine, Michel ne doutait plus que le voyage s'accomplirait agréablement. Mais il regrettait qu'en dépit de ses adjurations les Arapoff et les Mayoroff eussent refusé de le suivre. Après une nuit de chants et de larmes, la tension nerveuse de chacun avait atteint une telle acuité que, finalement, la séparation était intervenue comme une délivrance. Les rouges avançaient sur tous les points du front, en direction d'Ekaterinodar, de Novorossiisk et de Touapsé. L'effondrement total de l'armée blanche n'était plus un secret pour personne.

Le jour fixé pour le départ, Michel troqua son uniforme contre un vêtement civil, assembla sa famille, et tout le groupe, chargé de valises et de balluchons prit le chemin de l'embarcadère. Le vent était si fort qu'ils durent, pour lui résister, marcher l'un derrière l'autre, en rasant les murs des maisons.

Dans la rade partiellement dégelée, se dressait une flottille polaire, aux cordages doublés de stalactites étincelantes, aux rambardes harnachées de barbiches diamantines, aux passerelles taillées dans l'albâtre neuf. Les mâts pointaient vers le ciel leurs flèches de verre fin, entourées de dentelles farineuses. Les manches à air faisaient le gros dos sous de lourds haricots de neige, et de la bave solidifiée pendait à leurs lèvres de fer. Agrès et cheminées, hublots et bittes servaient de projets à des frises de givre précieux. Et, sur ces trophées arctiques, la bise sifflait avec un bruit de râle, et le soleil rose et froid allumait des aigrettes d'or.

Sur le pont du paquebot anglais, régnait une cohue d'abordage. Des porteurs, aux faces violacées, montaient, ployés sous le faix des bagages, et descendaient, les mains vides. Les chaînes, en grinçant, balançaient au-dessus des têtes des brassées de colis qui s'engouffraient soudain, comme de la bonne nourriture, dans les panneaux béants. Des garçons affairés renseignaient les voyageurs :

— A droite... A gauche... Descendez... Ne restez pas sur le pont...

Michel s'engagea dans une coursive luisante de peinture crème. Toute la tribu le suivait. Le bateau était chauffé à bloc. Les cabines, petites, propres, aux couchettes rigides, évoquaient à la fois des idées d'ascétisme et de confort marin. Tandis que Marie Ossipovna, les enfants, la gouvernante et la nounou se casaient dans leurs cellules respectives, Tania s'assit sur le bord de son matelas et baissa le front, saisie d'un coupable plaisir. N'était-il pas surprenant que tout devînt luxueux, agréable, facile, dès qu'il s'agissait de quitter la Russie ? Cette installation moderne dépaysait sa tristesse. Son bien-être lui était tout ensemble cher et odieux, comme une injuste récompense. Elle se sentit prête à pleurer, se mordit les lèvres.

— La cabine ne te plaît pas ? demanda Michel.

— Elle me plaît trop, dit Tania.

Michel la regarda sérieusement, poussa un soupir et murmura en détournant les yeux :

— Je suis de ton avis, Tania. Notre chagrin n'est pas à sa place dans ce décor commode. Mais on s'habitue à tout. Tu t'habitueras...

Il réfléchit encore et ajouta :

— Vois-tu, nous avons tort de nous prendre au tragique. Notre cas n'est pas exceptionnel. Nous sommes des personnages quelconques, sans valeur, sans intérêt. Il y en a des milliers comme nous !

Le navire remplissait tous ses alvéoles et bourdonnait, du haut en bas, comme une vaste maison. Derrière les cloisons, on entendait courir les hommes d'équipe, crier les clients nerveux et tomber les valises déchargées en vrac sur les planchers de métal sonore. Déjà, les enfants avaient lié connaissance, d'une cabine à l'autre, et organisé deux bandes adverses. Dans les coursives très éclairées, ils se groupaient et s'interpellaient gaiement :

— Par ici, Wrangel !... Trotsky s'est caché derrière l'escalier !... En avant, les volontaires !...

Les grandes personnes, engoncées dans des man

teaux d'explorateurs nordiques, se heurtaient à des troupes de jeunes diables agiles et hurleurs. Les gamins se faufilaient entre les jambes des porteurs et des passagers, escaladaient des archipels de balluchons, fuyaient, insouciants et ivres, aspirés par des couloirs de lumière électrique.

— C'est insensé! vociféraient des voix respectables. Enfermez les gosses! On ne peut pas passer!...

— A mort! Hourra! Lénine est en fuite!

Tania sortit sur le pas de sa porte et ordonna à Serge et à Boris de retourner immédiatement dans leur cabine. Ils lui obéirent avec des mines sacrifiées. Mlle Fromont et la nounou installaient les bagages dans le compartiment. La gouvernante était dilatée d'enthousiasme. Sa face pesante et moustachue exprimait la victoire. En apercevant Tania, elle dit :

— Ah! Madame, ce n'est pas trop tôt. Nous voici enfin évadés du cercle infernal. Je n'ose y croire, tant je me suis accoutumée aux privations et aux dangers. La civilisation reprend ses droits. L'Europe nous attend.

— La Russie aussi c'est l'Europe, dit Tania.

— Non, madame, répliqua Mlle Fromont avec un regard fulgurant.

Un flot de sang envahit la figure de Tania, comme sous le choc d'une insulte. La honte, la colère, brûlaient la peau de ses joues. Ses yeux se couvraient de buée. Elle prononça entre ses dents :

— Je vous défends de juger.

Marfa Antipovna, vieillie, fanée, pleurait en déballant une trousse de toilette :

— Y a-t-il au moins une église russe à Paris?

— Mais oui, nounou, dit Tania.

— Une vraie?

— Bien sûr.

— Peut-être racontent-ils qu'elle est vraie, et ce sont des prêtres catholiques qui disent la messe! Ah! misère! Honte des orthodoxes! Fardeau des chrétiens repentants!

Marie Ossipovna franchit le seuil. La cape de zibeline, boutonnée sous son menton, isolait son visage et le faisait paraître plus nu et plus fripé encore :

— Il y a une femme qui veut coucher dans la même cabine que moi.

— C'est prévu ainsi, maman, dit Tania.

— Cette femme ne me plaît pas. Elle a des yeux jaunes.

— Il est trop tard pour discuter.

— Je ne dormirai pas à côté d'une femme qui a les yeux jaunes. Tous les assassins ont des yeux jaunes.

— Voulez-vous que je change de place avec vous ? demanda la nounou.

— Oui, dit Marie Ossipovna.

Tania retourna auprès de Michel. Il achevait d'empiler les valises en se servant de son seul bras gauche. Son front luisait de sueur.

— Tout est en ordre, annonça-t-il.

Sa voix était triste. Ses yeux évitaient de rencontrer Tania. Ils demeurèrent longtemps muets, l'un devant l'autre. Un homme et une femme qui n'avait plus rien à se dire. Enfin, Michel consulta sa montre et murmura :

— Bientôt...

Une cloche tinta pour avertir les visiteurs de quitter le bord. Les machines se mirent à bougonner dans le ventre du vaisseau. La carcasse trembla dans un long effort précurseur. En haut, des chocs sourds retentirent : on sectionnait à la hache les câbles gelés qui attachaient le navire au port. Puis, les chaînes grincèrent sur les manchons des écubiers.

— Nous levons l'ancre, dit Michel.

Tania tourna vers lui un regard simple et désolé. Il lui semblait n'avoir pas compris, jusqu'à la minute présente, ce que signifiait exactement ce départ. Depuis des mois, elle s'était habituée à se déplacer ainsi, traquée, exténuée, incertaine du lendemain. Mais, jadis, quel que fût le bout de son voyage, il se situait sur une même terre. De Moscou à Kharkov, à Yalta, de Yalta à Kislovodsk, de Kislovodsk à Ekaterinodar et d'Ekaterinodar à Novorossiisk, elle avait erré dans les limites de son pays, parmi des gens qui parlaient sa langue, sous un ciel fait pour les prières russes. Et voici que, soudain, elle s'éloignait de sa patrie. Un frisson parcourut son dos. Mutilée, appauvrie, elle chuchota humblement :

— Je voudrais monter sur le pont, Michel.

Lorsqu'ils parvinrent sur le pont et s'accoudèrent au bastingage, le bateau n'était plus à quai. Il naviguait lentement dans un large couloir d'eau sombre, que bordaient de friables glaçons. A ses flancs, des guirlandes de cristaux, des farandoles de meringues troubles, se dissolvaient et partaient à la dérive. Les remous de l'hélice se propageaient très loin, et on voyait subitement, à tribord, à bâbord, dans des régions apparemment paisibles, craquer et se fendre de vastes dalles de neige dure. De part et d'autre du chenal, s'ouvraient ainsi en tonnant, de brusques lézardes, qui s'allongeaient, se ramifiaient et engloutissaient dans leur flot vert des bastions d'ouate pivotante. Les mouettes criaient de colère au-dessus de cette débâcle blanche. Le vent soufflait avec violence. L'air raréfié sentait l'ozone. Dans le ciel vitreux, pendait un soleil énorme, entouré d'un éventail de fibrilles citron et rose vif.

D'autres passagers vinrent se grouper sur le pont. Quelqu'un dit :

— Cette fois, c'est fini!...

Une mèche de cheveux blonds s'était échappée du chapeau de Tania et palpitait contre sa joue, comme l'aile d'un oiseau captif. Le rivage s'éloignait majestueusement. Dans une buée miroitante, la fabrique de ciment, l'élévateur, la gare, la vieille ville et la ville neuve n'étaient plus qu'un amas de cubes abondamment sucrés. La fumée des cheminées formait un halo mauve au-dessus de Novorossiisk. Ce faible mirage incarnait à lui seul toute la Russie. C'était de toute la Russie que Tania prenait congé en saluant cette baie encombrée de glaces. Une sensation d'arrachement brutal et sanglant occupa tout son être. Son désarroi était si complet qu'elle ne savait plus pourquoi elle existait encore. Elle se tendait vers cette dernière parcelle de terre russe. Elle la dévorait des yeux, comme le visage d'un mourant. Elle avait peur d'oublier un détail, une couleur, une note essentiels à l'ensemble.

— Ce n'est pas possible, dit-elle. Nous ne partons pas pour toujours...

Michel inclina le menton sans répondre. Son profil était durci de douleur et de volonté.

Le bateau longeait le môle. En sortant du port, il accéléra son allure et la sirène mugit. Ce cri cylindrique, rauque, désespéré, traversa le cœur de Tania, tel un présage de mort. Elle vibra jusqu'aux talons, terrifiée, comme par la voix de Dieu. Un supplément de vapeur se rabattit sur le pont, Tania fit le signe de la croix. Tout à coup, elle ne doutait plus qu'une menace rôdât autour d'elle. Un pressentiment funèbre ne la laissait pas en repos. Prenant la main de son mari, haussant vers lui son visage gelé, elle dit précipitamment :

— Michel, je ne suis pas tranquille... Il est arrivé un malheur à quelqu'un que j'aime... Papa était si faible, si nerveux...

La sirène mugit pour la seconde fois. Michel, assourdi, fronça les sourcils, cligna les paupières. Ses lèvres frémirent imperceptiblement.

— C'est étrange que maman ne nous ait pas écrit à Novorossiisk, reprit Tania. Elle avait promis de le faire. Peut-être papa a-t-il eu une rechute ? Peut-être que...

Elle se tut et son regard horrifié se fixa sur l'horizon. Michel glissa la main gauche dans la poche de son pardessus, en tira un télégramme froissé et dit :

— Je ne voulais pas t'en parler encore...
— De quoi s'agit-il ?
— J'ai reçu cette dépêche, avant-hier, à l'hôtel.
— Eh bien ?
— Tu avais raison d'être inquiète.
— Mon père ?...
— Oui.
— Une nouvelle attaque ?
— Oui.

Tania fit une aspiration profonde et demanda :

— Il... il n'est pas mort ?

Michel détourna la tête :

— Si, Tania.

Elle éprouva le choc en plein ventre, ouvrit la bouche et pensa qu'elle allait tomber. Michel la retint, la serra contre lui de son bras valide. Au bout d'un moment, il prononça d'une voix tendre :

— Ne pleure pas, Tania, ma chérie. Nous avons tout perdu. Mais une autre vie commencera pour nous. Éloigne-toi du passé. Songe à l'avenir.

— Je hais l'avenir ! s'écria-t-elle.

Et un excès de larmes brouilla sa vue.

Le navire avait pris le large. Les côtes n'étaient plus qu'une vapeur granuleuse posée au bord de l'horizon.

— Adieu, Russie, murmura Michel.

Tania pleurait sur son épaule. Un vent âpre leur jetait aux yeux des poignées d'aiguilles piquantes. La terre disparut enfin dans un mariage de brumes louches et de flots laiteux.

ŒUVRES DE HENRI TROYAT

Aux Éditions de La Table Ronde

TANT QUE LA TERRE DURERA :
- I. Tant que la terre durera.
- II. Le Sac et la Cendre.
- III. Étrangers sur la Terre.

LA CASE DE L'ONCLE SAM.
UNE EXTRÊME AMITIÉ.

Aux Éditions Plon :

FAUX JOUR (*Prix Populiste 1935*).
LE VIVIER.
GRANDEUR NATURE.
L'ARAIGNE (*Prix Goncourt 1938*).
LE MORT SAISIT LE VIF.
LE SIGNE DU TAUREAU.
LA TÊTE SUR LES ÉPAULES.
LA FOSSE COMMUNE.
LE JUGEMENT DE DIEU.
LA CLEF DE VOUTE (*Prix Max Barthou de l'Académie française 1938*).
LES SEMAILLES ET LES MOISSONS :
- I. Les Semailles et les Moissons.
- II. Amélie.
- III. La Grive.
- IV. Tendre et violente Elisabeth.
- V. La Rencontre.

L'ÉTRANGE DESTIN DE LERMONTOV.
POUCHKINE.
DE GRATTE-CIEL EN COCOTIER.
DISCOURS DE RÉCEPTION A L'ACADÉMIE FRANÇAISE.

Aux Éditions Flammarion :

LA NEIGE EN DEUIL.
DU PHILANTHROPE A LA ROUQUINE.
LA LUMIÈRE DES JUSTES :
 I. Les Compagnons du Coquelicot.
 II. La Barynia.
 III. La Gloire des Vaincus.
 IV. Les Dames de Sibérie.
 V. Sophie ou la Fin des combats.
LE GESTE D'ÈVE.
LES EYGLETIÈRE :
 I. Les Eygletière.
 II. La Faim des lionceaux.
 III. La Malandre.
LES HÉRITIERS DE L'AVENIR :
 I. Le Cahier.
 II. Cent un coups de canon.
 III. L'Éléphant blanc.
GOGOL.
LA PIERRE, LA FEUILLE ET LES OISEAUX.

Chez d'autres éditeurs :

DOSTOÏEVSKI, l'homme et son œuvre (Éd. Fayard).
SAINTE RUSSIE. Réflexions et souvenirs (Éd. Grasset).
TOLSTOÏ (Ed. Fayard).
NAISSANCE D'UNE DAUPHINE (Éd. Gallimard)

COLLECTION FOLIO

Dernières parutions

1617.	Ivy Compton-Burnett	*Des hommes et des femmes.*
1618.	Chester Himes	*S'il braille, lâche-le...*
1619.	Ivan Tourguéniev	*Premier amour, précédé de Nid de gentilhomme.*
1620.	Philippe Sollers	*Femmes.*
1622.	Réjean Ducharme	*L'hiver de force.*
1623.	Paule Constant	*Ouregano.*
1624.	Miguel Angel Asturias	*Légendes du Guatemala.*
1625.	Françoise Mallet-Joris	*Le clin d'œil de l'ange.*
1626.	Prosper Mérimée	*Théâtre de Clara Gazul.*
1627.	Jack Thieuloy	*L'Inde des grands chemins.*
1628.	Remo Forlani	*Pour l'amour de Finette.*
1629.	Patrick Modiano	*Une jeunesse.*
1630.	John Updike	*Bech voyage.*
1631.	Pierre Gripari	*L'incroyable équipée de Phosphore Noloc et de ses compagnons...*
1632.	Mme de Staël	*Corinne ou l'Italie.*
1633.	Milan Kundera	*Le livre du rire et de l'oubli.*
1634.	Erskine Caldwell	*Bagarre de juillet.*
1635.	Ed McBain	*Les sentinelles.*
1636.	Reiser	*Les copines.*
1637.	Jacqueline Dana	*Tota Rosa.*
1638.	Monique Lange	*Les poissons-chats. Les platanes.*
1639.	Leonardo Sciascia	*Les oncles de Sicile.*
1640.	Gobineau	*Mademoiselle Irnois, Adélaïde et autres nouvelles.*
1641.	Philippe Diolé	*L'okapi.*
1642.	Iris Murdoch	*Sous le filet.*
1643.	Serge Gainsbourg	*Evguénie Sokolov.*
1644.	Paul Scarron	*Le Roman comique.*
1645.	Philippe Labro	*Des bateaux dans la nuit.*
1646.	Marie-Gisèle Landes-Fuss	*Une baraque rouge et moche comme tout, à Venice, Amérique...*

1647.	Charles Dickens	*Temps difficiles.*
1648.	Nicolas Bréhal	*Les étangs de Woodfield.*
1649.	Mario Vargas Llosa	*La tante Julia et le scribouillard.*
1650.	Iris Murdoch	*Les cloches.*
1651.	Hérodote	*L'Enquête,* Livres I à IV.
1652.	Anne Philipe	*Les résonances de l'amour.*
1653.	Boileau-Narcejac	*Les visages de l'ombre.*
1654.	Émile Zola	*La Joie de vivre.*
1655.	Catherine Hermary-Vieille	*La Marquise des Ombres.*
1656.	G. K. Chesterton	*La sagesse du Père Brown.*
1657.	Françoise Sagan	*Avec mon meilleur souvenir.*
1658.	Michel Audiard	*Le petit cheval de retour.*
1659.	Pierre Magnan	*La maison assassinée.*
1660.	Joseph Conrad	*La rescousse.*
1661.	William Faulkner	*Le Rameau.*
1662.	Boileau-Narcejac	*Maléfices.*

Impression Bussière à Saint-Amand (Cher),
le 10 juin 1985.
Dépôt légal : juin 1985.
1er dépôt légal dans la collection : septembre 1972.
Numéro d'imprimeur : 1568.

ISBN 2-07-036181-0./Imprimé en France.
Précédemment publié par les éditions la Table Ronde.
ISBN 2-7103-0242-X.